회원 · 제27집

 강동기
 강찬중
 강춘
 고재동
 고재흠

 구서휘
 국중하
 권순철
 김경호
 김경희

 김민서
 김병헌
 김보한
 김복희
 김석중

 김성렬
 김여화
 김영자
 김완묵
 김재필

 김정범
 김정숙
 김정애
 김종선
 김창송

(사)한국수필가연대

 김충석
 김훈동
 남복희
 남정우
 려원

 류춘영
 문상기
 박정례
 박종윤
 박찬홍

 배기훈
 배병수
 서양호
 서태양
 성낙수

 손동숙
 손의영
 신종식
 심양섭
 심종은

 안중주
 오세하
 원수연
 유애선
 유인종

회원 · 제27집

 이규남
 이기돈
 이명우 우명
 이명우
 이명주

 이범욱
 이병훈
 이상우
 이석복
 이숙진

 이순영
 이승철
 이영순
 이외율
 이장구

 이재영
 이창형
 이태희
 임갑섭
 임지택

 장관주
 장철호
 장희자
 전병훈
 전선자

(사)한국수필가연대

 전우겸  정성채  정은영  정일주  정순옥

 정정길  정준  조옥순  조재완  조정화

 주진호  채수황  최광호  최명선  최무순

 최영종  최옥영  최이락  하지윤  한명희

 한승호  한판암  현부덕  황선호

(사)한국수필가연대 2022 제27집

마음의 일기를 꺼내다

한강

발간사

(사)한국수필가연대 수필선 제27집을 발간하며

 세월의 굴레 속에 한 해가 기울어 가며 따사함이 사무치는 계절이다. 눈부신 태양이 솟아오르며 밝아 와도 그저 그렇고, 밤이 되면 영롱한 달빛이지만 찬바람으로 더 을씨년스러워진다. 모닥불이라도 지펴 놓고 무언가 다독거리고 싶지만 도심지에 화재가 두려워지니 그저 마음뿐이다. 어딘가에 따뜻하고 아늑한 분위기라도 만들면 그리운 사람이라도 오겠지! 하지만 그것도 기다리게 해 놓고 오지 않는 사람이 되지 않을까? 먼 산울림이다. 설마설마 하던 일들이 참사에 비운으로 치닫으니 성큼 밖으로 나서기가 망설여진다.
 4차 산업 혁명의 5G 통신 시대에 지구촌이 되어 가며 인간은 우주를 향하는 아바타가 되고 있다. 천체로 향하며 멀어지면 지구는 먼지요, 티끌에 밤하늘에 빛나는 별에 불과하다. 사회적 동물이라는 인간이 뒤늦게 출현하여 만물의 영주가 되었지만 알 수 없는 실존이다. 우리는 누구이며, 어디서 왔고, 어디로 가는지 아무도 모른다. 시공의 뒤바뀜 속에 나타나 언젠가는 아무도 모르는 어딘가로 가야만 하는 영원회귀의 공전이다. 천지창조를 창시한 하느님은 아는지? 하늘나라로 간다고들 하지만 어느 누구도 풀 수 없는 퍼즐이다.

코로나바이러스 팬데믹이 가시는 듯하더니 또 다른 재앙이 덮친다. 남의 나라 종교 행사인 핼러윈 데이가 무엇이길래, 이태원 참사를 자초하고 말았다. 커 나가는 어린이들이 어린이날보다 이날을 기다리며 축제일이 되면 너도나도 거리로 뛰쳐나오는 이질적 사회상이다. 어쩌다 잊혀 가는 계절에 10월의 마지막 밤과 날들이 그렇게도 비참한 날이 되었을까? 젊은 나이에 후회 없는 삶을 살아 보지도 못하고 떠나간 영령들이다. 길이길이 보전해야 할 우리의 전통문화는 어디로 갔는지? 같은 시기에 경북 봉화의 광산에서 매몰되었던 광부들은 기적적으로 살아나는 운명의 갈림길이다. 예측할 수 없는 안전사고가 대형화되어 가며 아직도 여기저기 도사리고 있다.

사람들의 말이나 행동은 거개 잠재적 무의식 상태에서 이루어진다. 존재감을 과시하기 위해 말이 먼저 입에서 튀어나온다. 말이 앞서가는 세상에 사실 여부는 제쳐 놓고 삿대질에 욕이 앞선다. 거짓과 가짜가 판을 치며 시장에서 유통되는 물건도 '짝퉁'에 이미테이션 예술품까지 등장한다. 정보 통신마저 가짜 뉴스가 되어 국민을 선동하는 정치권도 앞뒤가 맞지 않는 비상식 논리에 괴변이 다수다. 머릿속에 떠도는 심리적 찌꺼기를 씻어 내는 '카타르시스' (정화: 아리스토텔레스의 『시학』에서 나오는 철학 용어)적 치료라도 받아야 할 것 같다.

겨울의 문턱에서 카타르 월드컵이 얼어붙어 가는 생의 권태를 달래준다. 우리 한국이 16강까지 가며 결과보다는 과정을 이렇게 생동감 있게 지켜본 일이 없었다. 대 포르투갈전에서 정규 시간 90분이 지나며 초과 시간에 손흥민이 황희찬에게 연결해 준 볼이 황금 같은 역전

골이 되었다. 잠시 우루과이 가나전의 결과를 지켜보며 16강의 대열에 오르는 초조함이다. 대 브라질전에서도 비록 4대 0으로 지고 있는 사이 후반 들어 백승호의 대포알 같은 중거리 슛이 터졌다. 결승전 아르헨티나 프랑스전에서도 연장전에 승부차기 골까지 숨 막히는 순간의 연속이다. '지고 이기는' 앞날에 여운을 남겼고 잠시라도 온 국민이 한마음 한뜻으로 뭉칠 수 있는 자극제가 되었다. 축구를 '군중의 발레'라고 칭송했던 러시아의 음악가 쇼스타코비치가 떠오르는 한밤의 하모니다.

한 해를 보내며 다가오는 새해에 시간의 역사가 바뀌고 있다. 주옥같은 글로 동참해 주신 문우님들께 찬사를 드리며 한국수필가연대가 더욱 빛나도록 도와주신 (사)한국문화예술연대 최광호 이사장님과 관계 제위 여러분들의 노고에 다시 한 번 감사의 말씀을 드린다.

2022년 12월
(사)한국수필가연대 회장
이범욱

목차

발간사	이범욱
강동기	학교 경영의 기저/ 17
강찬중	하늘나라에서는/ 22
강 춘	친절과 이해/ 26
고재동	잃어버린 반지/ 30
고재흠	울금바위와 주류성周留城/ 35
구서휘	김치국밥/ 38
국중하	나도 잡부인생雜夫人生/ 41
권순철	광화문/ 46
김경호	맹 선생/ 50
김경희	편지라는 감정의 거울/ 55
김민서	갈망/ 58
김병헌	어느 두 여성의 선행/ 62
김보한	술과 담배의 비극성/ 65
김복희	나무 위에서 물고기를/ 69
김석중	어릴 적 동심은 도비산과 천수만에서/ 72
김성렬	구두쇠 이야기/ 78
김여화	열세 살의 생일날/ 81
김영자	터널의 삶/ 85
김완묵	고창의 명소/ 90
김재필	동백, 그 선홍의 빛이여/ 96
김정범	사조곡思鳥曲/ 100
김정숙	레드 & 블루/ 103
김정애	카르카손 성/ 108
김종선	눈 오던 날/ 111
김창송	문패를 달던 날/ 116

(사)한국수필가연대

119/ 역사를 잊은 민족에겐 미래가 없다　김충석
123/ 눈시울이 붉어지는 건　김훈동
127/ 아직도 연두색을 좋아하세요　남복희
130/ 눈물길 걷고 걸어　남정우
135/ 숲의 시간이 흐른다　려 원
139/ 백령도를 가다　류춘영
142/ 모든 것은 지나간다　문상기
147/ 인생 수상 삼三　박정례
151/ 산행 길에서　박종윤
155/ 세상이 거꾸로 가고 있다　박찬홍
159/ 적폐, 청산과 생산　배기훈
163/ 환경호르몬　배병수
167/ 동해안을 걸으며　서양호
172/ 궁신弓神의 눈　서태양
177/ 상을 받는 마음　성낙수
181/ 그 어느 날의 편지　손동숙
185/ K군의 미소　손의영
190/ 가출　신종식
194/ 성현이가 연애를 하지 않는 이유　심양섭
199/ 동태눈　심종은
204/ 당연했던 일상들　안중주
209/ 바람 목욕　오세하
213/ 니 또 내　원수연
217/ 칠 학년이 되어서　유애선
221/ 이사 가는 날　유인종
224/ 소유의 의미　이규남
228/ 전원생활　이기돈

목차

이명우^{우명}	돌아가야 할 효孝 정신/	233
이명우	효도란/	238
이명주	길 위에서/	240
이범욱	다락방/	244
이병훈	옥동자와 미군 장교/	247
이상우	최초의 조찬/	251
이석복	김일성에 속아 대한민국을 배반한 김구/	255
이숙진	바람이 불어도/	259
이순영	어린 날의 초상/	263
이승철	갈매기 섬 홍도/	267
이영순	향기로운 말/	270
이외율	사랑은 받는 것이 아니라 주는 것/	273
이장구	둑방 길을 걸으며/	275
이재영	우리 고유의 제사와 명절 문화/	278
이창형	봄내 고을 예찬/	282
이태희	이승만을 우러러보다/	287
임갑섭	제주의 봄/	294
임지택	보름달/	300
장관주	도라지꽃의 전설/	304
장철호	밖에 나가 보지 못한 하루/	310
장희자	격세지감을 느낀다/	314
전병훈	정의로운 사회는 요원한 것인가/	317
전선자	우리 동네 사람 사는 이야기/	323
전우겸	와이로蛙利鷺: 뇌물賂物/	328
정성채	스승님, 나의 스승님/	333
정은영	차나 한잔 하시게/	337
정일주	고진감래苦盡甘來/	341

(사)한국수필가연대

347/ 아름다운 간호사의 손   정순옥
351/ 숲정이   정정길
356/ 안양천 산책길   정 준
360/ 먼 길 가는 하루의 시작   조옥순
363/ 비우며 감사하며   조재완
367/ 생명   조정화
370/ 맑은 영혼   주진호
373/ 가을에 생각나는 것   채수황
377/ 희망을 생각하며   최광호
380/ 잠방蠶方   최명선
384/ 선비 정신의 계승   최무순
388/ 이 말들이 허튼 말, 소락빼기 송頌   최영종
391/ 애물단지의 비애   최옥영
395/ 나이·2   최이락
401/ 국수   하지윤
405/ 안티고 카페 그레코와 학림다방   한명희
409/ 색소폰 소리의 신비   한승호
412/ 공경을 받지 못할지라도   한판암
416/ 치잣빛 기억 하나   현부덕
420/ 홀로 차茶를 마시며   황선호

(사)한국수필가연대상 운영에 관한 세칙
(사)한국수필가연대 임원 명단

(사)한국수필가연대 2022 제27집

마음의 일기를 꺼내다

강동기

학교 경영의 기저

"8월은 오르는 길을 잠시 멈추고 산등성 마루턱에 앉아 온 길을 되돌아보는 달"이라 하였는데 세월이 참 빨리 흘러간다는 느낌이다. 교직에 첫발을 내디딘 지가 엊그제 같은데 벌써 38년 6개월이란 긴 세월이 흘러 이제 교단을 떠나게 되었다.

인생이 지나가는 것의 빠르기가 문틈으로 흰 말이 달려 지나가는 것을 보는 것과 같다는 '백구지과극白駒之過隙'이란 말이 정말 실감이 난다.

학교다운 학교, 반듯한 학교를 만들어 보겠다는 신념을 가지고 경남의 어느 한 고등학교에 교장으로 부임한 것은 2016년 3월 1일이었다. 학교가 발전하는 데 도움이 된다면 무엇이든 다 하겠다는 생각을 가지고 나의 역량, 나의 인맥, 그 모든 것을 총동원하여 마음을 다하고 정성을 다하고 온 힘을 다하여 움직였다. 건강상의 문제로 다소 어려움이 있었지만 교직원이 잘 뒷받침해 준 덕분에 추구하고자

하는 것의 100%는 아닐지라도 가시적인 교육 성과를 거두고 교단을 떠날 수 있어 행복함을 느낀다.

학생 교육에 참고가 되기를 바라는 마음에서 학교를 경영한 기저에 관하여 이야기하고자 한다. 학교를 운영하는 키워드는 첫째가 사람이 중요하다는 점이다. '이인위본以人爲本'이란 말과 같이 세상에서 가장 근본이 되는 것은 사람이다. 사람이 바로 선물인 것이다. 사람이 희망이고 사람이 미래이다. 이런 마음으로 우리 아이들을 교육해 주었으면 한다.

둘째가 주인 정신이다. 중국 당나라 임제 선사가 『임제록』에서 "수처작주隨處作主 입처개진立處皆眞"이라 말했듯이 언제 어디서나 가는 곳마다 주인으로 살아가면 그 자리가 바로 행복의 자리요, 진리의 자리인 것이다.

셋째가 기본에 충실하자는 것이다. '근고지영根固枝榮 천심유장泉深流長'의 정신으로 임하자. 뿌리가 튼튼하면 가지가 무성하고 샘이 깊으면 깊게 흐르는 법이다.

넷째가 '하면 된다'라는 긍정의 DNA이다. 이것은 바로 '봉산개도逢山開道 우수가교遇水架橋' 자세이다. 산을 만나면 길을 트고 물을 만나면 다리를 놓는 것과 같은 이치이다.

다섯 번째가 소통과 화합이다. "군자는 화이부동和而不同하고 소인은 동이불화同而不和한다."라고 하였다.

여섯 번째가 협력이다. '독목불성림獨木不成林', 홀로선 나무는 숲을 이룰 수가 없다. 이 세상에 독불장군은 없는 것이다.

이런 바탕 위에서 교육적으로 추구한 것은 단 한 사람의 아이도 버려짐이 없는 모두를 위한 교육이었다. 잘하는 아이는 더욱 잘하게 하고 못하는 아이는 뒤처지지 않게 하는 것이다. 더 중요한 것은 아이의 가능성을 보고 잘하는 것을 찾아내어 그것을 발전시켜 나가자는 것이다. 다중지능 이론에 의하면 모든 사람은 저마다 잘하는 것이 있다. 다만 그 잠재 능력을 찾아내지 못하고 있을 따름이다. 연금술사와 같은 눈으로 찾아내어 발전시켜 나가야 할 것이다. 그것이 바로 우리 교사가 존재하는 이유라 여긴다.

교육은 윌리엄 예이츠가 말한 바와 같이 양동이를 채우는 일이 아니라 아이들의 마음속에 불을 지피는 일이다. 고전 중의 고전 사서삼경 중의 하나인 『맹자』에 나오는 '발묘조장拔苗助長'이라는 말을 되새겨 보고 교훈으로 삼았으면 한다. 억지로 싹을 뽑아 성장을 도와준다는 말인데 이렇게 되면 그 식물은 말라죽게 될 것이다. 무조건 도와주는 것이 오히려 해가 될 수도 있다. 성급하게 뭔가를 이루기 위해 속도를 내는 데 연연해하지 말고 순리에 따라 기다릴 수 있는 지혜가 필요하다고 본다. 교사는 모름지기 마을의 정자나무와 같은 역할을 해야 한다.

학생과 선생님과의 관계는 물과 그릇의 관계와 같은 것이다. 진정한 교육은 교사의 뜨거운 사랑과 인격적 감화로 이뤄진다는 사실을 잊어서는 안 될 것이다. 선생님이 그릇이라면 학생은 물과 같다. 둥근 그릇에 담으면 물은 둥글게 되고 네모난 그릇에 담으면 물은 네모나게 된다. 이와 같이 그릇의 모양에 따라 물의 모양도 달라지는 것이다. 그런 만큼 교사의 역할이 중요하다 하겠다.

마지막으로 교육은 교사가 한다는 점이다. "같은 강물에 두 번 발을 담글 수 없다."라는 말이 있지만 물은 변해도 강은 변하지 않듯이 시간이 흐르고 계절이 바뀌고 그 무엇이 변화하든 교육에는 영원히 변하지 않아야 하는 한 가지 분명한 진리가 있다고 생각한다. 그것은 바로 교육은 교사가 한다는 사실이다. 교사가 교육의 중심에 서야 한다. 그러기 위해서 학교장은 큰 방향을 제시하고 관여는 최소화하면서 열린 마인드를 가지고 교사가 가진 역량을 최대한 발휘하도록 아우르는 리더십이 무엇보다도 중요하다. 그래서 나는 최대한 자율성을 바탕으로 해서 믿고 맡기며 서번트 리더십으로 교사가 가진 역량을 100% 발휘하도록 하는 것이 학교장의 역할이라 보고 실천하려 애를 썼다. 일과 중에 교무실이나 특별실을 가지 않았던 이유도 바로 자율성을 존중하기 때문이었다. 비록 열악한 교육 환경이지만 오늘도 묵묵히 자리를 지키면서 역할을 다하는 열정적인 선생님이 있어야 우리 교육의 앞날은 밝을 것이다.

  학교는 어떤 특정 사람에 의해서가 아니라 시스템에 의하여 운영될 때 지속적인 발전이 가능하리라 본다. 그리고 교직원의 열정 또한 중요하다. 오늘 내가 행하는 작은 점 하나가 내일 위대한 도약의 출발점이 된다고 생각하고 주어진 일에 최선을 다해야 할 것이다. 교직원이 일치단결하여 선택과 집중으로 교육 발전을 이뤄 주기를 바라는 마음 간절하다. 교단을 떠나면서 그 심경을 시로 담아 본다.

    산은 산대로
    푸를 대로 푸르고

    물은 물 대로
    흐를 대로 흐르는데

    배움의 텃밭
    마지막 씨를 뿌리고

떠나는 이내 아쉬움
무엇으로 채울꼬

교육의 호숫가에
뛰놀고 싶어라.
—졸시 〈떠나는 아쉬움〉 전문

강찬중

하늘나라에서는

수산나(아내의 본명)가 투병 생활을 접고 하늘나라로 떠났다. 사람들은 흔히들 알고 하는지, 모르고 하는 소리인지는 알 수 없지만, 천당이니 극락이니 하늘나라니 하는데 가서 본 사람은 아무도 없다. 그저 그가 가진 믿음으로 생각하거나, 상상하거나, 그렇거니 하는 것이 아닐까 한다. 파티마 홈에서의 투병 생활은 눈을 뜨고는 차마 볼 수 없을 만큼 처절했으니 다시 떠올리는 것조차 힘든 일이 아닐 수 없다.

파티마 홈에 입주하기 전에 홈에 준 정보(막내 내외가 전문의여서)는 이렇다. "류머티즘 관절염을 40여 년 앓았고, 유방암 절제 수술과 항암 치료를 5년여 동안 받았다. 그 후 세 번의 요추 압박골절 수술 후 마비가 와서 전혀 걷지를 못하고, 손발 틀림 현상으로 식사가 불가능하다. 가끔 음식을 넘기지 못해서 묽은 죽으로, 약도 가루로 만들어 복약을 한다. 현재 복약을 하고 있는 것은 골다공증 예방 치료제, 류머티즘 관절염 치료제, 수면 신경 안정제, 정신질환 치료제, 치매 증상 완화제(알츠하이머 형태의 치매) 등이다. 근간에 하는 말은 몇 가지뿐이다. 미사에 가자, 실비아(손녀: 유치원과 초등학교 졸업 때까지 함께 생활해 온)에게 가자, 서울(아들과 딸이 살고 있는)에 가자, 집에 가자 등 몇 마디뿐이다. 집에서 보살핌을 받은 3년여 동안은 요양보호사의 도움을 받았다. 오전에는 건강보험공단의 일부 지원으로, 오후에는 자비 부담으로 도움을 받아 생활을 해 온 터다. 가장 힘든 일은 엘 튜브(L—tube)로 미음을 먹고 마지막 한 달여는 뱃줄 식사로 연명한 것이다. 입으로 밥을 못 먹은 것이 2년여 가까우니 그 고통이야 어찌 말로 다하랴. 그때 확실하게 내가 느낀 것은 걸을 수 있는 것도, 숟가락으로 밥을 떠서 먹을 수 있는 것도 다 대단한 기적이라는 것이다. 우리는 일반적으로 죽은 사람이 살아오는 것들을 기적이라 말하고 있지 않은가.

 파티마 홈에 입주 후 일주일에 한두 번 이상 반드시 홈을 방문하였다. 어떻게 지내는지도 살피고, 산책도 시키고, 여러 가지 얘길 나누려 함이다. 처음엔 휠체어를 태워 정원을 거닐며 소통이 되었는데 엘 튜브 식사 후 점점 말을 잃어 갔다. 그리고 "아야!" 하는 앓는 소리가 쉼 없이 늘어만 갔다. 앓는 소리가 다른 입원한 사람들에게 피해를 줄 것 같아 홈의 배려로 간호사 수녀님 방에 환자 침대를 두고 긴 날 혼자 치료를 받으며 생활한 셈이다. 그래도 건강에 이상이 없는 입소자들은 같이 모여 노래도 부르고 오락도 하는 걸 보아 왔지만 하루 이틀도 아니고 늘 혼자 천장을 보거나 창문을 통해 빈 하늘만 쳐다보고 지내왔으니 얼마나 적적하였으랴. 문득 새해에 들어 파티마 홈에서 보내준 소식지의 글이 가슴을 적신다. "간식을 잡수시다가 가만히 보시면서 '안 오셨나?' 하시기에, '어르신, 누구요?' 했더니 '영감!' 하시네요. '보고 싶으셔요?' 했더니, '아니…' 대답은 그렇게 하시지만 기다리고 계신 듯합니다."

 5월 말경 막내에게서 전화가 왔다. 엄마가 맥박이 안정되지 않은 것 같아 제가 홈으로 가는데 시간이 걸릴 것 같다며 먼저 가 보시면 좋겠단다. 바로 택시를 불러서 홈에 갔었다. "수산나!" 하고 이름을 불러 보았으나 대답도 없고 눈도 뜨지 않는다. 몇 시간 후 아들 내외와 딸과 손자, 손녀들이 다 모였다. 거친 숨소리만을 들으며 지켜볼 뿐이다. 소장 수녀님이 오셔서 임종 전 기도를 드리자고 한다. 모두가 마음을 모았다. 저녁 늦게 호전이 되는 것 같아 두 아들만 남기고 집에 왔었다. 다음 날 5월 30일, 오전 7시 23분! 편안한 모습으로 임종을 맞았다는 연락을 받았다. 다행히 두 아들이 임종을 지켰으니 그나마도 고마운 일이 아니랴.

 맏손녀는 어려서부터 유치원과 초등학교 졸업 때까지 할머니, 할아버지 손에서 자랐다. 손녀와 외손녀는 영전에 드린다며 편지를 써 왔다. 손녀는 "할머니! 할머니한테 편지는 처음 써 보는 것 같네요. 초등학교 졸업 때까지는 할머니 딸처럼 자랐는데…. 할머니, 의대에 합격한 거라도 보여드릴 수 있어서 좋아요. 할머니! 집에 가지 말고 새벽에도 파티마 홈에 있을 걸 그랬나 봐요. 아빠도 의사로서 곧 돌아가실 것 같다는 걸 알았을 텐데도 티도 안 내고 말씀도 해 주지 않았어요. 의사는 그래야 하나 봐요. 저도 앞으로 착하다, 예의바르다, 매너 있다 얘기 들을 때마다 할머니를 떠올리고 그런 칭찬을 들을 수 있도록 노력할게요. 밖에서 행동을 잘못하면, "할아버지 할머니 손에 큰 거 티 난다."라고 항상 조심하라고 하셨지요? 진짜 너무너무 고생 많으셨고 사랑합니다…." 참 예쁘게 컸다는 생각이 든다. 할머니도 먼저 하늘나라에 간 맏딸 크리스티나의 안내를 받았을 테고 편히 하느님 나라로 오르실 거라고 믿는다.

다행히도 장례 미사를 봉헌할 수 있었다. 코로나19가 좀 수그러드는 추세이긴 하지만 장례 미사는 쉽지 않다. 사전 장례 의향서를 쓴 일이 있었다. 장례를 치른 후 안정이 되면 몇 사람의 가까운 지인에게만 언제 하늘나라로 갔다는 것만을 알리기로 했다. 아이들에게도 문상을 정중하게 사양한다는 말씀을 전하도록 하였는데 다들 잘 따라주었다. 참 고마운 일이다. 비록 수산나는 적지 않은 고통을 겪었지만 어찌 보면 여든 가까이 산 것도 고마운 일이고, 고통을 줄여 주어서 감사한 일이 아닐까 한다. 홈에 입주하면서 군위에 있는 '성모의 정원'에 입주 예약을 한 것도 어쩌면 잘한 일인 것 같다. 지금 생각하면 모든 걸 미리 준비해 두고 떠난 것 같다. 누구에게나 왜 아픔이 없으랴만….

지금은 깊은 생각을 할 여유가 없는 형편이지만 언젠가는 살아온 역사의 실타래를 하나하나 풀어 갈 날들이 분명히 있으리라. 문득문득 곁에 있는 착각에 빠지니 어쩔 도리가 없다. 장례를 치르고 영정 사진을 거실에 걸었지만 집사람이 거처하던 방으로 자리를 옮겼다. 지금도 생각이 떠오를 때면 '몸이 성할 때 한 번이라도 손이라도 잡고 산책도 해 보고, 함께 여행이라도 했으면 참 좋았을 걸….' 하는 후회스러움이 몰려온다.

이 조용한 시간에 왜 이 글을 써야 하는지도 잘 모르겠지만 인연이 닿아 함께해 온 날들을 조각으로나마 풀어내고 싶은 것일까?

"주님! 하늘나라에서는 수산나에게 영원한 안식과 건강을 주소서!"

강춘
■

친절과 이해

집 가까이 학교 앞에 있는 편의점이 이름만큼이나 이용하기가 편하다. 학생들만큼 자주 이용하지는 않지만 가까워서 나를 편하게 해 주는 단골가게가 된 것 같다. 편의점 물건이 소포장, 소액이라 비싸지만 비싼 것을 느끼지 못한다. 세상은 서로의 편의대로 흘러가고 있다.

대 포장 꾸러미로 판매되는 빅 마켓이 있는가 하면 대형 마트에는 없는 것이 없는 만물상이어서 편리하기로는 더할 것이 없는 곳이지만 모든 사람들을 만족시키지는 못하는 것을 보면 세상은 큰 것도 작은 것도 함께 살아갈 수 있는 오묘한 곳이기도 하다.

편의점은 소형 점포에 소포장의 작은 물건들만 판매하지만 1, 2인 가구가 늘어나면서 그 인기가 하늘을 찌르고 있다. 빅 마켓이나 대형 마트에서 취급하지 않는 한두 사람이 한 번 먹을 만큼 소포장, 소액 상품은 가격이 많게는 50% 가까이 비싸지만 금액으로 1,000원짜리 1,500원이니 가격보다 편리성을 더 따지는 세상이 되어 편의점의 문턱이 점점 낮아지고 있다.

  대형 점포들과는 달리 편의점은 동네 어디에나 점포를 열 수가 있고 아파트 정문이나 후문 어디든지 열 수가 있어 주민들과 접촉이 쉬워 그 편의성이 배가되고 있다. 갑자기 김치찌개가 먹고 싶은데 찌개두부가 필요할 때 가까운 편의점은 약방에 감초가 된다. 꼭 필요한 단골가게가 편의점이다.

  대형마트에서 1,300원인 찌개두부가 2,000원에 판매하지만 꼭 필요할 때 비싸다고 생각하는 사람은 없는 것 같다. 만약 편의점이 없어 마트까지 가야 한다면 수고는 두고라도 차량 기름 값만 따져도 편의점 이용이 얼마나 현실적인가. 두말하면 잔소리가 될 듯하다.

  푼돈 수준이던 편의점들의 약진에 대형 마트들이 화들짝 놀라 소포장 상품들을 개발했지만 소포장 상품 자체가 주민들과 가까이에서 급하게 필요할 때 사용하기 때문에 편의점 상품이 주민들과 가까워질 수밖에 없는 것 같다.

  편의점은 소형 점포이기에 소자본으로 누구나 열 수가 있어 기하급수적으로 점포수가 많아진 것 같다. 체인점이 많은 모 업체는 그 수효가 6,000점포가 넘는다고 하니 그 인기를 알 만하지 않은가. 우리 아파트만 해도 앞뒤 정문과 후문에 있어 편리하기가 그저 그만이다.

  입이 심심해서 군것질 생각이 날 때도 가끔씩 들린다. 천 원짜리 과자가 투 플러스 원이라고 쓰여 있으면 재미가 있다. 등하교 시간에 학생들이 천 원짜리 한 장씩 들고 줄을 서서 계산하는 것을 볼 때는 공연히 즐거워진다. 참새 떼들이 몰려오는 시간이 등하교 시간이다.

  집 앞 편의점에서 정기적으로 사는 물건은 우유다. 우유는 동네 마트보다 편의점이 더 싸다. 편의점 물건이 모두가 비싼 것은 아닌가 보다. 우유 말고 맥주도 동네 마트와 편의점이 같은 값으로 판매되는 것을 보면….

　몇 년째 저녁 식사 때는 우유 한 컵씩을 곁들인다. 1,000미리 종이 팩을 사면 4회에 나누어 마신다. 건강에 많은 도움이 되는 것 같다. 간편하기도 하다. 매주 한두 팩씩 사다 보니 우유 단골로 얼굴이 익혀진 모양이다. 어쩌다 마트에서 다른 물건을 사면서 우유까지 살 때는 편의점에 결근을 하면 "이번에는 좀 늦었네요." 하면서 친절한 인사를 잊지 않는다.

　아르바이트생이 자리를 지킬 때도 있지만 대부분 주인과 중년의 아주머니가 계산대를 지킨다. 두 분이 친절하여 가게를 다녀오면 기분이 좋아진다. 친절은 상대를 기분 좋게 해 주는 명약인 것만 같다. 특히 아주머니가 친절하다. 언젠가 연세가 어떻게 되느냐고 묻기에 알려 주었더니 "우리 아빠와 동갑이시네요." 하면서 그때부터 특별히 친절을 베풀어 편의점 가는 발걸음이 가벼워졌다. 친절은 영양제 주사보다 더 효과적인 명약이다.

　중년의 아주머니가 너무 친절하여 이 점포의 안주인이냐고 물었더니 자기는 알바라고 했다. 깜짝 놀랐다. 시간만 때우는 알바들과는 너무 달랐다. 타고난 친절인 것만 같았다. 책도 가까이 하느냐고 물었더니 옆에 있는 몇 권의 책을 가리키면서 손님이 없는 시간에는 책을 읽는다고 했다.

　오랜만에 반가운 친구를 만난 기분이었다. 주변에 책을 가까이 하는 사람을 만나기가 쉽지 않은데 친절이 몸에 밴 사람이 책까지 좋아한다니 대화 상대가 될 듯하여 기분 좋은 날이다. 수필집을 한 권 주겠다고 했더니 좋아하면서 꼭 주시면 고맙겠다고 거듭 부탁을 한다.

　같은 물건을 사면서도 덤으로 주는 친절은 맛이 다르다. 오늘 우유는 특별히 더 고소할 것 같다. 값을 치르고 나오면서 선물을 받은 기분이다. 1,000미리 우유 한 팩의 가치는 얼마일까. 금액으로 환산할 수 없는 친절이 사람마다 다르니 참으로 기이하다.

오늘따라 지난날 아내가 하던 말이 귓전을 맴돈다. 남들이 하는 말을 이해하려고 노력을 하면 남들에게는 그렇게 이해를 잘 하면서 가족에게는 자기주장만 하고 이해를 못 하니 불만스럽다고 하던 말이 생각이 나 새삼스레 미안해진다. 없던 말을 만들어 낸 것도 아닌데 언제 그런 일이 있었나 싶은 것을 보면 지금도 나의 잘못을 부정하는 것 같아 부끄럽다.

친절과 이해는 엄연히 다른 단어이지만 일맥상통하는 것 같다. 이해만 잘하면 최상의 친절이 될 것만 같지만 상대의 말과 행동을 이해한다는 것도 쉽지 않은 일이다. 다툼이 생기는 것도 이해가 되지 않기 때문인데 친절이 끼어들어 이해를 시키는 방법은 없을까. 상대를 이해시키려 하기보다 내가 먼저 이해를 하려 노력하는 친절을 베풀 수는 없을까.

친절 알바 아주머니가 계산대를 지키는 날은 물건을 사는 것이 아니고 선물을 받는 날이 되는 것 같다. 책을 가까이 하는 사람은 책 속에서 이해의 폭을 넓히는 친절을 키워 갈 것만 같아 독서의 중요성이 새삼스러워진다. 이번 주에도 다음 주에도 편의점 가는 발걸음이 가벼워질 것 같다.

고재동

잃어버린 반지

"갑시다!"
"어딜?"
"금은방."
"정말!"

극히 건조한 대화였지만 아내에겐 찰랑찰랑 감정선을 차고 넘는 민감한 내용이 감지됐나 보다. 추석을 한 열흘 앞두고 있던, 고추잠자리가 가을이란 단어를 물고 와 저녁 시간을 알릴 때였다. 새로 마련한 2인용 식탁에 앉은 아내가 조심스럽게 꺼낸 한 마디,

"팔찌 하나 해 주면 안 돼? 손목이 너무 허전해서…."
"……."

나는 그날 말없이 밥에 반찬만 입안으로 구겨 넣었던 것 같다.

39년 전, 경주 등지에서 신혼여행을 끝낸 우리 부부는 처가가 있던 포항에서 여정을 풀었다. 손아래 사촌 처남의 주선으로 북부해수욕

장으로 회를 먹으러 가는 길에 택시를 탔다. 아내가 평생 패물과 거리를 둬야 했던 그날 사건은 택시 안이었다. 다이아 반지를 비롯한 패물을 작은 손가방에 넣어 치마폭에 품고 있다가 그냥 일어서서 택시를 내리고 말았으니…. 회를 먹는 둥 마는 둥 모든 택시 회사에 연락해 두었으나 아내에게 그 패물들이 매정하게 되돌아오지 않았다. 달랑 걸고 있던 목걸이 하나만 남았다. 그 당시 결혼 패물로 한창 유행했던 다이아 반지는 일 년 농사를 지어 마련했던 터였다.

여태까지 바쁘게 살다 보니 나는 아내의 반지 등 패물에 눈 돌릴 겨를이 없었고, 아내는 본인에게 패물은 사치라고 생각했던 듯. 내 생각이 틀렸을지도 모른다고 판단한 것이 최근. 아내에겐 기껏 10여 년 전 실반지 하나 갖고 싶다고 해서 끼고 있는 한 돈 금반지가 전부이다.

아내가 아이들 금반지 사러 가끔 들린 금은방이라며 앞장선 곳에서 다 풀진 못했지만 팔찌 하나를 점찍었다. 기쁨은 속에 가두고 저녁을 사겠다고 아내가 제의해 왔다.

"갑시다."

"또 어딜?"

"병산서원屛山書院."

"거기가 어딘데?"

사실 나도 가 보지 않았다. 도산서원을 비롯한 우리나라 대표 아홉 개 서원을 묶어 세계 유산으로 등재한 병산서원이 곁에 자리하고 있었건만 낯선 곳이 그곳이다.

아내를 낯설게 하려던 것은 아니었다. 그동안 낯설게, 정신없이 살아왔던 사실은 틀리지 않다. 작년까지만 해도 진입로가 비포장도로였는데 관광객의 성화로 70퍼센트 포장되었다고 들었다. 이 길이 또한 아내와 나를 낯설게 했다. 잃어버렸던 100년 전 세상을 가고 있다는 생각이 드는 건 왜일까.

 승용차끼리도 겨우 비켜 닿은 곳. 배롱나무 꽃은 거의 지고 우리의 손을 가장 먼저 잡아 준 것은 달팽이 뒷간이었다. 그 옛적 머슴이 사용하던 곳이란다. 신기하게 바라보던 아내가 그곳으로 들어가더니 한참 나오지 않았다. 천진, 얄궂은 표정을 하고 나오는 걸 봐서 그곳에서 근심 하나를 버린 것 같다.

 병산서당으로 오르다가 아내가 광영지에서 나를 붙잡았다. 광영지는 선비들이 마음을 닦고 학문에 정진할 수 있도록 배려한 서원 속의 정원이다. 네모난 연못 가운데 둥근 섬을 가리키며 아내가 신기해한다. 아내의 표정에서 천진난만한 손주의 모습을 읽어 낼 수 있었다.

 이러한 한국 전통 연못은 천원지방天圓地方이라 했다고 한다. 이는 '하늘은 둥글고 땅은 네모나다.' 라는 뜻으로 동아시아 사회의 전통적인 우주관이자 세계관을 나타낸다고 한다.

 병산서당에서 학문하는 곳을 비켜 존덕사尊德祠를 향하는데 대문의 빗장을 걸고 쪽문을 나오는, 계절 한복을 곱게 차려입은 중년 신사 한 분과 맞닥뜨렸다. 아내가 안을 한번 볼 수 없겠냐고 여쭸다. 그 신사분은 기꺼이 안을 내주었다.

 "원래 이 문은 나오는 문이고 옆의 대문이 들어가는 문입니다. 얼마 전까지만 해도 이 존덕사는 개방하지 않았습니다."

 "아, 네. 그렇군요."

 이곳에서 학문을 하는 유생이라는 그 신사는 우리를 위해 꽤 긴 시간을 할애해 줬다. 이 서원의 역사가 800년이나 되었고 서원 철퇴령이 내려진 때에도 거뜬히 살아남았다고 강조한다.

 "원래 서원이란 이름을 갖기 위해서는 서당과 존덕사가 있어야 올바른 서원이라 할 수 있죠. 글 읽는 서당엔 여자는 들이지 않았고 책은 반출하지 않았습니다. 색은 유생의 학문을 방해했고 책은 많을수록 좋지요."

"감사합니다."

아내가 산새가 너무 좋다고 하니 저 산이 병산屛山이라는 설명에 나는 반응하지 않았다. 무식이 탄로 날까 싶어서.

존덕사는 서애 유성용과 아들 유진의 위패가 모셔져 있다. 서애 선생을 두고 '하늘이 낸 사람'이라고 칭송했다 한다. 서애 선생은 지조가 곧으며 마음가짐은 공평하고 몸가짐은 청결하였다. 선생의 문장은 땅과 바다같이 깊고 두터워 천고天古를 꿰뚫었으며 해처럼 빛나고 옥같이 깨끗하였다. 이에 선조는 '정의상으로 나의 친구'라며 자랑스러워했다 한다.

"참 못생겼네."

"그래서 모과라고 했다지?"

병산서당 거처 만대루를 지나 서원 마당에 내려섰다. 배롱나무 꽃은 거의 지고 단풍 몇 잎이 곱게 물들고 있는 옆에 모과나무가 주렁주렁 가을을 달았다. 아내와 내 얼굴이 모과 열매에 반추된다. 누가 봐도 우리를 화려한 배롱나무 꽃에 비유하지 않을 터다. 모과 열매보다 낫다고 큰소리칠 수 없는 상황을 우리만 모르고 있는 게 아닐까? 그래도 방아깨비 한 마리를 붙들고 웃는 아내 표정은 모처럼 밝다. 내게 시집와서 40여 년, 잃어버렸던 세월을 다시 찾기라도 한 듯…. 세월 앞에 장사가 있던가.

틈새로 드는 향내/ 수상한 빈 뜰에는/ 한양 간 철부지양/ 실루엣이 아른아른/ 오롯이/ 비벼 저미며 아린 눈/ 꽃 그리다 타는 놀

―〈빈 뜰〉

병산서원을 돌아서 나오는 차 안에서도 아내는 감탄사를 연발했다. 산새에 반했고 서원이 품고 있는 역사성과 품격이 놀랍다고 했다. 다음에는 꼭 아이들을 데리고 오겠다는 다짐도 한다. 멀지 않는 곳에 있으면서 낯설었던 곳이 낯설지 않을 때까지 내게도 자주 오자는 제의를 잊지 않았다.

3년 만에 열리는 안동 탈춤 페스티벌 대회에 출전하기 위해 풍물 연습을 하러 갔던 아내에게서 카톡 문자가 왔다. "놀다 갈게요." 내용을 풀어 보면 다음과 같다. 회관에 가서 자정까지 10원짜리 고스톱 하다가 갈게요.

내심 은근히 핑크빛 밤을 기대했던 나의 꿈은 물거품이 되어 사라지고 말았다. 이럴 때 내가 취해야 하는 행동은 돈 벌러 나가는 일밖에 없다. 오늘 하루는 휴무일로 잡아도 좋겠다고 생각했지만 고쳐먹기로 했다. 열흘 후에 치러야 하는 아내 팔찌 값 거액(?)을 벌어야 하니까.

택시 시동을 걸었다. 동녘 하늘엔 아직 하현달이 오르지 않고 있다. 불그레 서광이 비쳐 올 뿐…. 북두칠성 일곱 별이 달 맞을 채비를 한다. 재촉은 하지 않는다.

고재흠

울금바위와 주류성周留城

　개암사開巖寺 뒤 산길로 삼십 분쯤 걸어 울금바위에 닿는다.
　이 울금바위는 변한 때에 우 장군과 진 장군이 이곳에서 성을 쌓고 전정을 베풀어서 유민들이 두 장군의 훈공을 잊지 않기 위하여 우진암禹陣巖이라 불렀다는 이야기가 있고, 이규보의 시에서 차용한 위금암位金巖이란 설도 있으나 고증한 바는 없고 어쨌든 많은 이름을 가지고 있는 유명한 바위이다.
　울금바위 안에는 세 개의 굴이 있는데, 깊이는 그리 깊지 않으나 마치 야외 음악당 비슷한 모양의 두리병병한 암굴이며, 1백여 명 정도의 인원이 들어 살 만하고 신라의 고승 원효 대사가 굴속에서 수도를 했다 하여 '원효방'이라고 불리고 있다. 세 굴 중 제일 협소하여 백제 부흥 운동 당시 군사들의 옷을 입히기 위해 베를 짰다 해서 베틀굴이라 전해오고 있으며, 복신이 병을 이유로 나오지 않았던 굴이라 하여 복신굴이라고도 불리고 있다. 이 특이한 굴들을 이규보 작가는

〈남행월일기〉에 기록하기도 했다.

이 울금바위를 기점으로 하여 남쪽과 동쪽으로 모두 3km 남짓한 석성石城의 자취가 남아 있는데, 특히 동쪽으로 뻗은 성터에는 높이 3m 가량의 성벽이 완연히 남아 있다. 원래 변한 사람들이 쌓은 석성으로 백제 부흥 운동의 중심지가 된 주류성이 바로 이 성이라고 전해지며, 성곽 안에는 백제 이궁의 흔적이 남아 있다.

백제는 신라의 서쪽 변두리 성을 마흔 개도 넘게 공략하여 국경선을 낙동강 기슭까지 공략하였다. 그러나 신라는 당나라를 끌어들여 마침내 의자왕 20년(660) 당나라 소정방의 10만 군과 김유신의 5만 군은 사비성을 공략하였고, 이어 의자왕이 피난한 웅진성마저 함락시켰다. 백제 유민들은 나라가 망한 뒤에도 각지에서 줄기찬 조국 부흥 투쟁을 벌였는데, 특히 '임존성'(지금의 충남 예산)과 주류성이 양대 근거지였다.

주류성에서는 백제의 장군이었던 도침과 중 복신의 지휘 아래 백제 부흥 운동 세력이 결집하였다. 복신은 일본에 원군을 요청하여 일본에 가 있던 의자왕의 셋째 아들 풍豊을 불러들여 풍장왕으로 세우고 상당한 기세를 올렸다.

복신이 도침을 죽이고 다시 풍장왕이 복신을 죽이는 지도부 내의 분쟁으로 인해 항전군의 사기가 떨어지자 두 번째로 결집한 나당 연합군은 663년 7월 백강을 따라 내려가 주류성 공략에 나섰다.

6월에 백강 어귀에 도착해 있던 일본의 지원 선단은 이 싸움에서 신라 수군의 연화계連火計에 말려 전소되었다. 풍장왕은 고구려로 도망했고, 패잔병들은 9월 7일 주류성이 함락된 뒤, "백제의 이름은 오늘로 끝이로다. 고향땅을 어찌 다시 밟으리오."라는 뼈아픈 탄식을 남기고 일본으로 망명했다.

이 전투의 경과는 한국, 중국, 일본의 역사책에 모두 기록되어 있으나 지명을 서로 다르게 적어 놓고 있으므로 주류성과 백강이 어디를 말하는지는 계속 논란이 되고 있다. 충청남도 한산이라는 설과 예산 쪽의 내포군이나 연기군이라는 설, 그리고 이곳 '부안설' 이 다투는 가운데 '백강' 이란 '동진강' 을 말하며 '주류성' 은 바로 '울금산성' 이라는 설이 약간씩 세를 얻고 있는 실정이다. 울금산성은 전라북도 기념물 제20호로 지정되어 있다.

백제 마지막 부흥 운동을 한 항전 거점인 주류성이 그 위치 문제로 아직도 이론異論이 있다는 것은 역사가 증명해 줄 것이다. 성터는 산하山河 잡초 우거진 폐허만 남아 있으니, 이곳 울금바위와 주류성을 찾는 길손이면 누구나 백제가 최후로 떨어져 나갔던 격전의 그날, 피눈물 나는 저항이 펼쳐졌을 강산의 모습과 인물을 회고하면서, 새삼스럽게 영고성쇠의 덧없는 감회를 맛보게 되지 않겠는가!

울금바위와 주류성은 부안 상서면 감교리에서 고창을 연결하는 23번 국도변에 능가산 개암사 안내 표지석이 우람하게 서 있어 전국적으로 관광객을 맞이하고 있다. 개암사를 찾아 뒷산으로 삼십 분쯤 오르면 산세와 산하 경관이 아름다워 관객들이 탄성을 자아내게 한다. 부안 지역 어느 방향에서 보아도 웅장한 울금바위를 관망할 수 있어 자랑스러운 일이다.

한편 울금바위는 나의 고향 청림靑林리에서 보행으로 한 시간 거리다. 고향에서 거주할 때는 산성을 자주 찾았으니 지기知己처럼 나를 더 반기는 것 같아 더욱 정감이 깊고 자랑스러운 울금바위 주류성이다. 우금암, 야외 음악당 같은 역할을 오랫동안 보존하고, 지금 주류성지는 잡초에 가려 있지만 오랜 세월 동안 깊은 역사를 보존하기 바랄 뿐이다.

구서휘

김치국밥

　김치국밥은 아버지가 가족을 위해 끓여 내시던 만찬晚餐이다. 멸치로 육수를 낸 것에 김치를 송송 썰어 넣고 한소끔 끓이다가 쌀밥을 넣고 다시 복닥복닥 끓이면 김치국밥이 된다. 여기다 맛을 내기 위해 이것저것을 더한다면 개운한 맛이 나지 않는다. 끓일 때 중요한 것은 국물과 적당히 뭉그러진 밥의 조화이다. 시간 조절을 못 하면 밥알이 너무 퍼져 버린다. 국물이 투박하고 걸쭉해지면 맛이 없다. 요리의 반열에 들기에는 미약한 느낌은 있지만, 그렇다고 간단히 끼니를 해결할 수 있는 가벼움과는 분명 다르다.

　우리나라 음식에서 빠질 수 없는 것이 김치이다. 그것으로 요리된 음식들도 지천이다. 그런데도 김치국밥을 사 먹어 본 기억이 없다. 돈을 주고 사 먹을 수 없는 음식이다. 과거의 기억을 소환하는 음식. 짧은 시간에 뚝딱 만들어 낼 수 있는 음식이라고 폄하할지도 모르는 그 맛을 찾는 나의 내력은 무엇일까. 육체적 만족감과 더불어 오는 영혼의 교감이다. 되새김하는 추억의 과정이 의미 있는 것이다. 추억을 재현하는 일이다. 그것이 바로 김치국밥의 마력이다.

그러다 보니 김치국밥을 끓이는 이유는 시장기보다 정서적인 것에 비중이 크다. 지난 시간 속에서도 오롯이 살아 있는 그리움. 그래서 인생이 허기진 날은 뜨거운 김치국밥을 끓인다. 안온하게 퍼지는 온기는 알 수 없는 안도감을 준다.

김치국밥은 특별한 찬이 필요하지 않으니 궁핍의 생활에도 한 끼의 식사로 손색이 없다. 맛의 깊이를 좌우하는 것은 김치 맛이다. 그 맛은 숙성되기까지의 시간일 것이다. 때로는 청양고추를 썰어서 넣기도 한다. 땀 흘리며 먹고 나면 막힌 곳이 뻥 뚫린 것처럼 가슴속이 시원해지는 것 같다. 긴장하여 움츠렸던 마음도 녹는다.

국밥 하나 달랑 놓인 밥상이지만 마음은 풍성하다. 아버지는 국밥을 반짝반짝 닦여 있던 무거운 유기그릇에 담아 주셨다. 유기그릇은 수저를 내려놓을 때까지 그 따스함을 잃지 않았다. 아버지가 국밥을 끓여 주시던 시간 동안의 설렘이 아직도 느껴진다. 그 기억들을 나도 모르게 마음속에 쟁여 넣은 것이다.

국밥을 먹으며 아버지의 헤아릴 수 없는 고뇌와 사랑을 생각한다. 아버지의 눈물 뒤에 내가 얼마나 평안했던가를. 아버지의 고달팠던 삶이 뒤엉켜서 애틋해진다. 사랑이란 이런 거구나. 순환의 고리들이 쌓이고 또 쌓여 간다. 가슴에 젖어들던 것들은 지워지지 않는다. 때때로 이렇게 구원의 시그널처럼 빛나고 있는 것이다. 오늘도 국밥 한 그릇 먹고 나면 마음은 다시 힘을 얻어 둥둥해질 것이다.

삶은 오묘한 것이어서 이렇듯 아주 작은 것에서도 큰 기쁨을 만나게 된다. 누추해 보일 수 있을 어릴 적의 기억이 수채화처럼 아름답게 투영되는 것은 순전히 사랑이 넘치던 아버지 덕분이다. 아버지의 따뜻한 감성에 기대어 살 수 있었기에 엄혹한 삶의 시련들에도 끝끝내 무너지지 않았을 것이다.

외국에서도 김치국밥이 생각난다. 돌아와 김치국밥을 끓여 먹으면 시름시름 앓던 몸과 마음이 기운을 찾는다. 따뜻한 그것이 속살 속으로 스미고 스며들어 다시 견고해지는 것이다. 그래서 김치국밥을 끓이는 일은 지친 몸과 마음이 위로를 받는 것이다.

밥알의 열기를 넘기니 목구멍을 따라 뜨거운 전율이 느껴진다. 맛은 추억이나 결핍으로 존재한다고 누군가 말했듯이 각인된 맛은 정서의 밑바닥에 박혀 있어 삶이 비루해지려는 고비마다 생각난다. 그것을 먹고 있으면 잠시나마 과거의 시간 속에 머무는 기분이 든다. 따뜻하고 깔끔한 국물이 몸에 스며들어서 구겨졌던 마음들이 풀어지고 사납게 달려들던 생각들도 안온해진다. 그렇게 어제의 시간 위에 오늘의 시간들이 포개지고 있다. 따뜻하게 열리는 이 시간은 아버지가 남기고 간 훈훈한 선물이다.

국중하

나도 잡부인생 雜夫人生

잡부雜夫라면 '여러 가지 자질구레한 일에 종사하는 남자'라는, 잡일꾼을 뜻한다. 모든 일을 다 하거나 모든 일에 다 능통할 만큼 다양한 끼와 재능을 갖춘 사람을 두고는 만능엔터테이너universal entertainer라고도 한다. 동의어로 잡역부雜役夫, a charwoman라고도 하는데….

고故 정주영 회장도 가출하여 잡역부를 거쳐 성공한 기업가이자 사업가였다. 세계 최빈국이던 대한민국을 중진국으로 이끌어 올린 고 정주영 회장이 전해준 이야기가 불현듯 생각난다. 당신은 박정희 대통령과의 다음의 일화를 결코 잊을 수가 없다 하셨다.

엿새 동안 양말을 못 갈아 신고 경부고속도로 건설 현장에서 날밤을 새웠었다. 작업화를 벗어 놓고 잠을 자 본 기억이 별로 없을 정도로 현장을 지키고 있던 차에 때마침 박 대통령의 부름을 받고 청와대로 급히 달려갔다.

응접실의 조그마한 탁자를 사이에 두고 둘이서 마주 앉았다. 박 대통령께서 무슨 말씀인가를 하시는 중에 그만이나 깜빡 졸아 버렸단다. 고작 2~3분, 길면 한 4분 정도였을 텐데 어찌나 맛있게 졸았던지 너무너무 피곤하던 심신이 다 치유된 느낌이었는데 이내 아차! 내가 대통령 앞에서 무슨 짓을 한 것인가를 깨달았다. 간담이 서늘해지고 모골도 송연해졌다.

'대통령께서 애써 말씀을 하시다가 졸고 있는 나를 보고 얼마나 기가 막히셨을까? 당연히 하시던 말씀을 중단하셨겠지.' 창황망조 끝에 어쩔 줄 모르며 죄송하다는 말씀만 연발했다. 차츰 놀란 가슴도 진정되고 새로이 정신이 번쩍 들었다.

그런 찰나에 대통령께서 나의 손목을 꽉 잡으시면서, "정 사장, 내가 참 미안하구만!" 그렇게 말씀을 하셨다. 정말 대단하신 분이었다. 나는 그날의 대면 실황을 죽어도 잊지 못할 것 같다. 바로 저러한 면면이 대통령의 풍모를 대인大人으로 자리매김하셨구나 싶었다.

1970년 7월 7일, 마침내 세계 역사상 가장 빠르고 값싸게 건설한 429km 경부고속도로를 개통하였다. 바야흐로 대한민국의 산업 근대화가 시작되었던 것이다. 총 공사비가 429억 원으로 일본 동명 고속도로에 비하면 9분의 1 수준이었다. 1968년 12월 1일 착공하여 29개월(정상공기=12년) 만의, 빠른 공사 기간 내의 완공이었다. 이때부터 '다이내믹 코리아dynamic korea'라는 국가의 홍보 브랜드가 붙여졌고 한국 경제 성장의 기틀이 마련된 것이다.

그 큰 역사를 도맡은 정주영 회장은 강원도 통천 농부의 장남으로 태어나 초등학교밖에 교육을 받지 못하였다. 3차례나 가출하여 건설 현장 막노동부터 안 해 본 일이 없을 정도였다. 그야말로 '만능 잡역부'였다. 바로 당대에 세계적 기업을 탄생시킨 하이클래스 경제잡부였다.

미국 '조 바이든' 역시 갖은 역경을 겪어 내고서 오늘의 하이클래스 '정치 잡부' 노릇을 자청하였다. 그는 29세(1972년) 최연소 상원의원이 되었다. 교통사고로 아내와 딸을 잃고 신을 원망하며 슬픔에 빠졌을 때, 그의 아버지 '조셉 바이든 시니어'(1915~2002)가 그에게 만화 액자 한 점을 건넸다. 'Why me? Why not?'이란 그 만화 액자가 조 바이든 미국 대통령 책상 위에 놓여 있다.

미국 유명 작가 '딕 브라운'(1917~1989)의 만화로 '해이가르'는 자신이 탄 배가 폭풍우 속에서 벼락에 맞아 좌초되자 신을 원망하며 하늘을 향해 외친다. "왜 하필 나입니까(why me)?" 그러자 신은 그에게 이렇게 되묻는다. "왜 너는 안 되지(why not)?"라고. 그는 이 만화를 통해서 불행은 누구에게나 닥칠 수 있다는 것을 깨달았다. "이 만화가 필요할 때마다 나를 겸손하게 만든다."라고 말했다.

보일러 청소부와 중고차 판매를 하는 잡부 아버지 밑에서 자란 서민 출신 '조 바이든'은 중학교 때부터 풋볼과 야구에 열중하면서 친구, 여인과의 교제에 정신을 팔았다. 명석한 두뇌를 가지고도 부진한 학업 성적으로 졸업했다. 뿐만 아니라 유·소년기부터 말을 더듬는 증세에 시달려 20대 전반까지 고생하면서 이를 극복하기 위해 거울 앞에서 시 낭송을 계속 연습했다.

20대에 상원의원에 당선된 직후 1972년 12월 18일 아내 네일리어 헌터(1942~1972)가 크리스마스 쇼핑을 위해 2남 1녀를 데리고 차를 몰던 중 트레일러와 추돌하여 아내와 딸이 숨졌고 두 아들은 겨우 살아났으나 중상을 입었다. 그런 와중에도 정계에 진출하여 2008년 6선 연임에 36년차를 자랑하는 압도적 상원 민주당의 중진이 되었고,

같은 해에 47대 미합중국 부통령으로 당선되었다. 2021년 미국 역사상 최고령, 최다 득표(7,000만 표 이상)로 대망의 46대 미국 대통령에 당선되면서 행정의 최고급 잡부를 자임하게 된 것이다.

동서양을 막론하고 누구누구 할 것 없이 나보다 먼저 나라와 민족을 위해 긍정적인 사고로 최선을 다한 초보 잡부로부터 시작하여 세월 속에서 노련한 잡부로 익어 온 인생은 위업을 달성하게 마련이거니 싶다.

한미한 농촌에서 태어나 나름 한국 경제 발전에 잡부 보조역을 맡으면서부터 깊이 인연을 쌓은 정주영 회장을 나는 가슴에 노상 모시고 지낸다.

1962년 자랑스러운 전북 공대를 졸업하고, 호남비료 나주공장, 한국종합기술개발공사, 극동건설, 현대그룹 등 잡역부로서 새벽별 보고 출근하여 밤별 보고 퇴근하면서 주어진 업무에 매진했다. 극동건설 김용산 회장과 현대그룹 정주영 회장으로부터 받은 당시의 신뢰와 사랑이 참으로 유별났었다.

1970년대 초대형 사우디아라비아 항만 공사를 수주하여 준설선 dredger 건조가 시급했을 때는 비상대책본부를 맡아 밤낮을 잊고 일했다. 새벽 4시경이었다. 높은 난간 통로에서 가로지른 철봉을 미처 보지 못한 정주영 회장이 철봉에 머리를 부닥쳐 휘청거렸다. 수십 미터 밑으로 추락 직전이었다. 뒤따르던 내가 순간적으로 회장의 허리를 껴안았다. 순간 당황하고 죄송해하는 나에게 외려 고맙다 치하해 주시던 그때의 표정을 잊을 수가 없다.

그리고 선박 해체 사업 본부장을 맡아 밤낮없이 일할 때였다. 50m 높이의 갑판에서 일하던 작업자 8명이 기우뚱한 뱃전에 물에 빠져 처참하게 수장된 참사가 일어났다. 당시 영국 출장 중이시던 회장께서 나에게 전화로 하명을 하셨다. 유족한테 내가 맞아 죽을까 봐 걱정이 되셨던 게다. "절대 유족에게 가지 마라."라고 신신당부하셨다. 그때에 흘린 눈물, 그 감동스러움이 정 회장님 서거 20주년을 맞은 오늘까지도 나의 눈시울을 뜨겁게 한다. 그런 분이 바로 대인大人이지! 그런 생각을 하면서 나는 지금도 아침 7시 간부 사원 조찬에 임한다. 회장님의 가르침을 내 방식으로 이어 가고자 애를 쓴다.

요즘 나에게는 새로운 세컨드 잡이 생겼다. 월요일부터 금요일까지 오전 6시 30분에 회사 출근하여 오후 4시면 퇴근을 한다. 두 번째 잡을 위해 일찍 퇴근함과 동시에 또 다른 출근을 하는 것이다. 57년을 함께한 아내를 돌보는 일이다. 차츰 인지 기능이 약해지고 있는 아내를 돌보는 박경숙 이모와 교대해서 하는 잡인 것이다.

이런 나의 사정을 어찌 알았음인가. 며칠 전 뜻밖의 에이프런apron(앞치마) 선물이 당도했다. 주방 보조역에게 참 요긴한 선물이었다. 착용할 때마다 감사함이 출렁인다. 붉은색 에이프런 양 측면에 주머니가 달려 있고 앞면에 '숲 그림'과 함께 '숲길을/ 걸으면/ 그의 소중함/ 느껴진다.'라는 멘트 끝에 내 이름까지 새겨 있다. 가사 잡부인 줄을 알고서 준비해 준 전일환 완주예총 회장께 지면을 통해 진심으로 감사의 마음을 전하고 싶다.

나는 앞으로도 힘이 닿는 한 사랑하는 아내와 함께하면서 장례 문화 사업과 멀티 잡으로 '잡부 인생' 수임을 자랑스럽게 마무리하고자 분발한다. 오늘도 내일도, 오로지 내게 주어지는 제반 잡일을 주저 없이 즐기면서 임하고자 할 따름이다.

권순철

광화문

 광화문광장의 한쪽이 공원으로 꾸며져 시민들 품에 안겨졌다. 우리들 근·현대사의 영광과 아픔, 사상과 이념이 혼돈과 분노의 탁류 되어 치열하게 내뿜어지던 곳이다. 반쪽의 자유로운 통행만으로 들끓는 시민의 욕구들을 온전히 담아낼 수 있을까? 그래도 다시금 만들어진 광장이 고대 폴리스의 아고라처럼 더 많은 시민들의 생각과 소망들로 자유로운 토론의 장이 열리는 심벌이 되었으면 좋겠다. 우리들의 광화문이기에 더욱 그렇다.
 광장을 품에 안고 있는 광화문은 조선 왕조의 법궁法宮(임금이 거처하는 첫 번째 궁궐이자 공식 집무실)인 경복궁의 남쪽에 있던 정문이다. '광화문'은 '임금의 큰 덕德이 온 나라를 비춘다.'라는 뜻이라고 한다. 임금이 백성을 위해 빛을 다듬고, 백성을 위한 열망이 온 천하에 전해지기를 바라는 뜻을 담고 있음이다. 구중궁궐 속에 자리해 변변한 통신 수단도 없던 그 시대에 백성과의 원활한 소통은 결코 쉽지 않았으리라.

 달리던 차로를 막아 통행이 더 자유로운 공간이 되었다. 산책하는 여유로움과 함께 공동체의 소통을 더 넓혀 갈 수 있는 상징적인 공간이 되었으면 좋겠다. 자기중심의 공간적 가치관을 넘어 실타래처럼 얽힌 불통의 벽들을 조금이라도 허물게 해 준다면 얼마나 좋을까. 걸으면서 들어오는 상쾌한 광장의 밤공기처럼 소통의 작은 실마리가 여기 광장에서 풀려나길 소망해 본다.

 아무튼 복잡한 도심 가운데 조그만 여유로움을 얻을 수 있는 자유로운 공간이 생겨 좋다. 자유 공간을 품에 안고 있는 광화문, 광화문의 광장, 400여 년 이어 온 임금님의 소통 열망의 역사가 느껴진다. 광화문은 1395년 세워져 임진왜란 때 불타 중건되었다가 1927년 일제에 의해 강제로 다른 곳에 옮겨졌다고 한다. 일제 침략자들이 총독부 청사를 짓는다고 해체시켜 버렸다. 우리 선열들의 저항 의식을 일깨웠으리라. 소통의 꽃을 채 피워 보기도 전에 일제의 민족 문화 말살 정책에 삼켜야 했던 분루가 자리한다. 여름날 광장에 솟구치던 분수는 무엇을 얼마나 알고 있을까?

 광화문 담벼락 한 장 한 장 놓여 쌓인 가지런한 석축 마디마디에 백성들의 소망과 울분의 역사가 서려 있음이다. 광화문이 단순히 돌과 나무만으로 쌓여진 건축물이 아님을 역설하고 있다. 오늘날 현재를 살아가는 시민들에게 광장은 어떤 의미로 다가올까? 자유로이 걸어 다닐 수 있게 연결된 광장. 도심 한가운데서 경복궁, 북악을 바라보며 걷는다. 광장은 시민들의 분출하는 욕구와 열망을 받아들인다. 광장은 평화스러움이다. 시민들의 온갖 열망과 평범한 여유로움이 공존하는 광장. 광장을 안아 지키던 광화문은 일제 침략기 이후 또 수난을 겪었다고 한다. 북한군의 6·25 남침 전쟁 때 포탄에 맞아 완파

당했다. 1968년 중앙청(구 조선 총독부 청사) 앞으로 이전해 복원된다. 그러다가 원래 모습을 찾겠다고 2006년 또다시 철거되었다가 2010년 8월경 다시 복원되었다. 광화문은 철거되고 복원되는 와중에도 권력과 부패에 항거하던 수많은 백성들의 마음이 광장에서 움직이는 모습을 지켜봤을 것이다. 광화문 광장은 한국 민주주의 역사의 상징적 장소가 되었다. 수많은 사람들로 붐비는 광화문 네거리. 번잡스런 광화문 광장을 자유로이 비집고 다닌다. 숭례문과 더불어 한양의 역사가 함축된 곳이라 찾아오는 관광객들이 참 많다.

"향긋한 오월의 꽃향기가 가슴 깊이 그리워지면 눈 내린 광화문 네거리 이곳에 이렇게 다시 찾아와요~." 광화문의 낭만적 감성이 우리네 시민들의 가슴을 울렸다. 메아리쳤던 수많은 군중들의 함성도 남아 있다. 이성보다는 불꽃같은 감성으로 낭만적 가슴을 때렸으리라. 한 방송사의 오보로 시작된 광우병 괴담 시위도, 그리고 촛불 시위도 광화문의 자유 속에 왔다가 아무 남김없이 갔다. 광장의 자유. 왜 자유인가? 패트릭 헨리는 버지니아에서 왜 "자유 아니면 죽음을 달라."라고 외쳤을까. 한때 루이 15세 광장으로 불렸던 파리 대혁명 광장에서 프랑스 시민들은 왜 자유에 그토록 열망했던가. 여기 광화문광장에도 자유가 있다. 권리의 평등함도 있다. 광장은 누구에게나 공명정대하다. 이 자리, 지금 이 순간 우리에게 필요한 것은 무엇인가? 광장이 피워 온 계절의 꽃향기를 생각한다. 전쟁으로 부서졌던 광화문을 되찾고 자유를 수호했던 서울 수복의 역사를 다시금 되새겨 본다.

광장은 사회적 갈등의 용광로이다. 광장에서 만끽하는 자유, 광장에서 절제될 수 있는 자유도 있다. 자유를 구가하는 것은 광장에서의 권리다. 여기 광화문이 갖는 광장은 누구에게나 공명정대해야 한다. 광장이 더 큰 역할과 책임을 다해야 한다. 인간과 기계의 공존을 생각하는 4차 산업 혁명 시대 우리들에게 다양하고 절제된 개인의 자유와 권리에 대한 가치를 지켜줄 광장. 오늘도 걸어 보는 우리 대한민국 서울 '광화문광장'이기에 더욱 그렇다.

김경호

맹 선생

맹 선생은 잘 우셨다. 강의할 때도 잘 우셨고, 학생들에게 체벌을 줄 때도 곧잘 눈시울을 붉히곤 했다. 맹 선생이란 애칭을 얻은 것도 그 때문이었다.

맹 선생의 본명은 김정맹金精孟이다. 워낙 잘 우시는데다, 이름의 끝 글자가 '맹' 이어서 학생들은 쉽게 맹꽁이를 연상할 수 있었다. 개구쟁이 학생들은 애초 김정맹 선생의 별호를 맹꽁이라 지었다.

그러나 맹꽁이 선생이 되지 않고 맹 선생이 된 것은 학생들의 배려가 숨어 있었다. 그 선생의 강의는 늘 인기가 있었고, 그의 표정에는 어딘가 진지함 같은 것이 있었다. 그는 잘 울기도 하였지만 그의 인품과 조화되어 학생들을 끄는 힘이 있었다. 학생들은 보답으로 그의 별호에서 '꽁' 자字를 빼드린 것이다. 맹꽁이 선생보다는 맹 선생이 훨씬 품위가 있다고 생각해서였다.

내가 중학교에 다닐 때도 선생님들은 으레 별명 하나씩은 가져야 했다. 그것은 본인의 의사와는 무관했다. 학생들은 선생님이 새로 부임해 오면 이내 별명을 붙여 버린다. 선생님들이 사양하더라도 학생들은 아랑곳하지 않은 채 서로 짜고 별명을 지어 부르니 어쩔 수가 없었다. '천장 바라기 선생', '12시 5분 전 선생', '에또 선생' 등이 지금도 기억에 남는 은사들의 별명이다. 강의를 할 때 천장만 바라본다 해서 '천장 바라기'요, 어깨가 비뚜름해졌다 해서 '12시 5분 전'이다. 강의할 때마다 '에또… 에또'를 연발해대니 '에또 선생'이 되었다. '맹 선생'도 그중의 한 예일 뿐이다.

　내가 다니던 중학교는 공립이었는데도 교사校舍조차 제대로 갖춰지지 않은 시골 학교였다. 학생들은 방과 후에 책보로 바다의 모래를 날라다 운동장에 깔고, 학부모들도 이따금 동원되어 흙으로 교실을 짓던 시절이었다. 우리 반의 교실도 초가로 지어진 임시 교사에 있었다. 비록 흙벽에 칠판을 건 초라한 교실이었지만 맹 선생의 강의 시간은 항상 진지했다.

　그날은 맹 선생의 국어 시간이었다. 마침 알퐁스 도데의 〈마지막 수업〉을 강의할 차례였다. 처음 국어책을 읽기 시작했을 때 맹 선생의 목소리는 차분히 가라앉아 있었다. 그러나 시간이 흐름에 따라 그의 목소리에 열기가 가해지는가 싶더니 떨리기까지 했다. 그리고는 끝내 울음을 터뜨리는 것이었다. 나는 그때 나라를 잃은 프랑스의 어린 학생들이 모국어로 마지막 수업을 받는 장면에 맹 선생이 감동했기 때문이라고 짐작할 다름이었다. 나뿐만 아니라 우리 반 아이들 모두가 그랬던 것 같다.

　당시 맹 선생의 담당 과목은 한두 가지가 아니었다. 국어, 사회, 역사, 지리 등 1인 3~4역을 해내야 했다. 교원이 부족했던 어려운 시대라 어쩔 수가 없었으리라. 그럼에도 맹 선생의 강의는 하나같이 진지

하였고 인기가 높았다.

　국어와 역사 강의는 더욱 그랬다. 특히 역사 시간에는 우는 일이 더욱 많았다. '독립선언문'을 낭독할 때, 유관순 얘기가 나올 때, 그는 울음을 억제하지 못했다. 맹 선생이 우는 것은 강의 때만이 아니었다. 말썽을 피운 학생을 교단 앞에 불러 놓고 체벌을 가하다가도 우셨다. 그리고 돌아서면서 혼잣말로 되뇌었다. "그래도 저게 자라서 일꾼이 돼야 할 텐데…."

　맹 선생의 속을 알 리 없는 학생들은 그 말을 들으면서도 무심코 흘려 넘겼던 게 사실이었다. 학생들에게는 맹 선생도 그저 평범한 교사 중의 한 사람에 지나지 않을 뿐이었다. 다만 남다른 점이 있다면 강의 시간에 잘 운다는 것, 입술이 멍든 것처럼 유난히 까맣다는 것 그리고 혀 짧은 소리를 낸다는 정도였다. 하지만 맹 선생의 이런 독특한 행동의 원인에 대해서는 아무도 아는 사람이 없었고 알려고도 하지 않았다. 맹 선생도 자신의 그런 특성에 대해 아무 말이 없었다.

　나에게는 지금도 맹 선생에 대해 풀리지 않은 의문 한 가지가 있다. 내가 몇 과목에 대해 시험을 치르지 못했는데도 그때 내게 왜 60점이라는 후한 점수를 남몰래 주었느냐는 점이다. 당시는 이른바 수험표라는 게 있었다. 이 수험표는 수업료 등 일체의 학비를 내야만 받을 수 있으며 또한 그게 있어야 시험을 볼 수가 있었다.

　나는 중학교 3년 내내 수험표를 제대로 받아 본 적이 없다. 물론 학비 미납 탓이다. 따라서 한 학기 한두 과목은 시험을 치르지 못해 0점 처리되었던 아픈 경험을 많이 갖고 있다. 그런데 맹 선생이 부임해 온 후로는 그가 담당했던 과목에 한 해 내가 결시를 하더라도 60점을 주곤 했다. 나는 죄책감 때문에 그 이유를 묻지 못했고 맹 선생도 굳이 이유를 설명해 주려 하지 않았다. 나는 오늘까지도 그 이유를 모른다. 억지로 유추하자면 학비가 있어 시험을 치렀을 경우 최소한 그 정도는 나올 게 아니냐는 게 맹 선생의 생각이었던 듯하다. 요즘 세상 같았으면 아마 학교 안이 조용하지 못했을 것이다.

졸업 후 나는 맹 선생을 자주 찾아뵙지 못했다. 80년대 들어서는 까맣게 잊다시피 지내 왔다. 내 스스로 못되었구나 하고 깨달았을 때는 이미 한참 늦은 뒤였다. 지난 90년 8월 어느 날이었다. 조간 신문을 보던 나는 깜짝 놀랐다.

"김정맹 선생에 건국훈장 애족장 추서."

"독서회 조직, 항일 운동 전개."

나는 그제서야 맹 선생이 항일 운동을 했다는 사실과 또 몇 해 전 타계한 사실을 알게 되었다. 그리고 비로소 중학 시절의 은사 맹 선생의 험난했던 삶을 알 수 있었다. 혀 짧은 소리, 멍이 든 듯 까만 입술은 일경日警의 모진 고문 때문이었고, 〈마지막 수업〉을 하며 울음을 참지 못하였던 것은 우리글과 말을 말살하려던 일제에 대한 분노 때문이었던 것이다.

이런 분위기에 '독립선언문'을 읽으며 감정이 북받친 것도 당연하며, 말썽꾸러기 제자들을 벌주어 놓고 그 제자의 장래를 빌어 주었던 것도 결코 이상할 게 없는 일이었다.

맹 선생은 고인이 된 지 벌써 오래되었다. 그는 생전에 한 번도 자신이 독립운동가라는 것을 밝히려 하지 않았다. 제자들이 멋대로 지어 부르던 맹 선생이란 별명도 좋다, 싫다, 한마디 없이 들어주었다. 그저 광복 된 조국에서 교육의 길을 묵묵히 걷다가 가셨다. 없는 공적도 꾸며 가며 상을 받으려고 버둥대는 게 세상인심인데, 맹 선생은 민족을 위한 큰 공적도 숨긴 채 세상을 깨끗하게 살다 간 교육자였다.

나는 맹 선생 사후에 더 큰 가르침을 받았다. 위대한 교육자는 저

승에 가서도 제자를 일깨운다는 사실이었다. 스승의 가르침은 생전의 가르침보다 사후의 가르침이 더욱 위대하다는 생각이 들었다.

　맹 선생은 지하에 가서야 건국공로훈장을 받으셨다.

　그러나 선생께서는 지하에서 수상을 사양했을지도 모른다는 생각이 들었다. 맹 선생께서는 훈장 같은 겉치레를 좋아하지 않은 분이기 때문이다. 그가 진실로 원한 것은 훈장이 아니라 완전한 조국의 광복이었을 테니까.

김경희

편지라는 감정의 거울

고봉 기대승奇大升과 퇴계 이황李滉은 13년 동안 학문과 처세에 관한 편지를 주고받았다. 특히 8년 동안은 사칠논변四七論辨을 통해 조선 성리학에 깊은 영향을 끼친 논쟁을 펼쳤다. 전라도 광주의 기대승은 경상도 이황 선생과 13년 동안 인편으로 편지를 주고받으며 26살 아래의 자기를 깍듯이 대해 주신 대유학자로서의 이황 선생의 훌륭한 모습을 존경하였다. 퇴계 이황 선생이 돌아가신 뒤 기대승은 퇴계에 대한 존경심을 비문에 모두 담아 내지 못하여 별도의 돌에 남몰래 추모의 글을 아래와 같이 새겨 묻었다.

세월이 흐르면 언젠가 산도 허물어져 낮아지고/ 돌도 삭아 부스러지겠지만/ 선생의 명성은 하늘과 땅과 더불어 영원하리라.

지금이야 우체국에 가서 4~5백 원 주고 편지를 보내면 2~3일 내에

수취인의 손에 들어간다. 그러나 지금부터 5백 년 전 두루마리 한지 종이에 쓴 편지글은 사람이 전라도와 경상도를 오가며 전해주고 받았다.

애정 깊은 아들에게

오늘 나는 평소보다 출근을 빨리하여 봄의 창을 열고 네게 편지를 쓴다. 나는 가끔씩 한두 통의 편지를 쓰는데 그 순간이 행복하단다. 그게 나의 호흡이며 나를 사는 시간 같다는 느낌에서다.

훈이 너를 보내고,

"어져 내 일이야 그릴 줄을 몰랐더냐/ 이시라 하더면 가랴마난 제 구태여/ 보내고 그리는 정은 나도 몰라 하노라."

나는 황진이의 시심에 젖어 너를 그리워한단다.

아버님께

건강은 어떠신지요? 요전 전화 통화 때 목소리에 힘이 없어서 걱정이 앞섭니다. 정신적으로나 육체적으로 건강하시며 평안하시길 매일 기도드리고 있습니다. 그리고 책상 앞에 앉아 계실 아버님을 생각하며 저도 책상 앞에 앉아 이 글을 띄웁니다. 정말 걱정 마시고 정신적, 육체적 건강 부탁드립니다. 사랑합니다. 그리고 가족 모두 보고 싶고요.

아버지 and 나 Fighting!

1995. 4. 25.
영국 런던에서 훈 올림

위 편지글은 나의 수필집 『하늘 가는 작은 배』 289쪽의 편지글이다. 아들이 영국으로 가서 아르바이트하며 공부할 때도 나는 부지런히 편지를 써서 위로하고 격려하고 용기를 주었다.

퇴계 선생은 55세 무렵 맏손자 안도(15세)에게 편지를 보내기 시작하여 70세로 생을 마감할 때까지 16년 동안 153통의 편지를 보냈다. 당시 퇴계는 상계마을에 살고, 손자는 서울과 봉화마을에 살고 있었는데 16년간 편지를 보내며 퇴계는 공부에 임하는 자세와 선비(지성인)가 갖추어야 할 기본 덕목을 맏손자에게 세세히 일러 주었다.

나는 지금 있는 그대로의 자신을 긍정할 수 있는 힘이 필요한 때이다. 돈 떼어먹은 사람보다 정 떼어먹은 사람이 더 나쁘다는 생각으로 편지 쓰기를 소홀히 하지 않아야겠다는 생각이다.

김민서

갈망

11월 마지막 주말 부산 북구 화명동에서 열리는 축제에 초대되었다. 내가 사는 부산이라 부모님을 모시고 가야겠다는 생각에 두 분 사진을 가방 속에 고이 모시고 공연장으로 향했다. 두 달 전부터 생각해 온 약속을 지키기 위해서다.

공연장에는 이미 시민노래자랑이 진행되고 있었다. 진행자가 시상식에도 참여해 달라는 부탁을 했다. '딸이 노래하는 모습 잘 보세요.' 라며 대기실 의자에 두 분 사진을 세워 놓았다. 시민노래자랑이 끝나자 무대에 올랐다. 야외무대라 탁 트인 주변이 약간 추웠지만, 찬란한 조명 아래 선 딸을 부모님도 보고 계실 거란 생각에 최선을 다해 노래했다.

노래하는 것은 내 어린 시절부터의 꿈이었다. 꿈이 자라면 희망으로 꽃피고 갈망의 열매를 맺기도 한다. 그때 삶은 그의 인생이 된다.

돌아오는 길에 '둘리 노래방'에 들렀다. 둘리 노래방은 집에서 5분

거리에 있어 부모님 계실 때 두 번 다녀왔던 추억이 담긴 곳이다. 지하 계단으로 내려가자 사장님이 아직 손님이 없어 혼자 있으니 놀다 가라며 미소를 지었다. 한 가지 부탁이 있다고 하니 쉬이 들어줄 거라고 대답한다.

사장님은 나를 제일 큰 방으로 안내했다. 검색해 보면 알 수 있다며 리모컨도 손에 쥐여 주었다. 이제 혼자 할 수 있다고 하니 따뜻한 도라지차를 가져다주었다. 먼저 부모님 사진을 테이블 높은 곳에 모셨다. 약간은 떨리는 마음으로 반주기 등록번호를 눌렀다. 순간 커다란 화면에 나의 타이틀 노래 '승학산' 전주가 흘러나왔다. 마이크를 들고 두 분 앞에 섰다. 공손히 고개 숙여 인사드리고 노래를 불렀다. 사진 속 부모님도 웃고 계셨다. 간주가 흐르자 나는 두 분 앞에서 평소처럼 춤을 추었다. 두 번째 노래 역시 '잊지 못해요' 제목과 함께 가수 중에 제일 춤을 잘 추는 '비' 가 나왔다. 나의 노래 2곡, 아버지의 애창곡 2곡, 어머니의 애창곡 '동백 아가씨' 까지 들려드렸다.

사람은 누구나 꿈을 품는다. 부모는 자식에게, 자식은 그 자식에게 꿈을 갖는다. 하지만 때때로 자식의 꿈을 꺾으려는 부모도 있다. 능력이 없어서가 아니라 그 꿈을 받쳐 줄 여력이 없거나 환경에 비해 너무 엄청나기 때문이다. 그때 부모는 자식 모르게 가슴속에서 피눈물을 흘린다.

예전에는 가수라면 '딴따라' 라고 손가락질 받았다. 지금은 얼마나 좋은 세상인가. 많은 사람이 가수가 되려 하고 누구든 노래할 수 있는 세상이 되었다. 나의 아버지 역시 노래를 하고파 몸부림쳤지만, 할아버지의 반대로 꿈을 이루지 못했다. 아버지의 딸인 나 역시 아버지의 심한 반대에 부딪혀 꿈을 접을 뻔했다. 늦깎이 가수 생활을 하면서 하늘 가신 아버지의 좌절된 꿈이 자꾸 생각난다.

아버지는 평소 온 동네가 떠들썩하게 전축을 틀어 놓고 노래했다. 어머니는 아버지의 노랫소리를 듣기 좋아했다. 목이 탈까 봐 물을 가져다주고, "우리 영감 잘한다."라는 칭찬을 아끼지 않았다. 끊임없이 흘러나오는 아버지의 노래는 늦은 삼경이 되어서야 끝이 났다.
　'둘리 노래방'을 처음 찾았을 때는 7년 전이었다. 폐암으로 고생하는 아버지는 잦은 항암 치료와 방사선 치료로 기관지가 나빠졌다. 아버지의 목소리는 아무리 소리 지르고 노래해도 목이 쉬지 않았다. 아버지의 유전자를 닮아서인지 나 역시 소릴 질러도 목이 쉬지 않는다. 아버지의 정겨운 목소리가 사라지기 전에 영상에 담고 싶었다.
　둘리 노래방 입구에 자리한 은행나무가 노랗게 물들고 있을 때였다. 아버지가 먼저 노래하면 이어 딸이 노래했다. 주거니 받거니 2시간을 노래했다. 아버지는 아픈 몸으로 고음을 잘 소화했다. 눈동자가 충혈되도록 열창하신 아버지를 향해 우리는 손뼉을 치며 앙코르를 거듭 외쳤다. 의자 안쪽에 기대앉은 어머니는, "우리 영감 노래 진짜 잘한다. 우리 딸 진짜 노래 잘 부른다. 둘 다 아깝다." 하며 있는 힘을 다해 손뼉을 치고 또 쳤다. 아버지의 노래하는 모습과 어머니의 손뼉 치는 모습을 휴대폰 영상에 담았다.
　우리는 노래방을 나와 집으로 향했다. 조금만 걸어도 힘들어했던 어머니는 아파트 입구 팻말 앞에 앉아 잠깐 쉬어 가자고 했다. 두 분이 나란히 앉았다. 발밑에는 노란 은행잎이 떨어져 있었다. 순간을 놓치지 않고 휴대폰으로 부모님 사진을 찍었다. 이 사진이 두 분이 함께 찍은 마지막 사진이다.
　잠깐 쉬었으니 운동 조금 하고 들어가자는 딸 의견을 두 분은 들어주었다. 아파트 뒤쪽에 자리한 놀이터로 갔다. 아버지는 어린아이처럼 그네를 타기 시작했다. 어머니더러 한번 타 보라고 권하니 어머니는 어지럽다며 사양했다. 아버지는 어머니의 손을 잡고 그네 앞에 가서 앉힌 후 등을 밀기 시작했다. 어머니는 활짝 웃으며, "남들이 흉보니 그만하소."라고 작은 소리를 질렀다. "밤중에 누가 본다고?" 아픈 사람 같지 않은 아버지의 모습을 나는 계속 찍었다.

이번에는 두 분이 시소를 탔다. 폐암으로 살이 다 빠진 아버지는 엄마가 누른 시소를 누르지 못하고 비스듬히 올라앉았다. 눈치 빠른 어머니가 조금 앞쪽으로 몸을 이동했다. 그제야 두 분의 움직임이 같아졌다. 순간 꼭 개구쟁이처럼 천진난만한 동네의 두 소년, 소녀가 눈앞에 보였다. 나는 그들보다 더 나이 많은 딸이 되어 눈물을 훔치며 웃었다. 동갑내기 두 분은 결혼 생활 60년을 저리 살아오셨다.

꿈은 이루어지지만, 시간은 기다려 주지 않는다. 아버지는 가시기 전 딸의 동인지 시집을 무척 기다렸다. 가신 지 일주일 후에 책이 도착했다. 아버지 영정 앞에 시집을 펼쳐 놓고 눈물로 인사를 드렸다. 어머니 가신 후 17일이 지나 음원 등록 소식을 받았다. 떠날 것을 예견한 두 분의 갈망을 가신 후에야 지켰다. 갈망이란 목숨 줄을 이어주는 생명수이건만, 돌아가신 후에야 이루어진다면 그건 목마른 꿈이 아니라 눈물로 젖은 아픔이 된다. 그 때문일까. 두 번이나 뒤늦게 이루어 드린 기쁨은 '조금만 더 살아 계셨더라면' 하는 아픔으로 밀려든다.

사진 속 부모님의 '우리 딸 잘한다. 축하한다.' 하는 말소리와 박수 소리가 내 귓전을 맴돈다.

김병헌

어느 두 여성의 선행

　나는 문학 공부를 하기 위하여 일주일에 2번씩 왕십리 역을 지난다. 집이 수유동이기 때문에 동대문역사문화공원 역에서 내려서 왕십리 방향 2호선으로 갈아탄다. 오늘은 일찍 수업을 마치고 치과 진료를 받기 위하여 4호선 미아사거리 역에서 내렸다. 삼양동사거리에 단골 치과의원이 있는데 거기를 가기 위해서는 마을버스로 갈아타야 한다. 삼양동사거리에 다 오는데 비가 내리는 것이었다. 내 앞에 소녀가 먼저 내리고 내가 내리는데 여성이 내 앞에 와서, "우산 안 가져 오셨어요?" 하고 묻는다. "가방 속에 가지고 왔어요." 가방이 잘 열리지 않자 직접 내 가방에서 우산을 꺼내 준다. 이렇게 친절한 여성이 어디에 있겠는가? 만약 내가 우산을 안 가지고 왔다면 자기가 쓰던 우산을 나에게 주고 가려고 하였다고 한다. 그러면서 나와는 정반대 방향으로 가는 것이 아닌가! 이렇게 친절을 베푼 여성에게 학교와 반 이름 등을 물어보지 못하고 말았다.

알지도 못하는 사람에게 누가 그러한 친절을 베풀겠는가! 이렇게 친절을 베푼 여성에게 고맙다는 인사도 못하고 헤어진 게 너무나도 아쉬움으로 남는다. 사복을 입었기에 고등학생 정도 되는 것 같아서 여성으로 표기하였다.

어제도 이런 일이 있었다. 퇴근 시간 무렵으로 왕십리 전철역 승강장 앞에 사람들이 줄을 많이 서 있었다. 나는 맨 뒷자리에 서 있었다. 그런데 맨 앞자리에 서 있었던 회사원으로 보이는 여성이 내 자리에 오더니, "승차하시기에 불편하실 터이니 제 앞자리와 바꾸어 서시지요." 하는 것이었다. 처음 보는 여성이었다. 싫다고 사양을 하였다. 그러나 그 여성은 개의치 않고 계속 앞으로 나가기를 권하였다. 할 수 없이 내가 앞자리로 나갔을 때 열차가 들어왔다.

나는 앞자리에서 그 여성은 맨 뒷자리에서 순서대로 승차하였다. 나는 열차 내에서 회사원 여성을 찾아 감사하다고 인사를 하였다. 참으로 요즈음 보기 드문 여성으로 칭찬할 만한 여성이다. 누가 이렇게 호의를 베풀겠는가! 우리나라의 앞날이 보인다. 이렇게 어른들을 모시고 앞자리를 젊은이들이 양보하는 것은 앞날이 있다는 것이다.

나 자신이 젊은 시절에 전철 속에서나 버스 안에서나, 어른들이나 다른 사람에게 양보와 친절을 한 번도 안 해보았기 때문이다. 내가 나이가 들어 이런 대접을 받고 보니 후회스럽기 짝이 없었다.

한 가지 서운한 것은 남자들은 별로 양보를 하지 않는다. 전철에서나 버스 안에서 보면 거의 대부분 여성들이 양보를 하지 남성들은 먼 곳을 바라보며 못 본 체하고 있다. 남자들도 여성들처럼 먼저 양보하고 어른들을 모실 줄 알았더라면 좋았으련만 그렇지가 못하였다.

나는 우산을 펼쳐 준 소녀나 전철 문 앞자리를 양보해 준 회사원 여성이나 다 같이 훌륭한 인품과 도덕성을 가진 여성이라고 본다. 앞으로 이 두 여성들과 같이 어른 공경할 줄 알고 양보할 줄 아는 예절 바른 사람들이 많이 나온다면 이 사회는 더욱더 밝아질 것이다.

 나는 이 두 여성들의 호의에 감사드리면서 앞으로 우리 남성들도 용감하게 웃어른이나 나보다 나약한 사람이 있으면 언제든지 일어나서 자리를 양보하고 마음을 넉넉히 베풀 줄 아는 사람들이 많이 생긴다면 이 사회는 더욱 밝아질 것이며 세계에서 일등 가는 국민이 될 것으로 나는 확신한다.

김보한

술과 담배의 비극성

　음주 운전으로 인한 크고 작은 사고들이 매일 끊이지 않고, 흡연자들의 부주의에서 비롯한 각종 화재와 산불이 국내뿐만 아니라 해외에서도 빈번하게 일어남을 보면서 자연히 술과 담배에 관하여 새삼스럽지만 다시 여러 가지 생각을 아니 할 수가 없다.
　술과 담배는 생활필수품이 아니로되 인간의 생활과 도저히 뗄 수 없는 그런 것이라고 할 수 있다. 나는 음주와 흡연 모두 못하지만, 담배는 몰라도 가령 술 없는 세상이 되었다고 상상해 보라. 얼마나 재미없고 또 삭막하겠는가. 담배만은 요즘 추세로 볼 때 거의 모두들 백해무익한 것으로 인식하고는 있다.
　나는 체질상 술은 잘 못하지만 술이 있는, 그 화기애애한 분위기를 좋아하고 또 사랑한다. 이 분위기에 그냥 젖어 내 주량도 잊은 채 여러 벗들이 권하는 잔을 모두 받았다가 크게 혼난 적이 있었다. 모임이 끝난 뒤 귀가하던 중, 분명히 지하철 손잡이를 꼭 잡고 있던 내가 어느 순간이었는지 나도 모르게 바닥에 자빠져 있고 눈을 겨우 떠 보니 수십 개의 눈들이 나를 근심스럽게 내려다보며 "괜찮으세요?" 하며 묻는 것이 아닌가. 젊은이 몇이서 의자에 눕혀 주어 위기에서 벗어날 수는 있었다. 절제를 몰랐던 내 잘못에서 비롯된 것이었다.

내가 웃기는 것은 술은 잘 못하면서도 술, 특히 양주의 위스키와 브랜디에 관하여 호기심과 관심이 많다는 사실이다. 금아琴兒 선생의 『술』을 보면 선생께서도 술을 전혀 못하면서 술에 대하여 유별난 호기심이 있다고 하였다. 남자들이기 때문일까. 나 자신도 지금도 나의 이 심리를 이해 못하고 있다. 꼭 한번 마셔 보고 싶은 양주가 있는데 아직도 그 소망은 이루지 못하였다. 『개선문』 첫 장면인데, 주인공 라비크가 세느 강 근처에서 극도의 불안과 외로움에 절망하며 자살하려던, 생면부지의 여인 마두 죠앙을 붙잡아 세우고 위로하고자 허름한 지하실 술집으로 데리고 가 시켰던 술이 그것이다. 칼바도스! 능금주로 알고 있는데 언젠가는 꼭 한번 맛보고 싶은 술이다.

술의 제일가는 미덕(순기능)을 꼽으라면 역시 훌륭한 예술 창작의 원동력이 된다는 점이다. 한 예로 이백李白의 〈월하독작月下獨酌〉은 심령心靈을 독백獨白한 작품으로 시적 자아가 취했다고는 하지만 도리어 매우 맑게 깨어 있는 이미지를 표현했다고 한다. 이 작품을 볼 때 술은 인간의 잠들어 있는 혼을 흔들어 깨우는 위력을 지녔다고 볼 수 있지 않을까.

또 한 가지 예를 들어 본다. 왕유王維의 〈위성곡渭城曲〉은 '송원이사안서送元二使安西'라고도 일컫는데 안서는 지금의 신장 위구르 지역 일대를 가리키는 곳으로 그 당시 실크로드의 마지막 관문인 양관陽關이 있는 곳이다. 이 작품은 양관 밖 험지로 발령받은 벗에게 술 한잔을 권하며 위로하는 송별시로서 깊은 우정과 인간미의 두터움을 훌륭히 표현한 작품으로 알려져 있다. 나는 지금까지 중국 본토를 두 번 밟아 보았는데 처음엔 칭다오를, 두 번째는 신장 위구르 지역이었다. 두 번째 여행은 순전히 이 작품의 '양관'을 찾아보기 위함이었다. 지금은 옛 토성土城의 한 그루터기만 조금 남아 있을 뿐이지만 왕유의 이 작품을 다시 음미해 보면서 새로운 감흥에 젖어 볼 수 있었다.

  담배는 술보다 부정적 이미지가 두드러진 기호품으로 순기능보다 역기능이 엄청 파괴적이다. 술에 대해서는 의료계에서도 하루 2잔(소주) 정도는 허용하고 있는 데 반하여 이제 담배는 '습관성 마약'으로 분류하여 반드시 금연할 것을 강권하고 있는 것이다. 애주가들 중, 간혹 술주정하는 모습을 보일 때에도 꼴불견이지만, 많은 흡연자들이 꽁초를 함부로 아무 데나 던져 버려서 환경을 오염시키고 실화失火로 이어지게 할 때에는 점잖은 사람들의 입에서조차 심한 욕설이 절로 나오게 한다. 그 개차반들이 머물다가 간 자리를 보면 일쑤 꽁초뿐만 아니라 소주병이 이리저리 뒹굴고 음식물 찌꺼기들이 그냥 방치돼 널려 있기도 하다.

  담배에도 순기능이 전혀 없는 것은 아니다. 애연가 중에서 전설적 인물로 알려진 공초空超 오상순吳相淳 선생은 〈애연소서愛煙小敍〉에서 "과도한 긴장 상태와 완만한 상태의 템포를 조절, 조정하고 나아가서는 조화하는 바를 효험함으로써 이제는 연아일체煙我一體에 산다."라고 하였다. 김소운金巢雲 선생의 〈애연산필愛煙散筆〉을 보면 "밤중에 일어나 찾으니 담배가 없다. 날이 밝기 전에 써두어야 할 원고가 있는데도 글자가 써지지 않는다."라고 하였다. 그리고 일본이 중국 대륙을 침공했을 때의 일화 한 토막을 소개하기도 했다. 한 일본인 지인으로부터 직접 전해들은 얘기라고 한다. 한 시가지를 포격으로 침묵시킨 뒤 곧이어 선발대가 성문을 향해 의기양양하게 행진할 때였다. 석양 무렵 가두에는 오가는 사람이 하나도 없었는데 성문 가까이에 있는 다리목에 중국 복색을 한 젊은 여성이 혼자 우두커니 서 있었다. 손에는 불 댕긴 담배를 쥐고서…. 그 여인은 대열의 선두가 바로 자기 눈앞에 왔을 때 깊숙이 빨아들인 담배 연기를 그 대열 쪽으로 푸우 하고 길게 내뿜었다. 그뿐이었다. 오만 무례한 여인은 냉소 머금은 눈으로 지나간 대열을 바라보며 여전히 다리목에 그냥 서 있었다.

선생의 그 지인은 군 생활 3년에 여러 전투를 겪었지만 중국 여인이 그때 내뿜은 담배 연기처럼 소름끼치도록 공포를 느끼게 한 적은 없었다고 했다 한다. 선생은 끝으로 담배에는 전자계산기로도 찾아낼 수 없는 마력魔力이 있다고 하였다.

모든 사물은 순기능과 역기능을 함께 가지고 있다. '물'의 경우처럼 이것이 없으면 잠시도 살 수 없으면서도 그 가공할 역기능의 힘은 인간의 지혜와 힘으로 이길 수 없는 때가 있다. 바로 홍수로 인한 자연재해가 여기에 해당한다. 하지만 이 외에 '불', '칼', '술', '담배' 등 대부분의 사물은 인간의 의지와 지혜로 그 역기능을 잠재울 수 있는 것이다. 바른 인간성과 지혜 없음은 돌아보지 않고 애꿎은 술과 담배만 탓하는 어리석음은 남의 비웃음을 살 뿐이다.

김복희

나무 위에서 물고기를

 우리의 조상들은 곡식으로 옷감이나 이물 등을 바꾸었고 품삯이나 머슴들의 사경私耕도 나락이나 쌀로 치렀으므로 사실상 돈의 필요를 오늘날처럼 절실히 느끼지 않고도 생활에 지장이 없이 지낼 수가 있었다. 매관매직이 다반사로 이뤄지는 시대라 감투를 탐내는 시골의 부자가 한양에 있는 정승을 한번 만나려면 요즘처럼 수표나 사과 상자에 돈을 담아 상납하는 것이 아니라 소나 말 등에 제 고장 특산물을 바리바리 싣고 가야만 했다.

 온 천하를 돌아다녀도 모두 너를 환영하고
 나라와 가정을 흥하게 하니 네 힘이 크구나
 갔다가도 다시 오고 왔다가도 다시 가며
 살 놈도 죽이고 죽는 놈도 살리는구나.
 　　　　　　　　　　　　　　　　　—김삿갓, 〈돈〉 전문

실로 돈은 누구에게나 환영받는 존재다. 온 천하 어디를 가도 돈을 싫어하는 사람은 없다. 생각하면 별것 아닌 것이 집안도 나라도 흥하게 하는 힘을 가졌으니 가볍게만 볼 수 없다. 뿐만 아니라 살 사람도 죽이고, 죽을 사람도 살릴 수 있는 무궁한 힘을 가진 것이 또한 돈이기도 하다. 돈이 언제부터 우리 일상생활에 이토록 큰 비중을 차지하게 되었는지 알 수 없으나, 하여간 오늘날 돈은 무서운 위력을 지닌 괴물처럼 이 세상에서 판을 치고 있는 게 사실이다. 그러나 다섯 살 난 어린이로부터 여든 살 먹은 할아버지에게 이르기까지 입을 가진 사람들은 죄다 돈타령이니 이 세상이 어딘가 잘못되긴 한참 잘못된 것만은 확실하다. 돈이 대관절 무언데 이다지도 돈타령을 하는 것일까?

물론 돈만 있으면 그 비싼 명동 땅도 살 수 있고 강남의 아파트도 구입할 수 있다. 이탈리아 가구와 옷도 살 수 있으며, 진주나 다이아몬드 등 귀금속도 제 것이 될 수 있다. 아침저녁 만원 버스나 전동차에 시달리는 것보다 자가용으로 출퇴근하는 것이 한결 편한 것은 확실하고, 돈만 있으면 선망의 대상인 벤츠나 볼보도 타고 다닐 수 있다.

그렇지만 돈을 가지고 살 수 없는 것도 있다는 사실을 깨달아야 한다. 호화스럽게 살 수는 있어도 평화롭고 단란한 가정을 꾸미는 일은 돈만 가지고는 결코 될 수가 없다. 행복을 돈 주고 샀다는 사람을 본 일이 있는가? 정신적 차원의 즐거움이나 기쁨을 물질적 차원에서 추구하는 그 자체가 잘못이다.

그러므로 돈만 있으면 행복하게 잘 살 수 있을 것이라는 생각은 처음부터 잘못된 것이다. 행복은 밖(돈이나 물질)에 의해 오거나 이루어지는 것이 아니라 자기 스스로 만들어 나가는 것이며, 사람은 정신적이며 도덕적인 존재이므로 그러한 욕구가 충족되기 전에는 행복감을 결코 느낄 수 없다.

사람답게 산다는 것은 과연 어떻게 사는 것일까?

먼저 거짓과 한탕주의부터 내면에서 몰아내고 스스로 타고난 능력이나 소질이나 재주를 발휘하는 데 최선의 노력을 경주해야 한다. 자신의 주머니에 한 푼도 없으면서 순전히 남의 돈(은행이나 사채)만 가지고 큰 기업을 꿈꾸는 가운데 사기와 협잡이 판을 치게 되고, 자신의 재력이 아직 걸음마 단계인 것을 뻔히 알면서도 기성세대의 걸음을 걸음으로써 신세를 망치는 일이 있어서는 안 된다.

사람은 누구나 자기의 분수를 알고[知分], 자기의 분수를 지키고[守分], 자기의 분수에 만족[滿分]할 때 행복하다. 그렇지 않으면 행복은 나무 위에서 물고기를 구하는 격이 된다.

김석중

어릴 적 동심童心은 도비산과 천수만에서

고향을 그리는 마음은 나이가 들수록 더욱 커진다. 인생은 언제나 지난 세월을 되돌아보는 감정이 고독 속에서 저절로 가슴을 뛰게 하고 있다.

필자도 인생의 고독을 느끼는지 자주 어린 시절의 고향이 눈앞에서 아른거린다. 특히 고향의 정경을 그대로 담고 있는 도비산과 신비의 기적을 보여 주는 천수만이 그렇다.

도비산은 높이 360m의 그리 높지도 낮지도 않은 산이다. 소나무가 주종을 이루고 있으며 험하지 않아 마을 사람들을 포용하는 너그러운 산이다.

2km 전방에는 천수만의 푸른 바다가 탁 트이고 동·서쪽은 도비산의 줄기가 양 날개로 바다를 향하여 1km는 뻗어 있다. 풍수지리학상으로 보면 북쪽은 도비산이 주산主山이 되고 동서로 뻗은 등줄기는 좌청룡, 우백호에 해당하며 앞에는 안산격인 푸른 물이 넘실대고 있

다. 그 안에 마을이 포근히 안겨 있다.

마을의 행정 지명은 지산리芝山里이고 자연 지명은 산저山底이다. 산 밑에 자리 잡은 마을이라는 뜻이다. 이('ㅣ') 모음동화母音同化에 의하여 산제로 불리고 있다.

마을이 도비산 밑에서 바다 쪽으로 낮아지고 있다. 바다 쪽의 평퍼진 마을은 벌말·벌더군지라고 불렀다. 또 산 밑 높은 곳은 웃말, 바다 쪽 낮은 곳은 아랫말이라고 했다.

옥토는 기름지고 쌀의 수확이 다른 지역보다 월등히 높다. 산자수명山紫水明하고 옥토 기름진 명당 마을이다.

도비산의 동쪽 정상의 바로 밑에 동사東寺가 있다. 도비산의 동쪽에 위치하였다 하여 동사라 하였다. 동사에 오르는 길은 몇 갈래가 있는데 우리 마을에서 오르려면 평상의 산길보다 바위를 타고 오르는 것이 산을 타는 기분이 난다. 크고 작은 바위, 뾰족하고 널따란 바위들이 100여 미터에 쫙 깔렸다. 돌을 밟고 밟고 또 기어오르고, 오르다가 어려우면 너럭바위에 앉아 동무들과 즐겁게 놀기도 했다. 전남 광주시 무등산 자락의 돌무덤으로 쫙 깔린 세석평전細石平田의 아름다운 산세와 비견할 만하다.

동사는 산의 돌출 부분에 위치하고 있으며, 앞은 급경사로 탁 트였다. 동사 밑은 천수만의 푸른 물이 넘실대고 있다. 멀리 바다에 떠서 오가는 범선은 한 폭의 그림과 같다. 남쪽으로는 간월암이 흐릿하게 보이고 동쪽으로는 양대 포구와 염전이 지근거리에 있다.

마을 사람들은 바닷물이 썰물 때를 맞춰서 동사 밑 산동리에서 바다를 걸어서 해미에 갔다. 십여 리나 되는 바다 갯벌을 맨발로 밟고 건넜다.

서산읍으로 돌아가면 60리인데 바다를 건너 지름으로 가면 30리이다. 차가 없던 당시에는 좋은 교통수단이었으며 바다의 낭만을 한껏 피부로 느끼면서 걸었던 인상 깊은 추억이다.

동사는 산등성이에 붙어 있는 모습이 경주 석굴암과 여수 향일암과 비슷하다. 또 일출의 장관도 비슷하다. 그 빼어난 일출의 명소가 널리 알려지지 않은 것이 아깝다.

계절 따라 몇 번씩 오르고 내리던 그 동사가 그립구나. 옛날을 회상하며 80이 된 나이에 동사에 올라가 보았다. 60여 년 전의 모습 그대로였다. 보수도 하지 않고 다시 확장하지도 않은 옛 모습 그대로다. 좀 변한 것이 있다면 도비산 중허리를 가로질러 길을 내었다. 차가 다닐 수 있는 비포장도로다. 그 길이 바로 동사 밑을 지나고 있다.

당시는 동사에서 내려다보이는 우리 집이 참 멋있게도 보였다. 산 밑 좀 높은 지대에 자리 잡고 대밭과 큰 돌배나무가 마당가에 우람하게 서 있던 그 모습이 보기에도 좋았다.

허전하구나. 지금은 대나무며 돌배나무, 내가 태어나 어린 시절 지내던 집은 흔적도 없다. 그곳은 부모님과 우리 7남매가 오순도순 정답게 살던 곳이다. 지금은 부모님, 형님 내외분, 동생 내외, 큰누님까지 이승을 떠났다.

도비산은 험하지 않고 순한 산이다. 빽빽이 들어선 밋밋한 소나무가 있는가 하면 듬성듬성 잔솔이 있는 곳에는 연초록의 연한 갈잎과 쑥, 잡풀이 많이 자생했다. 수풀 속을 거니노라면 꿩이 놀라서 푸드득 하고 날아간다. 갈잎 속을 헤쳐 꿩알을 찾아내고 좋아했다.

비가 오고 나면 언제 지심을 뚫었는지 산나물이 지천으로 솟아났다. 누나들과 도비산을 헤매면서 약쑥 뜯기, 고사리 꺾기, 나물 뜯기, 버섯 따기에 신명이 났다.

노곤한 춘곤에 뻐꾹, 뻐꾹, 뻐뻐꾹 소리에 잠이 깨이고 빛깔도 고운 청아한 꾀꼬리 소리를 들으면서 동심은 피어났다.

우리 집을 두른 담장 안은 말 그대로 아름다운 정원이었다. 뒤뜰에는 감나무 한 그루, 앵두나무 여섯 그루가 있고, 딸기가 있으며 뜰 안에는 포도, 석류, 사과나무가 있어 그야말로 전원의 과수원이었다. 봄에서 가을까지 연한 초록색에서 빨갛게 익어 가는 열매를 보면서 동심은 자랐다.

뜰 안뿐 아니라 집 바깥에도 전원의 과수원이었다. 마당가에 있는 돌배나무는 둘레가 세 아름이나 되는 큰 나무였다. 높기도 하거니와 옆으로 퍼진 가지는 사방으로 힘껏 뻗었다. 이렇게 큰 거목의 배나무를 나는 이제껏 보지 못했다. 그 배는 서리를 맞아야 맛이 있다. 동리 사람들이 모여 함께 먹으면서 정을 나누었다.

뒷동산에는 밤나무 수십 그루와 감나무 여러 그루가 있었다. 수확도 컸거니와 그 알밤을 줍는 재미가 보통이 아니었다. 동산에 깃든 정이 아련하구나.

초가지붕에 박꽃이 피었다. 뻐꾸기 소리를 들으면서 달빛을 받아 안으로 안으로 여물어서 큰 박이 지붕 위에 동그마니 앉아 있다. 박을 반으로 쪼개서 속을 빼고 물에 찌면 바가지가 된다. 바가지는 '박'에 접미사 '아지'가 붙어서 형성된 명사다. 그 바가지는 각종 음식물, 곡식 등을 담아두기도 하고 물을 뜨는 용기로도 긴요히 쓰였다. 아버지는 도회에서 살고 있는 친척과 지인知人들에게 선물로 주셨다. 요사이는 플라스틱으로 되어 있는 용기를 쓰지만 그 옛날의 바가지와는 견줄 수가 없다. 초가지붕의 푹신한 짚 속에 안겨 있는 박, 그 멋지고 고풍스런 정경을 이제는 볼 수 없으니 그립다.

도비산의 정상 밑 높은 지대에 정원이라는 곳이 있다. 이곳에 주민이 사는 두 채의 집이 있었다.

집 근처 절벽 밑에 아름드리 큰 나무가 있고 그 밑에 옹달샘과 널따란 반석이 있었다. 사람들은 이곳에서 소원을 빌었다. 정상에 오르려면 이곳을 지나야 했기에 자연스레 기도의 장이 되었다.

정원은 주변 경관이 빼어나고 천수만을 정면으로 바라볼 수 있는 좋은 위치다. 옛날에는 아랫마을에서 산길로 곧게 올라가는 길이 있었다. 이제는 큰 홍수로 바위가 굴러 길을 막고 내왕이 뜸하면서 잡초가 우거져 길이 막혔다. 불과 300m 지점인데 도비산 횡단 도로를 이용해서 3km는 돌아야 오를 수 있다.

그 정원에서 한 가족이 수십 년간 살았는데, 2004년에 서울 사람이 경치가 좋아 별장을 짓는다며 7억 원에 샀다는 것이다. 이 정원을 오르내리던 그 꿈같은 길이 사라졌구나. 동심을 키운 이 정원을 잊을 수 없다.

천수만이 썰물이 되면 1km는 갯벌이 드러난다. 그 넓은 바다가 온통 갯벌이다. 천수만은 농게의 산지이다. 갯벌이 드러나면 구멍에서 농게가 밖으로 나와 기어 다닌다. 지천으로 많은 게가 사람이 지나가면 순식간에 구멍으로 사라진다. 게를 잡으려면 팔을 걷고 손을 구멍에 넣어 집어 내야 한다. 게는 쩍 벌린 발을 위쪽을 향하여 있다가 외부 침입자가 오면 꽉 문다. 나는 이 어려운 게 잡이를 자주했다.

천수만은 갯벌이 많고 갯골이 깊기 때문에 여러 종류의 어류가 서식했다. 꽃게, 농게, 장어, 망둥이, 낙지, 꼴뚜기, 맛, 굴, 새우, 대합, 살조개, 숭어….

그러나 천수만은 천혜의 아름다운 보고이지만 때로는 무서움을 안겨 주는 바다이기도 했다. 갯골이 깊고 구불구불하여 순식간에 밀물이 불어나면 미처 빠져 나오지 못하고 원혼冤魂이 되는 사람이 자주 있었다.

이런 바다 갯벌에서 달리기도 하고 갯골을 더듬어 고기를 잡았다. 통통배를 타고 넓고 넓은 바다를 항해하기도 했다. 그 쏴아 밀려오는 성난 파도를 향하여 힘껏 목청을 지르기도 했다.

고향 마을은 동·서·북 삼면이 산으로 둘러싸이고 남쪽은 바다로 탁 트였다.

부석면 소재지를 가려면 도비산 중턱 고개를 셋이나 넘어야 한다. 자전거도 다닐 수 없는 산골길이다. 또 서산읍에 가려면 도비산을 넘던가, 아니면 도비산을 동쪽으로 돌아서 삼십 리 길을 걸어야 했다.

중학교에 들어가기 전 열다섯 살 때까지 15년 동안을 도비산과 천수만에 갇혀서 살아야만 했다. 오직 보고 들은 것은 농사일, 사철 변하는 산심山心, 천수만의 바다뿐이었다.

나의 성격, 심성, 의지는 이와 무관하지 않을까 생각해 본다. 그 떠나온 고향, 그 고향 마을엔 우리 가족뿐만 아니라 일가친척도 대처로 다 떠났다. 오직 농사짓는 사촌 동생 하나만 고향을 지키고 있다.

석양의 인생에 접어들면서 자주 고향 마을이 떠오르는 것을 어찌하랴. 그래도 내 마음의 추억을 붓을 들어, 그리고 향수 속에 빠져들며 내 마음은 코 흘릴 적 동심에서 잔잔한 평화 속에 빠져들 때가 가끔 있다.

어쩌면 그 순간이 행복이라 말하고 싶기도 하다.

김성렬

구두쇠 이야기

　구두쇠에 대한 이야기는 우리들 주변에서 흔하게 많이 있다. 구두쇠 이야기라면 뭐니 뭐니 해도 자린고비 이야기를 빼놓을 수가 없다. 그 귀한 굴비를 밥도둑이라고, 담 너머로 내팽개친 이야기도 유명하지만, 어느 날 장독 뚜껑을 열다 날아가는 쉬파리에 묻은 간장이 아까워 단양 칠백 리 길을 쫓아가 결국 파리를 붙잡았다는 이야기도 있다. 과장된 이야기일까.
　그런 이야기들은 어른들로부터 전해들은 이야기지만, 내가 직접 보고 겪은 이야기도 만만치 않다. 자기들 나름대로 수단과 방법을 가리지 않고 절약 정신이 상상을 초월할 정도다.
　전쟁 직후 남대문 시장에서 관棺 공장을 하는 부자가 살았다. 사람들은 그를 가리켜 더러운 부자라고 더 많이 불러댔다. 그 당시에도 억만장자 소리를 들을 정도였으니 사실 확인은 하지는 않았지만, 아마, 시골 일개 리里 전체를 사고도 남을 정도라는 소문이었다.

너 나 할 것 없이 초근목피草根木皮로 겨우겨우 연명해 가던 시절이었다. 시골에 사는 그와는 이종사촌 간인데, 그 집에 가면 하얀 이밥에 고깃국을 먹을 수 있다는 부푼 생각에 그 부잣집을 찾아갔다. 전쟁 통에 죽었는지 살았는지 궁금하던 차에 반가워는 하면서도 대뜸 한다는 말은 다음과 같았다.

"이게 누구야? 몇 년 만이야? 그 난리 통에 다행히도 살아 있었군. 정말 하늘이 도왔네. 고생 많았지? 집에 들어가 하룻밤 쉬어 갔으면 좋겠는데, 개가 어찌나 사나운지…. 기왕 올라왔으니 점심이나 먹고 가지."

하면서 그는 길거리에서 국수 한 그릇 사 주고는 그 길로 내려 보내더라는 이야기다.

두 번째 이야기는, 지금도 내 고향에는 이름만 대면 누구라는 것을 쉽게 알 수가 있는 사람으로, 그 영감이 소유하고 있는 산이 수십만 정보町步에 이르고 있다. 그 넓은 산 덩어리에 5·16 혁명 직후, 시작한 조림 사업이 성공적이어서 지금은 아름드리 수목으로 우거져 마치 원시림을 방불케 하고 있다.

교통 사정이 영 좋지를 않아 서울에서 오려면 버스를 타고 오다 장터에서 내려야만 했다. 오지 중에서도 오지라, 왕래하는 차는 없고 가끔씩 다쿠시(택시)가 있기는 했지만, 거진 이십 리 길도 더 되는 고개 길을 그는 항상 걸어 다녔다는 이야기는 지금도 그 마을에서는 전설처럼 전해지고 있다. 그 당시, 사십이나 오십이 되었을 나이인데 사람들은 그에게 영감 칭호를 부쳤고, 항상 허름한 작업복 차림에 헌 가죽 가방을 들고 다니는 그를, 사람들은 우편배달부로 착각을 하여 편지를 부탁했다는 이야기도 있다.

그가 들고 다니는 그 헌 가죽 가방에는 길을 오며 가며 눈에 띄는 쇠붙이란 쇠붙이는 몽땅 주워 담아 모은 것이 집에 가면 마차로도 수십 바리는 더 되었다고 했다. 우리네야 상상도 못할 일들이다.

세 번째는, 그 당시 칠십 대 되는 어느 그룹 회장의 이야기다.

"회장님이 소유하고 계신 재산이 얼마나 되세요?"

"뭐, 얼마 되나요. 재산이랄 것도 없어요. 한, 일백억은 될는지…."

그 이야기를 듣던 주변 사람들은 입을 딱 벌리고 아무 말도 하지 못했다. 1980년대 중반쯤 일이니 그럴 만도 했다. 그는 한국 전쟁 당시 1950년 말쯤 단신으로 흥남에서 미군 함정을 타고 월남을 했다고 했다. 그리고 억척스레 돈을 모았고 돈이 생기는 대로 갈대밭이든 자갈밭이든 닥치는 대로 땅을 사들였다고 했다. 그런 땅이 신도시로 선정되면서 땅값이 천정부지로 올랐다. 그런데도 그분이 끌고 다니는 승용차가 어찌나 낡았는지 소달구지처럼 털털거려 누가 보더라도 어울리지가 않았다. 이를 본 주변 사람들이 우스갯소리로 한마디 했다.

"영감님! 사시면 얼마나 더 사신다고 그러세요. 세상 떠나실 때는 돈 한 푼 못 가져가실 텐데, 차도 좀 새 차로 바꾸시고 젊고 예쁜 각시 기사도 두고 그러시죠."

그는 한참 동안 생각을 하더니, 정색을 하면서 그 질문에 대한 대답을 했다.

"당신 말대로 나야 그렇다 칩시다. 그러면 지금까지 나와 함께 갖은 고생을 다하며 살아온 조강지처 우리 마누라는 어떻게 하라고…. 지금 집사람이 사십 대만 되었어도 모를까. 꼬부랑 할머니가 다 되었으니 다 늙은 주제에 나만 사치와 호강을 누린다, 그럴 수야 없지 않는가?"

그 영감님 말씀이 듣는 이들 가슴에 경종을 울리며 깊은 감명과 감동을 전하고 있다.

김여화

열세 살의 생일날

　서리가 내리던 날 그 아침 여닫는 방 문짝에는 손잡이 대신 문고리에 끈을 매달아 그 끈을 잡아당기면 쉽게 문을 여닫을 수 있었다. 그것도 댓살로 엮은 방 문 거기엔 색경도 붙어 있고 색경 주변에는 발그레한 봉선화 꽃잎이 한지에 덧대어 붙여지고 색경을 통해 내다보는 집 앞 화단에는 달리아 꽃이 서리에 고개를 숙이고 있었다.
　코끝을 간질이는 구수한 콩밥 냄새, 그날 아침은 내 생일이었다. 몇 번씩 부엌을 오가며 그득하게 퍼 올린 밥그릇 처음 보는 쌀밥이었다. 거의 식구들의 밥그릇이 고봉이었고 미역국도 있고 밥상 한쪽에는 김이 모락모락 올라오는 팥시루떡이 수북이 쌓인 채로 놓였다.
　늘 보리밥이 주식이었던 우리 가족들이 내 생일을 맞이하여 고봉밥과 떡을 마주하니 모두 다 즐거운 표정이었다. 모처럼 큰딸 생일날 넉넉해서 쌀밥을 한 것이 아니고 어쩌면 그 가을을 넘기지 못하고 죽음을 맞이할지도 모르는 큰딸을 위한 마지막 생일상이었다고 이웃 아주머니께 말하는 것을 하필 당사자인 내가 들어 버린 것이다.
　그랬다. 나는 곧 죽을지도 모르는 넋 나간 아이였다. 한여름에 이르렀을 무렵 백일해에 걸렸던 아래 동생이 6살이었는데 기침이 낫지 않으니 주사를 맞히고 오라고 해서 동생 손을 잡고 집 앞에 철길을 폴짝폴짝 뛰면서 철길 침목을 달려서 동네서 약을 팔기도 하고 주사를 놓아 주는 아저씨네 집을 찾아갔다. 주사를 놓고 약이 다 들어가고 주사기를 빼면서부터 동생의 눈과 코 주변이 멍든 것처럼 퍼렇게 변해 갔다. 그리고 눈을 감았다. 동생은 영영 깨어나지 못하고 그 자리서 내 품에 안겨서 그렇게 갔다.
　집안이 발칵 뒤집혔다. 아니 집안뿐만 아니라 온 동네가 뒤집혔다. 주사를 놓다가 죽었다는 소문이 퍼지고 모든 사람들이 파출소에 고발을 해야 한다고 할 때 아버지는 아무런 말씀도 없었다. 어머니가 사람들 말처럼 그렇게 하자고 할 때도 들은 체도 하지 않았다. 그해 여름이 가고 가을이 오면서 농사지었던 콩을 뽑을 때가 지났어도 우리 집은 밭에 나가 콩을 매지 못하고 집안은 쥐 죽은 소리도 나지 않는 적막감에 휘감겼다.
　나는 시름시름 앓기 시작하고 가을 햇볕에 철길 돌 쌓아 놓은 곳에 기차가 지나가지 않으면 비스듬히 누워 햇볕에 데워진 돌이 따뜻하고 좋아 그렇게 한나절씩 시간을 보냈다. 지금 같으면 병원에 입원을 시키든지 했겠지만 그땐 병원에 갈 엄두도 내질 못했다. 그렇게 나는 야위고 죽을 날을 기다리며 살았다. 내가 할 수 있는 건 그저 철길 돌에 대고 등짝을 덥히면서 해바라기 하는 일밖에 없었다.
　얼마나 날이 갔는지도 모른다. 밭에 콩을 매러 갈 때쯤에는 너무 오래 두어 콩이 밭에서 다 뙤어 버려서 일일이 산비탈 밭에서 콩을 줍는 게 일이었다. 얇은 양은 도시락을 여러 개 가지고 가서 콩을 한

개씩 주워 담고 모은 건 자루에 담았다. 콩을 매어 가지고 오는 게 아니라 콩을 주우러 다녔다. 나중에는 겨우겨우 밭에까지 따라가서 밭가에 누워 있다가 아니면 앉아서 콩을 주웠다. 그렇게 콩을 줍다가 해 질 무렵 다시 집으로 돌아오는 것이 우리 가족의 일과였고 그렇게 가을이 깊어 가고 있었다.

내 생일은 음력으로 구월 스무아흐레, 점점 쇠약해지면서 열세 살 계집아이는 넋이 나가 죽음의 그늘이 산그늘 내려앉듯 어두워지고 있었다. 어머니는 전주오거리 한의원에 가서 나를 보였다. 한의사인 그분은 오랫동안 내 손목을 잡고 혀를 끌끌 차면서 눈을 감고 있었던 기억이 난다. 그러더니 나를 밖에 나가 기다리라고 하고 어머니만 남게 했다. 어머니가 나의 상태와 원인을 말하고 나서 한의사와 나눈 대화는 죽지는 않겠지만 강경이 뒤집힐 뻔했다는 말이었다.

그게 무슨 말인지 내가 알기까지는 오랜 세월이 흘렀다. 그때는 안정을 위해서 약을 지어 줄 테니 잘 먹이고 돌보라는 부탁이었다. 강경이 뒤집힌다는 말이 무슨 뜻일까? 나는 늘 곰곰이 생각해 봤지만 처음 듣는 단어이고 이해할 수 없는 말이었다.

그래서 내 마지막 생일날을 거하게 차렸던 것이다. 내 짐작에는 아마도 내가 죽을 거 같다는 말인가 보다 생각했었던 것 같다. 나는 그렇게 그해 겨울을 넘기고 조금씩 살아나고 있었다. 생일밥상이 맛이 좋았던지 약이 되었던지 그때부터 살아나고 있었다.

지금도 가을이 깊어지면 오래전에 어린 시절 생일날 아침 구수한 쌀밥 냄새가 떠오른다. 밥밑콩에 물들었던 쌀밥은 참 먹음직스러웠다. 팥시루떡은 또 얼마나 맛났던지, 거기에 무를 채 썰어 찰떡도 아니면서 촉촉한 것이…. 이후에 살면서 그날 아침 먹었던 김이 나는 그렇게 맛있는 무시루떡은 먹어 보지 못하였다. 올여름 내내 앓으면서도 그때의 시루떡과 쌀밥처럼 맛있는 것을 먹어 보지 못하였다.

쇠고기를 먹어야 한다고 했지만 먹으면 삼켜지지 않으니 먹기 싫고 그저 씹기도 싫고 술술이 넘어가는 술이 아니라 당뇨환자들이 먹는다는 영양식만 먹게 되었다. 그렇게 가을이 깊어 가고 있다. 55년이 지난 올해의 생일은 기억도 못하였다. 며느리도 전화하는 걸 까먹었는지 연락도 없었다. 까짓 생일날 모른 체했다고 아이들에게 투정할 건더기도 없고 그냥 그렇게 올해 생일은 지나갔다. 애들도 다 제금 살기 바쁘니 잊기도 했을 테고 작은아들은 나보다 더 크게 아팠기 때문에 엄마를 생각할 겨를이 없었을 테고…. 문득 요즘 아침에 일어나 창밖을 보면 서리가 하얗게 보이니 그날 내 열세 살 생일날이 눈에 선하다.

그날처럼 어머니의 깊은 한숨도 이제는 들을 수 없다. 밥밑콩을 넣어 지은 콩밥과 쌀밥, 무시루떡과 서리가 하얀 김이 피어오르던 논과 밭이 55년 전처럼 생각날 뿐이다.

김영자

터널의 삶

"엄마! 치매 초기면 약으로도 지연시킬 수 있으니 걱정하지 말아요."

막내아들 전화다. 큰아들이 막내에게 엄마가 이상하다는 전화를 해서 온 것이다.

병원에서 신경과 의사에게 큰아들이 새벽에 두 시간 동안 있었던 상황을 말하였다. 전날 있었던 일과 손주들 이름도 기억 못하고, 아침밥을 두 번이나 차렸으며 평소와 다른 언행을 했다면서 혹시 치매가 아닌가 싶다고 한다.

의사는 친정어머니가 치매였냐, 아침밥 두 번 차린 기억은 나는지 물었다.

그날 두 시간 행동은 기억 못하는데 그 외의 일은 기억한다 니 의사는 MRI 뇌 촬영 후 판독하잔다.

간호사는 조형수 주입하기 전 반점이나 두드러기가 나타날 수도 있고 사망할 수도 있단다. 치명적이지만 피할 수 없다. 조형수를 30여 분 동안 주입한 후 촬영실로 옮겼다. 의사는 귀마개를 주며 귀를 꼭 막으라고 한다. 막아도 소리가 심하게 들리니 눈 꼭 감고 30분 동안 잘 참으라고 한 뒤 헬멧을 씌웠다. 반듯이 누워 떨고 있는 나를 터널 속으로 밀어 넣는다.

생후 처음 듣는 소리가 나기 시작한다. 몸은 굳어 가고 이가 딱딱 부딪히며 경련이 인다. '호랑이 열두 번 물려가도 정신만 차리면 살 수 있다는 친정어머니가 들려준 말이 떠오른다.

경련이 가라앉자 '주께서 오는 평안이 함께하소서.' 를 되뇌이며 안정을 되찾으려 노력한다.

살다 보면 예측 불가능한 사건의 주인공이 되는가 하면 불가항력적일 때도 있다. 뇌 사진은 찍지 않겠다고 고집을 부려 보았지만, 아이들의 권유를 뿌리칠 수 없어 터널 속에 들어오게 된 것이다. 도깨비가 아우성치는 듯한 소리를 견디어 내기가 힘겹다.

난 주님께 부르짖기 시작했다. 주님! 치매 싫어요. 사랑하는 내 아이들 몰라보는 게 두려워요. 하나님 잊어버리고 영생도 모르고 천국 가는 길도 모르면 어쩌라고요. 아직 긴 여행 떠날 준비도 하지 못했는데요.

왜 이런 시험을 당하는가. 열심히 산 것뿐인데 그것도 잘못입니까. 초등학교 때부터 한눈팔지 않고 공부했어요. 성인이 되어서는 아들 3형제를 출산하였습니다. 아이들에겐 아버지가 저에게는 남편의 도움이 필요한 시기에, 전 사십 대의 소복 여인이 되었습니다. 아이들 키우며 학생들을 가르치며 크리스천으로 거룩하게 살기 위해 기도와 말씀으로 신앙의 균형을 이루며 나름대로 최선을 다한 삶을 살았어요.

갑자기 도깨비가 쇠 방망이로 내려치는 듯한 소리가 고막을 울린다. 뚜―딱 닥닥 삼십 분이 왜 이리도 긴지 모르겠다.

주님! 치매다면 어째요. 정신이 돌아오면 자살할 것입니다. 하나님이 주신 생명을 스스로 포기한다는 것은 하나님의 뜻을 저버리게 되는 비신앙인의 선택이기도 하니까요. 레위기에 스스로 죽은 짐승은 하나님께 제물로도 못 드리게 했는데….

여러 가지 생각이 엇갈린다. MRI 촬영하는 동안 공포 소리를 아름다운 경음악으로 전환할 수 없을까. 뇌 사진 촬영 자체만으로도 불안한데 소리마저 공포에 떨게 한다.

불현듯 6·25 때 미숫가루를 챙겨 터널 속으로 데려다주며 총소리, 비행기 소리가 나도 울지 말고 엄마 올 때까지 기다리라던 기억이 떠오른다. 동시에 기분 나쁜 소리가 계속 들린다. 쇠가 부딪치는 소리, 쇠를 자르는 날카로운 소리가 꼭 나를 향한 원성 같다. 정신이 다시 혼미해진다. 눈물이 주르륵 흐른다.

엄마 기다릴게! 갑자기 터널 속에서 끌어당긴 의사는 "주사 한 대 맞고 6분만 더 참으세요." 다시 터널 속으로 밀어 넣는다.

'참을 인' 자는 심장에 칼을 꽂는 고통이 따른다. 인忍 하나, 둘, 셋, 60번씩 6회면 된다. 숫자를 세다 보니 촬영이 끝났다. 후유 안도의 숨을 쉬는 나에게 "고생했어요."라고 한다.

응급실에서 의사의 판독을 기다리는 동안 불안하다. 큰아들의 얼굴을 보며 아들마저 몰라본다면 어떻게 될까, 생각하면서 아들의 얼굴을 뚫어져라 바라보는데 "엄마 내가 누구여?" 묻는다. "여보! 어디 갔다가 이제 와" 농담을 하며 웃었다. 조마조마한 기다림이 한 시간쯤 지났을까? 간호사의 호출에 의사에게 다가가며 휘청거리는 나를 아들이 부축한다. 의사는 여러 장의 뇌 사진을 보여 주며 치매는 아니란다. 뇌 두께가 10 미만이면 치매인데 젊은이 못지않게 뇌량이 많단다. 안심이다. 단기 기억상실이 올 수도 있다며 사진에 나타난 현상을 친절하게 설명해 준다.

둘째, 셋째에게 전화로 "엄마 치매 아니래, 엄마, 아무 걱정하지 말고 맛있는 것 드시며 즐겁게 사세요."

막내는 형에게서 엄마가 이상하다는 전화를 받고 울먹이며 힘 빠졌고, 며느리는 "어머님 몸은 좀 어떠세요. 아침에 얘기 듣고 일이 손에 잡히지 않는다며 어떻게 해야 할지…. 교회에 가셨나 봐요. 전화가 안 되어 문자 보냅니다. 금요일에 찾아뵐게요. 마음 편안히 가지세요."

큰아들은 "엄마, 기도했어요. 치매면 암보다 나으니 차라리 치매이기를 기도했어요. 치매 환자는 암 환자보다 오래 살고 암에 안 걸린대요." 아이들의 짐, 짐은 되고 싶지 않아, 건강관리 잘했다 싶었는데…. 울컥한다. 그동안 큰 병 앓은 적 없었던 내가 느닷없는 언행으로 자녀들에게 마음고생 시켰는가 싶다. 그러나 별 이상 없으니 다행이다.

둘째는 엄마! 심플하게 사세요. 더우면 더워서 추우면 추워서 비가 오는 날은 비가 많이 오니 염려하며 몸조심하라는 전화다.

인생은 터널의 삶, 지구라는 터널의 삶이다. 자궁이란 터널에서 10개월의 삶은 지구라는 터널에 내보내기 위한 준비 과정이다. 세상에 태어난 삶을 살기 위해 무한한 준비를 해간다. 인생의 생로병사 세계를 향하여 출발하였으나 아직 나그네의 여정은 새로운 환경에 적응하며 탈출해 가는 과정이 지구라는 터널 속은 길다.

하지만 영원에 비하면 순간에 지나지 않는다. 지구라는 터널은 잠시 소풍을 온 인생이 적응하는 과정, 온갖 고난의 연속이다. 생로병사를 체험하며 부모 형제 사랑하는 자녀들과 이별의 아픔을 안고 견디며 하나님의 섭리를 조용히 받아들이는 연습 과정이 터널의 삶이 아닌가 싶다.

 터널이라는 허물을 벗고 또 다른 세계, 무한한 우주 공간으로 향하는 난 어떤 모습일까.

김완묵
■

고창의 명소

　최순실 사건을 빌미로 국정 농단을 일으킨 박근혜 대통령 규탄 시위가 열린 2016년 11월 12일, 퇴진과 하야를 외치는 100만 인파의 촛불 행렬이 광화문 일대를 뒤덮고, 일촉즉발의 위험한 순간들이 아슬아슬하게 지나가고 있다. 누란의 위기 속에서도 대다수 국민들은 일상생활에 여념이 없고, 나 자신도 정해진 계획대로 고창 순례를 위해 강남고속버스터미널로 향한다.
　터미널에서 245km 거리에 있는 흥덕면은 지방의 면 소재지로는 보기 드물게 고속버스가 주차하는 터미널이 있다. 고창에서 다시 나오는 수고를 덜어 주고, 시간상으로도 절약할 수 있는 이점이 있어서, 첫 행보를 편안하게 진행할 수가 있었다.
　가장 먼저 찾은 곳이 감곡천 어구에 있는 김소희金素姫 명창名唱의 생가이다. 툇마루가 붙어 있는 초가삼간의 단조로운 집이다. 발전소 주변의 지원 사업으로 2002년에 생가를 복원하여, 옛 모습을 그대로 보존할 수가 있었다.

15세에 동편제의 대가 송만갑의 문하에서 〈심청가〉, 〈흥보가〉 등을 전수받고, 17세에는 정정열에게서 〈춘향가〉, 〈수궁가〉를, 김계문에게서 향제 가곡을, 이승환에게 거문고를, 김종기에게 가야금산조를 배우는 등 거문고, 양금, 고전무용, 서예 등 다재다능多才多能한 기예로 두각을 나타냈다.

1962년에는 파리에서 개최된 제9회 '국제민속예술제'에 참가했고, 1964년 12월 24일 중요무형문화재 기예능보유자가 되었고, 1972년 국악인으로는 처음으로 미국 카네기 홀 무대에서 판소리를 완창하였다. 1993년에는 국악협회 이사장으로 취임을 하고, 후진 양성에 심혈을 기울여, 신영희, 안숙선, 이명희, 박소영 등 많은 제자들을 길러 내는 업적을 남겼다.

사포마을을 벗어나면, 곰소만 제방을 따라 미당 서정주 시인 문학관까지 17km에 걸쳐 제방을 따라 해안문화 마실길이 이어진다. 곰소만을 바라보며 이어지는 마실길은 부안의 마실길과는 색다른 맛이 있다. 지난번에 답사한 변산반도와는 곰소만을 사이에 두고 바라보는데, 썰물 시간이라 끝없이 펼쳐지는 갯벌이 장관을 이룬다.

봉암초등학교를 지나 인촌 김성수 선생의 생가에 도착한다. 대한민국 제2대 부통령을 지낸 김성수 선생은 1891년 전라북도 고창에서 호남의 거부였던 아버지 경중暻中 선생과 어머니 장흥 고씨의 사이에서 태어났다.

일제 강점기에 경성방직 사장, 동아일보사장, 보성전문학교 교장, 국민총력조선연맹이사 및 평의원 등을 역임하고, 해방 후에는 민주국민당 최고위원을 지냈다. 1952년 이승만 대통령이 장기집권을 위해 강압적으로 국회의원을 탄압한 부산 정치 파동에 항거하여 부통령을 사임하였다. 김성수는 '일제 강점기에 반민족 행위 진상 규명에 관한 특별법'에 해당하는 친일 반민족 행위자로 규정되어 그의 인품에 오점을 남기고 있다.

솟을대문을 들어서며 시작되는 인촌의 생가는, 여섯 개의 문을 통과하고서야 안방마님이 기거하는 안채에 도착할 만큼, 만석꾼의 집으로 품위를 갖추고 있다. 한 가지 흥미로운 것은 사랑채에서 안채로 통하는 협문이 있어서, 한밤중 부인을 만나기 위해 드나들던 은밀한 통로를 열어두었다는 사실이다.

김성수 선생의 생가와 서정주 시문학관은 734번 도로를 따라 3km 거리를 두고 있다. 산모퉁이를 돌아 돋음별마을에 도착하면, 거리를 온통 국화꽃으로 장식하고, 담벼락과 슬레이트 지붕까지 국화꽃이 만발한 벽화마을이다. 문학관은 실개천을 건너는 다리를 사이에 두고 소요산자락에 터를 잡고 있다.

미당 서정주(1915~2000) 시인은 고창군 부안면 선운리에서 태어나 불교를 수학하고, 1936년 《동아일보》 신춘문예에 당선되어 20세기 한국을 대표하는 시인으로 활동했다. 고향을 사랑했던 선생은 출신 학교인 초등학교를 '서정주 시문학관'으로 개조하여, 일반인들에게 개방하고 있다.

15권의 시집을 출간한 미당은, 70년간 창작 활동을 하며 1,000여 편의 시들을 발표했다. 만해, 소월, 지용 등과 함께 현대의 시인들 중에서 가장 많은 연구의 대상이 되고 있으며, 노벨문학상 후보로 다섯 번이나 추천되는 저력을 보이며, 한국 최고의 시인으로 인정받고 있다. 그럼에도 불구하고 일제 강점기 후반의 친일 작품 발표 문제 및 독재 정권 지지와 찬양 문제로 인해 문학계 안팎의 논쟁의 대상이 되기도 했다.

폐교된 학교를 개조하여 만든 문학관은 출입문부터 시의 향기가 물씬 풍긴다. 육필 원고와 주옥같은 시들이 패널을 통하여 전시관을 가득 메우고 있다. "한 송이의 국화꽃을 피우기 위해 봄부터 소쩍새는 그렇게 울었나 보다." 어린 시절부터 배우고 꿈을 키웠던 작품들을 돌아보며 깊은 감흥에 젖는다.

1층 전시실에서 나선형 계단을 따라 오르는 전시 공간에는 그의 트레이드마크인 고무신이며, 돋보기안경, 모자 등 손에 익은 유품들이 진열돼 있다. 6층 전망대에 올라서면, 곰소만과 갯벌이 끝없이 펼쳐지고, 왼쪽으로는 미당 생가가 있고, 오른쪽에는 묘소가 자리를 잡고 있다.

이제 풍천장어를 만나 보러 간다. 문학관에서 시작되는 질마재길은 소요산자락을 따라 이어지는 오솔길이다. 곰소만과 주진천이 만나는 용선교 주변이 풍천장어의 서식지이다. 풍천장어는 선운사 앞에서 줄포만(곰소만)으로 흘러드는 주진천(인천강) 일대 민물과 바닷물이 교차하는 지점에서 잡히는 뱀장어를 말한다.

풍천은 바닷물과 강물이 합쳐지는 지형을 일컫는 말로 약 4km에 달하는 선운사 어귀의 주진천은 예부터 큰바람이 서해 바닷물을 몰고 들어와 민물과 바닷물이 만나는 대표적인 풍천으로 꼽힌다. 실뱀장어가 민물로 올라와 7~9년간 성장하다가 산란을 위해 태평양으로 돌아가기 위해 이 지역에 머물게 되는데, 이때 잡힌 장어를 풍천장어라고 한다.

풍천장어는 일찍부터 작설차, 복분자주와 함께 고창의 3대 특산물이다. 건강식품에 대한 관심이 높아지면서, 수요를 충족하지 못하고 있던 터에, 고창군에서 전국 최초로 풍천장어 양식에 성공하여 보급하고 있다.

용선삼거리에서 22번 국도를 따라가는 길옆으로 주진천이 흐르고 있어서 풍광이 매우 아름답다. 주진천은 고창군 고수면 은사리 칠성마을 산기슭에서 발원하여 고창군 심원면 용기리 해안으로 흘러드는 유로 연장 29.3km의 하천이다. 주진천은 선운산을 끼고 있어 경관이 수려하고, 주변에 세계문화유산인 고인돌공원과 선운산도립공원, 람사르 습지를 품고 있어서, 관광 자원으로 잠재력을 갖고 있는 곳이다.

삼인교차로에 도착하며 선운산도립공원이 시작된다. 단풍철을 맞아 몰려든 관광객으로 입추의 여지가 없고, 거리 곳곳마다 풍천장어로 성시를 이루고 있다.

가장 먼저 만나는 곳이 선운천 벼랑을 장식하고 있는 송악松萼이다. 송악은 소나무 '송松', 꽃받침 '악萼'을 쓰는 상록성常綠性 덩굴식물이다. 겨울에도 소나무처럼 푸른 기운을 그대로 간직하고 있는 희귀식물이라 천연기념물 367호로 지정하고 있다. 줄기와 가지에서 지네발같이 작은 덩굴손이 나와 기어오르는 성질이 있어서, 남쪽 지방에서는 돌담이나 나무에 달라붙어 성장을 방해하는 성가신 식물로 알려져 있다.

선운사의 송악은 밑둥의 둘레가 80cm에 높이가 15m에 이르는 보기 드문 거목이다. 송악은 소[牛]가 좋아하는 식물이라 소밥이라고도 부르며, 이 나무 밑에 있으면 머리가 맑아진다는 속설을 갖고 있다.

선운산 생태공원이 시작되는 매표소 앞에서 화려한 단풍 축제가 시작된다. 만산홍엽滿山紅葉으로 물든 단풍나무가 오방색으로 조화를 이루고, 단풍에 취한 행락 인파들이 걸음을 멈추고 추억 만들기에 여념이 없다.

극락교 앞을 지나 천왕문으로 들어선다. 눈을 부릅뜬 사천왕상을 보는 순간, 지은 죄가 없으면서도 오금이 저린다. 사천왕은 고대 인도 종교에서 숭상했던 귀신들의 왕이었으나, 불교에 귀의하여 부처님과 불법을 지키는 수호신이 되었다고 전해온다.

대웅전 앞뜰에 도착한다. 도솔산(선운산) 북쪽 기슭에 자리 잡은 선운사는 김제의 금산사金山寺와 함께 전라북도의 2대 본사로서 오랜 역사와 빼어난 자연경관, 소중한 불교 문화재들을 지니고 있어 사시사철 참배와 관광객의 발길이 끊이지 않는 곳이다.

우리나라 불교의 본산인 조계종에서는 전국의 사찰을 25개 교구로 나누어 관리하고 있다. 그중에서 선운사는 24교구 본사로서 내소사, 내장사, 개암사, 문수사 등을 말사로 두고, 산내 암자로 도솔암, 석상암, 동운암과 함께 참당암을 거느리고 있다.

본래 선운사 자리는 용이 살던 큰 못이 있었는데, 검단 스님이 용을 몰아내고 연못을 메우던 중, 마을에 눈병이 심하게 돌았는데, 못에 숯을 한 가마씩 갖다 부으면 눈병이 씻은 듯이 낫곤 하여, 이를 신기하게 여긴 마을 사람들이 너도나도 숯과 돌을 가져옴으로써 큰 못은 금방 메워지고, 절을 세우니 바로 선운사의 창건 설화로 전해진다.

대웅전 뒤뜰에 수령 500년이 넘는 동백나무 3,000여 그루가 세인의 이목을 끌고 있다. 미당 서정주가 〈선운사 동구〉라는 시로 더욱 유명해진 선운사 동백꽃은, 눈 내리는 한겨울에 붉은 꽃송이를 피워 내는 고고한 자태로 시인, 묵객들의 사랑을 받고 있다.

김재필

동백, 그 선홍의 빛이여

 아버지는 항상 이른 봄마다 옛집 마당에 핀 동백꽃 나무를 다른 나무보다 귀하게 여기셨다. 어느 해이던가. 관리 잘못으로 동백나무가 죽은 일이 있어 우리 가족들은 그 나무의 죽음으로 인해 아버지한테 큰 경을 쳤다. 아버지가 그 꽃을 유난히 좋아하셨던 이유를 나는 아직도 모른다.
 옛 사람들은 동백꽃의 붉음이 귀신을 막아 준다고 믿었던 모양이다. 또한 염병이 돌면 동백나무 망치를 만들어 허리춤에 차고 다니면 병귀가 보고 놀라 도망치는 걸로 알았다. 동백나무는 열매를 많이 맺어 다산多産을 상징하여 동백나무 방망이로 나물 캐는 가시나들의 엉덩이를 치고 다니는 놀이도 있었다.
 이 꽃은 한반도 남서해안에서 눈 속에 핀다 하여 '동백'이라 했는데 그 이름은 속명俗名이며, 원명은 산다山茶이고, 일본에서는 춘椿이라고 했고 중국에서는 산다 또는 바닷가에서 붉게 핀다 하여 해홍화

海紅花, 매화와 더불어 핀다 하여 다매多梅라고도 하였다.

동백나무는 우리나라 꽃이라는 게 문헌상으로도 알 수 있다. 중국 문헌 『유서찬요類書餐要』를 이용한 강희안의 『양화소록養花小綠』에는 "신라국에서 건너온 해홍海紅, 즉 천산다天山茶로 12월에서 2월까지 매화와 더불어 꽃이 핀다 해서 일명 다매茶梅라고도 한다." 라고 씌어 있으며 이태백 시집 주에는 "해홍화는 신라국에서 들어왔으며 심히 드물다."라고 되어 있다.

이러한 동백이 서양에 알려진 것은 스코틀랜드 의사 제임스 커닝엄이 1701년 중국 상하이 남쪽 주산열도에서 채집한 식물 표본의 '동백 사생도'가 왕립학회지에 발표된 것이 최초이다. 그러니 서양의 동백도 우리나라(신라 시대)에서 중국으로 건너가 다시 중국에서 서양으로 건너간 것이리라.

이러한 우리나라 고유의 꽃인 동백꽃은 나에게 잊지 못할 추억을 가져다주었다.

어머니와 고모는 나들이 전에 꼭 머리에 동백기름을 바르시고 참빗으로 빗으시어 머리맵시를 내시었다. 누나 시집갈 때 베개에도 동백꽃을 수놓았다. 우리 집에서, 아니 그 당시 어른들이 귀하게 여기셨던 이유가 동백나무가 이런 생활용품의 일부가 되어서인지도 모른다.

큰형님 역시 동백꽃을 귀하게 여기신 것 같다. 내가 초등학교 시절 그분은 일찍이 사범학교 졸업 후 동백꽃으로 유명한 선운사가 있는 고창에서 국민학교 교편을 잡고 계셨다. 방학 때 집에 오시면 동백나무부터 보살피시면서 당시 나에겐 아주 먼 대처처럼 여겨졌던 선운사 동백꽃 얘기를 해 주시곤 했다.

내가 선운사를 처음 찾은 것은 그로부터 25년이 지난 불혹의 나이 즈음이었다. 허나 나도 시기를 못 맞춰 서정주 시인과 같이 동백꽃은 보지 못했다. 내가 갔을 때엔 몇백 년은 족히 됐을 법한 동백나무 주위의 철쭉이 만발하여 동백의 붉음을 대신하고 있었다. 미당은 동백꽃 대신 막걸리집 여자의 구성진 육자배기라도 듣고 왔다는데….

　동백나무는 다른 나무들이 옷을 벗고 나목으로 잠든 계절에도 그 잎도 청청하거니와 눈을 함빡 맞고도 의연한 꽃봉오리를 달고 있다. 한겨울 내내 눈과 북풍의 시달림 속에서도 남녘의 훈풍을 기다리는 한이 맺혀서일까? 11월부터 맺은 꽃봉오리가 2월 말이나 3월 초부터 피는 동백꽃은 그 색깔이 누나 색동저고리 앞고름보다도 더 붉은 피와 같은 선홍빛이다.

　시인들이 선운사에 가서 모두 울고 온 까닭이 동백의 이 섧도록 진한 선홍의 빛깔 때문인가? 동백보다 일찍 피는 꽃으로 매화가 있다. 매화가 잎이 없는 채로 피기 때문에 군더더기 없는 선비의 꽃이라면 동백은 그 자태가 다분히 유혹적이고 찌들은 세월이 한스러워 그 한을 붉게 토해 내는 육자배기를 걸쭉하게 부르는 주막 아낙의 꽃이라 부르고 싶다.

　두 번째로 그곳을 다시 찾았을 때는 지천명을 4년쯤 앞둔 3월 말이었다. 회사 일로 역시 시기 맞추기가 어려웠지만 그래도 그때는 반쯤은 피어 있고 반쯤은 지고 있었다. 시인 최영미는 선운사 동백꽃을 보고 그의 시에서 이렇게 읊었다. "피는 건 힘들어도 지는 건 잠깐이더군 골고루 쳐다볼 틈 없이 님 한 번 생각할 틈 없이 아주 잠깐이더군." 그렇다. 다른 꽃들은 꽃잎이 하나하나씩 떨어지지만 동백꽃은 송이채 떨어짐을 말한 것이리라. 단두대에 잘린 것처럼 발밑에 뎅겅 떨어진 꽃송이는 순교자의 머리 같았다. 아니, 뒤도 돌아보지 않고 휙 떠나 버린 님처럼 그렇게 동백꽃은 통째로 휙 떨어져 널브러져 있었다.

세상의 인심 또한 그렇지 않은가? 아니야, 어차피 갈 바에는 미련을 두지 말고 휙 떠남이 오히려 낫지 않을까? 헌데 김용택 시인은 "선운사 뒤칸에 가서 영영 울었다."라고 한다. '여자에게 버림받고 그까짓 사랑 때문에'라고 자위하면서 애써 울지 않으려다 동백꽃의 낙화를 보고 울었단다.
　그곳을 나와 격포로 향했다. 해넘이의 장관은 그곳에서 연출되고 있었다. 붉다. 낮에 보았던 동백의 그 선홍빛이다. 병풍처럼 둘러쳐진 채석강(약 1억 5천만 년 전의 지층 지대가 형성된 곳)에 그 핏빛이 비치고 있었다. 그렇다. 이건 필시 송이채 떨어진 동백의 선홍빛이 채석강을 물들였으리라. 올해엔 선운사 동구에 가서 육자배기를 잘하는 아낙이 따라주는 걸쭉한 막걸리를 한잔 마시며 동백꽃을 구경하고 싶다. 그 아낙이 아직도 있으려나?

김정범

사조곡思鳥曲

스무 평도 못 되는 좀 작은 집이지만 그래도 창문 앞엔 조그만 뜰이 있다. 대문에서 현관까지는 겨우 너덧 발짝밖에 되지 않지만 언제나 열려 있는 대문을 들어서면 양쪽으로 회양목과 주목이 각각 한 그루씩 있고 사과나무도 있어 언제나 우리 집을 지켜주는 고마운 것들이다. 그리고 요즈음은 온 집 안을 붉은빛으로 가득 채웠던 철쭉이 지고 모란도 시들어 가고 있어 아쉽기는 하지만 그래도 담 자락엔 둥굴레와 금낭화를 비롯한 야생화 몇이 자리 잡고 있고 마당 한 켠에는 이제 막 맺기 시작한 고추와 토마토 그리고 오이도 줄타기를 하고 있어 이것들을 가꾸며 보노라면 그래도 자연의 섭리 속에서 느낄 수 있는 잔잔한 평화가 무엇인지를 알게 해 준다.

식구라야 오래전 아이들이 청주에서 유학하기 시작한 후로는 몇십 년을 아내와 둘이 살고 있는 집이지만 그래도 집 안에 나무가 있고 꽃이 있고 새들이 늘 찾아와 주어서 남들 보기에는 하찮을지 몰라도 내게는 이러한 하루하루의 일상들이 감사한 마음이다.

그런데 그중에는 단골손님으로 딱새 한 쌍이 있었는데 금년에는 올 때가 지났는데도 오지 못하고 있다. 아니, 이제는 아주 오지 못할 것이다. 지난해 이맘때쯤 일이다. 재작년부터 우리 집 주방 창틀에 둥지를 틀고 늦은 봄이면 해마다 찾아와 집 주변을 맴돌며 이른 아침엔 언제나 뜰에서 톡톡 뛰놀던 딱새 한 쌍이 있었는데 둥지에 알을 낳더니 네 마리의 새끼를 부화하고 벌레를 물어다 먹이기 시작하였다. 그런데 어느 날 아내가 파리를 잡으려고 장독 옆에 펼쳐 놓은 끈끈이에 어미 새가 붙어서 파드닥거리고 있었다. 안타까운 마음에 조심스럽게 떼어 보았으나 너무 강력하게 붙어 있어서 붉은 날개깃이 모두 빠졌고 물에 씻어 주기도 하였으나 얼마 후에 그만 죽고 말았다.

새끼들을 두고 죽는 어미의 심정이 어땠을까 생각하니 너무 속상하고 마음이 아프다. 그리고는 혹시 수컷이 새끼를 기르지 않을까 하는 마음으로 희망을 가지고 기다려 보았으나 수컷은 끝내 나타나지를 않는다. 어쩔 수 없이 새끼들을 둥지째 내려서 헛간 한구석에 놓고 지렁이를 잡아서 먹였더니 인기척만 나면 주둥이를 벌리고 먹이를 달라고 하는 것이 너무 귀엽고 신기하여 열심히 먹여 주었다. 그러기를 며칠, 그런데 큰 죄를 지은 것처럼 나를 괴롭게 하는 일이 또 일어나고 말았다. 날씨가 갑자기 선선해짐으로 밤사이 새끼들마저 추위를 견디지 못하고 그만 죽어 버린 것이다. 먹일 줄만 알았지, 새끼들에게는 초여름 밤 추위도 견디지 못한다는 것을 왜 내가 진작 알지 못하였을까? 다른 곳 다 마다하고 우리 집을 찾아준 반가운 손님이었는데 주인의 불찰로 인하여 가족을 모두 죽게 하였으니 어찌 마음 아파하지 않을 수 있으랴.

새로 태어난 생명에게 어미는 얼마나 소중한 존재인가. 이처럼 어미의 존재는 곧 그들의 생명인 것을 왜 생각지 못하고 있었나 싶어 가여운 생각이 사그라지지를 않는다.

옛날 오성과 한음이 어려서 가지고 놀던 새가 죽자 묻어 주며 "새가 죽었는데 사람이 우는 것은 부당한 일이나 너는 나를 인하여 죽은 고로 우노라(鳥死人哭 不當之事 汝由我而 死故哭之)."라는 조사를 지어 주었다는 일화도 있듯이 새끼들이 죽어서라도 어미 품에 있어 주기를 바라는 덧없는 마음에 며칠 전 텃밭 한쪽에 버렸던 어미 새를 찾아서 둥지에 새끼들과 함께 묻어 주었다.

좀 오래된 이야기이지만 십수 년 전 아내가 항암치료를 받으며 힘겹게 투병할 때 창밖에 나는 새들을 보며 나도 죽으면 새가 되고 싶다고 말해 마음 아파한 적이 있다. 그때 나는 아내에게 이렇게 말했었다. 저 새들은 분명 당신처럼 아름다운 영혼들의 분신일 것이라고, 그러나 죽어서 새가 되는 것보다는 살아서 내 곁에 있어 주는 것이 몇천 배, 몇만 배 더 좋다고.

어쨌든 아내는 새가 되지 않고 지금도 고맙게 내 곁에 있지만, 그때 만일 아내가 새를 따라갔더라면 우리 집에 찾아오는 이 새들이 어쩌면 정말 아내가 나를 찾아온 것이라고 여겼을지도 모르겠다는 생각도 해 본다.

그런데 딱새가 오지 못할 줄 알면서도 지금도 기다려지는 것은 왜일까?

김정숙

레드 & 블루

간밤 잠자리가 불편했다고 투덜대는 남편을 채근해 옥탑방을 나선다. 상수도가 직수로 바뀌어 물탱크 자리를 방으로 꾸몄으니 큰 덩치에 오죽 불편했으랴만, 그깟 하룻밤도 못 참을까. 나는 속으로 꿍얼대며 계단을 향한다.

뒷산에는 넘다 만 새벽달이 걸렸다. 옥상을 빙 둘러 새빨갛게 핀 깨꽃이 희부연 달빛 아래 요염하다. 나는 뒤돌아 바퀴 다글대는 여행 가방을 남편에게 넘긴다. 자칫 아래층에 잠든 아들네 식구와 보폭 넓히면 단숨에 건너 뛸 이웃까지 깨울세라 발걸음도 살푼살푼 계단을 내려선다.

코로나가 준 뜻밖의 어부지리, 난생 처음 장기간 떠나는 국토 일주다. 먼저 서해안으로 방향을 잡아 청산도를 첫 기착지로 삼고, 남해안을 거쳐 동해로 북상해 반환점은 화진포로 정했다. 러시아워가 시작되기 전 수도권을 벗어나려 서둘러 운전석에 오른다.

시동을 걸자 새날을 알리는 라디오의 시그널 뮤직이 흘러나온다. 유리구슬처럼 쏟아지는 리듬이 경쾌하다. 통통 튀는 듯한 가락에 실려 아침을 여는 아나운스먼트 또한 더없이 상냥하다.

느릿하게 뒤따르던 남편이 뒷좌석에 여행 가방을 넣고 잽싸게 조수석에 오른다. 의자를 뒤로 쑤욱 뺀 그는 등판을 젖히더니 아예 드러눕는다. 나는 주차 모드를 한 채, 남편의 발등인 듯 액셀러레이터를 지그시 밟으며 핸드브레이크를 푼다.

골목을 벗어난 차가 동네어귀를 벗어날 즈음 안전띠를 다그치는 경고음이 빽빽거린다. 눈을 감은 채 미동도 않던 남편이 성가신 듯 시트벨트에 오른손만 뻗친다. 끌려나온 벨트를 왼손에 넘겨받은 남편이 잠시 더듬대다 '철커덕' 고리를 채우자 차 안은 다시 선율로 채워진다.

도심을 벗어나 자동차 전용도로에 오르자 두 손은 긴장으로 운전대를 움켜쥔다. 시력이 부쩍 약화된 남편 대신 여정 내내 도맡을 운전에 대한 부담일까, 조수 신세에도 불구하고 가차 없이 쏟아질 남편의 면박이 신경 쓰여서일까.

부질없는 걱정도 바퀴에 속도가 더해지며 저만치 뒤로 물러서는데, 남편이 돌연 왼손을 앞으로 뻗친다. 그의 가늘고 기다란 중지中指가 계기판을 잠시 헤매더니 라디오를 톡 꺼 버린다.

뒤이어 재킷 주머니를 뒤적이던 그가 핸드폰을 꺼낸다. 곧 징그럽도록 귀에 익은, 편향된 정치 패널의 열변이 고막을 때린다. 백미러로 째려보니 그는 여전히 눈을 감고 있다. 잠이나 자던가…. 말을 삼키며 눈만 흘기는 새 차는 도시를 벗어난다.

웬 아이 소리일까. 가만, 아래층에서 나는 소리 아냐? 간밤 잠에서 설핏 깬 나는 비몽사몽 헤매다 들리듯 말듯 먼 아이 울음에 용수철

튀듯 일어났다. 그래, 애들이 왔지. 흐릿한 눈에 든 야광 시계는 겨우 밤 10시를 지났다. 나는 옥탑 방문을 밀고 나와 동동거리며 2층으로 내려갔다. 2층은 어제부터, 타국에서 돌아온 아들네의 격리 공간이다. 현관문을 두드리려다 1층으로 꺾여 내려가는 중층 난간에 내려서 위를 올려다본다.

제법 쌀쌀해진 기온에 현관 옆으로 길게 자리한 거실 창은 틈 없이 닫혔다. 센스 등만 희미한데, 달래는 듯한 아들 목소리에 이어 떼쓰는 일이 잘 없다던 여섯 살 난 손자의 볼멘 음성이 뒤를 잇는다. 귀국을 앞두고, 두 살 터울의 동생이 마스크를 안 쓰겠다고 공항 바닥에서 한바탕 굴렀다던데, 쟤는 또 웬일일까.

옥탑으로 도로 올라가 핸드폰을 가지고 내려오며, 얘가 왜 울지? 어디가 아픈 거야? 열은? 나는 두서없는 말을 속사포처럼 쏟는다. 열이 좀 있긴 한데 염려 마시라는 아들 음성에 근심과 피곤이 꺼끌꺼끌 묻어난다. 열이라고? 소스라치게 놀란 나는, 근 스무 시간 넘게 식솔을 끌고 대륙을 건넌 아들에게 내 불안을 감춘다.

지난 봄, 아들은 가을쯤 귀국하겠다고 했다. 떠날 때 이미, 이삼 년 후 돌아올 것이라 하긴 했다. 그새 3년이 후딱 지나, 아들이 속한 랩에서는 체류를 강권한다고 했다. 나는, 변방의 옛 집들조차 여왕처럼 기품 있는 그 나라에 아들이 뿌리내리기를 은근히 바랐다.

아이들의 발음도 버터처럼 매끄럽고, 단지 병원 문턱이 높다는 게 흠이었다. 초기 코로나로 한국이 난리법석일 때, 그 나라는 유행성 감기쯤으로 아는지 마스크 착용자가 없다며 아들 내외가 얼핏 불안을 내비쳤다.

운무에 보슬보슬 비가 잦고 아이들은 종종 감기를 달아, 주사와 처방에 인색한 그곳에 해열제와 상비약은 한국 몫이었다. 그럼에도 응급실에 실려 가면 바로 1인실에 넣어 의사가 벌떼처럼 몰려와 처치한다고, 심각한 위기엔 철저하다 덧붙였다.

좁은 땅 덩어리가 남북으로 갈리고, 이젠 동서에다 빈부로 갈라치는 이곳에? 하늘은 또 어떠냐? 예전엔 황사만 물러나면 얼마나 맑았니. 지금? 저 건너 남산타워가 사흘돌이 숨바꼭질을 한다. 그도 말고, 코로나로 난리다. 나도 이 나라를 뜨고 싶다니까!

마, 아들아, 부디 환경 좋고 젠틀한 그곳에 살지 그러냐. 며늘아, 너는 어떠냐? 누군 영어 땜에 기러기도 불사하는데, 아이가 영어 익힐 때까지라도 쟈를 설득하지 그러냐. 아우, 어머니, 제 말을 듣나요. 지 마누라 말이라면 자다가도 벌떡 일어날 아들임을 내가 아는데…. 며느리가 덧붙인다. 영원한 이방인은 저도 좀 그래요. 아범을 믿으세요, 어머니. 호호호.

코로나가 반전을 가했다. 가장 안전하고 아름답고 쾌적하다 믿은 영국에 인구 대비 가장 많은 환자가 발생한다는 뉴스였다. 락 다운이 길어지며 숙소에 갇힌 아들네는, 병원은 열이 40도가 넘어야 갈 수 있고, 옆 연구실 젊은이가 코로나로 죽었는데 몰랐다고 한탄했다. 나는 환경과 자연치유의 맹신에서 깨어나 아들네의 입국을 손꼽기 시작했다.

창이 열렸다. 큰아이는 고열로 얼굴이 발갰다. 큰아이는 눈물범벅으로 제 어미에게 안기고, 작은애는 내게로 날아올 듯 창 너머로 두 팔을 뻗는다. 며느리는 애써 태연한 척, 샤워 후 갈아입을 팬티가 없어 운다며 격리 후 머물 친정으로 띄운 짐에 속옷까지 싸잡혀 갔다고 했다.

아우, 저런. 긴 비행에, 마중 나간 할아버지에겐 곰살궂게 말도 안 붙였지. 교통 지옥을 뚫고 간 검역소는 우주복이 웬 막대기로 코부터 찔렀다지. 집에 오니 안아 주긴커녕, 할매 할배는 쌩하니 옥상으로 달아났고, 아우! 울고도 싶었겠다. 얘 아가야, 내가 팬티 사 올게. 소리에 눈을 치켜뜬 아이는 그럼 레드요. 흑흑, 또 블루도…. 울음을 삼킨다. 음성에 불안과 잠이 더께처럼 쌓였다.

드디어 닿은 완도 앞바다, 시리도록 푸른 바다가 타는 듯 붉은 노을과 어우러져 출렁인다. 청산도행 뱃머리에 걸린 레드와 블루의 신묘하고도 찬란한 화합, 때마침 걸려온 전화 속 아이들은 그 밤 내가 사다 준 붉고 파란 팬티를 한 장씩 머리에 뒤집어쓰고 깔깔댄다.

레드와 블루보다 더 판이한 조합의 남편과 나. 연리목이 우뚝한 바닷가에서 나는 무시로 통박 일삼는 그의 입을 꿈틀대는 전복으로 틀어막는다. 청홍 어우러진 극단의 화해, 자연과 동심을 통한 소리 없는 메시지에 귀를 연 여정의 첫날이다.

김정애

카르카손 성

 흰 구름이 꽃송이처럼 피어나는 오월의 푸른 하늘을 배경으로 언덕 위에서 동화 같은 성곽이 위용을 뽐내고 있다. 붉은 고깔이나 청회색 고깔을 쓴 거대한 돌집의 모습은 웅장하고 아름다웠다. 천오백 년이 넘는 세월, 이 중세 성에는 어떤 긴한 사연의 인간 무늬가 새겨져 있을까.
 프랑스 남부 지방 몽펠리에에 살고 있는 아들네를 보러 남편의 퇴직일에 맞추어 함께 방문했었다. 아들은 근 보름을 휴가 내었고, 마침 방학인 손녀들과 함께 몇 군데 여행지를 둘러봤다. 그중 한 곳인 카르카손은 나에게 이름조차 생소했다. 유럽에서 가장 훌륭한 중세 성의 유적지라 했다. 유네스코 세계문화유산에 등재되어 있으며, 프랑스인에게는 파리, 몽생미셸 다음으로 인기 여행지이기도 하단다. 젊은이들에게 카르카손이란 이름은 중세 풍경을 타일로 만들어 가는 보드 게임으로 더 알려져 있다 한다. 프랑스 남부 지방 어디에서나 볼 수 있는 키 큰 플라타너스가 카르카손 시가지를 녹음으로 덮고 있었다. 길손에게 긴 팔을 드리워 그늘을 제공하니 그 넉넉함과 아름다움에 경배하고 싶어진다. 간간히 더 짙은 색의 미루나무들은 발뒤꿈치를 들고 양손을 모은 채 하늘을 향해 기도하듯 열을 서서 바람에 흩날리니 과객은 시공을 오가는 긴 꿈을 꾼다.

카르카손 성곽은 철통같은 요새다. 오드 강의 오른쪽 가파른 구릉지 꼭대기에 세워져, 구시가지인 시테 전체를 둘러싸고 있다. 반면에 성에서 내려다본 시가지는 드넓은 평원 속에 채도 낮은 주황빛 지붕들이 고만고만 엎드려 있다. 멀리 지평선이 보이고 누구 하나 높은 목소리를 내지 않은 채 푸르른 자연 아래 나란히 어깨를 겯고 도란도란 살고 있는 듯하다. 성 안팎의 높이 차이는 권력차를 보여 주는 듯싶다. 드넓은 평원의 넉넉한 산물은 지배자의 창고를 한껏 채웠을 것이고, 견고하고 아름다운 성이 만들어진 바탕이 되었으리라. 프랑스는 피레네 산맥을 중심으로 스페인과 국경을 맞대고 있기에 카르카손 성은 스페인으로부터의 방어벽 역할도 한다. 부러우면 뺏고 싶은 것이 인지상정인가. 불안이 위대한 유적을 탄생시킨 것 같다.

성의 구조는 이중 성벽으로 되어 있으며, 내성 안에 콩탈 성과 대성당이 세워져 있다. 높다란 이중 성벽 위에서는 적의 동태를 한눈에 알아보기 쉽게 되어 있고, 돌벽은 난공불락이지만, 방어가 강할수록 공격은 더 치열했나 보다. 485년 로마인들이 들어와 거주민인 이베리아인을 내쫓은 뒤, 시테의 성벽을 처음 축조했다 한다. 그 후 이슬람교도들이 점령하여 생나제르 바실리카 대성당과 콩탈 성을 성벽 안에 세운다. 13세기경에는 신학자들이 부패한 로마교황청을 비판하며 이단인 카타리 종파를 만들어 청빈한 신앙 생활로 '좋은 사람들'로 불리며 국민들과 남부 귀족의 지지를 받았다. 개종 설득에 실패한 교황은 북 프랑스 귀족들의 지원을 받아 십자군을 보내어 성 안의 사람들을 다 학살한다. 남부 귀족의 재산은 모두 프랑스 국왕에게 귀속되고, 외부 성벽에 탑과 망루, 총안 등이 더해지며 내부 성벽에 나르보네 성문이 만들어져 더 견고하고 아름답게 변모한다. 이 거대한 성도 여러 사연으로 주인이 수차 바뀌며 점점 높고 탄탄해지는 곡절을 겪었으니 사람의 욕심은 성의 높이보다 항상 한 수 위인가 보다.

　카르카손 성벽을 보면서 상대적으로 허술한 내 고장의 동래읍성이 생각났다. 당시 조선은 백성도 가난하고 나라도 가난했기에 어쩔 수 없었을 게다. 이 땅에 뺏을 게 뭐 있다고, 왜적 고니시 유키나와는 조총으로 무장한 만 팔천 명의 군사를 이끌고, 정명가도征明假道, 명나라로 가는 길을 터달라는 명분으로 쳐들어왔다. 동래부사 송상현은 전사이 가도난戰死易 假道難, 죽기는 쉬워도 길을 내주기는 어렵다는 패를 던진 후, 백성들과 함께 싸우다 장렬히 산화했다. 군사력은 약해도 자존심과 기개는 강했던 우리 백성들의 꼿꼿한 성정을 상기하며, 카르카손 성에서 죽어 간 억울한 영령들에게 잠시 묵념했다. 사람 사는 곳에는 다 뺏고 뺏기지 않으려는 인간들의 싸움이 존재한다. 특이한 점은 강하고 부한 놈이 약한 자들의 소유를 더 탐낸다는 것이다. 그래서 지키려면 강해져야 한다는 논리로 지금도 세계 각국의 군비경쟁은 치열하다.

　영광스럽고 참혹한 역사를 다 품은 아름다운 카르카손 성은 이제 유럽 최고의 중세 고성이라는 찬사로 빛난다. 벤치에서 서로를 껴안은 연인들과 잔디밭에 나란히 누운 가족들의 다사롭고 평화로운 모습이 오래도록 지속되길 빈다.

김종선

눈 오던 날

　우수, 경칩이 지났건만 며칠째 계속되는 영하의 기온에 마음마저 꽁꽁 얼어붙더니 오늘은 오후가 되면서 희끗희끗 눈발이 날리고 날씨도 많이 누그러졌다. 겨우내 소담스러운 눈송이 한번 구경 못해 못내 아쉬웠는데 지각생으로나마 이렇게 와 주어서 반갑다.
　나는 창문을 통해 그냥 멍하니 바라본다. 점차 시간이 지나면서 어느새 눈발은 흰 꽃송이로 변해 소담스럽게 내리고 있다. 10평 남짓한 이 작은 산촌 분교장 교무실, 낡은 라디오에선 '나나 무스쿠리'의 감미로운 노래가 흐르고 시커먼 연탄난로의 열기건만 방 안은 기분 좋게 온화하다. 마음 또한 아늑하고 따뜻하다.
　휴일 당직 근무 중이다. 출근길 가져온 대추 몇 알과 며칠 전 이곳에서 언 땅을 파고 캐낸 칡뿌리 몇 조각을 누런 알루미늄 주전자에 넣는다.
　이 작은 미니 학교의 휴일을 나는 참 즐긴다. 한겨울 오늘 같은 분위기는 더 말할 나위도 없다. 한여름 그 뜨거운 열기는 사라지고 모든 것이 침잠에 든 이 적막감에 끝없는 사색과 관조의 시간을 펼칠 수 있기 때문이다.

본교에서 일찍 근무할 때는, 부르지 않아도 학교 근처에 사는 직원 중 누군가 꼭 들러 유독 할 일도 없으면서 서성대기 때문에 꽤 신경이 쓰이곤 했는데 여기엔 온종일 누구 하나 찾아오는 사람이 없어 너무 한가하고 무엇이든 내 마음대로다. 어김없이 책도 읽고 글도 쓰고, 음악도 들으면서 한동안 벼르기만 하던 아이들 털옷 짜기도 하고 그 애들의 앞날도 그려 보며 그 언젠가 얼굴 한 번 스쳤던 인연까지 떠올려지기도 한다. 살면서 엮어 가는 인연 속에 미처 꺼지지 못하던 한 가닥의 작은 불씨마저 완전히 사그라지니 화해되고 용서되는 넉넉함을 맛보기도 한다.

나는 사무실에 그냥 앉아 있을 수 없어 밖으로 나온다. 눈은 자꾸 내리고 어느새 그사이 내린 눈으로 인해 보이는 것들이 새하얗다. 앙상한 나뭇가지에 눈꽃이 내려앉아 눈부시게 아름다움을 뽐내고 모든 산야는 제 몸을 아낌없이 드러내기도 하고 숨기기도 한다. 습관대로 돌층 층대를 조심스럽게 내려와 시냇가 바위 옆에 섰다. 그 가뭄에도 용케 살아남아 돌돌 내려오는 물줄기를 물끄러미 바라보며 물의 교훈도 생각한다. 이 산골의 물은 저 드넓은 바다까지 얼마나 긴 여행을 할까. 고개를 들어 사방을 휘둘러본다. 산은 너울너울 춤을 추며 사뿐히 내려앉는 눈꽃 모자를 쓰고 유유자적 침묵 속에 누워 있는데 딱 버티고 서 있는 저 소나무에 오늘따라 눈길이 더 머문다. 건강하고 수려하며 품위와 인내도 가르쳐 준다. 한참이나 서 있다. 발길을 천천히 운동장 울타리 주변으로 옮긴다. 겨울나무들이 추위 으스스 떨고 있을 것 같지만 오늘따라 따습고 정다운 속삭임이 들려오는 듯하다. 머지않아 맞이할 새 생명의 잉태를 위한 밀어들, 자연의 신비와 경이로움으로 다가서기 때문일 것이다.

　자연만이 아니다. 인간의 마음 또한 때와 장소에 따라 다양한 빛깔로 변하는 복잡미묘한 내적 힘을 가지고 있다. 모든 사물을 따뜻한 시선으로 대하면 때론 빨강이 파랑으로 또는 파랑이 빨강으로 보인다. 눈으로 보는 것이 아니고 마음으로 느끼기 때문이다. 눈은 속일 수 있어도 마음은 속일 수 없는 것은 만고불변이다. 마음의 빛깔은 더도 덜도 아닌 있는 그대로 진실로 받아들여지기 때문일 것이다. 바로 그 내재한 힘은 위대한 인물도 만들고 불세출의 예술품도 낳는 것이 아닐까! 예술은 자연을 닮는다.

　꼭하고 싶은 이야기는 꾹 참지 못하고 세상사 쉽게 타협 못 하는 옹졸함이며 저울의 기울임이 내 쪽이어야 한다는 편견도 다 자연의 순리를 배우지 못하는 이기심 때문일 것이다.

　그래, 이제부터라도 물 흐르듯 순리대로 살자. 다시 사택 쪽으로 향한다. 대추나무, 이 나무가 여기에 있는 것을 처음 알았을 때, 얼마나 반가웠던가. 나무에 대한 식견이 별로인 내가 이 나무를 알아본 것은 지난 초가을 그 올망졸망한 앳된 얼굴에 엷은 홍조를 띠고 있을 때였다.

　'어마! 대추나무 아니야!'

　반색하며 다가서던 생각이 새롭다. 갖은 풀꽃, 밤나무, 고욤나무에서도 그랬지만 특히 이 대추나무에서 고향과 어머님을 동시에 떠올렸기 때문이다. 어린 날 어머니의 손을 잡고 고향 사찰 오르다 보면 야산 비탈에 반짝반짝 빛을 발하던 대추나무!

　언제나 어머님의 모습에선 풀 먹인 **빳빳한** 세모시를 떠올린다. 한여름 나들이엔 모시옷을 즐겨 입으셨던 그 단아한 모습, 흰 고무신,

하얀 앞치마, 결벽성에 가까울 만큼 정갈하셨기에 항상 어머님의 모습에선 순백색을 연상한다. 깊은 밤잠에서 깨어나면 등잔불 가까이에 손끝을 모으시고 바늘귀 꿰던 모습, 언제나 책을 가까이에 두셨고 글 읽던 모습도 보인다.

세월이 많이 흘렀지만, 너무도 억울하게 의사의 실수로 갑자기 가셨기에 이 애잔한 마음은 가실 줄을 모른다. 그렇게 일찍 가시지 않았던들 모르긴 해도 지금 나보다는 한 차원 높은 자리에 서 있지 않을까. 내가 이나마 글을 쓰는 일도 아마 어머니의 성향을 이어받은 덕분일 것이다.

하늘을 본다. 어린 날처럼 입을 벌려 눈을 받는다. 마음의 굴곡이 심할 때 하늘을 보는 일은 이미 내게 밴 습관이다. 오늘따라 새삼 뒤를 돌아보니 젊음은 나에게 아예 없었던 것처럼 느껴지고 지금도 또래보다 많이 이탈해서 사는 듯하다. 내 나이 보통 사람들, 어디 관광이라도 떠나는 날엔 화투도 잘 치고 술도 마시고 춤도 잘 춘다. 나는 그런 통속적이고 유흥적인 삶은 잊고 산다. 물론 그런 것에 취미도 없지만, 내 둘레가 나를 그렇게 만들었다고도 할 수 있다.

어린 나이에 선생이란 직장인이 되었고 바로 이어진 어머니의 별세와 함께 여러 가지의 어려운 환경을 극복해야 했으니 어디 다른 곳으론 고개를 돌릴 여력이 있었을까. 결혼했다고 해도 더한 피곤함은 가중되었고 여전히 직장은 다녀야 했다. 가정과 직장을 오가면서 다람쥐 쳇바퀴 도는 듯한 그런 판에 박은 생활 속에서 아마도 원초적 인간의 본능 같은 것은 제자리를 찾지 못하고 어느 사이로 연기처럼 빠져나가 이렇게 교과서적인 삶으로 이어지고 있는 것 같다.

상처는 망처라고 하는데 우리 집에 꼭 맞는 말이었다. 토지 개혁과 6·25 사변이란 엄청난 회오리에 거의 재산은 날아갔지만, 어머니의 별세를 기점으로 나머지 재산도 야금야금 남의 손으로 넘어가니 우리 집은 결국 고향을 등지게 되었다.

참 생각도 많아진다. 한참을 서성이니 옷도 마음도 축축하다. 사무실로 발길을 옮긴다. 내 집 안방보다 더 따뜻한 방, 젖은 운동복을 벗고 평상 옷으로 갈아입는다. 차 향기가 방 안에 가득하다. 차는 셋이 마시면 유쾌하고 둘이 마시면 좋고 혼자 마시면 신묘하다고 했던가. 씁쓰레하면서도 달큰한 향취를 천천히 음미하며 마신다. 몸도 마음도 따뜻해진다.

이 적막한 산촌 작은 분교장, 아무도 찾아올 사람은 없는데 꼭 누가 올 것만 같은 그리움에 젖기도 하고 이것저것 많은 생각들로 하루가 저문다.

아무튼, 마음이 평온하고 행복하다. 그래, 이젠 좀 밝게 살자. 언젠가부터 실행하려고 했던 운전도 배우고 기타도 배워서 여행도 하고 노래도 부르며 살자. 내 인생 내가 살지 누가 대신 살아줄 수 있는가.

김창송

문패를 달던 날

아내가 첫애를 임신했을 때였다. 어느 날 늦은 밤에 갑자기 진통이 왔다. 나는 겁이 나서 무조건 택시를 잡아타고 병원으로 달렸다. 마침 담당 의사가 퇴근하려던 참이었다. "당장 입원하세요." 또 통증이 올 수도 있다는 것이었다. 나는 서둘러 밤을 샐 준비를 하고 있었다. 그때 간호사가 다가와 남편이라도 남자는 곁에 있을 수 없고 어머니나 여성만이 함께 수발 들 수 있게 되어 있다고 한다. 이 법은 성모병원의 오래된 내규라고 한다. 이런 난감한 일이 또 어디 있나. 단신으로 월남한 처지로 일가친척 하나 없으니 이 한밤중에 어디서 여성 도움이를 구한단 말인가. 이리하여 부득이 아내만을 홀로 남기고 통행금지 사이렌 소리에 쫓겨 집에 돌아오고 말았다.

아내 없는 썰렁한 빈방에 홀로 누워 이불을 쓰고 있으니 고향의 엄마 생각이 떠오르며 눈물이 맺힌다. 뜬눈으로 밤을 지새운 후 이른 새벽에 회사로 나가기로 했다. 을지로6가에서 전차로 남대문시장 앞에서 내려야 한다. 그때만 해도 그 새벽 시간 보따리 장사 아줌마들이 무, 배추를 한보따리씩 이고 지며 이른바 찜통 전차였다. 간신히 끼어 타고 남대문시장 건너편 시장 앞 정거장에서 내렸다. 불티나게 달려가 급한 회사 일을 마치고 황급히 병원으로 달려갔다.

그때가 아마 아침 10시경이라고 생각된다. 장맛비가 오늘처럼 억수같이 내리고 있었다. 병원 산부인과 앞 복도에 들어서자 저 안쪽에서 애기를 옆에 끼고 침대에 누워 있는 아내가 보였다. 때마침 병실 청소 시간이었다. 그녀는 나를 보는 순간 눈물을 훔치는 것이 아닌가. 간밤에 진통과 더불어 출생의 고통을 누구 하나 위로해 주는 사람이 없었던 외로움에 너무 서러웠던 듯했다. 그때의 아내의 눈물은 반세기가 지난 이날까지도 잊을 수가 없다.

퇴원하자 교통이 편한 을지로입구에 있는 어느 새 집 문간방에서 세 식구의 새 살림이 시작되었다. 집주인은 알고 보니 파출소 순경이었다. 깊은 한밤중에도 수시로 드나들었다. 그때마다 여닫는 대문 소리에 애기는 깜짝깜짝 놀라 울음을 터뜨리는 것이 아닌가. 방값이 싼 이유를 알 만도 했다. 민감한 어린 애기를 키우기 위해서는 조용한 동네로 옮길 수밖에 없었다. 이리저리 찾던 중 신당동 시구문 언덕 초입에 있는 단칸방이 있었다. 오르내리기에는 힘들 것 같았으나 아늑한 곳이어서 애기 키우기에는 안성맞춤이었다. 이사 간 그때는 초겨울이었다. 남들처럼 월동 준비를 해야 했다. 먼저 겨울 내기로 구공탄을 마련해야 했다. 그리고 방 안에 난로를 놓고 연통을 밖으로 뽑아냈다. 그다음에는 방 안의 장판 구석구석을 돌아가며 가스가 스며 나오지 않게 테이프로 사방을 둘러 꼼꼼히 붙여 놓았다.

이렇게 하여 한시름 놓고 있던 어느 날 밤이었다. 애기가 일찍 잠이 들기에 우리도 함께 잠들었다. 밤이 깊어 갔을 때였다. 애기가 무엇엔가 놀란 듯 귀청이 떨어지게 울음을 터뜨리는 것이 아닌가. 갑자기 놀라 나는 눈을 부비며 일어나 애기를 안고 둥기둥기 어르는데 정신이 몽롱해져 오는 것이 아닌가. 자는 아내를 깨워 애기를 건네주었는데 에미도 애기와 함께 쓰러지며 머리를 담벽에 부딪쳐 쿵하고 소리가 났다. 이때 옆방의 주인아저씨가 이 소리에 놀라 도둑이 든 줄로 알고 달려 나와 황급히 우리 방 문을 열어제쳤다. 순간 방 안은 희뿌연 연탄가스로 덮여 있었고 세 사람은 죽은 듯 방바닥에 쓰러져 있었다. 황급히 장독대에서 김칫국물을 퍼와 우리 입에 넣고 애기는 이불로 돌돌 말아 바깥 마당에 나가 찬 공기를 마시도록 민첩하게 서둘렀다. 주인아저씨는 고등학교 체육 선생이었다. 이렇게 주인집 부부의 날렵한 움직임이 아니었다면 큰 참변이 일어날 뻔했다.

그 후 동네 아주머니들 사이에서는 "애기가 일찍이 효자 노릇했다."라며 소문이 자자했다. 훗날에 들은 바에 의하면 우리나라 60년대 초반 당시에 연탄가스 중독 사망자가 일 년에 무려 일만여 명이나 된다고 했다. 그때 주인집 아주머니가 한 말을 잊을 수가 없다. "구사일생이란 별거 아니에요! 아기 울음소리가 생명을 건진 겁니다. 하늘에 감사해야 합니다." 그 한마디가 얼마나 값진 교훈이었는지….

그 후 세월이 지나면서 비록 열 평짜리나마 내 집을 간신히 마련하였다. 출퇴근길은 찜통 버스로 박석고개를 넘어 광화문 앞을 지나 남대문 앞에서 내릴 쯤에는 숨통이 열리며 저고리 단추 한두 개가 떨어지기가 일쑤였다. 버스 문이 열릴 때마다 들려오는 새마을 노래가 새 힘을 심어 주곤 했다. 그 혼잡한 삶 속에서도 나도 비록 열 평짜리나마 내 집이 있다는 그 기쁨을 온 천하에 외치고 싶었던 그 애환의 시절이었다. 문간에 걸린 저 하얀 문패가 석양빛을 받으며 오늘도 미소 짓고 있다.

김충석

역사를 잊은 민족에겐 미래가 없다

"10만 양병하여 왜의 침입에 대비하라!" 율곡 선생의 유언에, 황윤길은 정사로, 김성일을 부사로 일본에 보냈더니, 황윤길은 일본이 쳐들어올 것이니 대비해야 한다고 하고 김성일은 반대로 걱정할 것 없다고 보고하자 국론이 양분되었다. 편히 지내시다, 임진 정유 7년 전쟁으로 나라가 거덜 날 판에, 전라좌수사 이순신 장군 덕에 위기를 모면했으면서도, 정신 못 차리고 골육상쟁과 당파 싸움에 날 샌 줄 모르시니, 민생은 도탄에 빠지고 병자호란으로 국치國恥를 당하고도 반성은커녕 더욱 쌈질에만 용감무쌍하셨다.

명치유신으로 근대 국가로 변신한 일본에 총 한 방 못 쏴 보고 조선왕조가 망한 뒤에, 나라 잃은 백성들이 얼마나 고생하며 어떻게 살았고, 빼앗긴 나라를 되찾기 위해 해내외에서 오랜 세월 풍찬노숙하며 선열들이 죽고 다치고 감옥살이하며 피눈물을 흘렸는지···.

일본이 망하고 해방됐다고 좋아서 만세 부르기 바쁘게, 38선으로 남북이 갈려 북쪽은 소련이 군정을, 남쪽은 9월 중순부터 미군이 군정을 펼쳤는데, 해가 갈수록 불만의 소리가 높았다. 덕수궁에서 미군과 소련군 대표가 몇 차례 만나 5년 신탁 통치 안이 나오자, 북에서는 적극적으로 찬성, 남쪽에선 남로당을 비롯한 좌익만 찬성, 우익은 반대하고 삼일절 행사도 서로 다른 장소에서 한 것처럼, 남북 좌우익으로 갈려 혼란에 휩싸였다.

북에서는 소련군이 1945년 8월 10일 함경북도에 진주한 뒤로 온갖 횡포에 시달리고, 동방의 예루살렘이라 부르던 평양을 비롯한 38선 이북의 교회와 성당, 사찰, 향교를 문 닫고, 신부, 목사, 장로, 스님들을 쫓아냈다. 소련군의 지시로 34세 김성주가 김일성이 되어, 조선인민위원회를 만들어 사실상 정부를 세운 뒤에, 조만식 선생은 연금시키고 지도자들은 핍박하고 부자들은 인민재판으로 죽였다. 보다 못한 신의주 학생들이 소련군의 횡포와 종교 말살과 인민재판 등 공산주의에 항거하는 의거를 일으키자, 몽땅 잡아서 시베리아로 강제로 끌고 가서 험한 노동에 종사시킨 현상들에 놀라, 밤이면 38선을 넘어 월남하는 백성들이 날로 늘어나면서, 북쪽의 실상이 남한에 널리 퍼졌다.

동구권과 중국이 소련에 의해 공산화된 것에 놀라 미국 주도로 UN총회에서, 1948년 5월 10일 인구 비례에 의해 남북한 총선거를 해서, 통일 정부를 세우기로 결의하고, 인도 출신 메논을 위원장으로 UN 한국위원단이 들어오자, 미 군정은 협조하였으나 소련군은 38선 이북으로 한 발짝도 못 넘어오게 막았다. UN에서 투표가 가능한 지역이라도 선거하라 결의하여, 한반도 역사상 처음으로 직접·평등·보통·비밀선거로 국회의원(제헌의원)을 뽑아, 이승만 박사를 국회의장으로 선출하여 국호를 대한민국으로 정하고 헌법을 만들어 7월 17

일 공포하였다. 국회에서 신익희 의장이 헌법에 따라 상해임시정부 대통령이던 이승만 박사를 대한민국 초대 대통령, 이시영을 부통령으로 선출하였다.

이승만 대통령이 이화장에서 이범석 장군을 국무총리 겸 국방부 장관으로, 12부 4처의 장관은 유학파나 민족 진영 인사로 임명하고, 대법원장에 김병로 판사를 임명하여, 입법·사법·행정 3권 분립, 자유민주주의 대한민국 정부를 1948년 8월 15일 수립하고 중앙청에 미국기가 내려지고, 40년 만에 자랑스러운 태극기가 펄럭인 가운데, 미국 정부를 대표하여 맥아더 원수가 이승만 대통령에게 통치권을 넘겨주고 내년까지 철군한다면서 대한민국 정부 수립을 축하해 주었다. 이때까지 북에서도 태극기를 달았다.

태극기가 물결치며 만세 소리는 울려 퍼졌으나, 국가를 경영하거나 도지사, 군수, 경찰서장이나 교장을 할 인물도 귀하고, 세금 낼 백성도 드물어, 월급 줄 예산마저 감당할 수 없었다.

친일파나 부역자를 벌주려고 9월에 반민족행위처벌법을 만들고 잡아들이다 보니, 일본 제국주의 강점기, 교육받고 벼슬하거나 부자가 된 기업가들이라 큰 혼란이 일어났다.

이승만 대통령께서 이들을 제외하고 나라를 세우기 어렵다는 점을 간파하시고, "건국 기념으로 일제에 부역한 죄는 특별히 용서하니, 온 힘과 정성을 다하여 충성하고 협력하라!" 모두 석방하고 특별사면 복권해 주면서 "새 나라 건설에 초석이 되거라!" 엄명하셨다.

대한민국 정부에서는 12월 12일 파리에서 개최된 제3차 UN 총회에 대표단 8명을 파견하여, 대한민국이 한반도에서 유일한 합법 정부로 승인받았다는 것이 세계에 퍼졌다.

1948년 9월 9일 평양에서는 김일성을 주석으로 조선민주주의인민공화국을 세웠다. 소련과 중공에서 각종 무기와 2개 사단 병력을 지원받아 전쟁 준비를 끝내고, 1950년 5월부터 평화 공세를 펼쳤는데, 한 달 만에 토요일 0시, 비상경계령을 해제하고 휴가와 외출 보냈다. 6월 25일 일요일 4시 인민군이 불법 남침하여 동족상잔의 비극이 일어나, 사흘 만에 서울도 내주고 후퇴를 거듭하자, 학생복을 입은 채 학도병으로 출전하고, 미군을 비롯한 UN군의 참전과 9월 15일 맥아더 장군의 인천 상륙 작전 성공으로, 압록강과 백두산 밑 혜산진까지 치고 올라갔는데 왜 통일을 못 했는가.

  간신히 자유민주주의 대한민국을 지켜내고 폐허가 된 이 땅, 가장 가난했고 미국의 원조로 간신히 주린 배를 움켜쥐고 얼마나 많은 피땀 흘려 선진국이 되었는지…. 우리나라의 역사, 그중에도 현대사는 제대로 가르쳐 주고 배웠어야 했는데, 갈수록 국리민복은 잊고 사리사욕, 당리당략에 매몰되어 온갖 특권만 누리면서 쌈닭이 된 저질 정치인들! 애써 세워 빛나는 대한민국 망칠까 봐 애가 탄다.

  지역 이기주의, 험한 당파 쌈, 포퓰리즘은 나라 망친다. 꿈에도 잊지 말자! 유비무환!

김훈동
✢

눈시울이 붉어지는 건

이른 아침 카톡 소리에 잠을 깼다. 창窓에 문구가 올라왔다. "장터에서 일을 마치고 어린 손자를 데리고 가다가 길가에 세워진 고급 외제 차에 상처를 냈다. 어린 손자가 흔들고 가던 긴 막대기가 차를 긁었다. 할머니 얼굴색이 파랗게 질리며 그 자리에 주저앉았다. 좌판을 깔고 장사하며 겨우 어린 손자를 키우며 살아가고 있는데 큰 걱정이었다. 아무리 둘러봐도 차 주인은 없고 지나가는 사람도 보이질 않았다. 할머니는 좌우를 둘러보며 주인을 찾았지만 허사였다. 날은 어두워지고 고급차에 흠집을 내어 죄송하다며 차에 전화번호를 남겨 놓았다. 다음 날 차 주인이 전화를 했다. 할머니가 어린 손자를 데리고 달려가 엎드려 용서를 빌었다. 엄청난 수리비를 요구하면 감당할 수 없었기 때문이다. 그때 자초지종을 다 듣고 나자 차 주인은 할머니에게 오히려 죄송하다며 용서를 빌었다. '차를 여기에 세워 놓은 제 잘못이니 걱정하지 마십시오.' 라며 어린 손자가 다친 곳은 없는지 걱정했다." 읽는 내내 내 눈시울이 붉어졌다.

록펠러의 자서전을 읽을 때도 그랬다. 록펠러는 43세에 미국 최대 부자가 되었다. 53세에는 세계 최고 갑부가 됐다. 그런데 53세에 그는 불치병으로 1년 이상 살지 못한다는 사형 선고를 받았다. 마지막 검진을 위해 휠체어를 타고 갈 때 병원 로비에 걸린 액자의 글이 눈에 들어왔다. "주는 자가 받는 자보다 복이 있다." 그 글을 보는 순간 마음속에 전율이 일고 눈물이 났다. 선한 기운이 온몸을 감싸는 가운데 그는 지그시 눈을 감고 깊은 생각에 잠겼다. 조금 후 시끄러운 소리에 정신을 차리게 되었는데 그것은 입원비 문제로 다투는 소리였다. 병원 측은 병원비가 없어 입원이 안 된다고 하고 환자 어머니는 입원시켜 달라고 울면서 사정을 하고 있었다. 록펠러는 곧 비서를 시켜 병원비를 지불하고 누가 지불했는지 모르게 했다. 얼마 후 은밀히 도운 소녀가 기적적으로 회복되자 그 모습을 지켜보던 록펠러는 얼마나 기뻤던지 후에 자서전에서 그 순간을 이렇게 표현했다. "저는 살면서 이렇게 행복한 삶이 있는지 몰랐다." 그때 그는 나눔의 삶을 작정했다. 신기하게도 록펠러의 병도 사라져 98세까지 살았다. 그는 "내 인생 전반기 55년은 쫓기며 살았지만 후반기 43년은 행복하게 살았다."라고 회고하였다. 이런 글을 읽을 때 나도 모르게 눈시울이 시큰해진다.

아내와 TV 드라마를 볼 때 눈시울이 붉어지면 "여보 울어요?" 하고 묻는다. 눈가가 촉촉해 휴지로 닦는 경우가 많다. 자서전이나 체험 수기, 소설을 읽을 때도 그랬다. 영화나 연극, 드라마를 볼 때도 마찬가지다. 시간이 흘러도 자꾸만 감정이입이 되고 눈에 밟힌다.

눈물은 사람만 흘리는 것으로 아니다. 동물도 감정의 눈물을 흘린다는 하버드 대학 동물학자의 관찰 결과다. 주변이 매워져도 눈시울이 붉어진다. 우리 몸은 슬프거나 화가 나는 등 감정의 변화가 생기면 스트레스를 받아 호르몬을 과다하게 분비한다. 눈물은 이를 밖으로 흘러 보내는 역할을 한다. 흔히 나이가 들면 눈물이 많아진다고 한다. 안과의사는 오히려 나이를 먹을수록 눈물의 양은 줄어든다고 말한다. 노화로 눈물이 나오는 눈물관이 좁아지면서 눈물이 넘쳐흐르기 때문에 눈물이 많아진다고 느낀다는 것이다. 눈물은 건강의 필수요소다. 눈의 보호를 위해 눈물을 분비한다. 하지만 희로애락喜怒哀樂의 감정 변화에 따라 눈물을 흘린다.

나는 6년여 동안 경기적십자사 회장을 맡으면서 도내 어려운 이들을 많이 만났다. 세상은 점점 살기 좋아진다지만 주변을 둘러보면 도움의 손길을 기다리는 사람이 너무 많다. 뜻하지 않은 화마로 집과 모든 재산을 잃고 오갈 데 없는 처지가 돼 실의에 빠진 가족을 만났을 때도 그랬다. 내 손을 잡고 큰 소리를 내며 엉엉 울 때 눈시울이 붉어졌다. 야심차게 하던 사업이 망해 보증금도 소진되고 월세마저 체납되어 늘그막에 쫓겨난 어르신을 만나 아픈 사연을 들을 때도 눈시울이 붉어졌다. 일찍이 부모를 다 잃고 어린 동생 삼 남매를 키우는 소녀가장 집을 방문했을 때 내 어릴 때를 생각하면서 함께 눈물을 쏟았다. 소녀가장의 어머니가 암으로 눈을 감을 때 "착한 희야, 이제부터 네가 엄마가 되어 동생들을 잘 키워다오. 미안하다." 하면서 돌아가셨다며 어머니와의 약속을 지켜 가고 있어 행복하다는 소녀가장의 말을 들으면서 눈물을 흘렸다. 눈앞에 어려움이 보이는데도 어른 같은 담담함을 보여서 더 그랬다. 눈보라 속에서 살아남기 위해 서로 연대하는 펭귄처럼 어려운 이웃들을 보듬고 보살피며 가야 한다.

나 혼자 잘 살 수 있는 세상은 없다. 우리는 모두 연결되어 있다. 남의 불행은 전혀 나와 관계없다고 말할 수 없다. 이웃이 따뜻해야 나도 훈훈할 수 있다. 남이 울면 따라 우는 것이 공명共鳴이다. 공명은 남의 고통이 갖는 진동수에 내가 가까이하면 할수록 커진다. 아직도 내 뇌에 사라지지 않는 감동적인 이야기가 있다. TV 프로그램 '동물농장'에 나온 개의 영상이 지워지지 않고 선명하다. 시골 마을에서 노모와 함께 지내는 홀아비와 기르던 개가 주인공이다. 손쓸 수 없게 일어난 화마로 노모는 돌아가고 홀아비는 심한 화상을 입었다. 묶여 있던 개도 한쪽 다리에 심한 화상을 입고 겨우 살아남았다. 홀로 남은 개는 타다 만 집을 드나들며 주인을 찾는 듯 밤이면 울부짖었다. 수소문 끝에 서울 병원에서 입원 치료 중인 개 주인을 찾았다. 평소 파지破紙를 주우며 홀아비와 함께 지내던 개는 주인의 흩어진 옷가지에서 잠을 잤다. 뒤늦게 입원 중인 홀아비에게 개의 상태를 영상으로 보여 줬다. 하염없이 눈물을 흘렸다. 얼마 후 개는 절뚝거리는 다리를 수의사가 치료하여 정상을 되찾았다. 병원 도움으로 서울 병원으로 데려갔다. 주인을 보자 한달음에 달려가 안겼다. 마치 주인이 어디 다친 곳은 없는지 살피는 듯 주인의 몸 이곳저곳을 훑어보는 개를 보노라니 내 눈시울이 붉어졌다.

　주변에는 개만도 못한 사람도 많다. 많은 자녀가 있는데도 홀로 쓸쓸히 사망하는 노인의 소식을 접한다. 평생 모은 재산 다 물려줬는데도 자녀들이 나 몰라라 하는 뉴스도 들린다. 오드리 헵번은 "나이가 들면 왜 손이 두 개인지 깨닫게 될 것이다. 한 손은 너 자신을 돕는 손이고 다른 한 손은 다른 사람을 돕는 손이다."라고 말했다. 따뜻한 마음의 표현으로 주변에 슬픔과 외로움, 고통 등 어려움을 겪는 사람을 위해 사랑의 불을 켜면 눈물을 흘리고 있을 이웃들에겐 그 눈물을 멈추게 할 수 있다. 물은 H_2O이지만 눈물은 H_2O가 아니다. 가슴을 흔드는 감동의 산물이다. 눈시울이 붉어지는 이유다.

남복희

아직도 연두색을 좋아하세요

사람들은 내가 나이 들어서 연두색을 좋아하는지 안다. 실은 오래됐다.

초등학교 시절에는 빨강과 분홍색이 제일 예쁜 색이고 여자아이 색으로 알고 있었다. 서희의 외교 담판 등 사회 과목에 흥미를 보여서인지 6학년 담임선생님이 빨간 표지 나폴레옹 책을 사 주셨다. 철없는 나는 속으로 김종래 만화 『엄마 찾아 삼만 리』 후속편 『복수의 칼』이 사고 싶었다. 만화에 빠져 있었던 때였다.

세라복이 교복인 S여중에 입학하니 명상의 숲도 있고 문예반에서 멋진 시 낭송하는 선배들도 만날 수 있어 새로웠다. 봄비가 사흘사흘 내린다고 적어 본 작문 시간, 끝없는 이야기를 들려주시는 국사 시간도 좋았지만 나는 미술 시간이 기다려졌다.

어느 봄날 운동장에서 애국 조회가 있는 날이었다. 녹색 스커트에 엷은 연둣빛 블라우스를 입고 크림연두색 섀미 하이힐까지 갖춰 입으신 미술 선생님 모습은 현기증이 날 만큼 예뻤다. 엷은 화장에 글라디올러스 꽃잎 같은 입술색도 영화배우 같았다. 그날부터 미술 선생님은 100미터 미인으로 불리셨다.

풍경화보다 포스터 제작이나 문자 도안 등에 관심이 있던 나는 개교 기념 포스터 전시에도 참가하고 외삼촌이 보내준 안현필의 『삼위일체』 책 표지에 있는 샤갈의 '눈 내리는 마을' 그림을 보고 포스터 도안에 적용하기도 하는 등 미술 시간을 좋아했다. 나의 연두색 취향은 그때부터가 아닐까 싶다. 이후 나는 미술과 관련이 많은 가정과로 진학을 했다.

나의 감각은 시각이 가장 민감한 듯하다. 음식에 대한 기억도 맛보다 색깔이 우선 들어온다. 대학 다닐 때 만난 그린피스 수프도 인상적이었다. 토마토 맑은 수프도 있지만 어릴 적 외할머니가 만들어 주신 녹두죽을 닮아서인지 지금도 나는 그린피스 수프를 좋아한다. 수프 만들기 전 완두콩 빛도 곱고 우유, 버터와 어우러진 연둣빛 크림수프를 먹을 때는 작은 행복이 느껴진다.

연둣빛 그리움은 다시 이어진다. 섬마을 초년병 교사 시절 소꿉장난 같은 밥상과 호야불이 있는 여선생의 자취방에 숙제 감을 들고 오는 여학생과 변죽 좋은 남학생도 끼어 있었다. 배우 지망 문종이, 부끄럼쟁이 홍석이, 새침한 귀임, 옥현 등 아이들이 모여 정작 숙제 감은 밀쳐두고 수업 시간 이야기를 하며 장래희망을 서로 말할 때는 초록 눈망울이 된다. 순박한 아이들 바로 연둣빛, 그 자체다.

아끼는 한복이 있다. 꽃분홍 치마와 연두 삼회장 저고리다. 결혼 예식 후 폐백 드릴 때 입는 옷이다. 옷감은 본견으로 잔잔한 나비가 날고 구름인 듯 바람인 듯한 배경 무늬가 있는 옷이다. 아직도 윤기가 그대로이고 연두색이 밝고 배경색이 꽃분홍이라서인지 절로 미소가 번지고 마음이 가벼워진다. 그 옛날 미지의 꽃길만 생각하고 신랑 손을 꼭 잡고 마냥 들뜨던 시절이 어제처럼 떠오른다. 막내딸이 초등학교 때 연극 중 새색시 역할을 할 때 가져가서 입은 옷이기도 하다. 딸아이의 미래도 연둣빛이길 바랐던 기억도 떠오른다.

나는 새 옷을 구경할 때는 마치 미술 전시회를 보듯 한다. 색깔에 매료되는 일이 잦기 때문이다. 대부분 그날의 마음 끌림으로 옷을 구입하는 경우가 많아 어느 날 옷장 정리를 하다 보니 연두 티셔츠, 연두 스웨터, 초록 코트 등 녹색 계통으로 옷장이 온통 풀밭이었다. 어느새 연두색은 나를 이끄는 색이 되어 있었다. 어느 색과도 어울리는 연두색을 보고 있으면 마음의 자유가 느껴지고 뭔가 새롭게 시작하는 생동감을 갖게 한다. 연두색이 봄의 색깔이어서일까? 나는 이제 가을을 지나고 있는 나이인데 아직도 이렇게 연두에 끌리는 이유가 뭘까? 몸은 나이를 먹는데 아직 나의 감성은 소녀적 그 연두 빛깔이다.

오래된 릴케 시집과 함께 30년 된 가계부, 수첩 등에도 예외 없이 연두색, 녹색 줄이 그어져 있다. 나를 움직이는 에너지는 여전히 진한 연둣빛이다. 나는 늘 연두처럼 맑고 푸르고 싶다. 나이가 무슨 상관이랴!

남정우

눈물길 걷고 걸어

소록도 자혜의원이 93주년 기념식을 갖는다는 기사가 났다. 1960년대부터 현재까지 소록도에서 한센병 환자들을 치료해 주던 의원이다. 그곳에서 있었던 일들을 90여 년이 지난 지금에서야 사실 해명을 하고 정부가 사과한다는 말도 들려왔다.

나환자들은 미진했던 의학이 만들어 낸 비극으로 자녀와 함께 살 수가 없었다. 그 시절 나환자 자녀들은 가정을 잃었고 아동 보호 시설에서 생활했다. 한 달에 한 번만 면회가 허용되었다고 한다. 그것도 2m쯤 떨어진 길 양편에 부모와 자식이 나란히 선 채로 말 한마디 못하고 바라만 보았을 뿐이었다.

단지 병을 옮긴다는 이유에서였다. 삶의 수준과 과학이 지금처럼 발달하지 못했기에 만들어 낸 슬픔이었다. 환자에겐 강제로 정관 수술도 시켰다고 한다. 소록도가 한센병 환자 격리 지역이 된 것은 1916년 일제가 이 섬에 나병을 치료할 목적으로 자혜의원을 세우면서였다. 1960년대 초엔 수용 환자가 6천 명에 이르렀다. 그 당시 한센병 환자들은 '문둥병'이라며 손가락질을 받았었다.

그러나 환자들은 자혜병원이 있는 소록도로 가고 싶다 해도 시설 부족으로 마음대로 갈 수도 없었다. 운이 좋게 혜택을 받은 환자도 찾아가는 길은 설움의 길 그 자체였다. 소록도의 집단촌을 가기 위해 벌교역에 내렸지만 외모를 본 버스는 태워 주지 않아 50를 눈물을 흘리며 걷고 걸어야만 했다. 냉대와 설움 속에서 걷고 걸으면서 그들은 무슨 생각을 했을까. 한 맺힌 눈물을 이제 어떻게 풀어주며 보상해 줄 수 있을는지.

한센병 환자들은 자신들의 배고픔을 해결하기 위해 1962년 소록도 주변 간척지를 한 쪽 팔, 또는 다리가 없는 상태에서 고생고생하며 농토로 만들었다고 한다. 그들이 죽을힘을 다해 개간한 땅은 약 300만 평이나 된다. 자기들의 천국을 가꾸겠다는 간절한 소망이 전부였다. 그 뒤에도 2,500여 명이 성치 않은 손에 삽과 괭이만으로 3년간 바닷길 1,500m를 메워 나갔다. 그러나 인근 주민들은 둑이 완공을 앞두자 기다렸다는 듯이 물리적인 힘을 동원하며 쌓아놓은 둑과 물길을 빼앗고 농토를 인정하지 않았다.

단지 문둥이들에게 땅을 줄 수 없다는 이유에서였다. 그들은 피맺힌 한을 풀어 보지도 못한 채 허망하게 개간한 땅을 빼앗겼다. 눈물 없이 들을 수 없는 불행의 연속이었다. 그에 앞서 1957년에는 경남 사천에서 섬 개간에 나섰던 나환자 100여 명이 이웃 주민에게 죽창과 삽에 맞아 20여 명이 억울하게 숨을 거두었다고 한다.

문득 어릴 적에 고향에서 많이 보았던 나환자가 생각이 났다. 그들이 무서워 무조건 피해 다녔지만 성장하고 보니 나환자 집단촌이 우리 동네에서 그리 멀지 않은 곳에 있었기 때문이란 것을 알았다. 그리고 낭설浪說이지만 떠도는 소문은 더욱 심했다. 보리밭 사이에 숨었다가 어린아이를 잡아 간을 빼 먹으면 병이 낫는다고 했다. 그 소문에 길을 가다가도 일그러진 얼굴의 아저씨가 보이면 죽을힘을 다해 달아난 적이 한두 번이 아니었다.

중학교에 진학하고 얼마 안 되었을 때 동네의 성당 텃밭에서 한센병 환자들이 일하는 모습을 보고 무척 놀랐다. 그런데 그들 주변에는 언제나 수녀님이 같이 계셨기에 의아해하였다. 나환자들은 손발이 성치 않았고 코도 없는 흉한 얼굴이었다. 그 후 자주 수녀님들이 인자하게 대해 주고 음식을 나누어 먹는 광경을 보며 수녀님들은 위대하다고 생각했었다. 그 후부터 한센병에 대한 인식이 변해 가고 있음을 알 수 있었다.

세월이 지나 학교를 마치고 보건소에 취직을 했다. 법정 전염병 제3종이었던 나병과 결핵을 같은 치료실에서 돌보게 되었다. 한센병 환자들이 문진할 때 진실하게 대답하는 과정을 보자 가슴이 무척 아팠다. 나병 담당자가 자리를 비우면 직접 약을 주기도 하였다. 그때는 지금처럼 건강의료보험이 없던 시절이라 환자를 돌보는 의사도 없었다. 도청에 상근하는 보건의가 한 달에 한 번 진료했다.

이런 일도 있었다. 하루는 담당자가 재가在家 환자를 돌보기 위해 출장을 갔을 때였다. 오후가 되자 누군가가 진료실 문을 노크했다. 문을 열자 젊은 군인이 서 있었다. 누굴 찾아왔느냐고 하자 잠시 머뭇거리더니 나병환자 담당자를 찾는다고 했다. 군대에서 검사를 받았는데 나환자로 판명되었다고 한다. 집은 서울이지만 주변에서 알면 안 되기에 주소지에서 멀지만 다니기 쉬운 유성을 택했다고 말을 했다. 젊은이를 자세히 살펴보았다. 아직은 외관이 멀쩡했다. 내가 할 수 있는 조치를 취하고 내일 다시 오라고 했다. 그 군인은 다음 날 찾아왔고 담당자는 의사와 만날 날을 약속해 주고 돌아갔다.

멀쩡한 군인에게 왜 저런 무서운 병을…. 그리고 한 달 후 약을 다시 타러 왔을 때 그의 형상은 꿈에도, 꿈속에서도 잊을 수 없는 과정을 밟아 가고 있었다. 젊은이의 얼굴은 여느 문둥이와 같은 얼굴로 일그러져 가고 있었다. 참으로 가슴이 아팠고 잊을 수 없는 참혹한 광경이었다. 그때의 내 심정은 정말 신神이 계시다면 너무한다고 떼라도 쓰고 싶었다. 지금 그 군인은 어디서 무엇을 하며 어떻게 살고 있을까. 안타까움에 마음이 저려 온다.

문득 한하운 시인의 노랫소리가 들린다.

가도 가도 붉은 황톳길/ 숨 막히는 더위뿐이더라. // 낯선 친구 만나면/ 우리들 문둥이끼리 반갑다. // 천안天安 삼거리를 지나도/ 쑥새미 같은 해는 서산西山에 남는데. // 가도 가도 붉은 황톳길/ 숨 막히는 더위 속으로 절름거리며/ 가는 길… // 신을 벗으면/ 버드나무 밑에서 지까다비를 벗으면/ 발가락이 또 한 개 없다. // 앞으로 남은 두 개의 발가락이 잘릴 때까지/ 가도 가도 천리千里 먼 전라도길.

한센병 환자 격리 수용 정책이 폐지될 때까지 2만여 명이 국립 소록도병원이나 집단촌에 강제로 수용시킨 후 폭행당하고 임신한 여인들은 낙태를 당했다고 한다. 올해 2009년 5월 16일 국무총리가 소록도병원 개원 93주년 기념식에 참석해서 남아 있는 한센병 환자와 가족들에게 정부의 첫 공식 사과를 전한다고 한다. 지난 4월 국회에서 한센병을 앓았던 국회의원의 한 맺힌 절규가 받아들여져 이루어지는 거란다. 그 국회의원의 애절한 호소력이 처참했던 시절에 대한 보상으로 향상되었기에 더욱 값진 일이라 생각된다.

현재 한센병 등록자는 진국에 1만 5천여 명으로 대부분 소록도와 89곳 정착촌에 산다. 지금은 한 해 발생하는 환자 수가 고작 10여 명 정도다. 유전되지 않고 치료약만 잘 먹으면 전염력이 99퍼센트 사라진다고 한다. 그러기에 지금은 전염병이 아닌 빈곤병이라고 부른다고 한다.

몇 달 전에는 육지와 소록도를 연결하는 다리를 놓았다는 보도를 들었다. 다행이다. 이제는 격리되는 곳이 아닌 육지와 다름없지 않은가. 정겹게 소통하는 멋진 장면을 보며 살 수 있어 더욱 좋다. 시간이 나면 가족들과 함께 새로 놓아진 다리를 건너 보며 푸른 바다에 둘러싸인 소록도를 거닐고 싶어진다.

려원

숲의 시간이 흐른다

 깊은 숨을 내쉬고 싶은 날 숲으로 간다. 이른 새벽, 나무와 나무 사이로 비쳐오는 한 줄기 햇살 아래, 사람들의 행렬이 이어지는 숲길은 성지 순례자의 길처럼 보인다. 어디선가 뻐꾸기 소리 들려오고 진한 흙 내음이 코끝에 스며 온다. 잎사귀에 맺혀 있던 물방울들이 후드득 머리 위로 떨어진다. 물을 머금은 나무의 기다란 몸통은 온통 검은색이다. 초록과 검정이 기묘한 대비를 이루는 여름 숲길은 신전으로 들어가는 입구처럼 보인다. 사람들의 발걸음을 숲으로 이끄는 것은 오래전 유전자에 각인된 숲 사람의 기억일까?
 그리스 철학자 헤라클레이토스는 '판타레이panta rhei'를 이야기했다. '판타레이'는 '모든 것은 흘러간다.'라는 의미다. 그의 말처럼 같은 강물에 발을 두 번 담글 수 없듯 시간도 삶도 흘러간다. 어제 걸었던 그 숲길을 걷고 있지만 같은 숲길은 아니며, 어제의 숨결과 생각과 발자국들은 이미 초록과 뒤엉켜 숲속 어디론가 흩어졌다.

숲에서 곧게 뻗은 나무를 찾기는 어렵다. 휘고 뒤틀린 나무들이 햇빛 한 줌을 더 받기 위해 두 팔 벌리고 서 있다. 지난해 태풍을 맞고 쓰러진 나무들 위로 균류의 식탁이 차려졌다. 우연히 뿌리 내린 곳에서 평생을 살아가는 나무들, 딱딱하고 거친 수피를 온몸에 두른 나무들은 견딤의 달인, 혹은 성자처럼 보인다. 멈춰 있는 것처럼 보이는 나무들은 날마다 움직이는 꿈을 꾸고 있다. 숲에서 흩날리는 것들, 흔들리는 것들, 속삭이는 것들, 꿈틀거리는 것들은 모두 나무가 꾼 꿈이다.

휘어지고 등 굽은 나무들의 몸 어딘가에는 아주 오래전 이곳에 살았던 숲 사람들의 꿈, 목소리와 몸짓, 열망과 좌절의 흔적들이 남아 있으리라. 숲 사람들은 나뭇가지로 은신처를 만들고 네 발로 달렸으며 나무줄기를 그러안고 타올랐을 것이다. 숲의 몸짓과 언어를 유전자에 새기며 숲에 대한 감사와 두려움, 외경심을 품은 채 살아갔을 숲 사람들. 그들이 꾸던 꿈은 모두 어디로 흘러갔을까.

숲은 사람들에게 풍요를 주었지만, 끝없이 숲 너머의 세계를 갈망하던 사람들은 번쩍이는 불빛을 따라 숲을 떠났고 숲에서의 기억을 지워 버렸다. 숲을 떠난 인간의 꿈은 순정했던 그 시절 꾸던 꿈이 아니다. 본디 길이 아니었던 곳에 길이 생겨나고 길을 따라 마을이 들어섰다. 마을과 마을을 이어 주는 더 넓은 길이 생겨났고 길 끝에 철옹성 같은 담을 세우고 비탈을 깎아 거대한 회색 나무들을 심었다. 회색 나무들이 우점종이 되어 버린 도시, 하늘은 회색 나무들이 만들어 낸 스카이 라인에 찢겨 있다.

깊은 땅속에서 뿌리로 소통하던 초록의 연대는 사라지고 회색 소음들, 끝을 알 수 없는 회색의 번짐, 회색의 무심한 표정만이 거리에 가득하다. 세상의 모든 끓어 넘치는 것들 사이 더 가난해진 사람들이 태양이 녹아내린 아스팔트, 욕망의 용광로처럼 보이는 길을 걷고 있다. 어디선가 바람에 실려 온 초록의 기억이 마음을 휘젓고 지나간다.

마음 가득 울음이 들어찬 날, 삶의 방향을 잃어버린 날, 생의 어느 길목에서 놓아 버린 꿈을 되찾고 싶은 날은 발걸음이 저절로 숲으로 향한다. 초록 잎사귀와 가지들이 그려 내는 순정한 하늘이 펼쳐지는 곳, 나무들이 꿈을 꾸고 숲의 전령인 새들이 나무와 나무 사이 바람의 길을 내는 그곳, 숲의 자궁으로 회귀한다. 숲에 가까워질수록 잃어버린 것들이 하나둘 기억의 무덤에서 되살아난다.

큰 것, 작은 것, 풍성한 것, 빈약한 것, 눈에 잘 띄는 것, 잘 띄지 않는 것들이 숲에서는 저마다의 질감과 색채, 향기로 존재한다. 살아 있는 것들, 더 이상 살아 있지 않은 것들이 꾸던 꿈들이 모여 있는 숲은 꿈들의 자궁이고 사라진 꿈들의 무덤이다. 숲은 어디로든 열려 있고 모든 것들은 숲의 속도에 맞춰 흐르고 있다. 숲의 시계에 내 몸의 시간을 맞추자 초록이 온몸으로 스며든다. 회색 한 조각을 더 움켜쥐기 위해 초록을 밀어낸 시간은 어설픈 변명과 자기 합리화, 기만과 위선의 시간이었다.

숲의 심박동 소리는 오직 마음으로만 들을 수 있는 태고의 북소리다. 숲의 목소리를 잊어버린 사람들의 마음은 닫혀 있고 소음에 익숙한 사람들의 귀는 숲의 소리를 들을 수 없었다. 바람에 나무들이 포효하는 소리, 열매들이 뒹구는 소리, 꽃들이 꽃잎을 펼치는 소리, 개미 걸음 소리, 거미줄 치는 소리, 쇠똥 굴리는 소리, 풀들의 속삭임, 땅 위로 드러난 뿌리의 울음소리 그리고 오직 마음으로만 들을 수 있는 숲의 모국어, 침묵…. 그 소리들을 듣기 위해 귀를 열고 숲 한가운데에 멈춰 선다.

돌아보면 무언가를 해야 한다는 당위와 할 수 있다는 가능성의 압박 속에 떠밀리듯 살아온 시간이었다. '더' 잘하고 싶은 욕망과 '더' 나은 삶을 위한 전진, 하지만 수많은 '더' 의 계단을 올라도 끝은 보이지 않았다. 삶의 길을 느릿느릿 걸었어야 했다. 고개를 한껏 뒤로 젖혀 머리 위에 펼쳐진 하늘을 좀 더 오래 바라보았어야 했고 고개를 숙여 뿌리가 그려 놓은 생의 지도를 세심하게 들여다보는 법을 배웠어야 했다. 흔들리는 나무 끝에 둥지를 튼 새들의 절박함을, 태풍에 쓰러지면서도 서로의 손을 붙잡아 주던 따스함을, 모든 것이 쓸려 내려가도 흙 한 줌을 단단히 움켜쥐던 뿌리의 강인함을 잊지 말았어야 했다. 피고 지고 떨어지고 흔적 없이 사라지는 것, 어떤 형태로든 변해 가는 것, 변하지 않는 것은 없다는 사실을 기억해야 했다. 숲에 존재하는 모든 것들에는 오래전 누군가의 꿈이 스며 있음을, 그 꿈들 가운데에는 이미 가슴에서 식어 버린 나의 꿈도 있음을 알아차려야 했다.

내 안의 것들을 비우고, 일상에서 묻어온 삶의 분진들을 털어 내기 위해, 오래전 언젠가 숲에서 잃어버린 꿈의 파편을 찾기 위해, 끊임없이 나를 부르는 숲의 소리에 응답하기 위해 순례자가 되어 나무와 나무가 만들어 낸 신전으로 들어간다. 앞사람의 보폭에 맞춰 천천히 걷고 뒤따라오는 이를 위해 길을 내어준다. 뒤처지지 않기 위해 서둘러야 할 이유도, 조바심을 낼 필요도 없다. 숲의 침묵 속에 누군가의 들숨과 날숨이 뒤섞이고 바람과 염원이 뒤섞인다.

숲에는 여전히 숲의 시간이 흐르고 있다. 지나간 시간과 다가올 시간은 오직 '지금' 에서 '지금' 으로 이어져 있다. 햇살 한 조각을 등에 업고 본래의 나를 만나는 시간 초록은 어느새 가슴에 푸른 꿈을 심어 놓았다. 갑옷처럼 두르고 있었던 위선과 부질없는 욕망이 각질처럼 길 위로 떨어져 내리고 있었다.

류춘영

백령도를 가다

 사단법인 솔리데오(이사장 김순미)는 장로합창단(단장 박남필, 지휘 석성환)을 중심으로 백령도 연주 및 가족하계수양회를 2022년 8월 23일부터 24일까지 서해 최북단 천혜의 섬 백령도에서 개최하였다.
 8월 23일 오전 8시 30분 인천 연안부두 선착장에서 단원과 가족 132명이 고려고속훼리(코리아킹) 선박(정원 450명)에 승선하여 소청도, 대청도를 경유하여 백령도 용기포구 선착장에 12시 30분(4시간 소요) 도착하였다. 제일 먼저 가까운 곳에 있는 사곶해변 천연 비행장(천연기념물 391호)을 둘러보았는데 세계에서 두 곳밖에 없는 규조토 해변으로 비행기의 이착륙이 가능한 것에 모두 놀라워하며 일행은 대형 버스 3대와 소형버스 1대에 분승하여 식당가로 이동하였다. 중식을 마친 후 서해의 해금강이라는 두무진(명승 8호)항으로 갔다. 그곳에서 수천 년 동안 바닷물에 깎이고 깎인 기암괴석들을 바라보면서 계곡 길 트레킹 코스를 50분간 걸어서 관광한 후 선착장에서 유람선을 타고 선대암, 만물상, 코끼리바위, 형제바위, 장군바위 등을 50분간 둘러보았다. 그리고 천안함 위령탑(46용사)이 있는 언덕으로 갔다. 그곳에서 단장 박남필 장로가 기도한 후 석성환 장로의 지휘로 '주여 평화 내려주소서DONA NOBIS PACEM'를 찬양하였다. 그리고 용이 하늘로 승천하는 듯한 모습이라는 용틀임바위가 있는 곳으로 갔다. 용이 하늘을 향해 나선처럼 꼬며 오르는 형상이 매우 인상적이었다. 그리고 석식으로 꽃게탕으로 주린 배를 채우고 진촌교회를 향했다.

오후 7시 30분 수요 예배 시간에 1부 예배와 2부 솔리데오 합창단 초청 백령도 진촌교회 연주회를 개최하였다. 솔리데오 남성 찬양단(단장 이영철, 지휘 석성환) 1곡, 솔리데오 여성 합창단(단장 김영희, 지휘 김미현) 1곡, 솔리데오 콰이어차임(단장 박남필, 지휘 석성환) 1곡, 클라리넷 독주(손호용) 1곡, 솔리데오 장로 합창단(단장 박남필, 지휘 석성환) 2곡, 그리고 출연자 모두가 연합찬양 1곡('주여 평화 내려주소서')을 하였다. 모든 순서마다 우레 같은 박수와 한마음 한뜻이 되어 하나님께 큰 영광을 올려 드렸다.

둘째 날은 오전 6시 50분에 심청각과 끝섬 전망대가 있는 언덕을 올라갔다. 심청각은 효녀 심청이 몸을 던진 인당수와 연봉바위가 바다 보이는 곳에 있으며 관련 판소리, 영화, 고서 등이 있다. 끝섬 전망대는 북한의 원래도를 내려다보고 북녘의 산하를 조망할 수 있는 곳에 있다. 조식 후 방문한 돌계단을 많이 걸어서 올라가는 언덕 위에 세워진 중화동교회는 우리나라에서 두 번째로 세워진 장로교회(1896년)이다. 이 교회 기독교 역사관에서는 한국 기독교 100년사를 한눈에 볼 수 있다. 그리고 콩돌해안(천연기념물 392호)로 갔다. 콩알을 뿌려 놓은 듯한 독특한 해변으로 2km에 걸쳐 콩처럼 동글동글

한 돌멩이들로 이루어져 있다. 피부염에 특효가 있다고 하여 모두 맨발로 걸어서 물가로 가서 사진 찍기 좋은 녹색 명소를 바라보면서 사진 촬영을 하였다. 그리고 백령도 특산 단지를 방문하여 필요한 특산물을 구입한 후 중식은 메밀굴칼국수로 하고 용기포항 선착장에 도착하여 13시 30분에 코리아킹 호에 승선하여 인천 연안부두 선착장에 17시 30분 도착하여 해산하였다.

  백령도는 인천에서 228km 떨어져 있는 섬으로 1995년 3월 1일 인천광역시에 통합되었으며, 땅 넓이가 51km^2이고 인구는 4,996명, 가구 수는 2,947가구이고 주민 중 어가는 10.8%이고 농가는 27.3%인데 벼농사를 많이 하여 70%가 도민이 먹고도 남는다고 하였다.

문상기

모든 것은 지나간다

'재의 수요일' 성당에 다녀왔다.
"흙에서 났으니 흙으로 돌아갈 것을 기억하십시오."
젊은 사제는 나의 이마에 재를 발라 주며 말했다. 천주교 전례에서 사순절의 첫날은 신자들의 이마에 재를 바르는 재의 수요일로 시작된다.
"너는 흙에서 나왔으니 흙으로 돌아갈 때까지 얼굴에 땀을 흘려야 양식을 먹을 수 있으리라. 너는 먼지이니 먼지로 돌아가리라." 구약성서 〈창세기〉에 나오는 말씀이다. 인간은 누구나 한 줌의 흙으로 돌아간다. 한 줌의 흙으로도 남지 못한다. 먼지가 되어 흔적 없이 사라진다. 이마의 재는 인생의 덧없음을 깨닫고 욕망과 집착에서 자유로워지라 한다. 언젠가 흔적 없이 사라져 버리는 지극히 미미한 존재임을 스스로 깨닫고, 절대자인 창조주 하느님께 모든 걸 맡기라고 이마의 재는 속삭인다.

옛날 어느 나라에 생각이 깊고 현명한 왕이 있었다고 한다. 나라 안에서 현자라고 알려진 사람들을 만날 때마다 그는 물었다.

"사람이 행복할 때나 불행할 때, 한결같이 마음의 평화를 줄 수 있는 공통된 말은 무엇인가?"

현자들은 저마다의 삶의 지혜가 담긴 철학을 늘어놓았지만 아무도 왕의 마음에 꼭 드는 대답을 주진 못했다. 어느 날 왕은 가까이 있는 어린 왕자에게 무심코 그 물음을 던져 보았다. 그런데 왕자는 서슴지 않고 대답했다.

"'모든 것은 지나간다.' 입니다."

"그렇다! 바로 그 말이다!" 왕은 무릎을 쳤다.

행복할 때, 그 인생의 봄은 영원할 것이라는 착각에 빠진다. 행복에 겨우면 오만해져 불행한 이웃의 아픔을 모른다. 있음이 넘쳐 향락에 빠지기 쉽다. 물질적인 풍요가 오히려 영혼을 황폐하게 만든다. 지금의 행복이 내일도 그다음 날에도 이어지리라 믿는다. 그러나 이 행복도 꿈결처럼 지나가는 환영에 지나지 않는다고 생각해 보자. 행복이라 믿었던 헛것이 빠져나간 빈자리에 찾아든 고요, 마음의 평화라는 것은 행복이란 환영이 빠져나간 그 자리에 깃들인 안식과 같은 것인지도 모른다.

슬픔과 고통이 가슴을 짓누를 때, 사람들은 그 상태가 언제까지나 계속되리라는 생각에 절망한다. 때로는 그 슬픔과 고통을 죽음과 맞바꾸고 싶은 유혹에 빠진다. 어두운 불행의 터널은 한없이 깊고 길게 느껴져 그 끝이 보이질 않는다. 그러나 그 불행도 언젠가 끝이 있다고 생각하자. 영원한 불행, 고통은 없다고 생각하자. 이것 또한 시간의 흐름과 함께 지나간다고 생각하자. 절망을 밀어낸 그 빈자리에도 마음의 평화가 깃들인다.

세상이 온통 장밋빛으로 물든 것처럼 보이는 행복도, 짙은 어둠으로 덮인 불행도, 흐르는 시간과 더불어 잊혀져 간다. 모든 것은 지나간다. 시간이란 강에 실려 떠내려간다. 그리하여 망각의 바다로 흘러 들어 간다.

70년대 초, 젊은 시절 경기도 광주군, 지금의 하남시에 있는 가나안 농군학교에서 1주간 교육을 받은 적이 있다. 이 학교는 김용기 장로님이 복음화를 통한 농민 운동의 목표 아래 1962년도 창설된 사회 교육 기관이었다.

점심 식사 후 담당 교사는 우리 교육생들을 학교 건물 맞은편의 낮은 산등성이로 데리고 갔다. 산등성이 양지바른 곳에 묘석도 없는 초라한 무덤이 하나 있었다.

"이 무덤을 볼 때마다 나는 아무리 큰 슬픔과 고통도, 사랑의 그리움도 흐르는 시간과 더불어 잊혀져 간다는 것을 생각해요."

무덤 앞에 서서 이렇게 말문을 연 그 교사가 들려준 이야기는 대체로 다음과 같다고 기억한다.

어느 날 S대학 정치학과에 다니던 한 학생이 불의의 사고로 죽어 이곳에 묻혔다. 조문객들이 어찌나 많은지 이 작은 동산을 거의 메우다시피 했다. 나라를 위해 큰 일을 할 너무나 아까운 인재가 요절했다고 조문객들은 모두 한마디씩 했다. 얼마나 장래가 촉망되는 학생인지 그 대학은 물론 이미 학교 밖에서도 널리 알려진 촉망받는 젊은이였다. 그 젊은이의 죽음에 가족과 지인들은 모두 슬픔에 잠겼는데, 그 누구보다도 더 애통해하는 한 젊은 여인이 있어 특히 눈길을 끌었다. 이미 고인과 장래를 약속한 같은 대학의 여학생이었다.

무덤이 만들어지고 모두 흩어져 돌아갔지만, 그 여학생은 청년의 무덤을 떠날 줄 몰랐다. 무덤 앞에 굳어진 석상처럼 앉아 있었다. 해가 지고 땅거미가 덮여도 떠나질 않았다. 다음 날 해가 떠올랐지만 그대로였다. 거기서 밤을 꼬박 새운 모양이었다. 그 뒤 1년여 동안 거의 매일 그 여학생은 꽃을 들고 찾아와 몇 시간이고 무덤 앞에 앉아 있다 가곤 했다. 그리고 언제부턴가 이틀에 한 번쯤, 그리고 얼마 뒤엔 1주일에 한 번 꼴로, 그리고 2주일, 한 달, 두 달, 몇 년 전에는 한식과 추석에 한 번씩 보였고, 지난해부터는 아예 모습을 나타내지 않는다고 했다. 그 연유는 알 길이 없지만, 시간의 흐름 앞에서는 인간의 절대적인 사랑이나 이별의 고뇌는 영원히 존재하지 않는다는 사실만은 부인할 수 없는 것 같다고 그는 말했다.

다윗의 아들로서 예루살렘의 임금인 코헬렛의 말이다.
허무로다, 허무! 코헬렛이 말한다. 허무로다, 허무! 모든 것이 허무로다. 태양 아래에서 애쓰는 모든 노고가 사람에게 무슨 보람이 있으랴.

구약성서 〈코헬렛(개신교 공동번역성서-전도서)〉은 서두에 '허무'라는 말을 다섯 차례나 반복하면서 시작한다. 태양 아래에서 애쓰는 모든 노고가 헛되고 무의미함을 강조한다.
〈코헬렛〉은 구약성경에 나오는 다윗의 아들 솔로몬 왕이 노년기에 썼다는 설이 일반적이다. 권력과 명예와 부, 세상에서 제일 좋다는 것은 모두 가졌었고, 누구보다 지혜로웠다고 전해지는 그가 늘그막에 '허무'라는 말을 다섯 번이나 반복한 연유는 무엇일까?
인생의 허무감은 죽음이라는 절체절명의 절망 앞에서 극에 달한다. 죽음에 직면한 인간은 누구나 극한의 절망과 공포의 감정에 빠져든다. 그러나 철저히 절망하고 좌절할 때, 삶의 문이 서서히 닫혀져 갈 때, 그 처절한 허무 뒤에 또 하나의 새로운 문이 열린다. 어쩌면 신의 섭리에 순명히는 신앙의 길일 수도 있다. 삶이란 허무하고 헛되기에 하느님과의 관계 회복에서 인생의 가치와 의미를 찾을 수 있다고 〈코헬렛〉은 전하고 있다.

　재의 수요일, 이마의 재는 죽음을 상징한다. 언젠가는 닥칠 죽음에 대비하여 오늘 내 삶을 회개하고 보속하라는 의미를 담고 있다. 오늘 내 삶에 대한 성찰은 지금의 내 생명이 덧없고 허망하다는, 죽음이란 재의 의미에서 출발한다. 이런 허무에 대한 자각은 절망으로 마무리되는 것이 아니라 오히려 그로부터 새로운 삶이 태어남을 뜻한다.

　"흙에서 났으니 흙으로 돌아갈 것을 기억하십시오."

　나의 이마에 아직 남아 있는 재의 흔적이 이렇게 속삭이는 듯하다.

박정례

인생 수상 삼三

1. 누에

　누에가 뽕을 먹고 커서 네 번 잠을 자고 난 후 한 마리씩 집을 짓게 만들어 주면 누에는 제자리를 찾아 입에서 비단실을 뽑아내며 자기 집을 짓고 그 속에서 번데기가 된다.
　이런 하찮은 미물도 자기 할 일이 무엇인지를 알고 먹여 키워 준 은혜에 기어코 보답하고자 한다. 자신이 나아가야 할 방향을 찾아 고치 속에서 고요히 번데기가 되고 나방이 되어 제 후계인 알을 까 새끼를 낳고 사라진다.
　어머니는 이런 누에들이 매우 소중하고 귀한 것이라고 하셨다. 어머니 시대에는 누에가 한 집안을 먹여 살리는 일꾼이요, 자산이기도 하였으니….
　하얀 누에고치를 끓는 물에 넣어 실을 뽑아 그 실을 여러 번 다듬어

명주를 짠다. 이것이 바로 실크다.

누에의 죽음은 이렇듯 헛되지 아니하다. 세상을 이롭게 하고 간다. 돌아볼 일이다. 누에 같은 미물도 죽어 세상을 이롭게 하거늘 이 세상의 왕자라 하는 사람이 죽어 아무 도움이 안 된다면…. 또 다시 맞는 한 해의 시작, 봄에 누에의 일을 생각해 본다.

2. 사라지는 시간은 꼭 슬퍼야 할까

지금 와서 생각해 보면 사람은 타고난 사주팔자가 있지 않는가 싶다. 그런 것을 절대 믿지 않고 살았는데 나이 먹고 가만히 돌이켜보니 운명이라는 것도 조금은 있는 게 아닌가 싶다.

사람이 오복을 다 갖추고 태어날 수는 없는 법이다. 그런 사람도 있을지 모르겠으나 드문 경우일 게다. 그런 사람은 참 복도 많은 사람임에 틀림없겠다. 하여간 그것들 중 하나라도 제대로 갖고 태어난다면 그것만으로도 충분히 감사할 일이겠다. 이런 면에서 난 행복한 여자일 가능성이 높을 듯. 이만하면 되지 더 무엇을 바랄까 하는 생각이 늘 있다.

올 들어서는 거기에 더해 집착도 미워하지도 않으며 즐거운 마음으로 살고 있다. 집착을 버리면 행복해진다는데 마음 비우고 부처님께 기도하며 모두를 사랑하며 살고 있다. 그렇게 살려고 하고 있다.

아침에 뜨는 해도 질 무렵에는 차분하고 시원하다. 한나절에는 뜨겁고 강하게 빛나다가도 날이 기울면 서서히 저물어 가는 해다. 말없이 노을이 되어 서산 속으로 사라져 가는 해는 지평선 위에 아름다운 빛을 남긴다. 사라지는 시간이 꼭 슬퍼야 하는 것은 아니리라. 저 노을이 들려주는 얘기라고 안다. 전에는 미처 몰랐던 거지만….

3. 기우제

  논이 말라 쩍쩍 금이 가 갈라지고 계곡에 물이 없어 흐르지 않는 걸 보면 사람들은 비가 오기를 바라게 되고, 그 바람이 오래도록도 비가 오지 않으면 그 바람은 고대함이 되고 기우제를 지낼 염念을 내게 된다. 기우제를 지내면 실제 비가 오는지는 미지수지만, 기우제라도 지내야 사람이 견딜 만해지게 되는 것은 분명하다. 사람이란 물이 말라 쩍쩍 논이 갈라지고 계곡이 말라 물이 흐르지 않으면 견딜 수 없는 그런 생김새다.

  기우제를 떠올리면 사람의 오만함에 대하여 생각하게 된다. 사람의 오만함의 구부림에 대하여 생각하게 된다. 오만함의 구부림이라면 겸손함이다. 사람은 스스로 만물의 영장이라 자처하며 스스로를 뽐내지만 실제로 사람은 그렇게 막강한 생김새가 아니다. 오히려 몹시 취약한 생김새다.

  하늘이 비를 내리고 눈을 내리고 햇빛을 내려주고 밤과 낮의 조화를 무리 없이 진행해 줄 때의 얘기다. 하늘이 조금이라도 진행에 무리를 보이면, 그 순간 사람은 가차 없이 넘어진다. 그리고 그 넘어짐은 아주 치명적이다.

  한여름 한 보름 정도만 비가 안 와도 사람은 안절부절이다. 사람이 안절부절이면, 비로소 자신의 나약함을 돌아보고 겸손해지게 된다. 겸손해진 사람은 기우제를 지낸다. 장담은 할 수 없지만 아마도, 이때의 기우제는 효과가 있을 것이다. 사람이 그 나약함을 깨닫고 그 오만함을 구부렸으니, 하늘이 감동하는 바가 있어서일 것이다.

  그렇게 보면, 사람 약 오르게 하고 화나게 하는 요즈음 날씨는 사람을 겸손하게 만드는 날씨일는지도 모른다. 언젠가 이런 장난 글을 본

적이 있다. 아이들 백일장에서였던 것 같은데, 정확한 기억은 흐려졌다. 여기에 적어 본다.

"기국의 우가 열자를 찾아가 제사를 지내니, 이가 곧 기우제라. 이후로 우에게서 근심이 사라졌다."

기우杞憂의 고사를 참조해 약간 유머러스하게 기교를 부린 문장이다. 그래서 아직까지도 그 구절이 잊히지 않고 기억 속에 남아 있는 것 같다.

박종윤

산행 길에서

 개웅산과 천왕산을 잇는 생태 터널 앞을 살짝 비껴선 숲속에 자리한 아파트에 살고 있다. 아침이면 거실 커튼을 걷어 올리고 무성한 숲과 내가 서로 마주 보고 미소로 인사를 나눈다. 아침저녁으로 새들이 지저귀는 소리가 고막을 흔들어 간혹 전원주택에 사는 것으로 착각하는 때가 종종 있다. 이렇게 여유 있는 하루를 열곤 했다.
 창문을 옆으로 사르르 밀면 신선한 바람이 나한테 와락 달려와서 반겨 주고, 첨벙하고 뛰어들 것 같은 짙푸른 하늘이 나를 밖으로 종종 불러냈다. 어느 맑은 아침, 소가 고삐에 끌려가듯 초가을 혼령에 이끌려 산책길에 나섰다. 조금만 기다리면 고운 붉은색으로 갈아입을 벚나무 잎이 듬성듬성 노랗게 물든 성급한 잎이 눈에 띈다. 사십 대 중반 무렵 내 머리 새치가 연상되었다.
 펼쳐진 풍광에 취하여 "야아!" 하고 소리를 연발하면서 경쾌한 발걸음으로 숲속에 들어섰다. 가까운 거리에 어느 여인이 샛노란 '금계국' 꽃에 스마트폰으로 초점을 맞추며 한 컷을 담고 있었다. 지나치려다 뒷걸음으로 한 발자국 물러서며 미안하다고 하니, 생긋 웃으며 나를 바라보는, 퍽 생글생글하며 시원스런 눈을 지닌 가을 소녀였다. "너무 예뻐 꽃을 찍었어요." 하며 일어선다. 그녀가 찍었던 꽃을 바라보니, 주위에 많은 꽃 중에 생기 넘치는 이제 막 핀 그녀를 닮은 꽃이었다. 꽃이 꽃을 알아주고 예뻐하는 부러운 꽃이기에, 많은 연륜이 차곡차곡 쌓인 내 자신과 비교가 되어, 몸이 움츠러듦은 어쩔 수 없었다. 가던 길을 재촉했다.

　데크 길에 들어서서 오르락내리락 걸으나 발길에 걸리는 자갈이 없어 마음이 평안했다. 잠시 후 동네 입구에 있는 수도꼭지를 틀어 한 입 쭉 들이켜니, 뼛속까지 저려 오는 시원함과 기분이 상쾌했다. 옆 배드민턴 코트를 힐끗 보니 고등학생쯤 되어 보이는 젊은이들이 생기 넘치게 펄펄 나는 듯이 셔틀콕을 치고 있었다. 내 젊은 시절이 그리워진다. 한 학생이 폼 나게 높이 뛰었다가 힘껏 내려친다는 것이 자기 네트 앞에다 꽂았다. 한바탕 구경꾼들에게 너털웃음을 선사했고 나도 덩달아 웃었다. 운동 경기도 삶처럼 욕심은 금물이라는 것을 깨닫게 했다.

　젊은 부부가 정담을 나누며 천천히 걷는다. 아이를 태운 유모차는 부인이 밀고 오른다. 얼핏 보니 두세 살 정도 되는 귀여운 아이다. 뒤따르는 세 명의 중년 부인들이 나누는 이야기가 귀에 들린다. "강아지를 끌고 산에 오르는 것은 자주 봤으나, 아이를 유모차에 태워 밀고 가는 것은 처음 본다."라고 수군댄다. 어쩌면 나도 처음 보는 것 같다. 어릴 때부터 부모님의 사랑을 듬뿍 받고 송뢰松籟와 산새 소리를 들으며, 산행하는 것도 아이의 정서 발달에 좋으리라는 생각이 들었다. 부인이 밀고 가는 것이 좀 힘들게 보이고 빈손으로 걷는 남편이 얄밉기는 했지만, 겉에 드러나지 않는 그 집 사정이 있으리라.

　삼십여 분쯤 오르니 긴 의자에, 육십 대로 보이는 한 남성이 큰 보륨으로 라디오 영어 방송을 듣고 있었다. 시선을 한 곳을 응시하며 진지하게 듣고 있었다. 자기 영어 실력 과시誇示인지 살다 온 그곳 소식이 궁금한지를 알 수 없지만, 침묵의 청산靑山에 소음 공해로 산행객들이 찡그리고 지나친다. 나 역시 못마땅했지만, '남모르는 사정이 있겠지.' 하고 입을 꼭 다물고 그냥 스쳤다.

　조망 데크 길을 한 바퀴 빙 돌며 진한 녹색 산소를 흠뻑 마시고 상쾌한 산길을 내려오는 중이었다. 길가 쉼터 의자에 머리가 희끗희끗한 한 부부가 걸터앉아, 자기 집 제사에 관해 조심스럽게 나누는 말소리가 들렸다. 추석이 가까우니 제사상 차림에 대해 걱정이 되나 보다 하는 생각이 들었다. 마침 서너 발자국 떨어진 곳에 산새가 목을 축이는 자그마한 물웅덩이가 있기에, 손을 씻는데 그들이 나누는 이야기가 또렷이 들렸다.

　명절, 제사 때가 되면 온 집안 식구들이 모여서 큰아들인 당신 혼자만 절을 하고, 다른 형제자매들은 우두커니 눈을 멀뚱멀뚱 뜨고 서 있으니 화가 치민다는 것이다. 부인이 제사를 지내지 말자는 말은 아니고, 식구 모두 참여하도록 당신이 설득을 해달라는 간절한 요구였다. 남편은 내가 아무리 말해도 안 들으니 어떻게 하면 좋겠느냐고 부인에게 하소연하는 듯했다. 큰소리가 나올 법도 한데 차근차근 또박또박 나누는, 감정싸움이 아니라 해결책을 모색하는 중임을 알 수 있었다. 그 집안 형편이 어떤지는 알 수 없으나 서로의 감정을 건드리지 않으면서, 그동안 쌓였던 속내를 털어놓으며 해결책을 모색하는 모습이 퍽 인상적이었다. 현대인의 다양화된 사고와 종교가 다르기에, 강요만 할 수 없는 가족 구성원이 흔히 겪는 고민이 아닐까 생각되었다. 이 부부는 가족 간의 문제를 지혜롭게 잘 해결하리라는 생각이 들었다.

  나지막한 산 중턱을 한 바퀴 거닐며 맑은 정기를 몸으로 들이키고, 이런저런 정경情景을 마음의 눈으로 보니 삶의 폭이 넓어지며 활력소를 얻는 계기가 되었다.

박찬홍

세상이 거꾸로 가고 있다

　한국 교원단체 총연합회 정성국 회장 인터뷰 기사(《조선일보》, 2022. 7. 21)를 보고 나는 깜짝 놀랐다. 유언비어같이 떠돌던 말들이 사실임이 입증되면서 놀라지 않을 수 없었다.
　정성국 회장은 교총 75년 역사상 첫 초등학교 교사 출신으로, 회장으로 취임하기 전까지는 부산 해강초등학교에서 교사로 있었다.
　그의 인터뷰 내용을 보면, 최근 교총이 초·중·고 교사 8,655명을 대상으로 설문 조사를 한 결과, 매일 한 번 이상 학생으로부터 욕설을 듣거나 교실 이탈 등으로 수업 방해를 받는 교사가 10명 중 6명꼴이었다고 했다.
　그런가 하면, 충남의 모 중학교에서는 수업 중 학생이 교단에 드러눕는가 하면, 어느 학생은 상의를 모두 벗어 버리고 있는데도 선생님은 아무 조치도 취하지 않고 수업을 진행하는 장면이 영상으로까지 유포되고 있었다. 그것이 오늘의 현상이다.

그런데도 선생님들이 학생들을 제지할 방법이 없다는 것이다. 체벌體罰은 10년 전에 폐지되었고, 상벌점 제도도 인권 침해가 있다면서 시도 교육청들이 폐지시켰는가 하면, '아동복지법'은 "아동의 신체나 정서적으로 학대 행위를 하면 5년 이하의 징역이나 오천만 원 이하의 벌금에 처하도록" 규정하고 있기 때문에, 학생들의 비행을 보고서도 훈육하기가 힘들다고 했다.

어쩔 수 없이 훈육을 하다 보면, 이러시면 신고하겠다고 대놓고 말하거나, 휴대전화로 녹음 또는 촬영까지 하는 학생이 있는가 하면, 학부모들도 악성 민원을 넣는 일이 비일비재하지만, 막을 방법이 없다는 것이다.

이렇게 된 원인은, 교육계를 장악한 진보 교육감들이 학생 인권 조례를 만들면서, 학생 인권만 지나치게 강조해 교사들의 권위는 추락되고 말았다는 것이다.

나는 가끔 이런 말을 들은 바 있다. 학생이 선생님이 보는 앞에서 112에 신고를 한다거나, 학부형이 학교까지 찾아가 학생들이 보는 앞에서 선생님을 때리고 면박을 주었다는, 또는 학생들의 비행을 보면서도 선생님들은 못 본 체한다는 말은 들었으나, 그것은 헛소문으로 알고 있었는데, 그것이 사실임이 입증된 셈이다.

사실이 그렇다면 보통 심각한 문제가 아니다. 선생님이란 학생들에게 지식만 전달하는 기계가 아니다. 지식보다는 이성人性을 바로 잡아 주는 데 더 큰 목적이 있다. 지식이란 훗날 익힐 수도 있지만, 인성이란 어려서 바로 잡아 주지 못하면 생生을 그르칠 수가 있다. 그렇기 때문에 공자님도 일생지계一生之計는 재어유在於幼라고 했다. 즉 어렸을 때 올바른 인격人格을 심어 주어야 한다는 뜻이다.

그런데 지금 우리는 거꾸로 가고 있다. 어린이들이 나쁜 길로 가고 있는 것을 알면서도, 선생님들이 바른 길로 인도를 못 하고 눈을 감고 있는 것이다. "아동 학대라는 말에 시달리기 싫어서", 바로 그것이 문제인 것이다.

우리 사회는 너무나 급변하고 있다. 이제 삼강오륜三綱五倫 같은 말 자체가 사라지고, 가족 문화까지 파괴되고 말았다. 그렇기 때문에 요즘 태어나는 어린이들을 보면 가엽기도 하다.

생후生後 얼마 지나면 모성애도 느끼기 전에 엄마 품을 떠나 가사 도우미에게 맡겨지거나 어린이집으로 보내진다. 그래야만 엄마가 직장엘 출근을 하니까.

요행이 착한 도우미라도 만나면 다행인데, 그러지 못한 도우미를 만나면 그때부터 세파에 시달리게 된다. 어린것들이 두려움에 떨게 되고, 눈치를 보게 되고, 그것이 거짓으로 이어지면서 인성이 비틀어지기 시작한다. 나는 가끔 CCTV에 찍힌 보육 도우미들의 행패를 보면서 그것을 느낀다.

그러한 환경 속에서 자란 어린이들이 초·중·고등학교에 가서라도 올바른 교육을 받아야 하는데, 모든 제약 때문에 그러지를 못한다고 하니 문제가 아닐 수 없다. 그것이 문제인 것이다.

그러한 문제가 연속되어서일까? 아이들 문제만이 아닌 것 같다. 요즘 정치판이나 사회 현상을 보면 난감한 일이 한두 가지가 아니다. 흉악한 욕찌거리에서 붙어 거짓말은 능사가 되었고, 내로남불이 판치는가 하면, 흑黑과 백白을 가리지 못하고 있다.

탈북한 어민의 강제 북송 장면을 보면서도 아무 거리낌 없이 법과 원칙에 의해 북송했다는 사람들을 보면 기가 찰 노릇이다.

사람이 살아가는 데 무엇보다 소중한 것은 정직과 사랑과 배려이다. 이 세 가지는 어려서 심어 주어야 한다.

이제라도 우리는 바른 길로 가야만 한다. 그러기 위해서는 정성국 교총회장이 요구했듯이, 선생님들이 존경받고 소신 있게 학생들을 가르칠 수 있도록 제도와 환경을 만들어 주어야 한다. 그래야만 우리 사회가 바른 길로 갈 수 있는 것이다.

머뭇거릴 시간이 없다. 시급히 이루어지기를 기원한다.

배기훈

적폐, 청산과 생산

　돌아보건대 재임 시 문 대통령은 "무너진 나라를 다시 세워 국가를 정상화했고 정의와 공정의 가치를 사회의 전 영역으로 확산시켜 나가고 있다."라고 하였다.
　과연 이 말에 공감하는 이들이 있는가. 그의 퇴진을 요구하며 광화문 광장을 메웠던 수많은 사람들의 끝없는 함성은 한낱 생떼일 뿐이었나.
　그는 취임사에서 "한 번도 경험하지 못한 나라를 만들겠다."라고 하였으나 그 길은 갈등과 퇴행의 우직함이었는가, 화합과 진취의 기백이 넘쳐난 것인가는 쉽사리 그 전모가 드러날 것이로되 이를 잠시 뒤돌아본다.
　일편단심 소득 주도 성장이라는 외길로, 누구의 덕분이냐는 노조에 끌려 다니며 반기업, 반시장 정책으로 산업의 경쟁력은 약화되고 우왕좌왕하는 교육·주택 정책이며 북·중이냐 미·일 사이를 헤매는 외교, 안보에 이르면 한숨이 나오는데, 무모한 탈원전 고집으로 피땀으로 이룩한 선진 원전 산업을 단숨에 팽개친다. 무슨 복심으로 각 기관은 올해 예산을 다 못 쓰고 남기면 불이익을 주겠단다. 시종일관 적폐 청산을 말하며 전, 전 대통령을 구속하느니 기치를 높이 들었지만 진정한 의미의 적폐의 제왕으로, 말하자면 단연코 절대빈곤과 인권 부재의 늪에서 대를 이어 벌어지고 있는 북의 핵 놀음에서 찾아야 한다는 것은 두말이 필요 없는 것이다.

북은 단군 이래 이 민족 최악의 비극, 6·25 남침을 시작으로 3대에 걸친 적화야욕의 망상은 요지부동으로 끝이 없어 오로지 무소불위의 신격 우상화 체제 유지에 혈안이 되어 온갖 무력 도발을 감행하여 오더니, 종내 가공할 핵무기를 개발, 미사일을 발사하며 기세등등 세계를 놀라게 하였으나 이는 도리어 자승자박이 되어 새삼 자유세계 이념에 역행하는 비정상 집단으로 낙인 찍혀 유엔의 대북 제제 결의로 황당무계한 세습 왕조 이래 최대의 위기에 봉착하여 이제 자신이 초래한 업보를 고스란히 맞이하여야 할 참이 아니었던가. 항차 대북 제재가 자유세계의 공감을 불러 본 궤도에 오르고 보니 저들의 종주국이라 할 중국마저도 이를 거스를 수 없어 동참하는 마당에서야, 우리는 대북 제재의 제일 당사자로서 그들의 망령을 교화하여 나갈 천재일우의 기회를 맞이하였건만 그 막중한 사명감을 전혀 깨닫지 못하고 허투루 흘러 보냈으니 애틋하기 그지없다. 더구나 풀이 죽은 그들에게 구세주가 나타났으니 우리의 대통령이 아니었던가. 일응 조용히 지켜보고 있을 것이로되 무엇이 그리도 조급했는지 앞뒤 가리지 않고 단숨에 북에 달려가 마치 당장 평화가 찾아온 듯이 철부지 젊은 수괴를 껴안고 백두산 천지에 올라가 물을 떠 마시고 부산을 떨었으니, 아무렴 얄팍한 대통령의 공명심이 대북 제재의 첫 삽에 찬물을 끼얹는 격이 아니었는지 숙연히 반추해 볼 일이다.

  그들이 정상적인 인간이었다면 우리의 호의에 부응하여 민족 화합의 길을 찾아 나설 것이지만, 예의 삐뚤어진 그들의 속성은 이것이 웬 떡이냐고 한숨을 놓으며 오히려 상대를 아무것도 모르는 얼빠진 사람으로 얕잡아 보게 되었으니 그들이 우리에게 내뱉은 "삶은 소대가리"라는 말의 실마리는 여기에서 찾을 수 있는 것이 아닐런가. 아직도 그 수모를 고이 간직하고만 있으려나.

  이제 대북 제재는 파격의 대북선양이 되어 폐쇄 독재와 빈곤의 대명사였던 북은 자유세계의 리더, 미국을 핵으로 위협하며 대등하게 협상을 벌이고 있는 당사자가 되었고, 어느새 한미 동맹의 연합 훈련은 사실상 없어지고 북의 심기를 살피느라 동맹이라는 말도 빼버렸으니 늘어나는 것은 걱정뿐이다.

  정부는 현 정권에서 가장 잘못한 게 뭐라고 생각하느냐는 질문에는 얼핏 떠오르지 않는다고 하더니, 국정감사에서 가장 잘한 정책이 무엇인가라는 물음에는 "한반도에서 전쟁의 위협을 제거한 것"이라 하였다. 북은 "겁먹은 개"라느니 온갖 경멸의 욕설을 마다않고 미사일, 장사포를 발사하며 일촉즉발의 공세로 우리를 조롱하고 있는데, 전쟁의 위협을 제거하였다고 하니 그들은 이번에는 "양천대소"란 말로 화답하고 있으니 점입가경이라고 할 거나.

  한 번도 경험하지 못한 나라를 만들려다 보니 정부는 쉴 틈이 없는 것 같다. 헌정사상 초유의 제일야당을 빼고 범여권 군소 정당과 처음 듣는 연동형·비례 대표제를 골자로 하는 공직 선거법 개정안, 나치의 게슈타포가 연상되는 공수처 법안 등을 강행 처리하고, 이미 내각은 물론이려니와 대법원과 헌법재판소마저 아우르며 살아 있는 권력도 수사를 한다더니 막상 화살이 날아오자 나를 제외하는 '내로남

불' 모르느냐는 듯이 힐책을 한다.

　그보다 먼저 민주 법치 국가에서 가장 본보기가 되어야 할 법무장관에 조국 일가 비리 선물 세트를 내놓았으니 그 파장이 이외로 만만치 않았건만 "나는 이번 일로 조국 장관에게 마음의 빚을 많이 졌노라." 하는 대통령의 소회를 듣고 보니 문득 성인이 따로 있는 것이 아니구나 하는 생각이 든다.

　이승만은 악질 친일파로, 박정희 전 대통령은 민족 반역자로 규정한 다큐멘터리 '백년 전쟁' 은 객관적 사실과 합치된다고 여기는가.

　세계를 놀라게 한 한강의 기적은 적폐 청산의 회오리 속에 이제 기억의 저편으로 가물거리고 있는 듯하니 적폐 청산이냐, 적폐 생산이었느냐가 문제려니와 한 번도 경험하지 못한 나라를 만들겠다는 말이 씨가 된 것인지…. 행여 불감청이언정 고소원이었을 리야만은, 우자는 새삼 이를 화두에 올려놓아 보거니와 이는 심기일전, 오로지 자유 민주 대한민국의 무궁한 발전을 비올 따름에서 일뿐이다. 자유 대한민국 만세!

배병수

환경호르몬

　우리가 사람답게 사는 환경의 조성은 과학의 힘이 크다. 의衣, 식食, 주住에 관계되는 산업은 물론이고 사람이 풍족한 사회에서 흥미롭게 살 수 있도록 영향을 주는 것도 과학의 발달과 연관이 깊다.
　과학은 여러 분야에서 지금도 쉼 없이 발전하고 있다. 그중에서도 우리가 입고 있는 의류를 살펴보면 반세기 전에는 면綿, 마麻, 모毛, 견絹과 같은 천연섬유가 주종을 이루었다. 차츰 화학섬유가 등장함에 따라 천연섬유의 사용은 점차 자리를 잃어 가고 있는 형편이다. 공산품은 농산물처럼 일기에 영향을 받지 않고 짧은 시간에 대량 생산할 수 있다는 점이 장점일 것이다.
　자본주의에서는 언제나 수요가 있으면 공급은 곧 이루어지게 되어 있다. 필요한 섬유를 빠르게 생산할 수 있어서 화학섬유의 공급은 수요에 즉각 대응할 수 있다.
　합성섬유와 합성수지 그리고 합성고무는 현대 산업에서 꼭 필요한 주요 원자재들이다. 이들의 주원료는 원유의 정제 과정에서 부산물로 얻어지는 나프타에서 제조되는 유기합성 제품들이다. 원유의 부산물로 생산되는 것이 많은 유기 합성물을 보면 원유의 이용 가치는 무한하다고 말할 수 있다.

우리 주변에서 많이 활용하는 플라스틱은 합성수지이다. 플라스틱은 몇 번이고 열만 가하면 변형할 수 있는 열가소성 수지와 경화된 후에는 용해되지 않는 열경화성 수지로 분류를 한다. 플라스틱 제품은 쉽게 조작할 수 있고, 경제적이며 비중이 작고 내식성이 강하여 여러 곳에서 소비재로 많이 쓰인다.

합성섬유가 출하되기 전에는 우리가 입는 의류의 재질이 대부분 천연섬유에 의존하였다. 목화에서 솜을 분리하여 실을 얻고 직포에서 여러 공정을 거친 후에 광목을 얻는다. 광목은 불순물을 없애는 정련 공정과 원섬유에서 나타낸 색을 없애는 표백 공정을 거쳐 염색을 하면 옷감으로서 이용 가치가 많다. 모직물은 동물의 털에서 가볍고 보온성이 좋은 섬유를 얻는다. 견직물은 누에고치에서 가늘고 길며 부드럽고 유연하며 광택이 좋은 양질의 섬유를 얻는다. 마麻직물은 삼 줄기에서 줄기섬유를 얻기 위해 찜통에서 찐 후에 줄기섬유를 얻고 여러 공정을 거쳐 옷감으로 이용한다. 이처럼 원료로부터 제조 과정이 복잡하고 노동력이 많이 소요되는 천연섬유는 소비자들로부터 점차 외면당하는 실정에 이르렀다.

최초로 1909년 레오 베이클런드가 포름알데히드와 페놀로 만든 베이클라이트라는 플라스틱을 제조하였다. 분자물리학의 지식에 대한 진보는 나일론, 폴리에틸렌과 다른 플라스틱의 개발을 촉진시켰다.

시간이 지날수록 합성섬유의 소비는 의류뿐 아니라 산업용에서도 소비가 증가하는 추세이다. 산업용에서는 방탄복이나 방화복에서도 합성섬유가 쓰이며 자동차의 타이어에도 쓰이는 것을 볼 수 있다. 값이 저렴하고 쉽게 얻을 수 있으며 취급하기가 쉬운 합성섬유는 고기를 잡는 어구에서도 폭넓게 이용하고 있다.

질이 좋고, 값이 싸며 취급하기 쉬운 합성섬유는 세계 어느 곳에서도 많이 이용한다. 플라스틱은 쉽게 조작할 수 있고 경제적으로 제조할 수 있으며 비중이 작고 내식성이 강하기 때문에 금속이나 나무, 그리고 유리 대신 여러 용도에서 사용되고 있다. 편리한 생활을 위하여 만들어진 합성수지와 합성섬유가 점차 사용이 늘어나면서 이제는 환경호르몬에 노출되는 사회에 살아가는 실정이다.

환경호르몬은 일상생활에서 배출된 후에 사람의 체내로 들어와 여러 호르몬의 생리 작용을 교란하는 화학물질이라 하니 이제는 걱정이 앞선다. 환경호르몬은 오존층 파괴, 지구 온난화와 더불어 세계 3대 환경 문제로 간주되고 있다. 환경호르몬은 내분비 교란 물질을 말한다. 환경호르몬이 건강에 미치는 영향은 생식기관의 암 발생과 신체의 발달을 저해한다고 한다. 그리고 체중 증가와 당뇨병과 대사증후군의 발병과 관련이 있는 것으로 보고되고 있다. 그뿐 아니라 갑상선 기능 이상과 심혈관 질환 증가에도 영향이 있다고 하니 환경호르몬 문제는 갈수록 심각한 수준에 이르고 있다.

어쩌다 태풍이 지난 후에는 높은 파도에 밀려 그동안 바닷속에 묻혀 있던 쓰레기들이 해안 지방으로 떠밀려오는 것을 보아 왔다. 연안의 바위틈과 모래에 합성수지와 합성섬유 등이 널브러져 있는 것을 청소하는 것도 지자체에서는 골머리 아플 일이다. 청소를 해도 일은 끝나지 않는다. 엄청난 양의 쓰레기들을 소각하거나 매립 방법으로 처리를 한다. 소각하면 매연이나 분진이 발생할 것이고 매립하면 장소 선정도 어려운 일이며 쓰레기들이 분해하여 없어지는 데 500여

년이 소요된다니 두고두고 우리 후손에게 영향을 끼칠 것이다.

우리에게 편리했던 합성수지와 합성섬유가 환경오염원이 되어서 사람에게만 나쁜 영향을 주는 것은 아니다. 사람도 합성수지의 작은 입자들이 몸속으로 흡입될 수 있으며 바다에 사는 어족들도 바다에 떠 있는 환경 쓰레기들을 먹이로 착각하여 먹다가 죽어 가는 경우가 허다하니 안타까울 일이다.

사람이 생활하다 보면 어떤 재료이든지 모두 장점만 있는 것은 아니다. 편리함을 추구하다 보면 나중엔 단점도 있음을 알게 된다. 지금처럼 합성수지 같은 원자재들을 쉽게 구할 수 있다면 소비자들은 고쳐 쓰고, 아껴 쓰려고 하지 않을 것이다.

앞으로도 자원은 계속 낭비할 것이고 그러면 환경호르몬은 더욱 심각할 것이다. 언제쯤 환경호르몬에 대한 자성의 목소리가 커지면서 쓰레기 배출을 줄여 갈 것인지 답답하기만 하다.

서양호

동해안을 걸으며

바다를 마주하고 있다. 검푸른 파도가 눈으로, 가슴으로 밀려든다. 바다는 그저 "아! 바다…."라고 부르고 나면 그만이다. 더 이상의 말은 끊어지고 한갓 바라보기만이 취할 수 있는 전부다.

파도가 밀려온다. 파도는 바다의 언어다. 파도 소리는 태고 이래로 해원海原의 밀어가 뭍으로 쏟아지는 원음이다. 바람이 불어온다. 바다를 건너 해변으로 다가오는 바람은 먼 바다의 소리를 출렁이며 실어 온다. 바다는 파도로 바람에 화답하고 있다.

사람이 살아가는 인생길도 세월의 파도 위에 얹혀 밀려오고 밀려간다. 인생길에는 숱한 삶의 길들이 있다. 희망의 길, 절망의 길, 성공에 이른 길 등 삶의 모습을 길이란 이름을 붙여 부르기도 한다.

지난 1년간 16회를 출행하여 46일간을 '해파랑길'이라 이름 붙여진 동해안 길을 걸었다.

'해파랑길'은 동해의 상징인 떠오르는 '해'와 푸른 바다색인 '파랑'에다 함께한다는 의미인 '랑'이 합해져 지어진 이름으로 떠오른 해와 푸른 바다를 바라보며 걷는 길이 해파랑길이다.

이 길은 부산 동남쪽 바다에 있는 오륙도가 마주 보이는 '이기대'를 시작점으로 강원도 고성의 '금강산 전망대'까지의 50개 구간, 780km의 해안 길이다. 연녹색 연안 길, 철석이며 바위에 부딪히며 부서지는 파도와 흰 포말, 몽돌 깔린 해안과 하얀 모래가 고운 해수욕장, 해변 따라 설치된 나무 덱 등으로 이어진 해안 둘레 길이다. 길을 나서면 아침마다 동해에 떠오르는 해를 맞으며 파도 소리를 들으며 푸른 바다를 길동무 삼아 걷게 된다. 걷는 내내 망망대해를 마주할 수 있는 것은 두 다리로 걷는 이들만이 누릴 수 있는 행복이다. 해안 곳곳이 절경이어서 걷는 동안 곁을 따라오는 바다는 어느 곳이라도 바라보기를 유혹한다. 화산 활동으로 생겨난 화려한 주상절리, 해맞이공원, 등대, 쪽빛 바다, 코발트 빛 파도, 해안 단구段丘, 갖가지 바위 모습들을 보며 끝없이 이어지는 수평선을 바라보며 걷는다. 누구라도 이 길을 걷는다면 감성의 바다에 빠지지 않는 이가 있으랴.

처음 이 길을 나섰을 때는 젊은 날 여름을 보낸 추억 깃든 해변을 다시 찾게 된다는 설렘이 있었다. 그러나 단편소설(오영수, 〈갯마을〉) 속의 나지막한 돌담길 옛 모습들은 사라진 지 오래되었단다.

세월이 많이도 흘렀다. 아쉬움만 안겨 주는 추억의 장소에는 서핑 교습소가 차려지고 해안 모습이 낯설게 변해 있었다. 동해안 곳곳 이름 난 해안가엔 서핑 교습소, 요트와 카누, 스쿠버 다이빙 스쿨이 차려졌고 해안가 송림 아래에는 텐트 설치 자리와 캠핑카도 즐비하다. 수도 시설과 화장실, 샤워 시설이 잘 구비되어 있고 텐트를 친 젊은 가족들은 식탁과 의자, 조리기구 세트까지 챙겨와 야외 생활을 즐기고 있다. 바다 풍경이 빼어난 자리에는 풀 빌라 펜션과 모텔, 카페 건물들이 자리하고 해수욕장의 모래톱 길가에도 커피 가게가 줄을 잇고 있다. 거친 해풍에도 묵묵히 생명을 지탱해 온 해송만이 어촌 해변에 대한 한 가닥 옛 추억을 회상시켜 주었다.

 파도 소리를 들으며 해변 길을 터벅터벅 걸었다. 때로는 세찬 바람이 불어오기도 했지만 이마에 흐르는 땀방울은 시원한 바닷바람에 실려 가고 숨찬 걸음에 비워진 허파엔 상큼한 갯바람이 채워져서 충만이 가득해진 가슴이 상쾌하고 후련해졌다. 갈매기가 친구가 되고 바닷가 돌쩌귀 사이에 자라는 풀꽃들의 손짓에 이끌렸다. 풀꽃들은 뿌리 내린 만큼만의 자리를 흡족하게 여기며 살아 낸다. 해국海菊은 낮은 키에 보랏빛을 띠고 화려하지 않으나 청초한 모습으로 바람에 살랑이고 있었다. 해맑은 들꽃들이 눈길을 끌며 있는 듯 없는 듯 풍기는 풀꽃 향기가 바람결에 감미로웠다.

 바닷길을 걸으면 동심에도 젖는다.

 "아침 바다 갈매기는 금빛을 싣고, 고기잡이배들은 고기를 싣고…."

 "초록빛 바닷물에 두 손을 담그면…." 아침 해돋이를 볼 때 동요가 스멀스멀 기억의 창을 열었다.

 바다는 바람의 세기와 해변의 모습에 따라 여러 빛을 연출한다. 검푸르기도, 쪽빛이기도, 옥색이 되었다가, 초록빛이 되기도 한다. 바위에 부딪히는 파도는 모습도, 물결도, 소리도, 색깔도 다양하다. 낮고 작은 바위에 부딪히는 파도는 조용한 소리로 재잘대고 물빛은 연초록을 품은 옥색이다. 큰 바위에 부딪히는 검푸른 파도는 철석이며 휘돌아 나가는 물결이 세차고 물보라도 크게 일으킨다.

 파도에 부딪히는 바위 앞에 서면 억만 년 견뎌 낸 바위의 함묵沈默도 헤아리게 된다.

"파도야 어쩌란 말이냐/ (…중략…)/ 님은 물같이 까딱 않는데/ (…중략…)/ 날 어쩌란 말이냐."(유치환, 〈그리움〉) 미동조차 허락하지 않는 님 앞에서 가슴앓이하는 사람의 눈물은 파도 되어 밀려온다 했다. 파도는 "안으로 안으로 채찍질"(유치환, 〈바위〉)하는 바위를 향해 끊임없이 물보라를 일으키며 바위를 끌어안고 있다. 파도가 시련이라면 작은 시련은 조용히 밀려오고 큰 시련은 바위를 삼킬 듯이 거세게 휘몰아친다.

바다가 연두와 하늘색이 섞인 옥빛인 날, 바다만 보다가 어촌을 떠나도 아쉽지 않을 아름다운 계절이었다. 야트막한 담장이 연이어진 동네 골목길도 스치게 되었다. 고요한 어촌 마을을 조용히 걸었다. 외지인이 남이 살고 있는 모습을 힐끔거릴 일이 아니었다. 누군가의 여행길은 누군가의 일상 공간인 것이다. 시간이 멈추었던가! 아무도 살고 있지 않는 듯한 텅 빈 마을, 미동도 없었다. 아이들이나 젊은 아낙을 본 일도 없다. 마을을 스치면 하릴없는 개들만 짖어대고 드문드문 노인네들만 보였다. 갈매기 소리가 정적을 깨고 파란 하늘엔 뭉게구름이 떠가고 바다에는 물결만 일고 있었다.

바다에 떠 있는 작은 고깃배들은 생명의 실존을 증언한다. 밤바다 어선의 등불이 돌아오는 이른 아침, 배에서 내리는 동남아 노동자들의 발길이 무겁다. 햇볕에 붉게 탄 얼굴, 세월의 흔적이 손등에 덕지덕지 붙은 밤배 탄 늙은 어부의 피로가 아침 햇살에 묻혔다. 바람과 짠 내음, 해풍에 생선을 말리는 등 굽은 어미의 어깨너머로 노을이 비치면 살아 낸 어촌의 하루가 내린다. 키워 낸 자식들은 도회지로 떠난 지 오래고 옛 사람들만 마을을 지키고 있었다. 모처럼 새하얀 해오리가 꿈처럼 하늘에 떠 있는 날엔 가슴에 숨겨진 자식들의 얼굴이 파도 되어 넘실된다 했다. 파도가 들어왔다가 휘돌아 나간다. 단순 반복의 파도처럼 갯마을 사람들의 일상이 단조의 내재율에 젖어 있어 보였다.

 해당화 꽃잎이 나비처럼 날아가 바다 위에 내려앉는 저녁나절, 바닷가에 앉아 수평선을 바라보고 있었다. 사랑의 아픔처럼 마음에 그리는 선線 하나, 결국엔 아무 데도 없는 수평선 하나 그어 놓고 슬픔인지 그리움인지 그 해역 앞에서 혼자 지녀 온 슬픔을 묻었다.

 파도가 밀려오며 '쏴 처얼석' 그 한 마디로 속내를 다 보여 주는 바다! 세상 모든 것 다 받아 안으면서도 말없이 언제나 그날이 그날인 바다의 넓은 가슴에 안겨 있었다.

 우울한 일상에 잠겼던 사람이 바다 앞에 서면 서성이게 된다. 추억도 그리움도 물결에 출렁이게 되고, 한 세상 살며 겪은 가슴앓이 명암들이 내리며 정제되지 않은 꿈과 사랑이 고개를 들기도 한다. 지니고만 살아온 바람이나 꿈들이 은유의 미소를 짓게 했다. 가슴이 먹먹한 사람은 모름지기 바다에 나가 가슴에다 해풍을 담아 볼 일이다. 바다는 생명 그 자체다. 해변 위로 눈부신 굴절과 빛이 반짝인다. 바다로 나가면 하늘의 말과 바다의 숨소리를 들을 수 있다.

 해파랑길을 걸으며 끝없는 묵언 대화를 나누었다. 길을 걷는 동안 시선은 안으로 향하고 길은 거울이 되어 마음을 비춰 주었다. 바다는 남아 있는 소망이나 바람을 되새김할 수 있는 힘을 안겨 준다. 해파랑길은 남은 삶의 길에 참다움이 따르도록 마음을 가다듬게 했다.

서태양

궁신弓神의 눈

집궁執弓*을 하고 활을 쏘게 되면 몰기沒技라는 것을 하게 된다. 오시오중, 즉 다섯 개의 화살을 쏘아서 모두 과녁에 맞추는 것이다. 몰기를 해야 접장接長*이 될 수 있을 뿐만 아니라 궁사弓師로서의 기본 자격이 주어진다고나 할까? 보통 운동 신경이 뛰어난 젊은 친구들이라면 한두 달 안에도 달성할 수 있는 몰기를, 활을 쏘기 시작한 지 삼 년이나 된 집궁 고참인 나는 세월만 보내다가 이제야 국궁에 불이 붙어 주변 동료들의 애를 태우며, 몰기를 위해 안간힘을 쓰고 있다. 나이 든 사람이 애쓰는 모습이 안타까웠던지, 국궁 고참들은 나름대로 조언을 해 주거나 함께 습사*하면서 나의 멘탈 관리를 위해 일부러 잘못 쏘는 실수를 하기도 하였다. 그 관심이 고맙고 행복한 일이기는 하지만 늘 미안한 마음이 앞섰다.

그런가 하면 내가 몰기하는 장면을 지켜보기 위해 늦은 시간까지 함께하기도 하고, 아낌없이 자신의 깍지*를 내어 주기도 했다. 그런데 주변에서 이렇게 신경을 쓰는 이유가 또 하나 있었다. 올 6월 18일이 일 년에 한 번 치러지는 몰기잔칫날로 정해졌는데, 이날이 마침 나의 62회 생일, 즉 진갑 날이다. 만약 그전에 몰기를 한다면 몰기잔치와 함께 내 생애 가장 멋진 진갑 생일잔치를 호림정*에서 맞이하게 되는 것이다. 따라서 그전에 몰기를 하기 위해 하루 종일, 때로는 어두운 밤 야사夜事까지 하면서 초조하게 맹연습을 해 왔고, 모두 그 사실을 알고 있었기 때문이다. 몰기잔치는 몰기를 한 궁사가 사모관대 차림으로 정간*에서 제를 올리고, 동료들의 축하를 받으며 사두로부터 무호와 첩지를 받고 접장으로 공인을 받는 가장 기대가 크고 의미 있는 무인들의 전통 행사이다.

　호림정에는 화살을 쳐 주며 오랜 세월 국궁정을 지키고 계신 아주머니 한 분이 있다. 말씨가 다소 어눌하고 콧소리가 섞여 있어 처음 만나는 사람들은 자세히 듣지 않으면 무슨 말인지 잘 알아들을 수가 없다. 하지만 오래 함께 지내다 보면 대충 알아듣고 나머지는 눈치로 이해하는 편이다. 호림정 지기라고 할 수 있는 이분은 우선 마음이 곱고 부지런하며 살치*는 기능도 뛰어나 호림정에 없어서는 안 될 고마운 분이라고 늘 생각하고 있었다. 그래서 아무런 거리낌 없이 순수하게 좋아할 수 있는 분이다. 이심전심이라고나 할까? 자연스럽게 내 팬이 되어 준 아주머니도 내 마음을 아는지 늘 친절하게 웃음으로 대해 줄 뿐만 아니라, 나의 몰기를 진심으로 바라면서 안타깝게 지켜보고 있는 또 한 명의 사람이기도 했다. 언젠가 김 사범이 답답한 마음에 우스갯소리로, 형님은 벌써 몰았어야 할, 충분히 되고도 남을 실력인데, 이렇게 될 듯하면서도 되지 않는 것은 아직 궁신이 마음의 눈을 열지 않은 듯하니, 밤에 과녁 앞에 소주라도 한 병 준비해서 궁신께 제祭를 올려보는 것이 어떠냐고 제안을 한 적이 있었다. 그런데

서태양 173

오늘 살을 쳐 오는 아주머니의 모습이 여느 때와는 달리 더욱 친근한 모습으로 명랑하게 웃음을 흘리면서 중요한 일이라도 있는 듯 나에게 떠들썩하게 무언가 알 수 없는 말을 남기고 지나갔다.

'좋은 일이 있나 보다.' 늘 하는 인사말이려니 하고 말았다.

그런데 잠시 후 아주머니께서 나의 몰기를 기원하는 궁신제弓神祭를 올리기 위해 제사상을 준비했다는 연락이 왔다. 아뿔싸! 전혀 예측하지 못했던 일이라 고맙기도 하고, 당황스럽고 민망하여 한동안 어찌할 바를 몰랐다. '오죽 답답했으면 궁신제까지 생각을 했을까?' 같이 습사를 하고 있던 김 사범과 함께 일단은 그 현장에 가 보기로 했다. 정간 마루 작은 교자상엔 두 자루의 초, 소주 한 병, 잔 한 개, 흙을 파서 급조한 향꽂이와 향, 그리고 옛날 갑성냥 한 통까지 조촐하면서도 정성스럽게 준비가 되어 있었다.

얼떨결에 김 사범과 둘이서 백주에 촛불을 켜고 향을 사르고, 교대로 술잔을 올리며 정간正間을 향해 절을 올렸다. 절을 하는 순간 '지금 내가 무슨 일을 하고 있는 건가?' 하는 형용할 수 없는 야릇한 생각이 들었다. 김 사범은, "호림정 생기고 처음 있는 일입니다. 내친 김에 과녁 앞에 가서도 한 번 더 제를 올립시다." 한다.

제상祭床을 다시 사대 앞 잔디밭으로 옮겨 다른 사우들까지 합세하였다. 촛불을 켜고 가운데 있는 제2관 과녁을 향해 둘이서 다시 절을 하며, 김 사범이 "궁신이시여! 제발 눈을 뜨시어 초당의 화살을 거두어 주소서."라고 축원하였고, 나도 부디 궁신께서 눈을 열어 나의 화살을 받아 주시기를 마음속으로 기원했다. 그리고 맥주 두 상을 준비하여 간략하지만, 함께해 준 사우들에게 고마움의 후속 잔치까지 열어 주었다. 모두들 거나한 기분으로, "이제 궁신제도 올렸으니 오늘 끝냅시다." 하고 응원을 한다.

기대는 더욱 커지고 동료 갤러리들은 어둠이 내리도록 자리를 뜨지 못하고 궁신제의 효험을 기다리고 있었다. 해는 이미 구미산*을 넘고 호림정에도 어둠이 내리기 시작했다. 다소 취기가 돌기는 했지만, 조심스러우면서도 엄숙하게 동료들과 함께 사대에 서서 활을 쏘기 시작했다. 드디어 내 차례가 되었다. 초시初矢*를 관중시키지 못하면 나머지 화살을 모두 명중시켜도 의미가 없는 일이기에 말하지 않아도 모두들 숨을 죽이고 초시의 성공을 기원하며 지켜보고 있었다. 크게 한 숨을 들이쉬고 조심스럽게 활을 들어 시위를 당겼다. 관중을 알리는 과녁의 전자음과 함께 힘차게 튀어 오르는 화살을 보면서 기쁨보다는 안도의 한숨을 내쉬었다. 사우들도 남은 화살의 명중을 위해 극한 흥분을 자제해 주었다. 연이어 2시矢, 3시矢가 명중을 하고, 가장 실수가 많다는 4시矢까지도 2관 과녁으로 빨려들 듯 관중시키는 것이 아닌가. 드디어 궁신께서 눈을 뜨신 것일까? 마지막 5시를 남겨 두고 서로의 얼굴이 희미해지는 어둠 속에서 분위기는 다소 흥분으로 술렁이기 시작했다. 다시 내 차례가 되었고, 그때 고참 한 분이, "자, 마지막 한 시가 남았습니다. 숨을 좀 돌립시다." 하고 제안을 한다.

　짧은 순간이지만 몰기 직전의 기대와 설렘, 흥분, 새로운 접장 탄생을 기다리는 행복감으로 몇 분이 지났다. 잠시 흥분된 마음을 가라앉히고, 모두가 지켜보는 가운데 마지막 5시를 위해 활을 들었다. 어둠 속의 과녁을 불을 뿜듯 쏘아보며 태산을 밀고 호랑이 꼬리를 당기는 심정으로 힘차게 시위를 당겼다. 조용하다! 명중을 알리는 요란한 전자음도, 화살이 과녁을 때리는 둔탁한 소리도 전혀 들리지를 않았다. 어둠 속에서 모두가 말이 없다. 사위四圍가 적막하다. 아, 궁신의 장난인가?

서태양 175

확인 결과 김 한 장 차이 아니, 깻잎 한 장 차이로 화살은 과녁을 빗나가고 만 것이었다. 황성의 하늘이 무너지고 땅은 꺼지는 듯했다. 드디어 김 사범이 떨리는 목소리로, "형님, 궁신께서 아직 한 쪽 눈만 뜨신 모양입니다." 위로의 한마디를 건넨다.

비록 호림정 역사상 전무후무한 몰기 기원 궁신제 이벤트는 해프닝으로 막을 내렸지만, 깻잎 한 장의 그 순간을 나는 잊을 수가 없다.

다음엔 궁신의 두 눈이 번쩍 뜨일 수 있도록 습사習射에 용맹정진할 일이다.

※집궁: 활쏘기를 처음 시작하는 것.
※접장: 몰기를 한 궁사.
※습사: 활 쏘는 연습.
※깍지: 활시위를 당기기 위해 엄지손가락의 아랫마디에 끼는 뿔이나 나무로 만든 물건. 한자로는 각지角指.
※호림정: 황성공원에 있는 경주 국궁정.
※정간: 궁사로서 바른 몸과 마음 자세를 다짐하는 공간.
※살치다: 쏜 화살을 거두어 오는 일.
※구미산: 경주시 서쪽에 있는 용담정 뒷산.
※초시: 첫 번째 쏘는 화살.

성낙수

상을 받는 마음

　최근 나는 아주 중요한 상(외솔상)을 받았다. 이 상은 내가 초등학교 졸업 때 받은, '충청남도 도지사상' 이래 가장 큰 것이다. 물론 그후 학생 시절에 몇 가지 상을 받은 적도 있고, 교직 생활에서 이런저런 상을 받기는 했지만, 위상이나 상금에서 이번 상을 능가할 수는 없다.
　물론 내가 이번에도 꼭 받아야 할 당위성이나 자격이 있어서가 아니라, 못 받아도 부끄럽고, 받아도 부끄러운 처지였다. 즉, 못 받으면 받을 만한 사람들은 다 받았는데 나만 못 받았으니 그렇고, 받으면 나보다 더 나은 사람들이 수두룩한데 내가 받으니 그렇다는 입장이었다. 그럴 바에야 받는 게 낫겠다고 판단했다.
　'추천서'가 있어야 하는데, 적당한 위치에 계신 분이 써 주셨고, 멀리서 선배 한 분이 자기도 꼭 추천을 하게 해 달라고 하셔서, 두 개를 받아 제출했다. 물론 이 상은 당해 기관의 이사회에서 위촉한 심사위원들의 심사를 거쳐 결정된다. 마침내 수상자가 내정되었다는 소식이 《연합뉴스》를 비롯하여 도하 신문에 나고, 모 방송에서 자막으로 나오니, 여기저기서 축하한다고 연락이 오기 시작했다. 마침내 시상식이 개최되니, 많은 분들이 오시고, 내 동생들이랑 아들딸들과 외손자, 외손녀까지 와서 축하해 주니, 상을 받는다는 실감이 나고, 기쁨이 솟아나는 듯했다.

나는 '수상소감'에서 다음과 같이 말했다.

(…전략…) 1967년, 제가 시골 당진에서 공주를 거쳐, 마침내 청운의 꿈을 안고, 연세대 국어국문학과에 들어가서, 가입한 동아리가 '방언연구회'였습니다. 이 동아리는 주로 '사투리'와 '구비문학'을 채집하고, 연구하는 일을 했는데, 당시 험악한 시대에 유일하게 공부하는 '써클'이라고 학교에서도 지원을 아끼지 않았고, 특히 지도교수님인 박창해 한국어학당 학감님이 파격적인 도움을 주셔서, 회원들은 열심히 답사를 다니고, 자료를 정리하고, 책도 내었습니다. 나중에 외솔 선생님이 1937년에 『시골말 캐기 잡책』이라는 책을 내셨고, 이를 바탕으로 여러 사람들이 방언 채집에 참여하였으며, 국어방언학의 발전은 물론, 표준어 제정과 사전 편찬에 큰 힘이 되었음을 알았습니다. 그 스승님의 뜻을 제자인, 저의 은사님들이 잘 이어받았고, 이를 저희들에게 이어 주신 것입니다. 그 덕분에 많은 방언과 구비문학, 민속 자료들을 수집하였으며, 그 녹음테이프 500여 개와 그것을 CD로 바꾼 것을 지금도 저는 잘 보관하고 있습니다. 이 자료들은 나중에 우리나라의 문화유산이자, 인류의 자산이 되리라고 굳게 믿습니다.

학부 졸업 후 저는 대학원에 진학하게 되었습니다. 그때는 대학원에 가는 이도 많지 않고, 국어학을 하는 이도 적었는데, 1969년에 국어학을 공부하던 한 선배가 대학원에 다니다가, 돌연한 사고로 돌아가시고, 그 다음 해 봄에 외솔 선생님이 돌아가셔서, 제 딴에는 외솔의 학맥을 지켜야 한다는 의무감에서였습니다. 그 후 저는 50여 년간 국어학, 방언학을 전공으로 한 길을 걸어왔습니다. 이제 모든 일을 정리해야 할, 그 정점에서 이 상을 받아 더없는 기쁨을 느낍니다. (…하략…)

덧붙여 나를 추천해 준 분들이 언급한 내용 중에서 몇 가지 주요한 것을 소개하면, 다음과 같다.

학부에서부터 현재에 이르기까지 국어학과 방언학을 전공으로 공부하여, 많은 자료를 수집하였을 뿐만 아니라, '국어방언학'의 전근대적인 연구 방법을 현대적인 언어학 방법론의 경지로 끌어올려, 국어방언의 음운·형태·통사론적 연구의 단계를 개척하는 데에 큰 업적을 남겼다. 더욱 중학교 국정 교과서에 "표준어와 방언"이라는 설명문을 게재하여, 후대를 이끌어 갈, 수많은 젊은이들에게 방언의 중요성과 가치를 고취하였다.

'국어방언학'과 '국어학', '국어교육'에 관한 내용은 물론, '국어 순화, 한글 전용, 청소년의 사회방언 사용' 등에 걸쳐서, 90여 편의 논문을 집필하였고, 20여 권이 넘는 저서를 간행하였으며, 최근에는 '세종대왕기념사업회'에서 시행하는 '고전 국역 사업'에 참여하여, 『오륜행실도』, 『종덕신편언해』, 『오륜전비언해』를 역주한, 15여 권에 달하는 옛 문헌을 집필·간행함으로써, 우리의 전통문화와 옛말의 연구에도 큰 역할을 하고 있으며, '국어 순화'와 '한글 전용'을 위하여도 많은 일을 하고 있다.

여러 대학에서 40년이 넘는 동안 국어학을 강의하면서, 고등학교용 검정교과서 『작문』을 집필하고, 중·고등학생들을 위한 '논술'에 관한 여러 저서를 써서, 청소년들의 '작문'과 '논술' 교육의 진작에 큰 공헌을 하였으며, 최근에는 '외솔 최현배' 님의 역저 『조선 민족 갱생의 도』를 쉽게 풀이하여, 외솔회에서 이를 간행함으로써, 외솔의 '나라사랑, 겨레사랑, 말글사랑'의 얼과 뜻을 널리 알리었다.

제주도 방언 연구로 박사학위를 받은 후 지역 고향의 방언, 특히 서산 지역의 방언 연구로 많은 업적을 제시하여 서산문화발전연구원의 중심 학술위원의 역할을 활발하게 함으로써, 지역문화의 학문적 체계화와 세계화에 큰 역할을 하였다.

이런 과분한 평가를 심사위원들만이 아니라, 동학의 길을 걸어온 분들이나, 나를 아는 분들이 인정을 해 줘서, 이 상을 받았다는 생각이다. 나는 '수상소감'의 끝부분에서 "이 상을 받음은, 늦기는 했지만, 제가 걸어온 길의 마지막이 아니라, 이제 바로 다른 출발점이라고 생각합니다. 남은 여생에도 끊임없이 저에게 부여된 일에 매진하라는 채찍이라고 믿기 때문입니다. 열심히 '나의 길'을 갈 것입니다."라고 했다. 그러나 '언감생심', 팔십을 바라보는 나이에 무슨 새로운 일에 매진하겠는가. 그저 했던 일이나 마무리하고, 과거나 반추하면서 살기에도 벅찰 것이다.

다만 저 맹자의 '대효大孝'의 경지에는 미치지 못하였지만, 나 하나를 위하여 모든 것을 희생하셨던 부모님의 은혜에 조금은 보답한 듯하고, 가족들에게도 고생에 위안이 되는 것 같으며, 또한 많은 가르침과 기대를 주셨던 스승님들과 동료들에게도 갚음이 된 듯하여 다행이다. 이제 나는 이 상을 받음을 계기로 하여, 그동안 살아온 여정을 돌아보고, 자신의 행적에 만족하는 마음을 가지는 것은, 역시 나도 한 명의 '범인凡人'이기 때문이 아니겠는가.

손동숙

그 어느 날의 편지

택배를 받았다. 누가 보냈을까? 얼마 전까지 주고 싶은 물품들을 서로 나누며 카톡으로, 이메일로 일상을 공유하던 은이다. 음악 전공한 후배로 나이 차는 있지만 길지 않은 시간, 많은 것을 나눈 편안하고 사랑하는 벗이다. 작은 그림 액자와 함께 긴 사연의 편지가 들어 있었다. 오랫동안 방에 걸어두며 보았다는 작은 그림은 친구 언니인 재미교포 화가에게 부탁한 그림으로 내게 꼭 주고 싶었다 한다. 떠나면서 쓴 편지를 읽으며 놀라움과 그리움이 물밀듯 밀려왔다. 병이란 예고하며 오는 것은 아니지만 왜 그녀에게 이런 일이…. 한동안 숨을 쉴 수 없었다. 경도인지장애 판정을 받고 몇 개월 힘들어했다며 언제 어떻게 될지 모르니 시간이 지나 소식이 없으면 상황을 짐작할 수 있도록 미리 알려 드리는 게 좋을 듯해 긴 글을 쓴다며 그동안 감사하고 행복했다고…. 삶이란 희로애락의 연속이기에 어려움이 끝난 듯 그녀에게 앞으론 평화의 시간만 허용될 줄 알았다. 연주자에서 파티시에로 변신도 놀랍고 코로나로 아직 끝내지 못한 몇 개월 요리 과정만 수료하면 아름다운 마무리가 되려니 기대하고 있었는데 아프다니…. 기억만 조금씩 사라질 뿐 건강에 큰 이상이 있는 건 아니라고 믿고 싶었다.

파리에서 공부 중인 전문 과정이 거의 끝날 무렵, 코로나로 요리 과정 6개월만 남겨둔 채 그녀는 서울로 와야 했다. 그곳에서 배운 제과 제빵 기술을 열심히 연마하며 서울 생활에 잘 적응했으나 그녀의 남은 요리 과정이 마치 내 일인 양 못내 아쉬웠다. 그 과정만 마치면 삶의 방향을 정할 수 있지 싶었다. 누구나 겪는 어려운 시기에 묵묵히 잘 견디는 은이가 고마웠다. 성향이 비슷하고 소통도 잘 되는 그녀에게서 또 다른 날 보는 듯했고, 주고받은 따뜻하고 감성적인 대화로 서로에게 감사와 사랑을 전하곤 했다.

어느 날 캐나다에 살고 있는 아들이 왔고 긴 대화 끝에 엄마의 건강도 걱정되고 함께 사는 게 소원이라 어렵게 결단을 내리고 삶의 거처를 옮기느라 무척 바쁘게 지낸 그녀. 집과 차를 팔고 해외로 이삿짐을 보내고 그 외의 정리할 일이 한두 가지가 아니어서 생각만 해도 머리가 아픈데 그 모든 일을 척척 해내는 그녀가 대단해 보였다. 헤어짐은 서운하지만 나이 들어서도 당당히 파티시에로 남겠거니 싶어 응원을 했다. 아들이 있는 캐나다에서 잠시 지낸 후 남은 요리 과정을 마치기 위해 파리로 가서도 그녀와 나의 관계는 지속되었다.

가톨릭 사이트에 신구약성서 한 권을 다 쓰겠다고 자신과 약속했던 지난 날, 신약을 다 쓰고 구약성서를 쓰던 중 오랜 동안 쉬게 되었다. 늘 아쉬움이 남았는데 이젠 시간이 많지 않으니 건강할 때 차분히 쓰고 싶어 틈틈이 쓰다 보니 진도가 빨리 나갔다. 신구약성서 한 권을 다 쓰는 게 목적이지만 그 어디든 머무는 곳이 허전하면 서운해 음악, 명시나 그림 등 게시물을 올렸는데 "혹시 내가 아는 분이 맞을까요?" 하며 올라온 댓글, 은이였다. 성서 쓴다는 내 얘길 듣고 그녀는 곧 가입해 나의 게시물에 다정하고 감성 풍부한 대화로 채워 나갔다. 음악 게시물을 올리면 우린 둘 다 음악 전공이라 더욱 할 얘기가 많았다. 크라이슬러의 음악을 올리면 빈 국립음대에서 오픈한 기숙사에 한 달 머물며 마스터클래스에서 체험한 얘기를 들려주기도 했다. 그녀가 새롭게 시작하는 생활에서 힘든 일을 잘 견디길 바라며 격려의 이메일을 보냈다.

헤세의 〈생의 계단〉에서
'무릇 모든 시작에는 신비한 힘이 깃들어 있어 그것이 우리를 지키고 살아가는 데 도움을 준다.'
은이 님의 새로운 시작이라 생각하며 또 어떤 신비가 감추어져 있을지 희망과 간절함으로 미래를 내다보고 싶어져요. 아무도 알 수 없는 신비를…. 성서 쓰면서, 보내주신 그림 보며 은이 님 건강 위해 화살기도 바치려 해요.
멀리 있어도 늘 제 마음속에 계시네요. 우린 서로에게 정말 편했잖아요. 앞으로도 그렇게….

어느 날 소식이 끊겨 이상한 생각도 들고 이메일도 보지 않아 애만 태웠다. 그러다 그녀의 짧은 이메일엔 "몸이 많이 안 좋아 다시 아들 사는 곳으로 왔어요. 걱정하실 줄 알지만 길게 못 써요. 마지막 인사일 것 같아요. 감사하고 행복했습니다."
소식이라도 들어 다행이나 많이 아프다니…. 서울 떠난 지 얼마 되지도 않았고 그 후 주고받은 대화가 생생한데 왜 몸이 많이 아픈지도무지 알 수 없는 상황이라 답답하기만 했다. 지난 기억들을 꺼내 소중히 펼쳐 본다. 마지막 인사라니 이젠 더 이상 연락이 힘들다는 얘긴데 얼마나 아픈 걸까?

가끔 자신이 직접 구운 빵과 쿠키를 한가득 보내주었던 그녀…. 사랑이 사랑을 낳았던 우리의 시간들이 그리워진다. 두 번째 신구약성서 쓰기를 다시 시작하며 간절한 기도를 하려 한다. 꽃 피어 화사한 어느 봄날, 언제 그랬냐는 듯 활짝 웃으며 재회할 수 있기를…. 간절함이 하늘에 닿기를 바라며 오늘도 그녀가 보낸 그 어느 날의 편지를 다시 꺼내 읽어 본다.

손의영

K군의 미소

때는 바야흐로 '인도차이나' 사태 즉, 월남 패망(1975. 4. 30) 직후 학도호국단 설치령이 공포(1975. 6. 7)되어 전국 고교에 교련 교육이 실시되던 시기에 공고工高에서 교직 생활(교련 교관)을 하던 시절 담임을 맡고 있던 학급에서 HR 시간에 일어난 일이다.

사회자(학급 반장)가 교내 각종 행사 일정과 학급 운영에 관한 제반 사항 등의 토의를 끝내고 건의 사항 및 기타 의견 등을 제언提言하는 시간이었다.

이때 K군이 손을 들었다.

사회자: "네, 건의 사항 있으면 말씀하시죠?"

K군은 자리에서 일어나 벽을 가리키며 "저 '군인의 길'이 왜 붙어 있는지 모르겠습니다. 떼어 냈으면 합니다." 라고 건의를 했다. 벽에는 'HR 조직표'와 '군인의 길' 그리고 '환경 미화 분담표' 등 세 가지의 표가 대형 모조지에 각각 가로로 그려져 나란히 붙어 있었다.

K군이 건의한 것은 '군인의 길', 두 번째인 "우리는 필승의 신념으로 싸움터에 나서며 왕성한 공격 정신으로 최후의 승리를 차지한다."의 내용이었다.

이때 학급 분위기는 갑자기 폭풍전야를 방불케 하는 적막으로 이어졌으며, 학생들의 시선은 모두 나의 굳은 표정을 향하고 있었다. 그리고 앞으로 일어날 상황을 예측이라도 하듯 긴장이 고조된 분위기였다.

그도 그럴 것이 교련 교관인 담임 앞에서 감히 그런 건의를 할 수 있는가? 나도 반신반의 하며 곧 K군을 앞으로 나오라고 하여 그 자리에서 당위성을 설명하였다.

"내가 『명심보감』에서 좋은 내용을 학급 학생인 B군 부친에게 부탁을 했는데 친히 쓰신 글귀를 액자에까지 넣어서 보내오셨다. 그래서 그 액자는 맞은편 벽에 걸었으며, 환경 미화 검사 날짜는 다가오고 있어 우선 빈 공간을 채우기 위해 '군인의 길'의 내용을 붙인 것이다. 그런데 저 '군인의 길'이 좀 붙어 있기로서니 뭐가 그리 못마땅하다고 떼어 내라고 하느냐!"라고 하며 "그럼 네가 떼어 내!"라고 큰 소리로 호통을 쳤다.

그리고 약간의 침묵이 흐른 다음 다시 한 번 "네가 떼어 내라니까?" 해도 고개를 숙인 채 미동도 않는 K군에게 체벌을 가하며 "떼어 내라는데 왜 못 떼어 내?" 하며 재차 체벌을 가한 후 호되게 주의를 주고 일단락으로 끝냈다.

K군은 자신의 의견을 피력한 제언이었지만 당시의 분위기에서는 상상을 초월한 대단한 용기였으며, 단단히 각오를 하고 제언을 한 것임에는 틀림없었다. 또한 이 건의를 하기 위해 신중에 신중을 기했으리라! 그리고 앞으로 일어날 모든 일에 대하여 책임을 질 각오를 한

것 같았다.

다음 날 예전과 같이 K군도 등교를 했으며 어제일은 어제로 모두 끝이 났다고 학급 조회 시간에 내가 언급을 했으니 학급 학생들 모두 평일과 다름없이 수업을 받고 있었다. 그런데 오후에 뜻밖에 K군의 어머니와 누나가 학교를 방문하여 상담실로 안내를 한 후 여러 대화를 나누게 되었다.

어제 일을 알고 오셨는지 아니면 모르고 오셨는지 우선 인사를 드렸더니 어머니께서 "우리 애가 학교 생활을 잘하고 있는지 혹시나 말썽을 부리지나 않았는지, 요즘 무슨 일이 있는 것은 아닌지 궁금하기도 하여 한번 들렀습니다."라고 말씀을 하셨다.

그래서 나도 곧 "K군이 학교 생활을 아주 잘하고 있습니다. 수업 시간은 물론 특별 활동 부서에도 적극적으로 참여하고 있으며, 급우들 간에도 잘 지내고 있으니 아무 염려를 안 하셔도 됩니다."라고 말씀을 드리며 여러 대화를 나눈 후 귀가를 하셨다.

상담을 하면서 어제 있었던 일을 모르시는 것 같아서 말씀을 드릴까 하는 망설임에 마음이 오락가락하면서도 한편으론 K군이 부모님께 이야기를 안 했을 것으로 생각했기 때문에 굳이 믿고 이야기를 하지 않았다. K군은 과묵하면서도 대범한 성격을 갖고 있는 학생으로서 내가 그 성격을 잘 알고 있었기 때문이다.

나는 그날 종례를 마친 후 교무실로 조용히 K군을 불러 "오후에 어머니와 누나가 오셔서 상담을 하고 가셨다."라고 하면서 "어제 있었던 일을 어머니께 말씀을 드릴까 하다가 네(K군)가 안 했을 것 같아서 말씀을 안 드렸다."라고 했더니 K군이 깜짝 놀라는 표정을 지으며, "선생님! 잘하셨어요. 저도 어제 있었던 일 이야기 안 했어요."라고 하는 것이 아닌가. 내가 예상한 그대로였다.

"그래! 알았다." 하면서 "○○아! 어제 일에 대해 미안하구나!" 하면서 어깨를 두드리며 "앞으로 잘하면 돼."라고 격려의 말을 했더니 "네, 선생님! 어제 죄송했습니다." 하며 공손히 인사를 하였다. 나가는 K군의 뒷모습을 바라보고 있는데 저만치 교무실 출입문 앞에서 돌아서더니 나를 향해 환한 얼굴로 생끗 웃음을 띤 미소를 지으며 다시 인사를 하고 나가는 것이 아닌가.

나는 그때 K군의 그 환한 미소微笑를 보는 순간 무언가의 환상에 이끌리는 듯한 느낌이 전광석화처럼 뇌리 속에서 스쳐 지나가듯, 『어린왕자』로 유명한 프랑스 작가 '생텍쥐페리'의 단편소설 〈미소〉에 나오는 주인공의 미소보다 더욱 강렬한 눈빛의 미소를 보는 듯하였다.

즉, K군의 마음속에서 우러나오는 진솔함이 담긴 그 미소를 보는 순간 내 가슴속을 파고드는 제자에 대한 참사랑의 진한 감정을 느낄 수 있었으며, 또한 앞으로 잘하겠다는 긍정적인 의지도 역력히 엿볼 수가 있었으니 사제지간에 이 얼마나 아름다운 무언無言의 약속이던가.

지금에 와서 생각해 보면 당시 체벌이 다반사였던 시대였다고는 하지만 그래도 내가 관용을 좀 베풀었다면 어떠했을까 하는 아쉬운 마음이 들며, 또한 K군도 지금 어디선가에서 그때를 생각하며 내가 너무 지나친 건의를 하여 담임선생님의 심기를 불편하게 했던 것은 아닌지 하고, 이제는 지나간 과거사에 대하여 이심전심의 한마음으로 서로를 용서한 한 편의 '드라마' 같은 추억으로 남아 있으리라!

반면에 당시 K군은 그 질풍노도疾風怒濤의 청소년 시기에 반항을 할 만도 했는데 자기가 한 말에 대하여 끝까지 자기가 책임을 지며 결자해지結者解之의 자주정신으로 시련을 극복해 나갔으니 그 후 사회생활 또한 푸른 파도를 헤치며 나아가듯이 남아의 기백과 그 불굴의 정신으로 슬기롭게 헤치며 힘차게 나아갔으리라!

지난날 교직 생활에서 희비애락의 파노라마를 회상하면서도 유독 그 환한 얼굴로 생끗이 웃던 K군의 그 모습이 아련히 떠오르며 언젠가 꼭 만남이 이루어지기를 기대해 본다.
 이 세상에서 가장 아름다웠던 K군의 그 해맑은 미소를….

신종식

가출

 황혼의 길목에서 지나온 세월을 뒤돌아보았다. 대가족 시대가 길게 이어지면서 사람들의 삶은 어려웠다. 그러나 인정이 넘치고 서로 도우며 살다 보니 마음에 평화를 느끼는 사회에서 살아왔다. 지금의 어르신들은 곽곽했던 시절에 고통은 받고 살았으나 가족들이 공경해 주던 그 시절을 그리워하는지도 모르겠다. 남자들도 가장으로 대접받고 가족을 통솔하는 위엄이 있었다. 젊어서 사회의 역군으로 열심히 일하고 돈 벌어 오면 아내의 사랑은 물론 자식들도 존경스럽게 바라보던 마음을 읽을 수 있었다.
 7월을 보내며 더위가 기승을 부리고 있다. 밤늦게까지 글을 쓰다 잠이 들었다. 열대야로 새벽에 잠이 깨면서 에어컨이 있는 아내의 안방으로 옮겨 가서 잠이 들었다. 아침에 일어나 보니 아내가 거실 소파에서 자고 있다. 더운데 왜 나와 자냐고 물어보니 내가 잠자리를 뒤척이고 코 골아대며 자고 있어 불편해서 나왔다는 것이다. 아내는 정말 내가 싫어서 피해 다니는 것일까. 내가 안방 침대를 자주 찾아가지만 싫어하며 눈치를 주고 있다.

우리가 부부 싸움을 하다 보면 사는 집 명의에 대한 신경질 섞인 언어가 자주 튀어나온다. 아내는 요통이 심해 찜질팩으로 고통을 이겨내고 있어 안방 침대를 혼자 쓰기를 원하고 있다. 나는 때로는 아내가 그리워 안방 침대를 찾아간다. 아내는 몸이 불편하다며 못마땅한 표정으로 대한다. 내 집인데 충분히 안방을 사용할 자격이 있다고 대응하면 아내의 반격은 항상 같은 말이 나온다. 다시 한 번 내 집이라고 하면 죽여 버리겠다고 한다.

아내가 13남매가 있는 집으로 시집와서 맏며느리 역할을 하며 고생하고 살아온 것을 인정하고 있다. 우리가 이 집으로 이사 올 때 아내의 명의로 등기하기로 했었다. 그런데 약속을 깜박 잊고 내 명의로 소유권을 취득했다. 아내가 50년 결혼 생활에서 자신 명의의 부동산이 하나도 없다는 사실에 화가 나 있는 것이다. 그 흔한 신용카드를 발급받을 때도 남편의 보증을 받아야 하는 것에 신경이 날카로워져 있다. 부동산을 가지고 있는 동서들과 비교하면서 나를 괴롭히는 레퍼토리가 되었다.

오늘도 부부 싸움을 한바탕하고 2~3일 전국을 여행할까 생각하며 가출했다. 부평에서 골프 연습장을 운영하는 후배를 찾아가 드라이버 몇 번 휘두르고 나서 점심을 먹었으나 갈 곳이 없다. 무작정 전철을 타고 상경하면서 부산으로 갈까, 강릉을 택할까 생각하다가 마음을 바꾸어 종각역에서 내렸다. 인사동 야외공연장 앞을 지나가는데 풍물패에서 농악을 하고 있다. 나는 잠시 사물놀이에 취해 한참을 구경하다 어린 시절 고향에서 정월 보름이면 집마다 다니며 농악을 하던 생각이 나 기분이 조금은 풀어졌다. 낙원동 단골 이발소에서 이발하고 염색까지 했다. 인근 영화관에서 고전 영화를 감상할까 생각하다 오후 6시가 넘어 인천행 전철을 타고 동인천역에 내렸다.

서울에서 미리 전화한 친구를 만나 신포동에서 술 한 잔씩 하다 보니 밤이 깊었다. 옛날에 자주 다니던 무대가 있는 술집을 찾았다. 코로나로 그동안 영업을 중단했는지 홀 안이 쓸쓸해 보였다. 주인장 무스는 그대로 있었다. 인사를 하고 자리에 앉아 맥주를 시켜 놓고 한 잔 마시고 나니 먼저 마신 소주가 깨는 듯하다. 노래를 몇 곡 신청하고 무대에 섰다. 주인 무스의 드럼에 분위기가 익어 갔다. 다른 손님들도 노래를 부르면서 둘이서 막간을 이용하여 20여 곡을 불렀다. 다른 손님이 두 테이블 있었는데 잘한다고 박수도 받았다. 밤 11시가 되었을까. 아내에게서 전화가 걸려 왔으나 받지 않고 끊어 버렸다.

오랜만에 노래를 실컷 부르고 나니 마음이 홀가분해졌다. 자정이 훨씬 넘은 시간에 밤공기를 들이마시며 친구와 헤어져 한참을 걸었다. 요즘은 택시 잡기가 쉽지 않다. 텅 빈 버스 정류소에 앉아 한참을 기다리다 다행히 빈 택시가 있어 집에 오니 아내는 자고 있다.

날이 밝은 지 한참 지난 듯 햇살이 창문을 통해 들어오고 있다. 잠자리에서 시계를 보니 9시가 되었다. 아침 식사가 준비되었다는 아내의 말에 식탁으로 가서 앉으니 소고기를 듬뿍 넣은 미역국과 굴비가 있는 보기 드문 밥상이 차려져 있다. 어제 과음은 했으나 노래를 부르면 술이 쉽게 깨는 체질이라 아침밥을 한 사발 다 먹었다. 나는 미안한 마음도 있고 해서 계면쩍게 웃으며 어제 말하던 냉장고 사러 하이마트에 가자고 제안을 하며 화해를 했다.

노부부가 살다 보면 젊을 때와 다르게 서로 말도 많고 사소한 일에 다투기도 한다. 앞으로 싸우지 말고 아내가 하는 가사를 도우며 살아야겠다고 마음속으로 다짐을 하고 있다. 식사를 마치고 커피를 마시며 마음속으로 걱정을 예상하며 쓴웃음을 지어 본다. 마음속으로 가출을 아주 버리지는 못할 것 같다는 생각을 하고 있다. 내가 가출하면 아내의 대접이 달라지니 어떻게 해야 할지 고민을 하고 있다.

심양섭

성현이가 연애를 하지 않는 이유

성현이(가명)는 올해 스물네 살이다. 6년 전인 2016년에 중국의 톈진에서 한국으로 왔다. 쉰다섯 살인 엄마가 그보다 3년 전에 미리 한국에 와서 어느 정도 자리를 잡은 후에 성현이를 한국으로 불렀다. 성현이 모자는 3년간을 떨어져 살았던 셈이다.

성현이의 아버지는 한국으로 오지 않았다. 한국에는 성현이 모자만 산다. 가족이 흩어져 버렸다. 성현이의 엄마는 성현이를 아주 "멋진 효자"라고 이야기한다. 성현이도 엄마와 떨어져 살았던 3년 동안에 중국에서 겪었던 어려움에 대해서는 이야기를 많이 하지 않는다. 어머니의 생일날 어머니를 위해 성현이가 특별 음식을 만들기도 했다.

성현이는 키가 크고 늘씬하다. 프랑스 레스토랑의 요리사가 되는 꿈을 가지고 있다. 하지만 성현이는 연애를 하지 않는다. 즉, 여자친구를 사귀지 않고 있다. 그 이유에 대해 성현이는 이렇게 말한다. "어머니와 아버지처럼 함께 살지 못하고 많은 것들을 걱정해야 하는 고통을 주는 부부가 되는 것"이 두렵다고 말한다. 이 말은 성현이가 2019년 1월 미국의 언론사인 AP 통신과 인터뷰할 때 한 말이다. 결혼하고서도 함께 살지 않고 자녀를 끝까지 함께 돌보지 못할 바에야 결혼하지 않는 것이 좋고, 연애도 하지 않는 게 좋다는 것이다.

성현이가 연애를 하지 않는 것은 이른바 가족의 해체를 경험하였고, 자신이 그러한 가족 해체의 전형적인 피해자이기 때문이다. 어떤 부부라도 살다가 보면 헤어지는 수가 있다. 그러나 성현이의 어머니와 아버지는 그 경우가 다르다. 가족의 해체는 어떤 사회에서도 일어날 수 있지만, 난민의 경우에 가장 흔하게 일어난다. 연전에는 아프가니스탄에서 미군이 철수하면서 수많은 난민이 발생하여 세계 곳곳으로 흩어지고 그 일부는 한국으로도 왔다. 그러한 국가적, 사회적 격변을 당한 사람들이 자유를 찾아 고국을 도망칠 때 온 가족이 함께 피난을 가기란 결코 쉽지 않다. 대부분은 가족이라도 뿔뿔이 흩어지게 된다.

성현이가 바로 그러한 난민의 아들이다. 성현이의 어머니가 난민이었다. 중국 정부는 탈북자를 난민으로 인정하지 않지만, 탈북자가 난민인 것은 엄연한 사실이다. 성현이의 어머니가 바로 탈북자다. 북한에서는 도저히 먹고살 길이 없어 중국으로 팔려 가는 길을 선택했다. 한 번도 얼굴을 본 적이 없고 말도 통하지 않는 중국 남자한테 팔려 가서 시집살이를 하더라도 북한에서 굶어죽는 것보다는 낫기 때문에 그 길을 택했다. 중국의 농촌과 도시의 저소득층 남자들 중에서 장가를 못 가는 남자들이 인신매매꾼들에게 돈을 주고 북한 여자를 사 오는데 그렇게 팔려 간 수만 명의 북한 여자 중에 성현이 엄마도 들어 있었다.

북한 여자들은 그렇게 팔려 가서 중국 남자의 아이를 낳아 주고 온갖 힘든 일을 하면서 노예살이 같은 시집살이를 한다. 그런데 후커우(호적)가 안 나온다. 중국과 북한은 6·25 전쟁 때 한 편에서 싸웠던 혈맹이기 때문에 중국 정부는 탈북자들을 수시로 붙잡아 북한으로 보내 버린다. 탈북자들은 북송 과정에서 심하게 매를 맞고 혹독한 고문을 당한다. 같은 동네나 옆 동네의 탈북여성이 북송되었다는 소식을 들으면 중국에서 시집살이를 하는 탈북여성들은 불안해진다. 북송되었다가 재탈출해서 시집으로 돌아온 탈북여성들은 북송이라는 악몽에 늘 시달린다.

성현이 엄마가 사랑하는 성현이와 남편을 내버려두고 한국행을 택한 이유가 바로 거기에 있다. 북한으로 붙잡혀 갈 염려가 없는 곳이 한국이기 때문에 무조건 한국으로 온 것이다. 북송될 염려는 없어졌지만 탈북자들의 한국살이가 녹록하지만은 않다. 처음에는 발붙일 곳도, 마음 붙일 곳도 없다. 이래저래 자리를 잡으려면 3년은 족히 걸린다.

한국 사회에서 어느 정도 기반을 갖게 되면 생각나는 게 중국에 두고 온 자식이다. 그래서 중국의 시집으로 연락해서 아들을 데려오려고 하지만 시집에서 아들을 호락호락 내놓지 않는다. 남편을 한국에 데려오고 싶은 생각은 별로 없지만 아들을 데려오기 위해 남편한테도 한국으로 오라고 권해 보지만 말을 듣지 않는다. 할 수 없이 아들만 데려오게 되는데 그러자면 몇 달, 혹은 1년 이상이 걸리기도 한다. 요즘에는 중국보다는 한국의 교육 환경이 나으므로 아이들의 장래를 생각해서 시집에서도 한국행에 동의하는 경우가 많다. 그런가 하면 엄마 없이 자란 아이들이 사춘기에 접어들어 통제 불능 상태에 이르게 되면, 그제서야 엄마보고 애를 한국으로 데려가라고 하기도 한다.

그러다 보니 중국 출신 중도 입국 탈북민 자녀들의 경우 적게는 3

년, 길게는 12년 이상 엄마와 떨어져 지낸 아픔과 상처가 있다. 열네 살 A는 중국 하북성에서 초등학교를 졸업하고 중학교 2학년을 다니다가 중퇴하고 어머니가 계신 한국으로 왔다. 탈북민인 어머니가 일찍이 한국에 오는 바람에 어머니 없이 살게 된 A는 할머니 곁에서 12년을 살다가 한국으로 입국하였다. 중국에서 할머니와 함께 살다가 어느 날 갑자기 어머니가 있는 한국으로 오게 되면서 초등학교 졸업증명서, 성적증명서, 중학교 재학증명서 등 일체의 서류를 가지고 오지 못하였다. A는 한국에서 초등학교 졸업 학력 검정고시부터 보아야 한다. 중국에서 엄마 없이 지내는 동안 습관이 되어 버린 부정적인 생활 습관을 아직도 쉽게 고치지 못하고 있다.

그런가 하면 B는 세 살 때 한국으로 가 버린 엄마를 14년 뒤인 열일곱 살이 되어서야 다시 만났다. B는 중국 흑룡강성 오산시에서 초등학교를 다니다가 그만두고 방황에 방황을 거듭하였다. 탈북민인 어머니가 일찍이 한국에 와서 새로운 남편을 만나게 되고, 뒤이어 B의 아버지마저 한국으로 와서 따로 일을 하다 보니, B는 할머니와 함께 중국에서 생활하였다. 부모 없이 할머니와 지내는 동안 무질서한 생활 습관이 몸에 배었고, 그나마 할머니가 돌아가신 후에는 여기저기 떠돌이 생활을 하였다. 그랬기 때문에 B는 학업에서 남보다 훨씬 뒤떨어진 상태로 한국으로 입국하였다. B 역시 초등학교 졸업 학력 검정고시부터 응시하여야 한다.

A와 B에 비하면 성현이가 엄마와 떨어져 지낸 3년은 짧은 편이다. 성현이는 탈북청소년 대안학교인 남북사랑학교를 다닌다. 한국에서 사는 것에 만족하며 지낸다. 하지만 성현이의 마음 한구석에는 늘 '고향'이 자리 잡고 있다. 고향에 가 보고 싶고, 아버지도 만나고 싶다. 성현이는 점점 한국 사람이 되어 가지만 그렇다고 해서 중국을

잊어버릴 수는 없다. 중국 출신이라는 자부심이 성현이한테는 늘 존재한다. 한국인이면서 중국인이기도 한 복수複數의 정체성을 지니고 살아가는 것이다.

성현이도 언젠가는 연애를 할 것이고 결혼을 할 것이다. 자녀도 낳을 것 같다. 다만, 어머니와 아버지의 전철을 밟고 싶지 않을 뿐이다. 헤어지지 않는 부부, 자녀를 끝까지 책임지고 돌보는 부모가 되려고 성현이는 생각하고 있다고 봐야 한다. 성현이처럼 가족 해체의 아픔과 상처를 지닌 제3국 출신 중도 입국 탈북민 자녀들을 잘 품고 돌보는 것이 바로 우리 사회가 할 일이다. 그들의 친구가 되고 가족이 되어 줄 필요가 있다. 집에도 초대하고, 같이 밥도 먹고, 같이 커피도 마시고, 같이 놀러도 가면 좋다.

심종은
✤

동태눈

계절 탓인지 요즘 전혀 밥맛이 없다. 추워지려는 기색도 없이 날씨가 따스하기만 했다. '이젠 완전히 봄 날씨네!' 봄빛이 돌아서 봄을 타는 것인지 속이 머쓱해져 있었다. 봄은 여자의 계절이고, 남자는 가을이라는데, 나는 봄마저 타는 것일까?

내가 좋아하는 음식은 매콤한 김치찌개다. 물론, 최상의 것은 동태 내지 생태찌개를 우선적으로 손꼽지만, 맨날 먹을 순 없는 일이다. 그래서 차선책으로 옛 전통 식품으로 자리해 온 김치를 찾게 되는데, 동태찌개에 버금가는 맛이라면 얼큰함이 단연 일품이다.

김치를 비롯한 발효 식품들이 단연코 우리만의 전통 식품이다. 우리나라는 예로부터 월동 대책의 하나로 김장을 담가 왔는데, 그래서 동절기 때만 되면 장을 담그는 풍습이 지금껏 전래되어 온 것이다. 김장 담가 먹는 김치의 종류도 무척 다양해 보인다. 배추김치를 비롯하여 열무김치, 파김치, 고추김치…. 열거하자면 한이 없겠다.

혼수용품으로 쓰일 만큼 장독은 우리네 살림 밑천이 되어 왔다. 그만큼 장을 담그는 것이 가정에 있어서 필수적인 요소였다. 장을 잘 담그는 새댁이라면 보배처럼 대접받았던 시기였다.

지금은 대가족 제도가 무너져 핵가족 시대가 도래하면서 백화점이나 슈퍼마켓에서 어지간한 식품은 모두 판매하게 되었고, 종류도 다양할뿐더러 염가로 손쉽게 구입할 수 있어 요즘 여자들은 매우 행복한 셈이다.

늦가을이 되어 겨울철로 가까이 접어들게 되면, 가가호호 초가지붕 위로 널어놓은 빨간 고추가 인상적이었고, 방 안 구석구석에는 메주를 매달아 놓곤 했었다. 그렇지만 방 안에 매어 둔 메주는 하얀 곰팡이가 슬며 퀴퀴한 냄새를 풍겨 시간이 갈수록 골이 떠나갈 듯이 아팠다.

암의 예방과 치료에 도움을 준다며 몸에 좋다고 권하는 된장, 고추장, 간장이 바로 전통 식품인데, 그 장을 담그는 원료가 바로 메주였다. 그리고 김치 맛을 돋우는 젓갈류도 있다. 가장 흔한 새우젓에서 시작하여 멸치젓, 조개젓, 창란젓, 명란젓, 오징어젓 등등 무궁무진하다.

여기에다 재래의 술 담그기 민속주가 모두 발효 식품이었다. 우리의 전통주라면 흔히 소주, 약주, 탁주… 하나같이 발효시켜 먹는 지혜를 터득해 왔다. 그런데 요즘에 수입해 온 발효제도 있기는 하다. 건강 보조 음료로 판매되고 있는 '요구르트' 류가 그것이다.

발효 식품에 대해서만 늘어놓는 '먹자' 타령 이야기가 아니다. 내가 좋아하는 음식은 서두에서 말하듯 김치찌개를 무척 좋아하는 편인데, 이상하게도 같은 발효 식품 중에서도 된장만큼은 '별로' 라는 생각이 든다. 게로 장을 담그는 것도 고추장에 버무린 꽃게장은 무척 좋아하지만, 된장에 삭힌 게장은 그것보다는 못하였다.

그렇듯이 지금껏 아내는 내가 원하는 입맛에 기준을 맞추고 길들어 왔는데, 이상하게 최근에 들어서면서 달라졌다. 식탁에 올리는 반찬을 주로 자기 입맛에만 맞추는 것이었다. 옛날에는 반찬이 없거나 밥맛이 없어도 색시를 위해서라면 무조건 밥맛이 좋다며 늘 아내의 음식 솜씨를 칭찬하기 일쑤였는데, 요즘은 전혀 딴판이다.

트집거리를 잡으려고 하는 것은 아니지만, 요즘 아내가 만든 반찬이 너무 짜거나 싱겁게 느껴지는 일이 많았다. 더군다나 이제는 자식들도 커질 만큼 커져서 밖에서 먹고 들어오는 일이 허다했다.

밥을 해도 며칠씩 묵히는 일이 많아지고, 그러다 보면 밥은 물론이요, 반찬까지 제대로 입맛에 맞을 리가 없었다. 웬만한 건수라면 무조건 밖에서 먹고 들어오는 습관이 늘어나면서 혼자 밥을 먹어야 될 처지에 놓인 아내는 매우 처량하게 느껴졌을 것이다.

그래서 때로는 사무실로 미리 전화를 해서 맛있는 반찬을 만들어 놓았다며 선수를 쳐 일찍 귀가하게 만들었다. 행여 회의나 모임 약속이 있다고 하면, 자기를 위해 맛있는 것 사 오라며 억지떼를 쓰기도 했다.

그것도 어쩌다가 한두 번이었다. 그런 날이 연일 계속되면서 아내는 공들였던 식사 준비에 차츰 게을러지기 시작했다. 어디서 주워들었는지 요새 남자들은 밥도 잘하고 빨래도 잘해 준다는데, 당신은 무엇을 하는 거냐고 오히려 내게 퍼붓는 핀잔이었다.

신혼 시절부터 내 입맛에 맞추기 위해 갖은 정성을 기울여 온 걸 나는 전적으로 인정한다. 그래서 음식 맛을 모른다며 투덜대는 아내의 모습이 전혀 낯설게만 보였다. 아내는 걸핏하면 텔레비전 광고를 보고 있다가 가끔씩 생선이나 게장을 주문하곤 했다.

최근에 자꾸 기상 시간이 늦어지게 된 아내는 한술 더 떠, "이제는 아침에 일찍 일어나는 것도 귀찮아진다."라며 저녁때 내일 아침 끼니마저 미리 준비해 놓고 잠드는 것이다. 못된 잠버릇의 영향만은 아닐 것이다. 그로 인해 어느 땐 내가 먼저 잠자리에서 일어나는 이상한 풍습이 생겨났다.

밤에 잠이 오지 않을 때가 종종 있었다. 아내의 말에 의하면, 이젠 나이 든 여자들도 모임에 나가면 밤새 놀다가(?) 들어가는 걸 몹시 원한다는 것이니, 돌아가는 세상 이야기가 어지러울 뿐이다. 물론, 대부분이 찜질방 안의 이야기라곤 하지만….

그렇다 쳐도 그렇지! 요즘 찜질방은 수상한 만남의 현장이라는 소문이 돌았다. 온천장으로 유명한 일본 지방의 모습처럼 이곳은 남녀 혼탕이라는데…. 이거 정말, 머리가 빠개지듯 미칠 지경이다.

인기 연예인의 신랑이 폭력을 구사했다는 야구 방망이처럼 무엇인가 특별히 준비해야 할 한심한 신세로 전락되는 것은 아닌지 정말 걱정이 되었다. 의부증이나 의처증이 별 게 아니다. 믿지 못하는 데서 나오는 병적인 발작 증세다.

행여나 하는 생각에 어떤 날은 정시에 들어와 아내를 찾기도 하며, 내 입발림에 한창 놀아나던 그 옛날 신혼 시절을 생각하며 동태찌개를 먹고 싶다며 졸라댔다. 그러자 그 비린내 나는 게 뭐가 좋으냐며 면박을 주는 것이었다.

옛날에는 내가 맛있다고 하면, 허겁지겁 모션을 취해 무조건적 해주고 싶어 안달하던 아내가 아니던가. 그때는 일주일 동안 계속 동태찌개를 끓여 주었던 사람이 어찌 그렇게 변한단 말인가. 애들과 다툼질하며 씹어 먹던 동태눈이 희멀게져서 더욱 입맛을 떨게 만든다.

접찔한 입맛을 다시며 살랑살랑 고개를 저으며 며칠 계속 딴청을 놓았다. 그랬더니 며칠 후엔 기어이 아내가 동태를 사 들고 들어오는 것을 보았다. 사랑을 확인하는 것이라 기분이 좋아진 건 분명한 사실이었다. 그래서 다음 날 아침을 무척 학수고대하고 있었는데, 아니~ 이게 무슨 일인가? 끓여 온 동태찌개 국물 맛이라니….

묵어도 너무 오래 묵힌 걸 샀다. 아니, 생선이고 뭐고 잘만 골라 사오던 우리 색시가 벌써 나이 들어 늙었다고 눈마저 동태눈 되었나? 한동안 께적거리다가 수저를 놓고 말았다. 결국 그 동태찌개는 사나흘이 지나도 전혀 없어질 기색이 아니었다. 내가 싫은 걸, 자식들이라고 좋아할 리도 없었다.

옛날처럼 정성을 들여 맛보던 동태찌개가 아니라서 그런 건 아니었다. 자꾸 내게서 멀어지는 듯싶어 허전해지는 마음에 서글픔이 깃드는 것이다. 믿고 싶은 아내…. 목욕탕에서 아들이 아빠를 보며 말했다는 그 우스꽝스런 이야기처럼, 이젠 정말 세상에 믿을 사람 하나도 없는 것일까?

좀처럼 제 모습을 드러내지 않는 희멀건 하늘이 내게로 슬금슬금 다가왔다. 마치 정신 나간 사람처럼 무심결 하늘을 바라보던 내 눈이 자칫 희끄므리한 동태눈이 돼 가고 있었다.

안중주
■

당연했던 일상들

지금까지 내게 주어진 일상이 당연한 것이라고 생각해 왔다. 내가 태어난 것도 부모님이 나를 키워 준 것도 모두 당연한 것으로 생각했었다. 내가 숨을 쉬고 걸어 다니고, 아침에 해가 뜨고, 하루 일을 시작하고 저녁에 집에서 편안히 휴식을 취하고 먹고 자는 모든 일상이 당연한 것으로 생각하면서 황혼의 나이까지 살아왔다.

그런데 얼마 전의 일이었다. 이제 나이가 들어서 근육양이 줄어들고 체력이 저하되면 안 되겠다는 생각에 집에서나마 나름대로 시간을 할애하여 운동을 조금씩 해 왔다. 코로나19 확진자가 하루에도 수만 명이 나오고 예방 접종도 정기적으로 받았다. 운동을 하고 나면 몸도 가벼워지고 기분도 상쾌해지는 것 같아서 매우 좋았다. 그래서 건강 문제에 별로 신경을 쓰지 않았다. 몇 달을 계속 운동을 하니까 다리의 근육도 단단해지고 팔의 이두박근, 삼두박근이 제법 생겨나서 계속 운동을 즐겨했다. 운동을 금방 마치고 팔다리를 만지면 탄력을 느낄 정도로 단단해진 근육에서 오는 느낌은 또 다른 희열을 가져다주었다.

그러던 어느 날 앉아서 아령을 들고 일어서려는데 허리를 삐끗하면서 심한 통증을 느껴서 자리에 한참을 주저앉아 있다가 허리를 주무르면서 겨우겨우 일어서 움직였다. 그래서 그날은 운동을 좀 쉬고 가벼운 산책을 하는 것으로 마무리했다. 저녁까지도 통증은 있었지만 TV를 보고 다른 날과 다름이 없이 잠자리에 들었다. 새벽녘에 화장실을 가기 위해 일어났다. 심한 통증을 느꼈으나 억지로 일어나서 화장실을 다녀왔다. 잠자리에서 일어나기는 아직 이른 시간이라 다시 자리에 누웠다. 아침에는 일어나 병원엘 가 봐야겠다는 생각을 하고 잠시 잠이 들었다. 날이 밝고 나서 다시 눈을 떴다. 새벽에 심한 통증이 있었기에 심호흡을 하고 마음을 가다듬고 조심해서 몸을 일으켰다. 순간 "악" 하는 외마디 소리와 함께 침대에 나뒹굴어졌다.

꼬꾸라지듯 쓰러졌다는 표현이 맞을 것 같았다. 척추를 날카로운 송곳으로 찌르는 것 같은 통증과 견딜 수 없는 전율이 느껴졌다. 평생 느껴 보지 못한 지독한 통증이었다. 비교적 젊은 시절에 통증이 심하다는 요로결석으로 심하게 아픈 적이 있었다. 하도 아파서 아랫배를 움켜잡고 통증을 참기 어려워서 방구석을 막 굴러다닌 적이 있었다. 그러나 이번에는 움직이면 심한 통증으로 조금도 움직일 수가 없었다. 그래도 그때는 아파도 움직일 수 있었기에 통증을 덜 느끼기 위해 몸을 이리저리 움직일 수는 있었다. 그러나 지금은 꼼짝을 할 수가 없었다. 앉을 수도 없었기에 그냥 가만히 누워 있는 것밖에 다른 방법이 없었다. 어쩌다 기침이나 재채기를 하게 되면 허리에 심한 통증과 함께 온몸에 공포를 느낄 정도의 두려운 전율에 재채기나 기침이 나올까 조마조마하게 가슴조일 정도였다.

그래서 한의사인 큰아들에게 전화를 해서 시간을 내서 빨리 와서 아파도 일어설 수 있도록 응급조치라도 해달라고 했다. 그러나 큰아들네 식구들이 모두 코로나 양성 판정으로 격리중이라고 했다. 그러면서 그냥 있으면 빠르면 일주일 아니면 열흘 정도 있으면 일어날 수 있으나, 병원에 가서 소염진통제와 근육이완제 주사 맞으면 3일 가량 지나면 일어설 수 있으니 병원에 가 보라고 했다. 그러나 조금도 움직일 수 없기에 병원에 갈 수가 없었다. 그렇다고 그냥 가만히 있을 수가 없어 119에 구조 요청을 했다. 그러면서 이곳 상황을 자세히 알려 주었다. 환자가 조금도 움직일 수 없기에 들것이 필요하고 2층에서 계단을 이용해야 하기 때문에 힘센 장정이 필요하다는 것까지 설명해 주었다. 그러나 구급대원이 멀리 있기에 많이 기다려야 한다고 했다. 미동도 하지 않고 가만히 있기만 하면 견딜 수는 있기 때문에 기다리기로 했다. 기다림은 항상 지루하게 느껴지지만 병원 병실에서 지내야 한다는 조금의 두려움 때문에 시간은 빨리 흘러갔다.

얼마나 지났을까. 구급차 소리에 이어 두 명의 마스크를 한 젊은 남자 구급대원이 방으로 들어왔다. 들것에 실려 나가야 할 형편이기에 젊은 남자 대원이 와서 일단 안심이 되었다. 그들 중 조금 더 나이가 있어 보이는 구급대원이 몇 가지 상태를 살피고 체온을 측정했다. 평소 병원이나 사람들이 많이 모이는 마트 등 실내를 출입할 때 코로나19 때문에 측정하는 체온에 별로 이상이 없었기에 출입을 제지당하는 일이 없었다. 그래서 당연히 정상 체온일거라고 생각했다. 그런데 구급대원이 체온계를 귀에 밀어 넣더니 고개를 갸우뚱하고는 귀가 아플 정도로 몇 번이고 체온을 측정하더니 체온이 너무 높아서 병원에 가면 코로나 환자로 의심되어서 받아 주지 않는다고 했다. 이 병원 저 병원을 찾아다니다가 잘못하면 구급차 안에서 밤을 새울지도 모른다고 했다. 병원 치료를 받을 기대가 무너져 버렸다. 그렇다면 어쩔 수 없이 집에 있는 수밖에 다른 방법이 없었다.

그렇다고 죽을병도 아니고 하루 이틀에 병세가 좋아져서 일어날 수 있는 병도 아니다. 그러나 밥도 먹여 주어야 하고 일어설 수 없으니 대소변도 받아 내야 한다. 정신은 또렷한데 먹고 배설하는 생리적 현상까지 다른 사람에게 의지해야 하니 정신적으로 정말 고통스러운 나날들이었다. 할 수 있는 것이라고는 약국에서 소염진통제를 사다 주는 것을 먹고 누워 있는 것밖에 다른 수가 없었다. 하루가 한 달처럼 길게 느껴졌다. 침대에 누워 밖을 내다보니 집 앞으로 흐르는 개울을 따라 지난해 새로 만들어 놓은 산책로로 사람들이 다니고 있었다. 지금까지 그들처럼 산책하는 것이 당연한 나의 일상이기도 했다. 그러나 지금은 그들이 몹시 부러웠다. 걸을 수만 있다면 세상에 아무 것도 부러울 게 없을 것 같았다. 이렇게 누워 있는 하루가 한 달처럼 길게 느껴졌다. 평소에는 걸어 다니는 것을 당연한 것으로 여겼지만 지금의 나에게는 걷는 것이 유일한 소망이 되었다.

그렇게 지낸지 닷새째 되던 날 아침 겨우 침대에 일어나 앉을 수 있었다. 그래서 앉은 채로 엉덩이를 끌고 침대 가장자리로 가서 다리를 늘어뜨려 방바닥에 발을 내려놓고 조심스럽게 다리에 힘을 주며 몸을 일으켜 보았다. 통증은 심했지만 참을 수가 있었다. 드디어 일어설 수 있게 된 것이다. 조심스럽게 어린아이가 처음 걸음마를 배우듯 한 걸음 두 걸음 떼어 놓았다. 약간의 통증은 느껴졌지만 발을 옮길 수 있었다. 어제까지만 해도 꼼짝을 못했던 내가 걸음을 옮길 수 있다니 마치 기적과 같이 느껴졌다. 순간 "하나님, 감사합니다."라는 말이 입에서 저절로 흘러나왔다. 아래층으로 내려가니 아침 준비를 하던 아내가 환한 얼굴로 반갑게 맞이해 주었다. 거실을 지나 주방으로 가서 식탁에 앉았다. 식탁에 식구와 마주 앉아 식사를 하는 일상이 오늘따라 그렇게 행복하게 느껴진 적이 없었다.

지금까지 내가 누려 왔던 모든 것들이 당연한 것이 아닌 은혜였고, 내가 걸어왔던 모든 순간이 당연한 것이 아니라 축복이었다. 지금까지 나는 걷거나 뛰어 다닐 수 있는 다리, 무언가를 만질 수 있고 만들 수 있고 들어 올릴 수 있는 손, 세상을 볼 수 있는 눈과 사람들의 이야기를 들을 수 있는 귀가 있다는 이 모든 것들이 당연한 것으로 생각하고 감사하다는 생각을 조금도 하지 않고 지내왔다. 새삼 당연하다고 생각한 것들이 은혜요, 축복이며 또한 내가 이렇게 아플 때 정성으로 간병해 주는 가족이 있음에 진심으로 감사하다는 생각이 들었다. 이렇게 감사하다는 마음을 가지니 무척 행복해지는 기분이 들었다. 감사는 행복의 문을 여는 열쇠요, 축복을 담는 화수분이라는 생각과 함께 "범사에 감사하라."라는 성서의 한 구절이 떠올랐다. 행복한 삶을 약속하는 열쇠는 감사이라는 사실을 깨닫는데 너무 긴 시간이 흘렀지만 지금이라도 행복을 알게 되어 다행스럽다.

오세하

바람 목욕

산이나 바다에 갈 때면 바람 목욕을 한다. 둘레 길을 걷거나 들판을 걸을 때도 사람의 왕래가 없는 곳을 찾아 바람 목욕을 한다. 바람이 통하는 조용한 곳에서 깔개를 깔거나 바위나 의자에 앉아서 편안한 자세로 움직여 가면서 온몸으로 바람을 맞아들인다. 계절과 주변 환경에 따라서 목욕하는 자세가 조금씩 다르지만, 여름철 인적이 없는 곳에서는 윗옷을 벗고 양말을 벗기도 한다.

바람 목욕은 건강과 정신 수양의 한 방법이다. 걸어서 체온이 오르고 땀이 난 몸을 진정시키면서 햇빛과 바람을 입으로 한껏 들이마셔서 몸속의 노폐한 기운을 신선한 기운으로 바꾸고, 가슴 한구석에 숨어서 머리만 굴리는 또 하나의 나를, 밖으로 내쫓으려는 몸짓이다. 이 다른 나는 신문을 보거나 텔레비전을 볼 때 불쑥 나타나서 화를 돋우고 입을 거칠게 한다. 그리고 국민을 팔아 자신들의 잇속과 내로남불을 일삼는 실격 인간들을 도깨비 방망이로 혼쭐내는, 실천은 하지 못하고 머리로만 징계하는 어이없는 투사이다. 이 나 안의 나는 가족 앞에서 나를 교양 없는 자기중심의 인간으로 만들어 놓는다.

 바람 목욕을 하러 가는 곳은 우이동 신검사 뒤쪽에 있는 넓지 않은 평평한 바위다. 앞뒤가 확 터져 있어서 햇빛과 바람이 잘 통한다. 깔개를 깔고 명상의 자세로 앉아서 입을 크게 벌리고 햇빛과 산바람을 한껏 들이마시고 내보낸다. 처음에는 가볍고 헐렁하지만, 마시고 뱉기를 반복하다 보면 몸속을 청소하기에 알맞은 정도로 조절된다. 힘을 주어 빨리하다가 점점 느리게 조절해 간다. 들이마신 햇빛과 바람으로 어둠 속의 위장과 폐를 일광으로 비추고 소독하면서 산바람으로 털어 내고 씻어 낸다. 밝고 맑은 햇살과 시원한 바람이 노쇠한 위장을 닦아 내고 활기를 넣어 준다. 그리고 오랫동안 담배로 찌들었던 폐가 빛을 받으며 신선한 공기로 생기를 찾는다. 차가운 바람 속에서 봄을 느끼듯 내 몸의 느낌도 상쾌하다.

 무겁던 머리가 가볍고 햇살처럼 맑다. 잡다했던 생각이 바람에 날려간 듯 아무런 생각도 없고 주위는 고요하다. 눈을 감으면 사물들의 움직이는 소리가 들린다. 계곡에서 일어나는 바람 소리가 소나기 오는 소리 같다. 수목들은 추위 속에서도 옷을 훌훌 벗고 몸을 단련하면서 내일을 준비하고 있는데, 아직도 낙엽이 되지 못한 참나무 잎들은 쪼글쪼글 매달린 채 생명의 끈을 놓지 못하고 고통의 소리를 지르고 있다. 그들이 부대끼며 몸부림치는 소리는 살아 있되 제구실을 하지 못하는 아픔의 소리이다. 생명은 살아 움직이며 제 역할을 할 때 삶의 가치가 있는 것이지, 그렇지 못할 때는 죽음만도 못한 것이다.

 새들이 우짖는 소리에 눈을 뜬다. 자연의 노랫소리다. 까마귀의 나는 모습이 무겁고 둔해 보이지만 우람하고 듬직하다. 온몸이 까만데다가 흉조로 여기는 풍속이라서 인기가 없지만 실제는 효성이 지극한 반포조다. 소나무에 쌍으로 앉아서 까악까악 우렁차게 우는 소리는 테너의 노랫소리다. 까치는 원숙하고 날렵한 중년 여인의 모습이다. 깍깍 울어대는 소리는 소프라노처럼 높고 날카롭지만 넉넉한 고음이다. 수평으로 날기도 하고 참새처럼 날기도 하는 까치는 민첩하고 영악하다. 자신의 새끼를 해친 고양이를 기억해서 쫓아다니며 물어뜯기도 하고, 뱀하고도 사생 결투를 해서 복수를 하기도 한다. 둥지도 튼튼하게 틀어서 윤오영 선생님은 까치집 같은 집을 지어 보고 싶다고도 했다.

산새들도 띄엄띄엄 찾아온다. 뒤쪽의 국수나무 덤불을 찾아온 박새는 씨이씨이 조잘대며 분주히 움직이다가 사라진다. 맞은편 계곡에서는 딱따구리의 따르르르 나무 쪼는 소리가 맑은 산울림으로 들려온다. 이 소리는 언제 들어도 명랑하다. 마치 산이 잠에서 깨어나는 소리 같다. 산에서의 이런 바람 목욕은 몸과 마음을 가볍고 무념하게 한다. 자연인이 된 기분이다.

지난가을에는 강릉에 갔었다. 깨끗하고 조용한 곳인데다가 선인들의 숨결을 느낄 수 있는 곳이 많다. 풍경까지 좋아서 살고 싶은 곳이다. 그중에서도 안목해변의 방풍 소나무 길은 인기가 있다. 바닷가 의자가 아닌 바닥에 편한 자세로 앉아서 바람 목욕을 한다. 바다와 하늘이 맞닿은 수평선을 바라보면서 해풍과 햇빛을 마음껏 들이마시고 뱉는다. 푸른 바람과 햇빛이 몸속의 해어진 여기저기를 비춰 가면서 털어 내고 씻어 낸다. 무거운 일상의 상념들도 씻겨 나가면서 몸과 마음이 고요한 바다가 되면 한가롭게 그 자체를 즐긴다. 어느 틈에 문득 나타난 옛날의 그 바닷가! 바닷물이 만들어 놓은 도화지에 그녀와 그렸던 그림을 갈매기 편에 띄워 보낸다. 그리고는 어설프지만 복식호흡을 시작한다.

옆의 소나무 일부는 방풍의 소임으로 온몸이 육지 쪽으로 기울어져 있다. 건강하게 소임을 다하는 나무도 있지만, 이렇게 자신을 희생하면서 책임을 다하는 나무도 있다. 보고 느끼고 배운다.

바람 목욕은 몸과 마음을 단련하고 정화하려는 시도이고 훈련이다. 그동안 건강하지 못한 생활로 헐어진 몸속의 기관을 햇빛으로 소독하고 바람으로 털고 닦아서 재생시켜 보려는 의도이다. 그리고 아전인수를 일삼는 정치꾼과 그 아류들을 도깨비 방망이로 응징하는 또 다른 나를, 이제는 떠나 주기를 바라는 몸짓이다.

산수가 지난 이제는 허허실실로 살고 싶다.

원수연

니 또 내

 어디론가 떠나는 사람, 돌아오는 사람으로 북적거리는 터미널 골목 쪽으로 니 또 내* 찻집이 들어앉았다. 우리가 약속 장소를 그곳으로 정해 놓은 것은 순전히 분위기 때문이다. 호화롭거나 세련미 없이 밋밋한, 누구나 드나들어도 눈길 한번 주지 않는, 서로 관심 없는 사람들이 정거장처럼 지나치는 곳이다. 찻집은 중간 높이의 칸막이가 있다. 차 한 잔 시켜 놓고 대여섯 시간씩 앉아 있어도 주인 눈치 볼 일 없는 찻집이다.
 그는 아르바이트를 해 학비를 감당해야 하는 학생이었고, 나는 두 동생의 학비를 대 주어야 하는 직장인이었다. 우수가 깃든 그의 표정은 늘 한 곳을 향했다. 그래야만 했다. 서로가 별말이 없이 바라보거나 차 한 잔을 마시고 밖으로 나가 공원을 걷는 일이 전부였다. 그가 읽었던 책일까. 낙서가 돼 있는 책을 선물하기도 한 그는 고전을 읽으라는 권유도 잊지 않았다. 나는 실천에 옮기지도 못할 고전을 세트로 구매하기도 했다.

 니 또 내 찻집은 골목으로 들어서며 자세히 보아야 문이 보인다. 무심히 지나가다가는 찻집을 지나치는 수도 있다. 문을 열면 좁은 찻집은 복닥대는 사람들로 들어갈까 말까 하는 잠시 망설이게 하는 분위기이다. 그 길을 지나쳐 들어가야 아늑하고 편안한 좌식의 찻집이 보인다. ㅁ자 모양의 집이다. 가정집을 개조해 찻집으로 꾸민 곳이다. 마당에 서면 구름 한 점 등에 업고 흘러가는 청색의 하늘이 보인다. 소나무 한 그루와 절구가 절묘하게 조화를 이루며 마당에 있다. 창호지를 바른 문을 열고 들어서야 비로소 그 찻집의 분위기를 제대로 느낄 수 있다.

 그는 언제나 커피였고, 나는 언제나 쌍화차였다. 나는 커피 향이 좋았고 그는 쌍화차 향을 더 좋아했다. 차를 마시는 것보다 서로 좋아하는 향을 공유하기 위해 그랬던 것 같다. 그는 정치 얘기도 곧잘 했지만, 나는 도통 흥미를 못 느꼈다. 그저 쌍화차 맛이 저번보다는 낫다거나, 오늘 마시는 차가 나은 것 같다는 시시한 이야기뿐이었다. 우수가 깃든 그의 표정엔 달콤한 사랑 이야기는 없었다. 아르바이트 대학생이 할 수 있는 건 다만 내 의견을 존중해 주는 것 뿐이었다. 소극적인 나도 딱히 해 줄 말이 없었다. 가끔 그의 등 뒤에 떨어진 비듬을 털어 주거나 손을 잡아 주는 일이 고작이었.

 비 오는 날은 어김없이 그와 나는 그 찻집을 찾곤 했다. 우울한 하늘이 좋아서였을까. 비가 세차게 내리꽂히는 마당을 보면 서로 편안하게 웃곤 했다. 하늘이 울어야 우리 마음이 편했다. 그것은 동질감을 지나 우리를 밀착시키는 하나의 매개체였다. 그런 날이면 그의 입술이 내 입술에 날카롭게 닿곤 했다. 나는 더 그를 그윽한 눈빛으로 바라보게 됐고, 그의 사랑한다는 달콤한 고백은 없었지만, 나는 사랑

안에 갇힌 한 마리 새가 되기도 했다.

　겨울 방학이었을까. 찻집을 탈피해 보자는 의기투합으로 여수 가는 기차를 탔다. 영원히 돌아오지 말자고 말했다. 우리 둘은 그렇게 말했던 것 같다. 매섭게 내리치는 바람을 맞으며 기차를 탔다. 간혹 깔깔대고 웃는 나를 그는 생경하다는 듯 바라보기도 했다. 기차는 긴 꼬리를 달고 달렸다. 차창으로 착 달라붙은 낙엽이 박제되어 있다. 그의 청춘과 나의 청춘 같기도 했다. 머리를 흔들었다. 봄을 꿈꿨다. 언젠가 그에게도 나에게도 찾아올 봄을 꿈꿨다.

　여수 바다는 동백꽃처럼 붉게 파도가 일기도 했다. 비릿한 바다 냄새는 아주 우리가 먼 곳으로 왔다는 느낌을 주었다. 왠지 안심되었다. 차라리 현실을 벗어난 장소가 우리에게 자유를 주었다는 생각이 들었다. 비로소 그와 하나가 된 느낌이었다. 마음이 들떠서였을까. 바닷바람이 세찬 탓이었을까. 우리는 어둠이 내리기가 무섭게 숙소로 찾아들었다. 뭇사람들의 사연이 머물렀을 숙소다. 가난한 우리에게 하루 묵을 장소로는 안성맞춤이다. 옆방에 머무는 손님들의 음성도 가깝게 들렸다. 전등을 서둘러 껐다. 보푸라기가 일어난 침구에서 늙은 여인의 냄새가 났다.

　나는 비로소 주위로부터 자유로워졌다. 짐짝처럼 붙어 있던 가난도, 형제들의 아픔도 더 이상은 짐이 아닌 것 같았다. 우수가 깃든 그의 얼굴도 조금은 밝아진 듯했다. 둘은 떠났던 현실로 돌아왔다. 그는 공부에만 매달렸고 나 또한 우수사원상을 받을 정도로 열심히 일했다.

　니 또 내는 존재하지 않는 찻집이다. 그곳에 대해서도 모른다. 그런 이름을 가진 레스토랑이나 찻집이 있을지 모르겠다. 우수에 깃든 그도 존재하는 사람은 아니다. 그 찻집은 복닥거리며 젊은이들을 담고 여전히 존재할지도 모르며, 나는 내 이상향의 찻집과 그를 동경할 것이다. 언제고 드나들며 그를 만날 것이다. 내 우울했던 젊음을 니 또 내가 짊어졌다. 무언가에 갇혀 있어 아무것도 하지 못한 내 청춘에 툭 하고 던지는 한마디, 니 또 내다.

※니 또 내: 너 또 나. 조지 오웰의 『물속의 달』 패러디.

유애선

칠 학년이 되어서

노인복지관에서 공부를 마치고 나오는데 마침 옆 교실에서 수업이 끝났는지 남자 어르신들 여러 명이 우르르 나온다. 그런데 하나같이 모두 손에 뭔가를 무겁게 들고 싱글벙글하는데 그중에 한 분이 그만 나를 보고는 아는 체를 한다. 우리 동네에 사는 아저씨이고 수년 전에 아내와 사별하고 혼자 산다.

마침 공부가 같이 끝났고 가는 곳도 비슷하여 복지관에서 나와서는 이야기를 나누며 집을 향해 걷기 시작했다. 언뜻 봉지에 든 것이 무어냐고 물었다. 그러자 아저씨는 빙긋이 웃으며 생선찌개라고 한다. 그만 깜짝 놀라,

"아니, 웬 찌개를 복지관에서 가지고 가세요?"

하고 묻자 그러니까 올해부터 복지관에서는 '남자 어르신 요리반'이 개설되었는데 남자는 아무나 수강할 수 있다고 한다. 혼자 살든 아내가 있든 상관없는데 아저씨는 이 요리반이 무척 재미있고 유익

하다며 오늘 저녁 반찬으로는 그만이라는데 다른 수업도 두 가지나 듣는다며 복지관은 늙은이들에게 아주 좋은 곳이라고.

사실 우리 동네를 살펴보면 혼자 사는 아저씨들보다 남편을 먼저 보낸 아주머니들이 훨씬 많다. 외로운 건 마찬가지일 텐데 그래도 우리가 보기에는 아주머니들보다 아저씨들이 왠지 마음이 짠할 때가 많다. 아주머니들이야 마실 다니면서 수다도 떨고 품앗이도 한다. 가끔 모여서 여행도 다니고 때로는 품삯 받는 일을 하여 돈도 꽤 번다. 하지만 아저씨들이야 어디 그런가. 옛말에 "과부 버선목에는 돈이 가득하고 홀아비 버선목에는 이가 가득하다."라고 했다. 요즘같이 의학이 발달하여 평균 수명이 자꾸만 늘어나는 시대이다 보니 앞으로는 혼자 사는 노인들이 늘어날 것은 불 보듯 뻔한 일이다. 그래서 남자 노인들을 위해 복지관에서는 남자 어르신 요리반이 생긴 것인가 보다.

읍내를 지나 동네 길로 들어섰다. 걸음을 놓으며 옆에서 가만히 보니 아저씨 모습이 전과 같지 않고 꽤 단정해 보인다. 옷매무새며 조곤조곤 말씀하는 모습이 예전과는 사뭇 다르다. 전에는 외모가 정갈하지 않았는데 꼭 누가 집에서 챙겨 주는 것만 같다. 하도 이상하여,

"아저씨, 한 가지 궁금한 게 있는데 여쭤 봐도 될까요?"

했다. 그러자 무엇이 그리 알고 싶으냐며 죄다 이야기하라고, 늙어서 혼자 사는 사람은 숨길 게 아무것도 없다고 길게 대답한다. 사실은 아내가 저세상으로 간 뒤 아저씨가 혼자 사는 게 외로울 텐데 그게 아닌 것 같다. 혹 요양 보호사가 매일 집에 오느냐, 아니면 자녀들이 번갈아 아버지를 보살피는지 조심스레 물었다. 아저씨는 조금 머뭇거린다. 그러면서 한 손으로 뒤통수를 여러 번 긁적거리다가,

"사실은 이런 대답을 하려면 시간이 걸리는데 대충만 얘기해 주

지."

 한다. 아내가 있을 때는 술을 좋아하여 자녀들에게서도 미움을 받은 일은 동네 이웃들도 대강 알고 있다. 술 습관을 버리지 못한 채 세월이 흐르고 자녀들이 장성하여 객지로 나갔고 결혼하여 손자 손녀도 여러 명 있다. 그러는 동안 아저씨 내외는 칠십을 바라보는 나이로 노인층에 들었고 사는 곳이 농촌이라 힘겹게 일하다가 갑자기 아내가 죽음을 맞는 예상치 못했던 일을 당하고 말았다. 가정 살림 전반을 아내가 주도하다가 혼자되고 보니 앞이 캄캄하여 처음에는 아무 생각이 없어 도저히 집 밖에도 못 나왔다고. 잘 먹던 술도 입에 대지 못하고 그때야 아내에게 미안한 생각이 들었지만 이미 때가 늦어 어찌할 수가 없었다고 한다.

 몸과 마음을 추스르기를 한동안 못할 즈음, 오십 중반이 된 큰딸이 혼자 있는 아버지를 보기 위해 고향 집에 와서는 서로 부둥켜안고 많이 울었다고 한다. 그때 큰딸은 아버지에게 간곡한 말을 하였는데,

 "아버지, 엄마 생전에 힘들게 하신 것 저희가 다 아는데 앞으로도 계속 그러시면 이번에는 저희가 어려워요. 그러면 우리는 어떻게 살아요?"

 눈물을 닦으며 큰딸은 아버지의 손을 꼭 잡았고, '아니지, 내가 너희들을 도와주지는 못해도 어렵게는 말아야지.' 하는 다짐이 단번에 들었다고 한다. 그날 이후 눈물 어린 딸의 권유로 아저씨는 굳게 결심했고 자신을 돌아보며 생각하고 딸과의 약속을 지키는 중이라고.

 물론 술은 입에 대지도 않고 집안일이며 돌보지도 않던 텃밭에 정성을 쏟으며 딸의 눈에서 눈물 나는 일은 절대로 없을 것이라고 다짐했다. 그래도 큰딸이 전화해서 건강 챙겨 주며 손자의 목소리를 듣게 해 줄 때 웃음이 지어지는데 혼자지만 이것이 행복이 아니냐고 반문

한다. 그래서 자녀들이 주말마다 방문하는 것도 마다하며 한 달에 한 번씩만 오게 했다는 아저씨. 그로 인해 얼굴도 밝아지고 복지관에서 공부도 잘하나 보다.

자식 이기는 부모 없다고 아버지를 향한 딸의 소중한 말 한마디는 아저씨의 인생을 노을빛으로 만들어 놓았다. 나이 들면 고집만 남는데 아저씨는 환경에 순응하며 살아가니 참 잘하는 일이다. 아내를 여읜 지 사오 년이 넘었고 갈 길이 남았으니 건강이 지속되는 한 지금처럼 자신을 정화하며 살겠다고 한다.

이야기하는 동안 동네 한가운데까지 왔다. 우리 집에 거의 왔기에,
"아저씨, 잘 가시고 건강하세요."
하고는 헤어졌다. 생선찌개가 든 봉지를 들고는 천천히 집 쪽으로 걸음을 옮기는 아저씨, 배움에는 끝이 없다고 들었는데 맞는 말이다. 칠 학년이 되어서 배운 공부가 인생의 끝자락을 지혜로운 길로 인도하고 있으니 말이다.

유인종

이사 가는 날

 섣달 막바지에 시계의 초침은 더 빨리 돌아가는 것 같다.
 세월이란 괴물은 그렇게 초침을 앞세워 모두를 떠나가게 하고 또 모든 것을 지워 버린다. 나는 40년 전, 이 언덕 위 아담한 3층 양옥에 내 이름의 명패를 달았다. 1층엔 딸이 피아노 학원을 차리고, 2층은 아들의 공부방, 겨울에도 3층 거실엔 햇볕이 가득히 들고 옥상엔 창고를 지었다. 숱하게 이사를 하며 집 없는 설움을 겪어 온 나에게 이 집은 영락없는 대궐이었다. 밤에 옥상에 올라가서 바라보는 야경은 혼자서 감상하기 아까웠고, 나도 모르게 방랑 시인 김삿갓의 열두 대문 문간방을 흥얼댔다.
 마당과 뜨락, 그리고 옥상엔 국화 화분이 즐비하고 응접실 탁자에 난향이 가득하니 신선의 무릉도원이 따로 없다. 이 집에서 두 며느리와 사위를 맞았고 손자와 손녀가 재롱을 떨었다. 그런데 며칠 후이면 이 사랑의 보금자리를 떠나야 한다. 재개발 계획으로 온 동네가 헐리고 정든 이웃과 헤어져야 한다니 이 아픔마저 세월의 심술로 돌려야 할까마는….

새 아파트가 지어지기까지 거처할 자그마한 집을 마련해 놓고 날마다 묵은 살림을 정리한다. 친구가 선물한 도자기와 벽에 걸려 있는 족자의 좌우명, 장롱에 차 있는 옷가지와 책장에 가득한 책들, 옥상 창고의 연장 하나에도 애틋한 사연이 서려 있는데 대체 어느 보자기로 이 보물들을 싸서 버려야 한단 말인가.

그러나 버려야 한다. 그래야 떠날 수 있다. 그래서 망치를 들어 국화 화분을 부수고 금붕어가 놀던 어항을 깨뜨려야 한다. 대문 앞에 책을 쌓아 놓고 아무나 가져가게 하고, 예쁜 산호로 장식한 유리 상자도 낯모르는 행인에게 건네어 주었다. 날이 새면 고물상과 옷 수거함을 새앙쥐 살강 드나들듯 했는데 아직도 한참 멀었다.

오늘은 마지막으로 옥상 화단에서 들깨 나무를 톱으로 잘랐다. 심지도 않은 이놈이 싹을 틔우며 가냘프게 하늘대는 모습이 애처로워 한복판으로 옮겨 심어 주었더니, 날로 무성한 가지를 뻗으며 싱싱한 잎새를 식탁에 올려주며 보답을 했다. 소슬바람이 불어오면서 방울토마토와 마디 오이 잎새가 마르고 길게 뻗어 가던 여주 줄기도 주저앉는데, '세한도歲寒圖'의 소나무 같은 들깨 나무의 충정을 오늘 내 손으로 자른 것이다.

그러나 챙겨 갈 것은 또 가려야 한다. 세월을 이기지 못해 노랗게 젠 사진첩에서 아직도 웃고 있는 얼굴들, 전설처럼 벽장에 쌓여 있는 일기장, 야간 대학에서 졸음을 참으며 공부한 경제 노트, 교직을 떠나던 날 제자들이 선물로 그려 준 나의 자화상, 그리고 틈틈이 받아 놓은 상패와 감사패들이 하나같이 소중한 나의 분신들이다.

사람마다 자기 인생의 집을 짓는다. 누가 자기 인생의 집을 쉽게 지었다 할 수 있겠는가. 나도 마당 한 켠에 '공사 중' 팻말을 세워 놓고 평생토록 내 집을 지었다. 내가 짓고 있는 선생이라는 사도의 집, 장로라는 신앙의 집, 그리고 작가라는 이름의 집은 외줄 위에서 춤을 추듯 긴장해야 하는 조심스러운 공사였다. 나에게도 왜 흔들리는 청춘이 없었겠는가. 양보하기 싫은 권력 의지가 불탔으며, 양심이 수모를 당하는 분노도 있었다. 그럴 땐 가슴에 새겨 놓은 내 이름을 부르며 삶의 절벽에 맞섰다. 나는 조부께서 지어 주신 이름 유인종劉寅鍾을 오직 유唯, 참을 인忍, 따를 종從으로 바꾸어서 좌우명으로 삼았다. 오직 참으라는 이름은 바보로 살아야 하는 억울한 이름이다. 그러나 모든 것이 스쳐 가는 바람이라면 좀 억울한들 대수겠는가.

어언 칠순을 지나 희수喜壽의 나이가 되었으니, 머잖아 세월의 주재자이신 그분이 내 집의 완공을 선포하실 것이다. 그러면 마당에서 '공사 중' 팻말을 빼어 들고 본향 집으로 이사를 해야 한다. 내 마음의 옥상에 마지막 들깨 나무였던 일기장마저 아궁이에 밀어 넣고, 젊은 계절에 환호하며 입었던 화려한 옷들을 모두 벗어 놓고 나목으로 가야 한다.

혹 누군가가 "이름대로 살다간 사람"이라고 읊조려 준다면, 나의 그날은 정녕 행복한 이삿날이 될 것이다.

이규남

소유의 의미

 법정 스님이 남긴 화두는 단연 '무소유' 일 것이다. 그는 말과 글로 그 길에 살았을 뿐 아니라 몸으로도 그렇게 살아갔다.
 작금 신문, 방송의 어두운 뉴스를 접하다가 그것들의 하나같은 근원이 모두 끝없는 물욕과 명예욕에서 비롯된 사단들임을 되새기다가 문득 법정 스님을 떠올리며 '소유' 의 의미를 다시 생각해 보는 계기가 되었다.
 "문명은 자유를 구속한다."라고 문명 추구를 거부했던 희랍의 철학자 디오게네스는 개 팔자를 상팔자라고 믿고 아무 데서나 눕고 얻어먹으며 개처럼 자유를 만끽하며 살았다.
 그리스 고린도 지방을 지나던 알렉산더는 그 당시 그곳에 와 살고 있던 디오게네스를 한번 만나 보고 싶어 찾아갔다. 그때 철학자는 자기의 통속에서 일광욕을 즐기고 있었다.
 대왕은 가까이 가서,

"나는 알렉산더 대왕이다."라고 말했다. 이 철학자는,

"나는 개팔자인 디오게네스입니다." 했다. 대왕은 다시,

"당신은 내가 두려운가?"

하니 철학자는,

"그러면 당신은 착한 사람입니까, 나쁜 사람입니까?" 하고 되물었다. 대왕이,

"나는 착하다." 하니

"착한 사람을 어떤 사람이 두려워하겠습니까?" 하고 대답했다. 이어서 대왕은,

"당신은 궁해 보이는데 무엇을 원하는가?" 했더니 디오게네스는,

"그렇다면 당신이 서 있는 곳에서 좀 비켜 주시오. 당신은 내게 내리쬐는 햇빛을 가로막고 있습니다."

했다. 대왕은 돌아가면서 신하들에게 "나는 만약 할 수만 있다면, 알렉산더를 버리고 디오게네스가 되고 싶구나."라고 말했다.

그런 디오게네스에게도 소중히 여기는 물건이 하나 있었다. 목이 마를 때 물을 떠 마시는 작은 표주박이었다. 한번은 우물가에서 표주박으로 물을 마시고 있는데 동네 조무래기 한 패가 숨을 헐떡이며 뛰어오더니 맨손으로 우물물을 움켜 떠 마시는 것이었다. 그리고는 다시 즐겁게 재잘거리며 돌아갔다.

디오게네스는 표주박이 없이도 물을 마실 수 있다는 사실에 깜짝 놀랐다. 그는 즉시 자기가 아끼던 표주박을 멀리 던져 버렸다. 마음이 바람처럼 홀가분해졌다.

'소유가 곧 구속인 것을….' 라고 그는 독백했다.

이와 비슷한 이야기는 동양에도 전한다. 요 임금 시절에 중국 하남성 기산 땅에 두 은자, 소부와 허유가 살고 있었다.

소부가 소유한 것이라곤 늘 끌고 다니는 소 한 마리뿐이었고, 허유는 표주박 하나를 늘 허리에 차고 다닐 뿐이었다.

어느 날, 소부가 소에게 풀을 배부르게 뜯기고 물을 먹이려고 기수 강가로 내려가니 친구 허유가 냇물에 귀를 열심히 닦고 있는 것이 아닌가. 이상이 여겨,

"이 사람아, 세수를 하면 했지, 어찌 귀만 닦는단 말인가?" 했더니 허유가 대답하기를,

"귀가 더러워져 그러네. 아니 글쎄, 요 임금께서 날더러 세상을 좀 나와 다스려 달라는 거야. 원 사람을 어떻게 보고 하는 소린지." 하고는 열심히 귀를 후벼 닦는 것이었다.

이 말을 들은 소부는 "그런가. 그렇다면 그 더러워진 물을 깨끗한 소에게 먹일 수 있나." 하고는 소를 냇물 상류로 끌고 올라갔다고 한다.

어떤 날 허유가 유일의 소유물인 표주박을 나뭇가지에 걸어 놓고 낮잠을 자려고 누웠더니 표주박이 바람에 달그락 달그락 잠을 방해하였다. 허유는 일어나 표주박을 떼어 멀리 집어던지며 중얼거렸다.

'이것도 재물이라고 나에게 성가시게 구는구나.' 라고.

한편 성경에는 지혜로써는 인류의 최고 축복을 받았던 솔로몬의 입을 통하여 〈잠언〉 30장 8절에 다음과 같이 말하고 있다.

"가난하게도 마옵시고 부하게도 마옵시고 오직 필요한 양식으로 내게 먹이소서. 혹 내가 배불러서 하나님을 모른다, 여호와가 누구냐 할까 하오며, 후 내가 가난하여 도적질하고 내 하나님의 이름을 욕되게 할까 두려워함이니이다."

우리는 이들의 삶을 통하여 두 가지의 사실을 깨닫게 된다. 하나는 물질의 소유가 행복의 충분 조건이 될 수 없다는 것이고, 또 하나는 아무리 보잘것없는 물건일지라도 거기에 집착하면 마음의 평정과 자

유를 잃고 구속을 받는다는 점이다.

인생은 맨손으로 왔다가 맨손으로 간다. 영원한 소유가 어디 있는가. 지금 내가 소유한 돈이나 땅이나 물건들은 내가 머무르는 동안 잠시 위임되었을 뿐인 것을, 의식주에 족한 일용할 양식을 넘어서는 소유는 아무 의미가 없는 것을, 그것의 집착은 곧 번민의 씨앗이며 죄악의 뿌리인 것을.

테레사 수녀의 다음 말을 다시 음미해 본다.

"이 세상에 굶주린 자가 한 사람이라도 있는 한 나는 배부른 자가 아니며, 구속을 당한 자가 한 사람이라도 있는 한 나는 자유인이 아니다."

이기돈

전원생활

인생은 초로草露라고 했다. 덧없는 세월은 흘러 내가 전원생활로 접어든 지가 어느새 벌써 10여 년이 지났다. 인생에 있어 의식주衣食住는 필수적인 요소로서 그중에서도 머무를 수 있는 집 또한 삶에 중요한 비중을 차지하고 있다 할 것이다. 따라서 각자의 취향에 따라 주거 형태의 선택은 다르겠으나 오늘을 살아가는 사람들 중에는 전원생활을 선호하는 사람도 적지는 않은 듯싶다. 나는 생애 자취에서부터 혼인 생활 기간 중 전·월세 등 무주택에서 자가(단독, 소·대형 아파트)에 이르기까지 다양한 주거 생활을 거쳐 70하고도 중반이 넘었다. 교육은 백년지대계로 40년 가까이 교직에 몸담아 대학인으로서, 대학 생활 지도와 대학 교육 발전에도 기여하면서 오직 외길 인생으로 살아왔다. 한 세월 정든 교직에서 정년을 마치고 오늘에 자연인으로서, 문인들과 인맥을 유지하며 전원생활로 여생을 소일하게 된 것도 나에게는 나름 하나의 보람이 아닌가 하는 생각이 든다.

내가 전원생활로 이곳 도립공원인 대둔산 월성봉 수락계곡에 정착하게 된 동기는 재직 당시 노후를 소일할 수 있는 전원주택지 구입을 위해 많은 곳을 답사하던 중 때마침 농어촌공사 논산지사에서 유휴지를 전원주택 단지로 조성, 당시 어두운 밤이면 반딧불이 반짝이고 앞 계곡에는 물이 흐르고 경관이 수려한 청정 지역으로 판단했기 때문이다. 사철 마르지 않는 계곡에는 지금도 물고기가 뛰놀고 있어 흥미롭고 작가로서 활동하면서 노후를 아름답게 마무리하기에는 손색이 없기에 후회는 없다.

아침에 눈을 뜨고 일어나 창밖을 내다보면 제일 먼저 정원이 마주 보인다. 사방이 자연조경으로 주변의 경관이 너무도 아름답다. 비록 고대광실高臺廣室은 아닐지라도 푸른 초원에 십여 평의 이동식 주택, 다섯 평의 황토 집 각 한 동에 조형물(동상)인 대형 모자상母子像에다 3층 쌍둥이 석탑을 비롯한 10여 점이 배치된 정원은 진달래꽃 피고 새 우는 봄이면 꽃잔디와 영산홍이 피고, 싱그러운 풀내음이 풍기는 짙푸른 여름이면 아름다운 장미꽃, 능수화와 백일홍이 반기고 천고마비인 결실의 계절 가을이면 오색단풍과 각양각색의 국화꽃이 아름다움을 더해 주고 있다. 또한 눈 내리는 겨울날엔 앙상한 나뭇가지에도 설화雪花로 설경이 장관을 이루기도 한다.

봄꽃들이 앞다퉈 피어나는 잔인한 달 4월, 무슨 사연이나 있는 듯 저 멀리 산속 깊은 곳에서는 소쩍소쩍 지저귀는 새소리와 함께 이름 모를 풀벌레의 울음소리, 만개한 각종 꽃들을 바라보니 5년 전 이곳 정원에서 각계의 후원으로 개최되었던 출판기념회가 떠오른다. 당시 행사에는 문인들을 비롯한 언론계 등 각계 주요 인사들이 대거 참석, 성황리에 마쳤지만 틈틈이 여가를 선용하여 한 편 한 편 옮겨 쓴 원고를 하나로 묶어 『지울 수 없는 지난날의 흔적』수필집을 처음 펴냈을 때에는 마치 어미 닭의 부화로 햇병아리가 탄생, 첫 걸음마로 한 발 딛는 심정이나 다를 바 없었다. 정들었던 교직을 뒤로하고 전원생활을 하면서 지난날들을 돌이켜 보면 어디를 어떻게 휘돌아 오늘에 이르렀는지, 참으로 숨 가쁘게 달려온 세월이 아니었던가 하는 생각이다. 어느 날 우연히 거울 속에 비춰진 주름진 내 모습을 바라볼 땐 어쩜 세월이 인생을 먹는다는 생각도 든다.

 작품(조형물)을 구매하여 배치한 것 외에는 누구 하나 손 빌리지 않고 수돗가 그늘막이와 다목적 창고를 포함, 베트남산 부정석으로 만들어진 장독대까지 내 생각대로 그림 그려 짓고 또 배치하고 손수 가꿔 다듬어 놓은 정원이다 보니 이곳을 지나치다 관람하면서 즐거워하는 모습을 보면 나 자신도 보람을 갖기도 한다. 계획대로라면 지난해 4월 제2회 출판기념회를 개최할 예정이었지만 예상치 않았던 중국발 코로나19 바이러스 감염으로 전 세계인의 일상을 죽음으로까지 위협, 발목을 잡은 것이 결국 보류하게 된 것도 하나의 이유로 안타깝기는 하지만 하루빨리 코로나가 종식되는 날, 자유롭게 동 행사가 개최되기를 나만의 욕심인 듯 바라는 마음이다. 내가 사는 전원마을은 해가 지면 가로등이 어둠을 밝히고 있는가 하면 전선을 포함, 인터넷 등 모든 선이 지중화되었다는 것이 특이하다. 또한 마을 내 거주민 중에는 사업가에서부터 고위 공직자에 이르기까지 전·현직 각계의 주요 인사들도 함께하고 있어 메마르지 않는 인정에 이웃 간 교류도 원만히 이루어지고 있다는 것도 다행스러운 일이다.

 나의 보금자리인 이곳 정원은 작품을 배치한 곳을 제외한 일부와 인접된 부속 농지에서 계절 따라 재배한 채소 등 부식자재를 나누어 먹으면서 소일하는 즐거움 또한 빼놓을 수 없다. 최근에는 지인으로부터 기증받은 질그릇 20여 점을 장독대에, 그리고 그 옛날 선조들이 사용했던 돌 절구통 1개와 혼수품인 미싱을 정원에 배치했다. 이러한 배치는 쌍등雙燈들의 불빛으로 야경夜景을 한층 더 조화롭게 하기도 하지만 그 시대의 삶을 대변해 주기도 한다. 사계절 오가는 사람들의 눈길을 끌어 하루에도 몇 차례씩 발길을 멈추어 기록을 남기는 등 즐거워하는 모습은 노력의 결과이기도 하다. 얼마 전에는 대전 시청자미디어센터의 선우(정) 기자가 방문하여 '작가의 수상 창작실 취재기', '사라져 가는 100년 전통 5일(유성)장'이란 소재로 정원과 전통시장(유성)을 배경으로 한 유래와 인터뷰 등을 촬영, 2편을 영상화하기도 했다. 물론 편집 제작한 작품을 비치하여 이곳을 찾는 지인들에게 경우에 따라 가끔씩 방영하는 즐거움도 있지만 이와는 별도로 기회가 주어지면 기업의 연수 참여자들에게도 방영한다고 하니 이 또한 보람이 아닌가 하는 생각이다.

여기 전원생활에 임하다 보니 눈여겨볼 만한 일들도 종종 발생하기도 한다. 내가 손수 지은 다용도 보관 창고 뒤켠에서는 올해도 고양이가 새 생명을 탄생시켜, 한동안 어미가 먹이를 물어다 공급하는 모습을 포착했다. 그러던 어느 날 어미를 포함, 새끼 네 마리가 앞 정원 잔디광장에 모습을 드러내 약 10여 분 정도 기교를 부리다 사라졌는데 그 후에는 가끔씩 지나치고 있지만 이날따라 왜 갑자기 나타났지 하는 궁금증은 지금도 여전히 숙제로 남는다. 뿐만이 아니다. 새집을 제작하여 황토 집 좌우에 각 하나씩 배치했는데 그중 우측의 새집에는 제비 닮은 모양의 컬러, 이름 모를 새 한 마리가 일정 기간 알을 품은 후, 새끼를 부화하여 들락날락, 입을 통하여 먹이를 공급했다. 이를 바라볼 땐 동물 역시 피할 수 없는 모성애母性愛, 사람과 다를 바 없음을 실감하게 된다. 고양이나 새들도 출생지를 떠날 때는 먹이를 자력으로 해결할 수 있도록 성장했기에 어미로서는 제 몫을 다했다는 뜻이 아닌가 하는 생각이 들었다. 일정 기간 자라고 머물던 곳을 훌훌 떠나고 난 텅 빈 둥지를 바라볼 땐 허전한 마음도 갖게 되지만, 한편 탄생에서부터 무사히 자란 곳을 떠나는 모습을 보니 마치 내가 생활하고 있는 전원주택이 바로 고양이나 새들의 고향이 된 셈으로도 생각이 든다.

유독 울도 담도 없는 정원이지만 철따라 오가는 이들이 즐거워하는 모습을 보면 마음이 흐뭇하다. 하지만 구경을 해도 되느냐고 물어보면서 관람을 부담스러워하는 모습에, 혹여 집을 비울 때 부담 없이 관람을 하도록 돕기 위해서 '안내문'이라도 하는 생각 끝에 아치arch로 된 출입구 POST 박스 아래에 공지사항으로, "관람은 하시되 훼손되지 않도록 유의하시기 바랍니다. 수상창작실"이란 하트 모양 목각을 부착, 관람을 안내하게 되니 마음이 한결 편안하다.

이곳을 오가는 사람 중 더러는 궁금증에 외롭지 않느냐고 묻는 이도 있다. 하지만 고독은 자신이 만드는 것, 여생을 노욕老慾이 아니 나보다 먼저 상대를 배려하고 매사에 긍정적인 마인드로 인색하지 않는 인정미에 항상 주변에 사람이 있기에 외로움은 멀어지는 것이다. 그리스의 의학자인 히포크라테스는 "인생은 짧고 예술은 길다."라고 했다. 메마른 땅에 바람은 불어도 꽃은 피듯이 내 인생 비록 지난날의 과정은 힘들었을지라도 오늘에 작가로서 예술의 가치를 우선하며 소중한 하루하루를 소일하니 더욱 행복하다.

이명우 우명

돌아가야 할 효孝 정신

지난 5월 중순에 제자들의 초대로 과천대 공원에 갔다. 그곳의 유명한 식당에서 점심을 먹고 공원을 산책하였다. 제자들도 50대 후반이 되었으니 세월이 무상함을 다시금 느꼈다. 봄꽃이 흐드러지게 피어 있는 길, 특히 벚꽃 길을 거닐면서 세상살이 이야기를 나누었다. 이야기 가운데 가족 간의 불화에 대하여 말하다가 최근에 큰 뉴스가 된 계곡 살인, 친족 살해, 암사동 모녀, 송파동 전 여자친구 살인 사건, 조유나 양부모 사건 등에 대한 이야기로 전개되었다. 한 가정이 해체되고 가족 윤리가 무너지는 사건들이 많이 일어나니 걱정이 앞선다는 내용이었다. 이러한 사건이 더 이상 발생하지 않도록 하려면 효孝 정신으로 돌아가야 하는데 그 돌아가는 방안으로 선인들이 남겨둔 시조를 통하여 마음을 정화하는 기회로 삼았으면 좋겠다고 강조하면서 제자들에게 고등학교 때 가르쳤던 시조 몇 수를 인용하면서 효孝 정신을 강조하였다.

먼저 박인로가 쓴 이 시조로 이미 돌아가신 어머님을 그리고 생각하는 애절한 시정이 우리의 가슴을 울리고 어버이에 대한 효심이 눈앞에 생생하게 떠오르게 하는 작품이 있다.

반중盤中 조홍早紅감이 고와도 보이나다.
유자柚子가 아니라도 품엄 즉도 하다마는
품어 가 반기리 없을새 글로 설워하나이다.

두 번째는 김진태가 지은 작품으로 어머님을 모신 몸이 어머님에게 늙게 보이는 것이 두렵다는 심정을 읊은 〈효심가〉다. 자식이 환갑이 지나도 어버이에게는 항상 응석받이로 보인다고 한다. 그런 아들이 벌써 늙어 있음을 보는 어버이는 자신의 늙음을 잊고 자식의 늙음을 슬퍼하신다. 그런 어머니의 심정을 아는 효성이 지극한 아들로서야 어머니의 슬퍼하심이 두렵지 않을 수 없다. 그래서 휜 머리털이 눈에 띄는 대로 자꾸만 뽑아 어머니에게 늙은 모습을 보이지 않으려는 것이다. 그러나 뽑는다고 늙음을 막을 길이 있겠는가. 오직 효성의 지극함이 기특할 뿐이다.

세월이 여류如流하니 백발이 절로 난다.
뽑고 또 뽑아 젊고자 하는 뜻은
북당北堂에 친재親在하시니 그를 두려함이라.

세 번째 작자 미상의 시조에는 나라를 위해 자신의 몸을 지체 없이 바쳐 봉사하겠다는 충성심이, 남아의 굳센 의지가 가장 잘 드러나 있다. 젊은 아들이 부모님 앞에서 큰 절을 드리며 이별을 고하는 장면이 사진을 보는 듯이 선연하다. 늙은 부모의 표정마저 보이는 듯싶다.

　　어버이 날 나흐셔 어딜과뎌 길러 내니
　　이 두 분 아니시면 내 몸 나서 어딜소냐.
　　아마도 지극至極한 은덕恩德을 못내 갑하 하노라.

　네 번째는 남원군의 작품으로 부자유친을 읊은 〈도덕가〉이다. 어버이로서의 최상의 소망은 자식이 잘 되는 것, 특히 유교 사상이 지배하던 사회에서는 잘되는 중에서도 어진 사람 되는 것이 가장 바람직하였을 것이다. 그렇게 바라고 그렇게 되도록 길러 주신 어버이의 은덕은 더할 나위 지극하건만 그 은덕을 갚지 못함을 한탄한다.

　　어버이 사라신 제 섬긴 일란 다하여라.
　　디나간 후면 애달프다 어찌하리.
　　평생平生에 고쳐 못할 일이 이뿐인가 하노라.

　다섯 번째는 정송강의 작품으로 백성에게, 부모에게 효도를 하겠다고 벼르는 동안에 어버이는 그것을 기다려 주지 않는다는 내용이다. 돌아가신 뒤에 애달파하고 안타까워한들 무슨 소용이 있겠는가. 이것을 풍수지탄風樹之嘆이라 한다. 부모에게 대한 효도는 벼르고 기다릴 것이 아니다. 가약할 수 없는 것이 노인의 건강이다. 그래서 춘한노건불가망이라 했다. 돌아가신 뒤에 눈물을 흘리고 애달파하지 않기 위해서라도 살아 계시는 동안에 지성으로 섬겨야 할 것이다. 효도란 맛있는 음식, 좋은 옷이 효도가 아니다. 마음 편히 해 드리는 것이 효孝의 으뜸이다.

어버이 자식子息사이 하늘 삼건 지친至親이라.
부모父母뿐 곧 아니면 이 몸이 이실소냐.
조조鳥鳥도 반포反哺를 하니 부모효도父母孝道하여라.

여섯 번째는 김상용의 시조다. 하늘에서 마련한 혈연 관계, 부모가 자식을 생각하는 마음은 이 세상의 어느 것으로도 비교가 되지 않는다. 이러다가 부모는 늙고 자식은 자랐고, 부모가 자식을 사랑하던 그 은공을 생각해서라도 자식 된 도리로 어찌 효도하지 않을 수 있는가. 까마귀도 반포보은을 하는데 하물며 인간 도리로 효도를 게을리 할 수 있는 것인가. 풍수지탄이란 말이 있다. 부모에 대한 효도를 늦출 수 없음을 비유하는 말이다.

아버님 가나이디 어머님 좋이 겨오
나라이 부르시니 이 몸을 잊었내다.
내년來年의 이 시절時節 와도 가다리지 마소서.

일곱 번째는 작자 미상의 작품으로 나라의 부름을 받고 부모님께 이별을 고하는 충의를 읊고 있다. 겉에 드러난 말로는 알 길이 없으나, 아마도 나라가 외적의 침입을 받아 위태로운 때인 것 같다. 그래서 외적을 막기 위해 나라에서 장정을 소집한 것이다. 나라를 위해 자신의 몸을 지체 없이 바쳐 봉사하겠다는 충성심이 남아의 굳센 의지로서 잘 드러나 있다. 진정이 넘쳐흐르고 비장한 결의가 보인다.

청석령 지나거냐 초하구 아디매오
호풍胡風도 참도찰샤 궂은 비난 무스 일고

아므나 형색形色 그려 님 계신 데 드리고자.

효종이 쓴 시조로 병자호란 때 인조가 청淸에 굴복하니 청 태종은 왕자인 소헌세자와 봉림대군(뒤에 효종, 이 시조의 작자), 그리고 주조론자인 오달제, 윤집, 홍익한 등 3학사를 인질로 잡아 심양으로 데려갔는데 그때 도중에서의 처량한 정경을 읊은 시조다.

선인들의 시조 작품을 통해 효 정신이 당장 정립된다고 확신하기 어렵다. 하지만 문학 작품을 통해서 도덕 재무장이 필요하다.

이명우

효도란

우리 민족 제1덕목은 부모 효도이고 그다음이 국가 충성이다. 살아 계신 어버이를 섬김은 효도이고 돌아가신 어버이를 섬김은 제사이다. 섬김이란 무엇인가. 하늘보다 높은 어버이 은혜를 잊지 말지어다. 어째서 하늘보다 높은 은혜인가.

내가 병이 나서 똥오줌을 못 가릴 때 간병인이 와 수고했다면 얼마를 줄 것인가. 사탕 한 알을 사면 동전 한 닢을 주어야 한다. 이 가격대로 계산해 보자. 내가 아기였을 때 몇 번이나 똥오줌을 받아 냈고, 병원엘 다녀왔고, 또 성인이 되도록 먹여 주고 입혀 주고 잠 재워 주었는가. 그리고 또 이 몸뚱이까지 돈으로 계산해서 그 돈을 쌓아 올려 보자.

하늘도 부족하지 않은가. 그런 부모님의 마음 한 켠이라도 아프게 해 드리지 말자. 머리털 한 올이라도 다치면 부모님 가슴 아파하신다며 머리를 자르거나 헝클지 않고 정갈하게 감아 올린 것이 상투이고 이 상투가 우리 민족 상징이 되었다.

　따라서 자식이 밖에 나가 행동 하나만 틀려도 부모님은 하늘이 무너지는 아픔을 느낀다. 그래서 모든 자식들은 모든 행동이 부모님께 누가 될까 봐 삐뚠 행동을 하지 않았다. 이것이 우리의 미풍양속이며 본 정신이다. 이런 우리의 문화를 세계가 부러워하며 동방예의지국으로 우러러보고 있다.

　그런데 이 위대한 우리 문화는 어디 가고 혼잡한 외래 문화가 들어와 판을 치는고. 부모는 요양원으로 보내고 그 자리에 강아지를 모셔 섬기고, 돈을 빼앗으려 부모를 살해하는 지금, 어쩌다가 이렇게 됐는고.

이명주

길 위에서

 모든 일에는 시작이 있고 그리고 끝이 있다. 살다 보면 중간중간 매듭을 묶을 때도 있고 숨 고르기를 한 후에 비장하게 묶었던 매듭을 다시 풀어야 할 때도 있다. 지금 나는 한숨을 쉬면서 인생을 이야기한다. 이 글은 두 길 위에서 내가 선택한 길 위의 인생이다.
 올봄, 마당 한가운데 온갖 풍상을 겪어서 연륜이 묻어나는, 수만 송이의 목련꽃을 피우고 있는 나무의 밑동을 잘라야 했다. 내 인생처럼 목련나무의 시간을 쉽게 말할 수는 없을 것이다. 나는 결혼을 해서 어린 목련나무가 마당 한가운데 있는 집으로 민들레 홀씨처럼 바람결에 안착을 했다. 우연인지 필연인지 나는 모른다. 세상의 인연은 알 수 없는 무엇에 의해 만남과 이별을 반복한다. 내 인생을 목련나무 집으로 옮겨 온 후에 시어머니의 환갑잔치를 풍악을 울리며 시끌벅적하게 했다. 온 동네 여자들이 마당에서 춤을 추면서 환갑을 맞은 시어머니의 축하 잔치는 무르익고 있었다. 물이 담겨 있던 고무다라이 통 속에 빠져 버린 사람도 있었고 어린 목련나무 가지에 넘어진 사람도 있었다. 그때 한 가지는 부러졌지만 남은 한 가지로 지금까지 잘 버텨 준 목련나무다. 그 시절의 환갑잔치는 술과 풍악에 취해 온 동네 사람들이 질펀하게 놀았다. 시어머니는 금방 시집온 며느리에게 보여 주고 싶지 않았는지 새댁인 나를 방 안으로 밀어 넣고서는 방 문을 닫아 버렸다. 그때의 닫혀 버린 방 문처럼 사는 일은 내게 친절하지 않았다. 시골에서의 삶은 척박했다. 옮겨 온 삶에 뿌리내리는 시간은 참 더디고 오래 걸렸다.

그 시어머니도 내 곁에 없고 함께 질펀하게 놀던 사람들도 모두 다른 세상으로 옮겨 가셨다. 한 세월이 깜빡 낮잠에 들다 깨어난 꿈같은 시간이다. 태풍 곤파스가 이곳 중부 지방을 관통했을 때 뿌리째 뽑힌 것을 지주대를 세워 바로 세웠지만 이제는 나무는 환갑을 맞은 듯했다. 내 인생과 오랫동안 함께한 목련나무가 태풍이 불 때마다 흔들린다. 이제 더 이상 목련나무를 지킬 수 없다는 판단을 했다. 가장 화사한 목련꽃을 달고 있을 때 비장하게 목련나무의 밑동을 잘라야 했다.

화사한 봄날에 설레던 바람을 잠재우고 조용히 누워 버린 거목의 끝을 보면서 생각했다. 그만큼의 꽃 피웠던 시간을 누렸으면 이젠 됐다. 할 수 없을 땐 겸허하게 그 시간을 받아들여야 한다는 각오로 그 시간을 받아들였다. 어느 날 예고 없이 받아들여야 할 그 시간이 죽음일지도 모른다는 생각을 동시에 했다. 목련나무의 마지막 시간에 나는 내 인생의 마지막 시간이 오버랩되었다. 내 마지막 시간도 '이젠 됐어, 이만하면 충분해.' 혼자 조용히 중얼거릴지도 모르겠다.

그 비장한 각오의 시간을 나는 다시 맞게 되었다. 2020년 7월 6일 월요일에 생명줄이라고 꼭 붙잡고 있던 목장 일을 접었다. 나이 들어

힘에 버겁기도 했지만 도시 바람에 밀려 입지가 좁아진 축산업이 어려워진 탓이다. 이제 아이들도 장성하여 각자의 길로 들어섰고 우리도 직진의 길에서 우회전을 하면서 다른 풍경 속으로 들어가 볼 시간이 되었다. 오랫동안 습관처럼 해 오던 노동의 시간은 아이들을 잘 키워 냈고 비교적 안정적인 삶의 패턴 속에서 안주할 수 있었다. 다른 길 위에서 뒤를 돌아보면 참 감사한 시간이었다.

목장을 접은 후 바로 다음 날 자전거를 타고 바깥세상으로 나갔다. 허전한 마음 둘 곳 없어서 목장에서 일하는 그 시간에 맞춰 남편과 함께 길을 나섰다. 예전 같으면 절대 나서지 못했던 그 시간에, 가지 못했던 풍경 속으로 들어갔다. 아무도 없는 조용한 들길, 원시의 시간이 선물처럼 그곳에 있었다. 새벽 시간은 침묵의 시간이기도 했다. 우리의 기척에 놀란 새벽의 시간이 부스스 깨어났다. 온갖 야생화가 피어 있고 먹이 활동을 하던 새떼들이 푸드득 날아오른다. 오월에 모심기를 끝낸 논에서는 벼 포기들이 들판을 가득 채우고 있었다. 아카시아 꽃, 밤 꽃의 향기는 사라졌지만 야산자락에 망초 꽃이 하얗게 무리지어 피어 있었다. 참깨 꽃이 한창이고 고구마순이 한껏 가지를 뻗어 자신의 영역을 넓혀 가는 중이다. 고추가 실하게 달려 있는 고추밭을 지난다. 아직 장마가 오지 않은 칠월의 중순, 그 틈새를 놓칠세라 비워진 밭에 들깨 모종이 심겨진다. 자전거의 페달을 밟아 직선 길을 지나 굽어진 농로를 달린다. 모심기가 끝난 논둑에 모판이 담겨진 그대로 버려진 모판 상자들을 보면서 게으른 논 주인이 궁금해진다. 그와는 반대로 논둑을 예취기로 이발한 듯이 말끔하게 제초해 버린 옆 논의 주인을 생각하면서 농부의 각자 다른 성격에 혼자 웃고 말았다.

매일매일 아침 풍경은 달라져 있을 것이다. 새로운 꽃이 피어날 것이고 어제 보았던 친숙한 생명체들이 사라질 수도 있겠지만 난 이 길 위의 것을 사랑하게 될 예감이 든다. 장마가 오면 끝도 없이 이어진 농수로에 물이 가득 차게 될 것이고 아침마다 온갖 새떼들이 날아오를 것이다. 수초들은 점점 더 억세지고 무성해질 것이다. 장마가 끝난 후에도 물을 가득 품은 수로는 아침 안개를 품고 몽환적인 원시의 시간으로 거슬러 오를 것이다.

오랜 시간 밥을 벌어먹기 위해 묵묵히 버텨 온 고단한 시간을 접고서 난 참으로 오랜만에 느린 시간 앞에 서 있다. 지금까지 살아 보지 못한 자전거 바퀴를 굴리며 느린 시간 앞에 경건해진다. 노동의 시간에서 나는 최선을 다했고 길 위에서 난 지금 한 편의 수필 그림을 그리고 있다. 아침마다 자전거 바퀴를 굴리면서 가슴 한가득 안겨 오는 자연의 정원을 품는다. 내가 한 번도 살아 보지 못했던 느림의 미학을 온전히 자전거 바퀴에 맡겨 볼 생각이다.

한 시간쯤 남편과 자전거 순례를 하면서 마음이 머무는 곳을 사진에 담기도 하고 새로운 나무의 종에 대해서 야생화에 대해서 묻기도 하고 남편과 눈높이도 맞추고 마음도 맞춘다. 참 오랜만에 우리는 새로운 세상의 길 위에서 따뜻해졌다. 꿈결처럼 지나 버린 한 생, 또 다른 길 위에서 내 인생을 뒤돌아본다. 가슴 저린 후회와 안도와 감사함이 물안개처럼 피어오른다. 사랑만 해도 부족한 시간이 남았다. 한 곳을 바라보면서 이제는 따뜻해지고 싶다.

이범욱

다락방

　잠시 잠깐 머물다 사라지는 실존의 정중동靜中動이다. 하늘엔 구름이 가고 바람이 불며 땅 위로는 물이 흘러내린다. 해와 달이 뜨고 지며 한낮의 빛과 그림자를 만들다 지나간다. 춘하추동에 사계의 탈바꿈을 하면서 한 해를 마감한다. 지구가 빠른 속도로 자전과 공전을 하지만 이를 체감하지 못한 채 멀어지는 지평과 수평선만 바라보고 있다. 광활한 시공의 우주 속에 작다면 작은 태양계의 별 중 하나인 지구다. 더 좁은 공간으로 찾아보아야 한국이 나오며 수많은 인총 중에 하나인 당신은 티끌이요, 미만의 존재다. 우주 팽창이 가속화되며 언젠가는 '빅뱅'으로 지구도 사라진다고 한다. 순간을 지치는 찰나에 고향이라는 지구를 떠나 어디론가 가야만 한다. 어디쯤 가고 있을까? 아무도 알 수 없는 우리의 운명과 우주의 역사다.
　일제의 강점기를 벗어나며 세상에 나왔으니 얼마 안 되는 역사의 소용돌이에 나쁜 것, 좋은 것, 쓴맛에 단맛을 다 보며 보낸 지난날이다. 농촌에서 도시로 다시 해외의 여기저기로 떠도는 집시 생활이었다. 70년대 군 복무를 마치고 국적 항공사에 취업을 하며 서울 미아동에 집을 마련했으나 바로 한강 이남 개발에 붐을 타고 신축 주택을 사서 목동으로 이사를 했다. 2남 1녀로 막내가 딸이다 보니 애정이 더 갔다. 하루 한날 천장에 칸막이가 떨어져 있어 고치려고 올라가는 발길이 부엌 옆방 위의 다락방으로 연결되는 통로다. 나도 모르게 뒤따라오던 딸내미가 합판을 헛 밟아 마루 위로 슬라이딩하며 떨어졌다. 미끄럼틀처럼 내려왔으니 천우신조에 아무런 탈도 없었던 지난날 다락방 사건이다.

　해외 지사 생활을 시작한 곳이 일본 도쿄다. 인구 밀도도 높고 물가도 비싸다 보니 셋집 구하기도 어려웠다. 다섯 명의 한 가족이 거실 하나에 두 개의 방으로 살아야 했다. 좁은 공간이지만 어느 누구나 방 따로 자기만의 공간을 갖고 싶어 하지만 있는 그대로 살기 마련이다. 한 방에 이층 침대를 놓으니 위층이 다락방이다. 오랜 떠돌이 생활에 염증을 느끼며 해외 근무도 탐탁하지 않았던 시절에 인도네시아 지사장 발령을 받으며 자카르타로 부임을 했다. 열대 지방에 땅덩어리도 넓은 지역이라 집은 넓고 크나큰 단독 주택이다. 인건비가 싸다 보니 식모에 운전기사며 가사도우미가 더 많았다. 아이들 학교 문제에 벌려 놓은 사업으로 나 홀로 부임을 하니 외로운 나날에 다락방 생각은 저 멀리 달아나 버리고 말았다.

　연어의 일생을 생각해 본다. 강에서 태어나 거센 바다로 나가 살다가 성체가 되면 자기의 고향인 강으로 거슬러 올라온다. 폭포를 만나면 물 밖으로 튀어 넘기며 물 고개를 넘긴다. 지키고 서 있던 곰은 튀어 오르는 연어를 통째로 한 입에 삼킨다. 연어가 회귀하는 계절이 되면 낚시꾼들까지 강가로 몰려들며 성시를 이룬다. 위기를 벗어나 살아남은 연어는 산란 장소를 찾아 알을 낳으며 후손을 남긴다. 지칠 대로 지쳐 기진맥진해진 연어는 생을 마감하지만 죽은 시체도 다른 동물들의 먹잇감과 식물의 거름이 되고 있다.

황혼의 엘리지에 연어처럼 물이 아닌 땅 길로 고향 산천에 귀의했다. 아이들도 짝을 만나 손주들이 태어나니 바통 체인지를 하는 릴레이 경기다. 대비하라! 대비하며 나름대로 준비된 땅덩어리에 사업장도 만들고 농사일도 할 수 있는 터전을 마련했다. 건물을 신축하며 영업장과 연결하여 후미에 살림집을 지었다. 손주들도 늘어나고 명절 때면 전 가족들이 찾아오니 여기저기 돌고 돌며 보아 왔던 다락방 생각이 난다. 방 하나에 위층으로 올라가는 손주들을 위한 꿈의 공간인 탄탄한 다락방을 만들었다. 세월이 지나다 보니 아무도 거들떠보지 않는 방이 되어 이것저것 잡동사니를 옮겨 놓는 창고가 되었다. 유관심에 무관심일까? 아이들도 커 가며 자기네 일에 바쁘고 오가는 기회도 줄어드니 이상과 현실의 괴리 현상이다. 가끔 한밤중이 되면 쥐들의 집합소가 되어 내달리며 찍찍대는 소리에 신경이 곤두서진다. 불현듯 돌아가는 바깥세상의 정치 이야기가 떠오른다. 다락방이 정치권 쥐들의 집합소가 되어서는 안 되겠다는 신념이다. 젊은이들이 꿈꾸며 그리고 있다는 다락방에서 또다시 '삶은 소 대가리' 소리가 나올까 하는 두려움의 한세월이 가고 있다.

이병훈

옥동자와 미군 장교

　조물주가 인간을 창조할 때 너무나 많은 공을 들인 것 같다. 아름다운 것을 구별할 줄 알게 눈을 만들었고, 즐거운 음악 소리를 듣고 감동할 수 있는 귀를 만들었으며, 은은한 난초 향기를 맡을 수 있는 코를 만들었다. 맛있는 음식을 먹을 수도 있고 모든 사람에게 감명을 줄 수 있게 말할 수 있도록 입도 또한 정성들여 만들었다. 하나하나 관찰하여 보면 감탄하지 않을 부분이 없는 것이다.
　그러나 조물주는 미처 몰랐을 것이다. 인간이 이 같은 창조의 신비를 하나씩 벗길 수 있게 될 뿐만 아니라 신체의 어느 부분이라도 남의 것을 이식시켜 주어진 생명을 연장시키고 행복하게 지낼 수 있게 할 수 있는 능력을 가지게 될 것이란 사실을….
　1975년 순천향병원에 근무할 때 일이다. 산부인과 과장이 찾아와 나에게 상담을 요청했다.
　"이 과장, 교환 수혈 해봤어요?"

"대학병원에서 많이 시술해 봤는데요."

"아주 드문 산모가 있는데 아마도 우리나라에서뿐만 아니라 세계적으로 아주 드문 일일 거요. 결혼한 지 10년이 지나면서 그동안 12번이나 유산이나 사산을 하였고, 이번에 13번째 임신인데 Rh 음성 산모라 아주 어렵겠어요. 임산부를 보낼 테니 자세히 설명을 해 주시지요."

산모를 만나 보았다.

"저는요, 이 세상에 아이만 살게 해 준다면 원이 없어요. 시어머니 뵙기도 정말로 어렵고, 주위 사람들이 항상 저한테 손가락질하는 것 같아요. 여자로서… 애 없는 여자라고요."

아이에 대한 희망과 함께 비장한 각오를 하고 있는 32세의 임산부였다.

" 'Rh 부적합증' 이라고 하는데요. 산모는 Rh 음성형이며 태아는 Rh 양성형이라 서로 피가 맞지 않아서 태아 적혈구가 파괴되어 빈혈이 심하게 오고 황달이 심해지는 증상을 '핵황달' 이라고 하는데 이것을 치료하기 위하여 출생 즉시 아기의 피를 모두 바꾸어 넣는 교환 수혈을 하는 것"이라고 자세히 시술 과정을 설명하였다. 그러나 1차 교환 수혈을 한 후 아기는 생후 3일 후 불행하게도 상태가 악화되어 다시 긴급 수혈을 하지 않으면 생명을 잃게 될 위기에 놓였다. Rh 음성 혈액형의 헌혈자를 찾기 위해 필자는 국내 각 TV 방송국과 미군 TV 방송국에 급히 방송을 요청했다. 이런 긴급한 사실이 전파를 타고 전해지자 얼마 되지 않아 두 명의 미국인이 전화를 걸어왔다.

병원으로 달려가겠으니 대기하고 있으라는 것이었다. 한 사람은 병원 근처에 사는 미군 사병이었고, 또 한 사람은 동두천에서 헬리콥터를 타고 온 미군 장교였다. 두 사람은 거의 동시에 병원에 도착하여 서로 먼저 헌혈을 하겠다면서 팔을 걷었다. 잠시 이야기를 나눈 후 장교가 사병에게 이렇게 말했다.

"나는 장교이며 또 이 갓난애와 같이 태어난 지 얼마 안 되는 아기를 기르고 있소. 내가 먼저 피를 뽑고, 피가 더 필요하면 그다음 당신이 뽑으시오."

그래서 결국 미군 장교가 헌혈을 하게 되었고, 아기는 두 번째의 교환 수혈을 신속히 받아 생명을 구하게 되었으며, 건강하게 잘 자라고 있었다. 순천향병원에서 기적적으로 태어났다고 하여 이름을 '순천'이라고 지었다고 한다.

아기가 제법 커서 5살이 지난 어느 날 병원에 건강 진단을 받으러 왔었다. 아기 엄마는 아주 기분이 좋게 순천이가 태어나기 전의 지난 이야기를 하였다.

"저는요, 아기를 업고 가는 여자를 보기만 하면 얼마나 부러웠는지 몰라요. 길을 가다가 멍하니 서서 아이를 쳐다보는 것이 저의 일이었고 초등학교 앞에서 아이들이 나오는 모습을 보면, 걸음을 멈추고 아이들이 다 나올 때까지 정신 나간 사람처럼 넋을 잃고 쳐다보곤 하였습니다. 아마도 누가 봤으면 완전히 미친 사람이라고 생각했을 거예요. 이젠 정신을 차리겠습니다."

그 후 이 아기의 어머니는 국내의 Rh 음성 혈액자 단체에 가입하여 한 달에 한 번씩 있는 모임에 빠지지 않고 꼭 참가하고 있으며, 필요한 때는 서로 헌혈을 하며 돕고 있다고 한다.

일반적으로 Rh 음성형인 사람들의 인구 분포는 백인이 15%, 흑인 5%가 되며 우리나라 사람들은 아주 드물어서 0.3% 정도라 간혹 사고가 날 수가 있다. 아직도 자신의 혈액형이 무슨 형인지 모르는 사람들은 누구나 자기가 Rh 음성이 아닌가 확인해 보고 이런 단체에 등록

하여 위급한 사람을 위해 사랑의 헌혈을 해 주었으면 하고 바라는 심정이다.

미국 사람들과 만난 자리에서 위와 같은 미군 미담을 이야기한 적이 있는데, 미국 사람이 제시하는 자동차 운전 면허증 뒷면에는 "내가 사망하면 나의 신체 모두를 기꺼이 원하는 사람에게 자원하여 바치겠다."라는 개인 서약들이 기재되어 있는 것을 보면서 일등 국민에 대하여 존경을 하게 되었다.

일반적으로 적출하는 장기는 순서가 있다. 몸에서 떼어냈을 때 손상이 빨리 오는 장기부터 비교적 오래 버틸 수 있는 장기 순이다. 통상적으로 심장은 4시간, 폐는 6시간, 간은 12시간, 췌장은 14시간, 신장은 24시간을 버틴다. 그래서 장기 이식하는 수술진들은 아이스박스를 들고 수술실을 향하여 100m 질주하듯이 달리게 되는 것이다.

자연과학이 계속적으로 발전하면서 인간의 귀중한 생명이 태어나게 되었으며, 우리도 이제는 어려울 때 서로 도와주며 헌신적으로 사랑을 하는 국민이 된 것이다. 그리고 사랑의 헌혈, 사랑의 장기 기증 등으로 인하여 생존하기 어려운 환자가 기적적으로 다시 살아나게 되었으며 헌신적인 사랑과 봉사 활동은 인류 역사에 영원히 빛나게 될 것이라고 믿는다.

이상우
✚

최초의 조찬

"새벽종이 울렸네"로 시작하는 '새마을 노래'가 한창이던 1970년 대에 농촌에는 밀레의 '만종'이, 도시 노동자에게는 푸시킨의 〈삶이 그대를 속일지라도〉의 액자가 1점 정도 걸려 있었다.

프랑스 화가 장 프랑수아 밀레의 '만종'은 석양이 물들어 가는 너른 들녘에서 한 가난한 농부 부부가 일손을 놓고 멀리 교회당에서 들려오는 종소리에 맞춰 고개 숙여 감사 기도하는 모습이다.

러시아 시인 알렉산드르 푸시킨의 시는 "삶이 그대를 속일지라도 슬퍼하거나 노여워하지 말라 슬픈 날에는 참고 견디라 즐거운 날은 오고야 말리니"로 시작한다.

성화 중에는 레오나르도 다 빈치의 그림 '최후의 만찬'이 명화 중의 명화이다. 예수님이 십자가 처형을 앞에 두고 열두 제자들과 유월절 만찬 장면을 그린 것이다. 예수님 오른쪽에는 요한, 유다, 베드로, 안드레, 야고보, 바돌로매, 왼쪽에는 알패오 아들 야고보, 의심 많은 도마, 빌립, 세리 마태, 다대오, 가나인 시몬 등이 세 명씩 그룹을 이루고 있다.

예수님의 의미심장한 말에 대하여 제자들이 깜짝 놀라는 장면의 그림이다. 식사 중에 예수님은 말씀하셨다.

"너희 중에 한 사람이 나를 팔리라."

제자들이 놀라 "혹시 저입니까?" "아니면 너냐?" "누구냐? 빨리 말해!"

서로가 의심하는 가운데 예수님이 말을 주셨다.

"내가 한 조각을 찍어다 주는 자가 그다."

예수님은 빵을 유다에게 주며 말씀하셨다.

"너는 가서 너 하는 일을 속히 하라."

제자들은 눈치 채지 못하고 총무인 유다에게 예수님이 심부름을 시키시는 줄 알았다. 떡을 떼고 잔을 나누고 식사를 마친 후에 예수님은,

"오늘 밤에 너희가 나를 버리리라."

이를 들은 베드로가 말했다.

"다른 제자들이 다 주를 버리더라도 저는 절대로 주를 버리지 않겠습니다."

"베드로야, 잘 듣거라! 오늘 밤 닭 울기 전에 네가 세 번 나를 부인하리라."

"내가 주와 함께 죽을지언정 주를 부인하지 않겠습니다."라고 했지만 세 번 부인한다. 이상이 '최후의 만찬'의 설명이다.

시몬 베드로와 디두모라 하는 도마와 갈릴리 가나 사람 나다나엘과 세베대의 두 아들과 또 다른 제자들이 함께 있다가, 베드로가 나는 물고기 잡으러 가겠다 하니 다 따라나서 배에 올랐으나 그날 밤에

는 아무것도 잡지 못했다.

날이 새어 갈 때쯤에 예수께서 디베랴 호수 가에 서셨으나 제자들이 아무도 알지 못하였다.

예수께서 "애들아, 너희에게 고기가 있느냐?" 묻고 대답이 없자, "그물을 배 오른편에 던지라. 그리하면 잡으리라." 하시니, 그대로 하여 물고기를 많이 잡았다. 그러자 제자 중 한 사람이 예수인 줄 알고 작은 배로 물고기 든 그물을 끌고 나왔다. 육지에 올라와 보니 숯불이 있는데 그 위에 생선이 놓였고 떡도 있었다. 예수께서 지금 잡은 생선을 좀 가져오라 하시니, 베드로가 그물을 끌어올려 세어 보자 큰 물고기가 153마리 잡혔다.

예수께서 "와서 조반을 먹으라."

예수님이 부활하신 후에 세 번째로 제자들에게 나타나신 것이다. 조반을 먹은 후에 예수께서 시몬 베드로에게,

"요한의 아들 시몬아! 네가 이 사람들보다 나를 더 사랑하느냐?" 물으니,

"내가 주님을 사랑하는 줄 주님께서 아시나이다."

"내 어린 양을 치라."

똑같은 질문을 3번 하셨다. 어쩌면 최후 만찬에 베드로에게 3번 부인할 것을 예언한 말에 대한 같은 취지인 것 같다. 그런 의미에서 '최후의 만찬'과 대비되는 '최초의 조찬'이라 칭하고 싶다. '최후의 만찬'은 이 세상에서 제자들과 하직하는 모임이고, '최초의 조찬'은 하늘나라에 들어가기 위한 제자들과 모임이기 때문이다. 조찬 후 예수님은 제자들이 보는 가운데 하늘로 올라가셨다고 한다. '최후의 만찬'을 그린 다 빈치처럼 그림에 조예가 있는 화가가 '최초의 조찬'을 그린다면 고발자 가룟 유다는 없다. 거짓말을 한 베드로, 권세욕 많

은 세베대의 두 아들, 의심 많은 도마, 뿔뿔이 흩어졌던 제자들의 모습을 어떻게 그릴지가 궁금하다. 떡과 생선을 굽는 것은 '오병이어'의 역사를 회상시키는 대목이다. 군중을 땅에 앉게 하여 어린이가 가져온 떡과 생선을 구워 5천 명을 먹이고 열두 바구니가 남은 기적이 하늘나라에서는 일상이라는 암시 같다. 하늘나라는 인위적인 만찬장이 아닌 숯불에 생선을 구워 실의에 빠진 제자들과 담소하므로 새로운 세상을 펼쳐 보인 것은 아닐까? 명화로 그려진다면 외롭고 쓸쓸한 사람들에게 위로가 될 것이다.

이석복

김일성에 속아 대한민국을 배반한 김구

문재인 정권 때 발생했던 탈북 어민 강제 북송 사건과 해수부 공무원 피살 사건을 대하면서 정상적인 국민이라면 누구나 문재인 전 대통령의 정체성에 의구심을 가지지 않을 수 없을 것이다. 나는 문득 15년 전 김구 선생과 관련된 사건의 데자뷰를 보는 것같이 느껴졌다. 때는 2007년 12월이었다. 당시 노무현 정부는 임기 종료 2개월을 앞둔 시점에서 서둘러 2009년에 김구 선생의 초상이 들어간 10만 원권 화폐를 발행하기로 결정했었다.

그 당시 국민들의 여론 조사에서 박정희 전 대통령과 이승만 건국 대통령이 1, 2위를 한 것으로 알려졌었는데 김구를 선정한 것에 당연히 의구심이 갔다. 나는 김구 선생에 대해 보통 사람들이 모르는 다른 모습이 숨겨져 있을 것이라고 생각하고 수소문하였더니, 2건의 경악할 만한 김구 관련 자료를 수집할 수 있었다.

첫 번째 이승만 박사의 양아들인 이인수 박사가 영문으로 된 김구의 자료를 갖고 있다는 소식을 들었다. 이인수 박사를 만나서 자료를 확인해 보니 중국의 장개석 총통이 파견한 주한공사이며 유엔 한국 위원단의 일원으로 활동한 '유어만 공사'가 1948년 7월 11일 김구를 방문하여 약 1시간 정도 대담한 내용으로 유엔UN에 보고한 내용이었다. 그 시기는 김구가 남북 연석회의(1948년 4월 19일)에 초대받아 북한 김일성을 만나고 돌아온 후 3개월쯤 되었던 시기였다. '유어만 공사'가 장개석 총통의 진지한 요청이라며 김구에게 곧 수립될 이승만 정부에 협조해 주는 의미에서 부통령직을 수락해 줄 것을 강력하게 설득하는 내용이 많은 부분을 차지하고 있었다.

그러나 김구는 "한국이 정부를 수립하면 곧 소련은 기습 공격하여 남쪽에서 어렵지 않게 조선인민공화국이 선포될 것"이라고 하면서 이승만 정권에 협조할 뜻이 없음을 분명히 하고 있었다. 또한 김구는 자기가 1948년 4월에 북한이 개최한 남북 지도자 연석회의에 가게 된 것은 북한의 실제 모습을 보고 싶어서였다며 "한국이 아무리 애를 써서 국군을 키운다 해도 북한군에 절대 미치지 못할 것"이라고도 한 것으로 기록되어 있었다.

그렇다면 김구는 6·25 전쟁 이전에 북한 김일성과 소련군의 침공 의도를 알고 있었다는 것이 아닌가? 그러고도 남북 연석회의에서 전쟁의 기미를 알면서도 시치미를 떼고 국민을 기만했고 반反대한민국 행태를 보인 것에 분노와 배신감을 느끼지 않을 수 없었다. 민족의 지도자로 알고 따르던 국민을 배신한 것이 아닌가?

두 번째 자료는 고려대 명예교수로 계시던 한승조 교수가 제공해 주었다. 이 자료는 1985년 일본 월간지 《세계世界》 8월호에 "해방 40년을 맞이하여"라는 제목으로 동 잡지사의 야스에 료스케安江良介 씨가 김일성을 만나 1985년 6월 9일 대담한 내용 중 김구에 관련한 일본어로 된 내용이었다. 마침 집에 모시고 계신 장모님이 일본어가 유창하셔서 번역을 부탁드렸었다.

김구는 1948년 초 김일성에게 만나고 싶다는 편지를 비서를 통해 보냈고, 김일성은 김구의 비서에게 환영한다는 답을 보냈다. 김일성은 평양에서 개최된 남북 연석회의에 참가한 김구와 여러 차례 만나 대화를 나누었다. 김구는 김일성에게 "북조선의 공산주의자는 이전의 자기가 보아 온 공산주의자와 다르며, 당신 같은 공산주의자라면 손을 맞잡고 조국의 통일을 위해 함께 싸울 수 있겠다."라고 했다는 것이다.

또한 김구는 남조선에 돌아가 투쟁을 일으켜 성공하지 못하게 되면 다시 올 생각이니 여생餘生을 보낼 수 있게 과수원 하나를 주기를 바란다고 부탁했고, 김일성은 그렇게 해 주겠다고 했다고 기록하고 있었다. 일본인 기자와 김일성 간의 대화라는 점을 감안하더라도 적어도 김구가 공산주의 애송이인 김일성에게 자기 일신의 안락을 위해 보여 준 행태가 교활하고 비겁하기 그지없어 허탈해진 내 마음을 추스르는 데 시간이 한참 걸렸다.

그런데 이명박 정부가 출범한 후 김구 초상이 들어간 10만 원권 지폐 발행 계획을 취소한 것은 그나마 천만다행이었다. 김구는 이승만 박사를 지지하는 한민당의 장덕수를 김구의 한독당 당원들이 1947년 12월에 암살하여 그 배후로 지목받기 전까지는 이승만 박사와 뜻을 같이했던 것으로 알려졌다. 김구는 이승만 박사를 줄곧 '형님'으로, 웃어른으로 모셔 왔던 사람이었다. 그러나 장덕수 암살 사건 이후 이승만 박사가 남한만으로 대한민국 정부 수립을 하는 것에 대해 표면적으로는 남북한 통일 정부를 지향한다는 명분으로 대립하기 시작했다.

김구가 "남북한 통일 정부 수립이 불가능한 것은 소련의 스탈린과 그 수구인 북한의 김일성 때문"이었다는 것을 모를 리가 없었다. 그런데도 이승만과의 협력을 거부한 것은 누가 부추겼던지 본인의 집권 욕심[貪], 암살 배후 지목에 대한 분노[嗔], 공산당의 실체와 국제 정치적 환경에 대한 무지[痴]에 기인했던 것으로 보인다. 결국 김구 선생은 우리나라 독립을 위해 평생 헌신한 독립 투쟁 지도자였음은 틀림없으나 한탄스럽게도 탐貪, 진嗔, 치痴를 벗어나지 못한 정치인이었으며, 특히 아들뻘 되는 김일성에게 속아 대한민국을 배반한 인물로 최종 평가할 수밖에 없다.

　만약, 김구가 정말 민족의 지도자였다면 그 당시 북한에서 획득한 남침 전쟁의 위기를 이승만과 만나서 즉각 대비를 하였다면 6·25 전쟁의 동족상쟁을 막았거나 피해를 최소화할 수 있지 않았나 하고 생각하면 끝없는 원망이 치솟는다. 전쟁의 참화가 다가오는데 알면서도 시치미 떼고 신생 대한민국의 정쟁政爭의 중심에서 극한 대립을 방관하다가 1949년 6월 26일 암살되었다.

　나는 왜 우리나라 좌익 정부와 좌익 인물들이 김구 선생을 치켜세우는지, 왜 서울 효창공원과 광주 학동에 백범 김구 기념관이 버젓이 세워져 있는지에 대하여 그 이유를 이제 정확하게 알 수 있을 것 같다. 좌익 사관에 의해 쓰여진 우리나라 현대 역사는 지체하지 말고 바로잡아야 건국의 애국자들과 부국강병의 선현들 그리고 미래 번영의 후세들에게 우리의 책임을 다하는 것이리라.

이숙진

바람이 불어도

고향 집 뒷산에 수령 칠백 년으로 추정되는 반송나무 한 그루가 있었다. 용의 모습으로 휘감은 수형이 경이로워 샤머니즘적 기운마저 감돌았던 나무다. 반송은 줄기가 밑에서부터 여러 갈래로 갈라지는 것이 특징이다. 바깥 모습이 둥그스름하고 부챗살 모양이다. 문중의 정자인 '침류정'을 옮긴 터에 심겨 줘서, 터를 가득 메울 정도로 넓게 자리 잡았다. 몸통의 넓이가 친구 서넛 걸터앉아 놀기도 좋고 누워서 책 읽기도 마침맞았다. 유년에 걸핏하면 『허클베리 핀의 모험』, 『톰 소여의 모험』 등 동화책을 들고 올라가서 해가 기울도록 내려올 줄 몰랐다. 그 반송나무가 안동시의 보호수로 지정되었으나, 여러 해 전 큰 바람이 불어서 폐사되었다는 안타까운 소식을 들었다.

인간의 힘으로는 도저히 대적할 수 없는 바람의 힘을 어찌하랴. 유난히 바람이 많은 해는 대추가 풍년이다. 굳이 벌, 나비가 암술과 수술의 가려운 곳을 긁지 않아도, 나무초리를 흔들어서 열매가 열리는 요술을 부린다. 이 모두 느꺼운 바람의 힘이다.

선바람에 솔숲을 걸어도 바람이 일 때는 설렘으로 솔깃하다. 바람 일어 좋은 날은 정녕 연분홍 꽃잎 사연이 있을 때만의 일이던가. 바람길 따라 걷다 보면, 고샅길을 지나 에움길이 나타난다. 모퉁이에 한 모라기 바람이 불어 부도난 가게의 셔터를 흔든다. 흔들리지 말고 신바람 나게 열리는 날은 언제일까. 봄날 바람결에 내리는 꽃비도 좋지만, 역병의 된바람이 후미진 골목까지 찾아드니 바람이 인다는 것은 정녕 고슴도치 딜레마와 같은 것일까.

바람의 꼬리가 다 지날 때까지 파도처럼 출렁이는 보리밭 이랑의 춤사위는 또 어떤가. 파도가 거품을 무는 일도 바람이 일어야 가능하다. 바람이 일면, 몽돌해변의 끝자락에서 서로 부딪치는 소리가 대글대글하다. 완도 몽돌해변에서 몇 음계일지도 모르는 소리를 각자의 곡선대로 젖어들던 그 아릿한 추억도 바람 일어 좋은 날이어서 가능하다. 그 어떤 바람 이는 소리도 이처럼 저며 들게 아름답지는 않을 것이다.

바람이 든다면, 일단 가을무가 생각난다. 바람 든 무는 쓰임을 받지 못하고 버림을 받게 된다. 혹시라도 포장에 틈이 생겨 바람이 발자국을 남기게 되면 골다공증에 걸려 허벅허벅해진다. 누가 그랬던가. 신문지에 돌돌 싸서 한 번 더 비닐로 바람을 차단하고 박스에 세워서 그늘에 보관하면 결이 쫀쫀하게 살아 있다고…. 그 무는 새봄이 올 때까지 무나물이나 소고기뭇국을 끓일 때 요긴하게 쓴다. 아무리 요요한 사람도 흰소리나 해대며 바람이 든 자는 인정받지 못한다. 진중하지 못하고 경거망동하여 객쩍은 헛바람만 잔뜩 든 사람의 말을 누가 믿어 주겠는가.

얼굴이나 몸에 바람이나 연기, 햇빛 따위를 직접 받는 현상을 바람을 쐰다고 한다. 바람을 쐬는 일은 사물이나 사람에게 모두 유익한 일이다. 볕 좋은 날 된장, 고추장 항아리 뚜껑을 열어서 바람을 쐬게 해 준다. 바람과 햇볕이 함께 지나가며 모의해야 숙성이 깊어 들큼해진다. 겨우내 옷장에 빼곡히 걸려 있는 옷들을 내다 바람을 쐬는 일도 중요하다. 자칫 큼큼하고 습한 기운도 바람길이 있어야 보송해진다.

대선판에서는 바람 타는 자 수도권 선점한다는 활자가 크다. 누구는 동남풍, 누구는 서남풍이라는 활자가 컬러로 요란하다. 요즘 같은 선거철에 병풍이니 북풍이니 하는 흑색선전이 난무하는 것도 헛바람이다. 가장 세차게 부는 바람은 '내가 하면 로맨스 남이 하면 불륜' 같은 카더라 통신이다. 이 모든 게 국민 수준을 낮추는 형이하학적인 바람이다. 이런 나라의 국민이라는 자체로 자존감에 상처를 입는다. 멋진 정책을 발표하고 서로를 배려하며 존중하는 형이상학적인 바람은 진정 불기 힘든 일일까. 미국 뉴욕 시장 선거 바람이 불었을 적에는 '피시 게이트Fish gate'라는 신조어까지 생겼다. 후보가 나는 비건Vegan이라고 선전했는데, 레스토랑에서 생선 먹다가 들통 나서 비건이 아니라 페스코Pesco라고 변명했다. 비건이면 어떻고 페스코면 어떤가. 정확하게 팩트를 말하지 못한 게 패착이다. 과장된 선거 바람이 불면, 손톱 밑에 거스러미조차도 크나큰 혹으로 부풀려진다. 과연 사람의 마음을 움직이기에는 어떤 바람이 좋을까. 달을 따라 바닷물이 움직이고 해를 따라 꽃이 움직이는 자연의 섭리에 순응하는 바람이 가장 바람직하지 않을까.

뭇 사내들이 만약 바람이라면, 메릴린 먼로의 치마 밑에서 불고 싶겠지. 지구의 반을 차지하는 그들은 그리스나 로마 유적지보다 먼로의 치마 속 유적지가 더 궁금할 터. 어쩌나, 섹슈얼한 먼로 이야기가 나오니 또 남녀상열지사가 생각나네. 하룻밤 자고 만리장성 쌓으러 가지 말고 자중할 일이다. 사람의 관계가 어찌 에롬시롬이 없으랴. 꽃을 피운다는 것은 아름답고 성스러운 일인데, 바람을 피운다는 것은 가장 비겁하고 무책임한 일이다. 인간관계에서 신뢰가 깨지는 원인이다. 어리석은 우리네 삶의 남루다. 느닷없는 회오리바람이 불어도 다시 태양은 떠오르니, 역시 바람은 지나가는 것이리라.

 폐사된 반송나무를 다시 만날 수는 없지만, 다시는 싹쓸바람이 불지 않기를 바랄 뿐이다. 다만, 그저 해 뜰 참에 살그미 부는 명지바람만 오기를….

이순영

어린 날의 초상

순간, 깜짝 놀라 눈이 떠졌다. 해가 중천이다. 학교에 지각이다.
허겁지겁 일어나 세수하고 윗목에 있는 밥상을 잡아당긴다. 밥보자기 위에 쪽지 한 장이 있다. "순영아, 엄마가 오늘은 윗마을에 일하러 간다. 아기 깨워 밥 먹이고 싸 놓은 밥공기 들려서 옥희네 집에 데려다주고 학교 가거라."
여동생은 네 살, 나는 초등학교 4학년이다. 1960년대 말, 정부에서 보릿고개를 벗어나려고 발버둥 치던 시절이다. 땅 한 평 없던 우리 집은 부모님이 남의 집에 품팔이하여 생계를 이어 갔다. 이웃집에는 초등학교 졸업하고 중학교 진학을 하지 못한 누나가 홀치기하며 집안일을 돕고 있었다.
서둘러 동생을 깨워 아침은 먹는 둥 마는 둥, 보자기에 싼 보리밥 한 그릇 챙겨 들고 이웃집으로 향한다. 등교가 늦어 마음이 급해진 나는, 옥희 누나 집을 백 미터쯤 앞에 두고 동생에게 말했다. "내가 늦었는데, 너 여기서부터 혼자 갈 수 있지? 어서 가. 오빠 학교 간다." 나는 얼른 뒤돌아서 학교로 뛰었다. 늦잠 들어 지각할까 봐 마음이 급하다.

잠시 기분이 묘하다. 뒤를 힐끔 돌아보니 동생이 슬금슬금 뒤따라 오고 있는 것이 아닌가? "야, 너 언니네 안 가고 왜 따라와? 빨리 가!" 손을 들어 혼내는 시늉을 했더니 동생은 얼른 뒤돌아 뒤뚱뒤뚱 이웃집으로 걸어간다. 학교를 향해 두어 발짝 걷다가 돌아보니 다시 내 뒤를 따라오고 있다.

"야, 오빠 말 안 들을 거야? 오빠 학교 늦는단 말이야. 어서 가~ 어서!" 동생 표정이 일그러진다. 입이 삐죽삐죽, 금방 울음이 터질 것 같다. "싫어, 나 언니네 안 갈래. 매일 언니네 가서 혼자 있기 싫단 말이야. 나 오빠랑 같이 학교 갈래." 순간 화가 치밀었다. 한 걸음에 쫓아가 머리를 쥐어박았다. 동생은 많이 아팠는지 울며 말한다.

"알았어! 오빠, 나 혼자 언니네 갈게. 때리지 마, 응?" 동생은 잔뜩 겁먹은 표정으로 다시 돌아갔다. 논길을 넘어질 듯 급하게 걸어간다. 한쪽 손으로는 눈물을 훔치며 힐금힐금 뒤를 돌아다봤다.

갑자기 마음이 아려 왔다. 동생이 불쌍해 눈시울이 붉어진다. 혼낸 것이, 때린 것이 미안하다. 아직 어려 엄마랑 같이 있고 싶을 텐데. 어쩔 수 없는 상황에 보잘것없는 오빠지만, 그나마 같이 놀고 싶은 것은 당연한 일인 것을, 저 어린 것이 무슨 죄가 있다고 때리며 윽박지른단 말인가.

나는 달려가서 동생을 부둥켜안았다. 동생은 또 때릴까 봐 잔뜩 겁먹은 표정이다. 등에 대각선으로 둘러맨 책보를 풀어 허리춤에 묶었다. 그리고 동생을 업고 학교로 내달렸다. 빨리 가자. 이미 온몸은 땀으로 범벅이다.

학교는 도착했는데 동생은 어떡하지? 그렇다고 교실에 데리고 들어갈 수는 없는 일 아닌가. 망설이다 운동장의 그네로 갔다. "동생아, 너 여기서 그네 타고 놀고 있어. 오빠가 공부 끝나면 빨리 올게. 혼자 있을 수 있지?" 그나마 다행인 것은 교실이 운동장의 그네와 가까웠다. 수업을 받으며 운동장 쪽을 자꾸 바라보게 된다. 동생이 혼자 울고 있지 않을까 걱정이 되어서다.

첫 시간을 마치는 종소리가 울리자 나는 쏜살같이 운동장으로 달려갔다. 동생의 얼굴에 눈물 자국이 보인다. 다음 수업이 시작되어 막상 나와 헤어지면 운동장에 있던 아이들은 한 명도 보이지 않고, 네 살배기 동생 혼자 덩그러니 남게 되니 얼마나 무섭고 싫었을까. 내 마음이 슬퍼진다.

수업이 끝나면 다시 오고, 시작되면 교실로 가고, 그리고 마음과 눈동자는 창가를 기웃거리고….

드디어 모든 수업이 끝났다. 운동장으로 달려가 보니 동생은 흐른 눈물 자국 그대로 그네에 기대어 졸고 있다. "동생아, 오빠 수업 끝났어. 이제 집에 가자. 가면서 재미있게 놀자." 동생은 활짝 웃었다. 동생의 손을 잡고 집으로 향하니 마음이 홀가분하다. 이제 걱정이 끝났다.

논길을 걸으며 삘기도 뽑아 주고, 목화밭에 아직 피지 않은 목화도 따서 같이 나눠 먹었다. 달리기 시합도 하고 풀밭을 뒹굴기도 한다. 한참 놀다가 동생의 손을 잡고 다시 집을 향해 걸었다. "오빠가 옛날 얘기해 줄까? 옛날 옛날에…." 동생이 멈춰 섰다. "오빠, 나 다리 아파."

"그래그래." 어린 것이 왜 아니 그렇겠는가. 몇 시간 동안을 운동장에서 혼자 쓸쓸하게 지내며 눕지도 못하고 얼마나 피곤했겠는가.

책보를 등의 대각선에서 허리에 고쳐 매고 동생을 업었다. 동생은 좋아한다. "동생아, 오빠는 네가 좋다. 너는?" "응, 나도 오빠가 좋아~." "동생은 커서 뭐가 될 건데?" "…….." 등에 업힌 동생은 벌써 잠이 든 모양이다.

들판이 푸르다. 내 등에서 새근새근 잠든, 이 세상에 하나밖에 없는 동생이 사랑스럽다. 어두워지면 어머니께서 바삐 돌아오시겠지.

누이동생은 다행히 행복하게 살고 있다. 이 세상 유일한 오빠와 누이동생 단둘만의 오누이 사이로 내게는 부모님이 남겨 주신 금쪽같은 혈연이다. 잘 가거라! 오늘의 행복을 가져다준 잊지 못할 어린 날의 초상이여….

이승철

갈매기 섬 홍도

홍도는 갈매기 섬이다.

행정구역으로는 통영군 한산면 매정리에 속해 있지만, 거제도 남쪽 해상에 위치하고 있어서, 거제 해금강에서 더 가깝다. 해금강에서 보면 조개를 세워 놓은 듯한 섬이 수평선 위에 가물거린다. 원래는 이 섬이 거제도에 속해 있었는데, 1910년 한일 합방 후 한산도가 통영 땅이 되고부터 이 섬도 통영에 속하게 되었다.

해금강에서 20해리 정도 떨어져 있는 홍도는 통통배로 한 시간 정도 걸린다. 대소병대도大小竝臺島를 거쳐서 왕관섬, 낚시섬을 지나면 마치 보물섬 같은 섬이 나타난다. 이 섬이 갈매기 섬 홍도다.

이 섬은 갈매기 서식지로도 유명하지만 1906년 3월 10일에 설치된 등대가 있다. 이 등대는 남해안의 뱃길을 안내하는 역할을 한다. 섬 전체가 갈매기로 뒤덮여 있어서 갈매기 섬이라 부르기도 한다. 깎아 지른 듯한 벼랑 위에 우뚝 솟은 등대가 밤이면 별빛처럼 빛난다.

옥색처럼 푸른 바다에 검은색 돌산이 바다를 박차고 솟아 있다. 돌산 위에 흙이 얕게 덮여 있고, 그 위에 풀이 자라서 갈매기의 보금자리가 되었다. 섬을 오르는 길은 동쪽과 서쪽 절벽을 타고 오르는 길이 있다. 벼랑을 깎아 만든 층층계단이다. 계단 옆에 설치해둔 쇠줄을 잡고 아슬아슬한 곡예를 하면서 조심스럽게 기어오르면, 이마엔 땀이 방울방울 솟아나고 등에서는 식은땀이 난다.

발아래 까마득한 절벽과 푸른 바다의 파도가 일렁일 때마다 아찔하고 무섭다. 발을 잘못 디디면 천길 절벽 용궁으로 직행한다. 아무리 추운 겨울에도 이 길을 오르면 땀이 난다.

억겁億劫의 세월 동안 풍랑에 깎이고 씻긴 바위산이 만물상같이 괴기절묘하다. 이 섬은 어디를 가도 천길 절벽이다. 서쪽 바닷가에는 동굴이 뚫려 있고, 그 사이로 작은 배가 겨우 다닐 정도다. 동쪽 끝에는 병풍처럼 생긴 바위산이 둘러져 있어 배가 정박하기에 용이하다.

낯선 방문객을 신기한 듯 쳐다보는 갈매기의 영롱한 눈, '끼룩끼룩' 하며 반기는 소리는 파도 소리와 더불어 더욱 정감이 간다. 이 섬에는 옛날에는 기러기가 날아와서 월동한 섬이라고 해서 기러기 홍, 홍도鴻島란 이름이 붙어졌다고 한다. 언제부턴가 기러기는 자취를 감추고 갈매기의 소굴이 됐다.

갈매기는 괭이갈매기, 잿빛갈매기, 붉은부리갈매기 등 여러 종류가 살고 있는데 이곳에는 붉은부리갈매기가 주종을 이룬다. 갈매기는 6월 중순 경에 두세 개의 알을 낳는다. 새끼 갈매기는 생후 20일이 되면 나는 연습을 한다. 어미 갈매기는 새끼를 높은 벼랑에서 떨어뜨려 살아남는 놈만 기른다. 이런 시험은 험한 바다에서 자연과 싸우며 살아가는 인내와 자립심을 길러 주는 갈매기의 자생적인 교육이라 한다.

갈매기는 서정적인 시와 노래의 대상이 되기도 하고, 뱃길을 인도하는 길잡이 역할도 한다. 또 부부 금실이 좋은 애정의 새로 알려진 길조吉鳥다. 사랑하는 애인과 이별을 하면 외로워도 혼자 살아간다. 이런 갈매기들의 지조를 보면서, 변치 않는 사랑이야말로 얼마나 숭고한가를 새삼 느끼게 된다. 바위틈에 둥지를 틀고 세찬 바람이 불어와도 알을 품고 있는 자애로운 모습, 그 빛나는 눈동자는 바다를 지배하는 군자답게 기상이 넘친다.

홍도는 외딴 섬으로 갈매기가 서식하기 좋은 자연적인 조건을 갖추고 있다. 섬 주위 바다는 많은 종류의 물고기가 서식하고 있어서 식량 구하기가 쉽다. 그러나 요즘 와서는 갈매기 알이 정력제라며, 몰래 수습收拾해 가고, 갈매기의 생태계를 연구한답시고 찾아오는 학자, 그리고 사진작가들이 산실의 문을 두드리며 고요한 그들의 보금자리를 짓밟아 버린다. 유식한 인간들, 정력을 과시하려는 무례無禮한 행동들을 갈매기는 얼마나 원망할까?

자연을 지킨다는 것은 곧 우리 인간들의 삶과 터전을 더욱 복되게 한다. 사람을 두려워하지 않고 미워하지 않는 갈매기가 남해안 바다 곳곳의 섬마다 보금자리를 갖고, 바다의 연가를 들려주는 평화로운 날이 오길 바란다.

"끼이룩 끼이룩 호이호 끼이룩."

은하의 물결 위에 갈매기의 노랫소리가 평화롭게 들린다.

통영에 속해 있는 갈매기 섬은 옛 고향 거제를 그리워하고 있다. 갈매기의 소원을 풀어 줄 날이 언제 오려나?

홍도의 갈매기 섬이 옛 고향인 거제로 돌아오길 기다린다.

이영순
■

향기로운 말

　사람들은 살면서 언어생활과 불가분의 관계에 놓여 있다. 매일 수많은 말을 하면서 또 들으면서 살고 있다.
　우리가 하는 언행은 자신의 내면을 드러낸다. 그 내면이라는 것이 때로는 단순히 생각이나 느낌에 관계된 것이기도 하지만, 어떤 때는 자신의 존재나 정체성을 나타내기도 한다.
　만나는 사람의 수효만큼이나 대화하는 언어의 질량도 다양하다. 그리하여 관계 형성에 있어 좋은 관계나 나쁜 관계도 모두가 부려 쓰는 언어로부터 비롯될 때가 많다. 진실되고 품위 있는 말씨나 부드럽고 친절한 말씨, 겸허하고 긍정의 말씨는 서로 간에 좋은 관계를 맺게 한다. 때로는 짧은 대화가 상대방에게 용기와 지혜를 주기도 한다.
　언어생활을 통해 말을 배우며 글자를 배우고 또 삶의 지혜를 배운다. 그렇기에 삶의 질을 높여 주는 좋은 말은 상대방에게 기쁨을 준다. 그러기 위해서는 우리말 공부에 관심을 갖고 열심히 배우면서 상대의 말도 겸손한 자세로 경청해야 할 일이다.

또한 좋은 책을 통하여 향기가 나는 말과 언어를 익혀서 실제로 활용하려 애써야겠다. 그렇게 하면 자신도 모르게 언어생활에 있어 더 아름답고 향기로운 말씨를 사용하게 될 것이다.

부드럽고 좋은 말은 인간관계 형성에도 도움을 준다. 저속한 말, 너무 피상적이고 충동적으로 겉도는 말, 자기중심적이고 무례한 말을 쓰지 않아야 한다.

그렇다. 우리 마음과 삶의 태도부터 밝고 맑게, 곱고 선하게 가꾸어야 한다. 이러한 마음은 자연스레 부드럽게, 상냥스럽게, 아름답고 따뜻한 말씨와 언어로 타인을 즐겁게 하고 기쁨으로 배려하게 될 성싶다. 그러면 말에 대한 향기가 많이 퍼지지 않을까….

예쁜 말은 좋은 관계를 형성한다. 늘 가까이 대하는 가족과 친지와 이웃, 동아리에서의 만남에 있어 친하다 하여 생각 없이 주고받는 말로 인해 오해와 상처를 입는 일이 종종 있다. 초면에 말을 잘못하여 좀처럼 좋은 관계가 이루어지지 않는 경우를 보더라도 참으로 말을 잘하기는 어렵지 않나 싶다.

말과 글에도 나름의 따뜻함과 차가움이 있다. 또 말과 글은 머리에만 남겨지는 게 아니며 가슴에도 새겨지게 된다. 하여, 겸허한 자세로 상대방을 존중하고 배려하는 따뜻한 말을 한다면 그 아름다운 언어의 향기가 퍼져서 서로 친한 사이가 될 것이다.

살다 보면 이따금 언어 사용의 어려움을 겪을 때도 없지 않다. 오랜 병석에 누워 있는 환우나, 사랑하는 이와 사별의 슬픔을 겪고 있는 이에게, 또는 사업에 실패했거나 시험에 떨어진 이에게 무어라 어떻게 위로의 말을 건네야 할지 모를 때가 있다. 물론 합당한 말이 없는 것도 아니겠지만 막상 표현을 하려면 생각이 쉽게 나지 않을 때가 있다.

　차라리 좋은 일이 있을 때 축하나 감사의 말을 건네는 편이 쉽고 편하지 싶다. 말주변이 없어도 상대의 마음을 움직이는 말 한마디의 습관으로 "감사합니다", "고맙습니다" 또는 반대로 같은 인사를 받는다면 왠지 모르게 마음이 편안해진다. 최면 효과의 유효 기간이 3초라는 말도 있다.

　우리는 누구나 사람과의 접촉을 원한다. 표면상으로는 드러나지 않더라도 따뜻한 사람의 향기 나는 말을 하는 사람에게는 그 마음에 닿고 싶어 한다. 따뜻한 분위기에 편안한 사람은 상대방의 얼굴, 목소리, 패션, 동작 등을 모두 칭찬하고 있는 듯한 착각에 빠지게 한다.

　"칭찬을 잘하는 사람과는 언제든지 만나고 싶다."라는 말은 칭찬받고 기뻐하지 않는 사람은 없다는 말과 같다. 누구나 자신을 인정해 주길 바라고, 설령 빈말이라는 걸 알면서도 역시 기쁜 마음을 감출 수가 없다.

　겉치레의 말을 그저 늘어놓는 것이 아니라, 상대가 속으로 자랑스럽게 여기고 있는 점을 발견하여 '향기로운 말'을 할 수 있게 된다면, 그는 이미 칭찬에 능숙한 사람이다. 누구든지 사람의 행동은 칭찬받는 것에 매료되어 있어 그에 따라 '따뜻한 사람', '편안한 사람'으로 인식될 것이다.

　남에게 기쁨을 주는 향기로운 말씨, 온유하고 겸손한 마음에서 우러나오는 말씨, 남을 사랑하고 이해하며 아끼는 말씨, 그리고 이웃에 대한 믿음과 신뢰가 가득 찬 말씨를 해야 하지 않을까 싶다.

이외율

사랑은 받는 것이 아니라 주는 것

　나는 삼 남매 중 막내로 태어났다. 그것도 형과의 터울은 열 살, 누나와의 터울은 다섯 살이니 부모님으로부터 사랑은 독차지했다. 가끔 형이 왜 막내만 챙기느냐고 어머님께 항의하면 내 부모님의 답은 막내는 부모를 제일 적게 보잖아였다. 그렇다 보니 무슨 맛있는 음식이 들어와도 형과 누나의 몫은 없어도 항상 내 몫은 있었다. 가끔 부모님이 시골 장터를 다녀오셔도 꼭 내 몫이 있다 보니 부모님이 어디 출타하시고 나면 나는 형과 누나로부터 미움을 살 때가 많았다. 그러면 나는 부모님께 또 일러바쳐 형과 누나가 부모님으로부터 혼날 때가 있었다. 일이 이쯤 되다 보니 나에 대한 부모님의 사랑은 두터워졌고 형과 누나로부터는 따돌림을 당할 때가 많았다.
　그렇게 20여 년을 어머님의 사랑을 독차지하다 보니 나는 어련히 사랑받는 사람이라고 생각했고 또 사랑을 독차지하기 위해서 군에 입대했을 때도 상사에게, 결혼을 하고 나서도 부인을 사랑하는 것은 고사하고 집사람이 애들 때문에 나에게 관심이 적게 보여도 권태기가 왔나 또는 정나미가 떨어졌나 혼자서 온갖 생각을 다하곤 했다.

둘째가 군에 있다 몸이 안 좋아 병원에 석 달간 입원해 있을 때 나는 최선을 다했다. 그때도 그게 내리사랑이라고 생각한 게 아니고 부모로서 당연히 해야 할 의무, 책임감, 그렇게 생각했다. 나는 종교도 가진 적이 없기에 그냥 내 성격이 행복을 추구하는 성미도 아니고 그렇다고 불행을 외면하지도 못했기에 직장의 월급은 가족을, 강의 수입이나 직책 수당은 보육 시설에 있는 아동이나 어려운 청소년의 향학에 투자했다. 그러다 보니 10여 명의 학비를 조달도 해 봤다. 그런 어느 날 종교 서적을 읽게 되었다. 불교에선 사랑은 보시라고 했고 성경에선 오래 참고 인내하며 투기하지 않는 것이라고 했다. 둘 다 사랑을 구원에 뜻을 두고 있음을 알게 되었다. 한문에도 안심입명安心立命이란 말은 마음의 편함을 얻는 것이고, 부동심不童心이란 뜻은 좋은 일을 하면 마음이 편해 매사가 매끄럽게 잘될 것이라는 마음의 안정을 의미하는 것이 아닐까.

나는 나이 80이 넘어서야 사랑은 받는 것이 아니라 주는 데 그 의미가 크다는 걸 깨닫게 되었다. 즉 고행지적古行知的 인생관은 일종의 동양 철학이지만 씨앗이 땅에 떨어져야 새싹이 난다는 초등학교 교과 과정의 의미를 이제사 느껴 본다. 이제 남은 것도 없지만 줄 사람도 없고 줄 것도 받을 것도 없는 그야말로 홀홀단신이다 보니 사랑의 개념을 다시 한 번 음미하게 된다. 우리는 살아 있는 동안만은 사람들로부터 도움을 받았기에 도움을 주고 가야 한다. 사회에는 봉사를, 친구에겐 우정을…. 이것을 불교에선 해탈 또는 열반이라 하는 것은 기쁨이요, 만족이요, 축복이기 전에 인간이기 때문이 아닐까. 오늘 나는 어려운 사람에게 일만 원권 한 장을 넣어 주었는데도 기분이 참 좋다.

이장구

둑방 길을 걸으며

　백지장도 맞들면 낫다는 옛말이 있다. 모든 것이 낯설었던 이곳에 정 붙이며 살다 보니 10년이란 세월이 쏜살같이 흘러가 버렸다. 둑방 바로 밑, 원룸 건물 3층이 우리 내외의 안식처다.
　가족이라야 셋방 16실에 20명 남짓. 입주자가 젊은 사람이 대부분이고, 바쁜 생활을 하다 보니 좀처럼 얼굴 보기가 힘들다. 그래서 아침이 되면 창문을 열고 둑방 길 위에 우뚝 서서 반기는 나무와 새들의 재롱을 즐기며 산다. 도림천에 졸졸 흐르는 냇물이 정겹고, 물 위를 유유히 유영하는 새들이 평화롭기만 하다. 높이 솟은 교각 위 도로를 전속력으로 내닫는 자동차의 질주가 아찔하다. 쉴 새 없이 오고 가는 지하철 승객의 모습이 차창 밖으로 비치면 혹여 외국에 나와 있는 착각에 빠진다. 오후가 되어 몸이 나른해 오면 10여 분 거리에 있는 보라매공원에 들러 트랙을 한두 바퀴 돌고 피로를 풀기도 한다. 싱그러운 산 내음을 따라 나지막한 둘레 길에 올라 나무가 내뿜는 맑은 공기를 호흡하면 힐링이 따로 없다. 해거름에 산에서 내려오면 집에서 아내가 반갑게 맞는다. 이런 소소한 재미를 즐기며 하루하루를 보낸다.

추운 겨울이 지나면 나무에 새순이 돋고 새들이 조잘대는 봄이 우리 곁을 찾아온다. 뭐라고 해도 봄의 주인은 꽃이다. 그래서 봄에는 꽃 잔치가 한창이다. 봄은 봄비가 와야 봄다운 봄을 느낄 수가 있다. 겨울 가뭄 끝에 며칠 전 봄비가 사락사락 내렸다. 때맞춰 남녘으로부터 꽃 소식이 전해지더니 4월에 접어들자 서울 곳곳에도 벚꽃이 꽃망울을 터뜨려 사람들의 마음을 들뜨게 한다.

여의도 벚꽃 길에는 수만 명이 몰려들어 북새통이란 소식이다. 많은 불편과 시간을 허비하지 않고도 집 안에 편히 앉아 벚꽃을 감상할 수 있는 나는 축복받은 사람임이 틀림없다. 3층 창문을 열어젖히면 눈앞에 펼쳐지는 벚꽃의 향연이 마냥 신기하게만 느껴진다. 집 앞 도림천 변 둑 양옆으로 심어진 벚꽃이 피어 한순간에 꽃길을 만들어 놓았기 때문이다. 겨우내 벚나무는 차가운 눈발을 견뎌 내고, 세찬 북풍에 가지가 떨어져 나가는 아픔을 이겨 내며 꽃을 피웠기 때문에 더욱 그렇다. 장미과에 속하는 낙엽 교목인 벚나무, 키가 20m에 이르고 짙은 자갈색을 띠는 수피樹皮는 가로줄 무늬를 가지고, 흰색·분홍색의 꽃은 4~5월경에 옆 겨드랑이에 2~3송이씩 모여 핀다.

아시아가 원산지인 벚꽃이 만개했을 때는 '아름다운 미인' 이란 꽃말처럼 온통 사람의 마음을 홀리기에 십상이다. 더욱이 나뭇가지마다 팝콘을 튀겨, 붙여 놓은 것처럼 벚꽃이 절정을 이루었을 때는 사람들이 모여들어 이곳에서도 조촐한 벚꽃 축제가 열리기도 했다. 나뭇가지마다 청사초롱이 매달리고 아치형의 꽃 의자가 마련되어 다정한 사람끼리 추억을 만드는 장이 마련되었다. 희미한 가로등 밑에 아치형의 벚꽃 길을 걸으며 밀어를 나누는 연인들의 아름다운 광경을 보고 있노라면 덩달아 나도 마냥 행복해지곤 했다. 은은한 벚꽃 향기에 이끌리어 나도 벚꽃 축제에 일원이 되어 본다.

마침 주민자치회에서 마련한 노래 장기자랑이 한창이다. 흥이 돋고 어깨춤이 절로 난다. 바로 옆에는 목을 축일 수 있는 음료수와 주류를 갖춰 놓고 판매하는 야외 장場이 열려 손님들로 북새통이다. 모처럼 사람이 사는 맛을 느껴 본다. 막걸리 한 잔을 들이켜고 호탕하게 웃고 나면 세상이 한층 밝아 보인다. 찌푸렸던 얼굴이 환히 펴지고, 낯선 사람도 친구가 되어 웃음꽃이 만발한다. 그렇게 매년 열리던 화합의 장이 몇 해 동안 코로나 사태로 중단되어 아쉬움이 남는다. 그러나 계절의 변화는 끊임없이 계속된다. 봄꽃도 한철인 모양이다. 화무십일홍이라 했던가. 봄비가 꽃비가 되어 대지에 꽃잎을 흩날리던 날, 붐비던 인파는 소리 없이 흩어지고 벚꽃 길은 고즈넉한 길로 변해 버렸다. 순식간에 변해 버린 자연의 조화다. 어쩌겠는가, 자연에 순응할 수밖에.

며칠이 지나고 나니 꽃이 피었던 가지에 연녹색의 새순이 파릇파릇 돋아나서 색다른 광경을 연출한다. 사람들은 연녹색 새싹을 보면 마음이 환해지고, 의욕이 생기며, 생명의 에너지가 꿈틀거림을 느낀다. 이처럼 철 따라 바뀌는 바깥 풍경에 동화되어 지내는 내 여생이 마냥 즐겁다. 오늘도 녹음이 우거진 둑방 길을 걷는다. 둑방 길은 내가 걷고 또 걸어야 할 길이다.

이재영
✚

우리 고유의 제사와 명절 문화

　인성 교육이 사라진 요즈음 제사와 명절은 매우 중요하다. 요즈음 젊은 사람들은 결혼도 늦게 하지만 자식도 하나 아니면 둘만 낳는다. 하고 싶은 것 다 해 주고 키워서 어려운 것을 전혀 모르며, 자기밖에 모른다. 여기다가 학부형이 학생들 앞에서 교사 멱살 잡거나 뺨을 치는 일이 비일비재非一非再하게 예사로 일어나고 있으나, 교육부가 아무 조치도 못 하는 판국이다. 인성 교육이 사라진 지 오래되었다. 가정과 사회에서도 인성 교육은 없다. 스승의 그림자도 밟지 않는다는 이야기는 호랑이가 담배 피울 때 이야기가 되었다.
　미국이나 서양에서는 자녀 교육을 "양보하라." 하고, 이웃 나라인 일본은 "남에게 피해 주지 말라."라고 가르친다. 그러나 우리는 "남에게 이겨라." 하고 자녀 교육을 한다. 근본적으로 다르며, 잘못되었다. 그래서 우리는 무슨 일에나 급하고 참고 기다리는 성품이 부족하다. 그나마 제사와 명절에 인성 교육이 다 담겨서 살아 있지만, 모이는 것이 싫어서 명절에도 외국으로 피해서 관광 가는 추세는, 해마다 눈덩이처럼 불어난다. 나라의 장래가 어찌 되려는지 암연黯然한 마음 한없이 근심스럽다

한국 제사 문화는 크게 두 종류로 나눌 수 있다. 천지신명을 비롯한 자연을 대상으로 한 제사와 조상의 은혜에 보답하는 제사로 나눌 수 있다. 제천 문화로 제사는 단군 조선 시작부터 부여의 영고迎鼓와 고구려의 동맹, 예의, 무천舞天이 있었다. 조상을 추모하고, 자손 번영과 친족 간 화목을 위한 추수감사제의 일종인 제사가 면면히 이어 왔다.

오늘의 제사 문화가 정착된 것은 이씨 조선 태조가 무력으로 나라를 세웠으나, 민심을 얻지 못했을 때이다. 태조는 무학 대사에게 민심을 얻는 방법을 물었다. "민심을 얻으려면 어찌해야 합니까?" "조선 사람은 효심이 지극하니, 조상 제사와 명절을 성대하게 받들도록 하십시오." 해서 그때부터 제사와 명절 문화의 뿌리가 내렸다. 제사와 명절 문화는 순수한 우리의 전통문화다. 그럼에도 불구하고 우리의 우수한 고유 문화를 낡은 유교 문화라 하면서 다양한 종교 문화로 바꾸고 있으니, 우리 문화가 설 자리를 잃어 가고 있어 안타깝다.

조상 숭배의 제사와 효 사상의 명절 문화는 유교의 유산이라고 알고 있는 사람이 너무도 많다. 유교 문화 이전부터 있었으니, 유교 문화가 아니다. 유사 이래로 면면히 이어져 오고 있는 우리의 순수한 고유 문화다. 서양 사람들 중에서도 우리의 효 문화를 부러워하는 사람이 너무도 많다.

성균관과 향교의 유교 제사는, 옛 성현들의 업적과 공적을 추모하고 유교 문화인 공맹 사상과 정신을 계승하는 데 목적이 있다. 그러나 우리의 조상 숭배의 제사와 효 사상의 명절 문화는 부모와 조상의 은혜에 대한 보답이요, 또 자식과 내 후손들에게 효행을 가르치는 산

교육으로, 나아가서는 나라에 충성하고 이웃과 남을 사랑하는 산교육의 도장이라 하리라. 옛날부터 충신열사는 효자 가문에서 많이 나왔고 인성 교육이 사라진 지 오래된 지금도 제사와 명절로 인해서 우리 사회가 부모에게 효도하고 어른을 존경하는 경로효친敬老孝親 사상이 면면히 이어져 오면서, 맏자식이 부모 노후를 책임지고, 조상 봉제사 받들고 산소 관리하며, 인성 교육까지 잘 이루어져 왔다.

그러나 어느 대통령 때부터 잘 되어 있는 제도를 전문가와 의논도 없이 효자 가문과 명문가를 없애고, 맏자식에게 주던 부모 재산의 특혜도 없앴으니, 자식들은 재산만 똑같이 받고 부모 노후 책임지고 봉제사 받들며 산소 관리할 사람은 아무도 없어, 부모는 끈 떨어진 뒤웅박이 됐으니, 부모는 정부가 책임져야 하나. 인성 교육은 뿌리째 흔들어 놓아 사라지게 됐으나, 정부는 여야로 편 갈라서 협력은커녕 사사건건 첨예尖銳하게 대립하니, 정치·경제·외교·교육 한 가지도 되는 것이 없고 다 흔들어 놓았으니, 앞으로 이 나라는 어찌되려는지 암연히 한없이 수수愁愁롭다.

설의 중심 문화는 설 차례와 부모에게 세배 올리고, 세배 돈 드린 후 덕담 올리면서 자손들에게 경로효친敬老孝親 사상의 산교육을 하는 것이다. 자식들에게도 세뱃돈을 주어 기쁨을 주고, 실천하도록 인성 교육을 하는 장이다. 또 아이들도 이날만은 서로 절하는 예절을 가르친다. 외지에 나가 있는 자식들에게는 이웃과 동네 어른들과 친척들도 찾아뵙고 세배 올리면서 이웃 사랑을 알도록 한다. 이것이 나아가서 남을 사랑하게 되고, 나라에는 충성으로 이어지리라.

설 제사는 한 해를 새로 시작하니 부모와 조상 생각이 나서 올리는 차례이다. 제사에 쓰는 제수품은 최고품으로 사서 정성을 다해 음식을 만들어서 제사를 올린다. 형제 간에 모처럼 모이면 음식이 필요하다. 자손들이 함께 먹고 즐기며 우애를 돈독히 다지니, 얼마나 잘 만들어 놓았는가.

추석의 중심 사상은 조상의 차례와 성묘省墓다. 추석은 햇곡식과 햇과일을 풍성하게 수확하니, 부모님과 조상 생각이 저절로 난다. 그래서 올리는 차례며, 부모님의 집인 묘지에 풀과 가시나무를 베고 나면, 얼마나 기쁜가. 그래서 고향 가서 선산에 가면 산이 모두 깨끗하다.

지금 사회 추세를 보면 갈수록 인성 교육과 효 문화와 나라에 대한 애국 사상은 사라져 가고 있으나 정치인과 국회의원들은 여야로 편을 갈라 당리당략과 개인 이익 챙기기에만 혈안이 되어 되는 일이 없다. 요즈음 국경일에 태극기 게양하는 집이 몇 집이나 되는지 보라. 요즈음 우리 학생들은 자신이 편한 것밖에 모르는 사회로 바뀌고 있고, 여기다가 종교 문화가 판을 치고 있으니, 오랜 우리 전통문화는 설 자리를 잃어 가고 있다. 벌초 안 해도 안 한다고 부모와 조상이 말하지 않지만, 사람으로서 도리道理를 하는 것인데, 자신의 부모와 조상을 위한 마음과 오랜 전통문화가 사라져 가니, 안타깝고, 암담하니 한없이 걱정스럽다.

설 명절도 요즈음은 대부분 한 집 제사로 끝나니, 모두 한꺼번에 윷을 놀든지 노래방을 가든지 하여 좋은 추억을 쌓고, 어른 아이 함께 즐기는 교육도 되어 좋다. 추석에는 제사 후 남은 음식 싸서 차에 싣고 명산대천名山大川이나 관광지에 함께 가서 즐긴 후 출출할 때 먹으면, 맛도 있고 즐겁다. 집에 있으면 부인들은 술상 차리고 일이 많다. 이렇게 하면 제사와 명절에서 아이들은 인사와 예절 다 배우니, 인성 교육이 사라진 요즈음 자녀들은 누구에게나 칭찬받는 인품을 갖추리라.

이창형

봄내[春川] 고을 예찬

춘천 시내를 조망하기에 가장 좋은 곳으로 소문난 구봉산 중턱에 아담하게 자리 잡은 카페 '산토리니'에서 커피 한 잔을 시켜 놓고, 그 진한 향기를 음미하면서 창밖을 바라다본다. 뜨겁지도 차지도 않은 맑고 투명한 가을 햇살이 뜰 안 푸른 잔디밭 위에 가득히 내려앉는다. 은은하게 불어오는 가을바람에 정갈하게 가꾸어 놓은 꽃밭에서 여인의 목덜미처럼 줄기가 가녀린 가을꽃들이 하염없이 하늘거린다. 멀리 춘천 시내를 가로질러 흘러가는 소양강이 보이고, 성냥갑처럼 자그맣게 보이는 집들은 밝은 햇살을 받으며 유리알처럼 반짝인다. 춘천에 올 때마다 세계 어디에 내놓아도 손색이 없는 아름다운 도시라는 생각이 든다.

춘천의 아름다움을 속속들이 알게 된 것은 2008년부터였다. 그해 가을 한국은행 강원본부 기획조사실장으로 발령을 받아 춘천과 인연을 맺게 된 것이 어쩌면 나에게는 행운이었다. 우리나라 사람이라면 누구나 한번쯤은 춘천에서 살아 보고 싶어 한다는 얘기도 있듯이 나도 일찌감치 춘천이라는 도시에 대한 일종의 동경憧憬을 지니고 있었다. 춘천에 부임하면서 느낀 첫 호감은 병풍처럼 사방으로 둘러싸인 아름다운 산들과 그 산줄기를 타고 흘러내린 물이 모여서 이룬 강과 호수였다. 춘천은 그야말로 아늑하기가 어머니 품속 같은 분지盆地 지형으로, 분지를 감싸고 있는 삼악산, 용화산, 오봉산, 금병산 등은 춘천이 자랑하는 아름다운 산들이다.

춘천에 살면서 그 매력에 푹 빠져들기 시작한 것은 소양강변 산책로였다. 하늘이 더없이 푸르고 맑은 날, 소양강을 따라 길게 이어진 산책로를 걷노라면 눈앞에 다가오는 푸른 산들과 잔잔하게 일렁이는 호수의 물결과 가을바람에 흔들리는 코스모스의 군무群舞가 도시 생활에 지친 나를 어느새 무아지경無我之境으로 빠져들게 하였다. 반환점인 공지천孔智川에 이르면 노천 카페에 들러 숨을 고르면서 호숫가에 일렁이는 강물을 하염없이 바라보았다. 공지천孔智川의 이름에 대해서는 여러 가지 설說이 있으나, 불교 용어인 공무변처지空無邊處地 (무한한 허공을 체득하는 경지)에서 유래되었다는 말이 내게는 설득력이 있게 다가왔다.

산길 걷기를 좋아하는 나에게 눈만 뜨면 다가오는 춘천의 산들은 나를 유혹하기에 모자람이 없었다. 구간을 나누어 종주산행을 계획하고 틈만 나면 간단한 배낭만 둘러메고 산으로 올라갔다. 춘천은 어느 산이든지 그 정상에 오르면 춘천의 강과 호수와 시내가 한눈에 들어와 아낌없는 조망을 선사하였다. 빨리 완주를 해야겠다는 조바심에 어둑어둑한 새벽에 산행을 시작하다 보니 산길을 잃어버리고 헤매기도 하였다. 서울 근교 산들과는 달리 산을 찾는 사람들이 많지 않다 보니 몇 시간을 걸어도 인기척이 없는 경우도 적지 않았다. 그

것이 오히려 홀로 산행을 즐기기에는 안성맞춤이었다. 6개월 후 춘천을 떠날 때까지 무사히 종주산행을 마쳤다.
　아름다운 것은 오래가지 않는다고 했던가. 춘천의 아름다운 가을은 그다지 길지 않았다. 낙엽이 다 떨어지기도 전에 기온은 영하권으로 떨어졌다. 남쪽 지방에서 태어나 자란 나에게는 상상도 하지 못한 추위가 몰려왔다. 퇴근길에 숙소로 넘어가는 언덕길에 이르면 불어오는 삭풍朔風에 그야말로 속살까지 찬 기운이 스며들었다. 그나마 춘천의 맹추위를 잠시나마 잊을 수 있게 해 주었던 것은 곰칫국이 아니었을까 하는 생각이 든다. 산천초목이 다 얼어붙은 춘천의 한겨울날, 콧물까지 흘려 가며 후룩후룩 마시는 곰칫국 맛은 천하일미天下一味라고 해도 지나침이 없을 정도였다. 춘천을 떠나와서도 한동안은 그 맛을 잊지 못하였다.
　춘천의 겨울은 길고도 길었다. 남녘에서는 벌써 꽃소식이 한창인데도 춘천은 여전히 한겨울이었다. 소양강의 강물은 여전히 얼어붙었고 기온도 좀체 올라가지 않았다. 춘삼월이 한참 지나고 나서야 소양강의 얼음장이 녹아내리면서 춘천에도 새싹이 돋아나고 꽃망울이 움을 트기 시작했다. 그때서야 왜 춘천의 옛 이름이 '봄내' 이었는지 이해할 수 있었다. 소양강의 꽁꽁 언 얼음이 녹아서 흘러내려야 비로소 봄이 오는 것을 느낄 수 있는 곳이 바로 이곳 춘천이구나 하는 생각이 들었다. '봄내' 를 한자로 표기하면 春川(봄 춘, 시내 천)이다. 춘천의 이름을 이처럼 정확하게 표현하는 말이 또 있을까 하는 생각을 하면 옛 조상들의 지혜가 놀라웠다.
　춘천 하면 빼놓을 수 없는 것이 바로 '김유정 문학촌' 이다. 김유정金裕貞(1908~1937) 선생은 춘천이 낳은 불후의 소설가다. 김유정 선생은 춘천 금병산錦屛山 기슭 '실레' 마을에서 태어나 자랐다. 어린 나이에 서울로 유학을 가서 재동보통학교와 휘문고보를 졸업하고 연희전문학교와 보성전문학교를 다니다가 폐결핵을 앓으면서 중퇴하고 문필 활동을 시작했다. 〈봄·봄〉〈동백꽃〉 등으로 널리 알려진 소설가 김유정은 천부적인 문학적 재능과 너무나 짧았던 삶 때문에 여전히 우리 문학사에 회자되는 인물이다. 그의 고향이면서 숱한 소설적 배경이 된 '실레' 마을에 '김유정 문학촌'이 자리하고 있는데, 마을 전체가 문학관이라 '문학촌'으로 불린다.

내가 회장을 맡고 있는 '문학저널 문인회'의 2022년도 가을 문학기행 탐방 장소를 춘천으로 정하고 문인들과 함께 '김유정 문학촌'을 다시 찾았다. 예전에 문학촌에 들렀을 때보다 많이 달라진 모습을 보고 생소한 느낌이 들 정도였다. 건물과 공연장 등 문화 시설을 많이 확충한 것이 눈에 띄었으나, 이전의 예스럽고 고즈넉한 분위기는 찾아볼 수가 없어 오히려 아쉬운 마음이 들었다. 관광객을 끌어들이기 위해서 투자를 늘리는 것은 좋을지 모르나, 문학적 가치를 공유하고 길이길이 보존하는 데 더 많은 노력을 기울였으면 하는 생각이 들었다. 이번 문학 기행에는 한국문인협회장 이광복 소설가가 동행하여 김유정 소설가에 대한 이해를 넓혀 주었다.

'김유정 문학촌'을 탐방한 후에 '소양강댐'을 찾아 산책하면서 담소하는 시간을 가졌다. 1967년에 착공하여 1973년에 완공된 '소양강댐'은 북한강 유역의 유일한 다목적댐이다. 댐 길이는 530m, 높이는 123m로, 저수량이 29억 톤인 소양호가 생겨났다. 소양강댐 수력발전소에서 생산하는 전력은 연간 353GWh로 수도권 및 중부 지역 일원에 전력을 공급하고 있다고 한다. 소양강댐 전망대에서 바라보는 소양호의 모습은 그야말로 장관이다. 끝없이 펼쳐진 소양호의 푸른 물에 가을 햇살이 내려와 은빛으로 반짝인다. 멀리 바라보이는 호수 주변의 산들은 푸른빛인데, 댐 주변의 산책로에는 벌써 단풍색이 사위어 가을이 떠나고 있음을 느낀다.

춘천을 떠나오는데 차창 밖으로 가을 해가 저문다. 사위가 어둠 속에 잠기면서 춘천의 아름다운 모습도 사라지고 보이지 않는다. 아름다움[美]은 가시可視적이다. 아름다움을 볼 수 있는 안목眼目을 갖지 못하면 아무리 아름다운 사물을 보더라도 아름다움을 느끼지 못한다. 안목은 우리 마음속의 눈으로 안목이 없는 사람은 눈을 뜨고 있어도 아름다움을 볼 수 없다. 이처럼 아름다움을 볼 수 있는 우리 마음의 눈이 바로 심미안審美眼이다. 심미안은 거창한 것이 아니라 미세한 것에서부터 길러지는 아닐까? 춘천은 나에게 심미안을 길러준 고마운 곳이다. 그래서 그런지 춘천은 언제든 다시 찾아오고 싶은 마음의 고향이 아닐 수 없다.

이태희

이승만을 우러러보다

　이승만은 대한민국을 세우신 국부다. 이승만은 대한민국의 초대 대통령, 위대한 건국 대통령이시다.

　1957년 가을 대학 2학년 때, 나의 어머니(유귀화 님)는 아들딸 8남매를 낳으시고 기르신, 경주 이씨 익재(이제현)공파 후손, 광해군 혼조시 경기도 용인시 원삼면에서 김해로 야간 낙남한 홍적공파 종가댁 맏며느리로 김해 대저평야(부산시 강서구 대저동)에서 17세에 산골 마을 주촌 연말로 시집오신 지 35년 만에 여섯 번째 아들 국비 대학생 이태희를 보러 처음으로 서울 구경 오신 거다.

　일요일에 난 어머니를 모시고 남산 기슭에 우뚝 솟은 이승만 대한민국 초대 대통령 동상 앞에서 어머니와 서울 유람 기념사진을 같이 찍었다. 어머니는 하얀 치마저고리에 흰 고무신을 신으셨다. 발이 아팠는지 흰 버선은 벗어 오른손에 쥔 채 사진을 찍었다. 순박하신 모습 그대로이다.

뒤 배경에는 상당히 높은 동상 지지대 위에 오른손을 높이 든 회색 두루마기를 입은 이승만 대통령의 동상이 남산 소나무 숲 위의 흰 구름 속에 우뚝 서 있는 모습이 선명하게 보인다. 이승만 동상 앞의 어머니와의 이 사진은 나의 컴퓨터 밑에 붙여 늘상 보고 그리워하고 기린다.

이승만 동상은 1956년 남산에 세워졌다가 4년 후인 1960년 4월 19일 혁명이 발생하여 4개월 후인 8월 3일 철거되었다. 그리고 51년 만에 2011년 남산 북쪽 기슭 자유총연맹 부지에 우남 이승만 박사상이 부활하여 제막, 재등장하게 되었다.

동상 후면에는 장기간 이승만의 하와이 독립 운동, 초대 대통령 취임, 미국의회 연설 표현 등 광화문 세종대왕상을 주조한 김영원 홍익대 교수가 맡아 한국자유총연맹의 뿌리인 아시아민족반공연맹APACL의 창립을 주도하고 자유민주주의와 시장경제의 가치를 바탕으로 대한민국 건국을 이끌었던 초대 대통령 이승만 박사의 업적을 기리기 위하여 제막되었다고 그 취지를 밝히고 있다.

이승만은 1875년 3월 26일(음 2월 19일) 황해도 평산도호부 마산방 삼리 능내동(황해남도 봉천군 성기리)에서 출생하여 1965년 7월 19일 하와이에서 향년 90세로 서거하시었다.

이승만은 1948년 7월 24일부터 1960년 4월 27일까지 11년 9개월 동안 대한민국 제1·2·3대 대통령을 수행했었다.

이승만은 배재학당(배재중·고)에서 신식 교육을 받은 후 도미하여 조지워싱턴 대학 학사, 하버드 대학 석사, 프린스턴 대학 박사과정을 수학하면서 역사학, 행정학, 경제학, 국제법학, 외교학, 철학, 정치학 등 다양한 학문 분야를 섭렵하며 서양 신문물 교육을 수학하였고 장학생 신청도 하였다. 1910년 6월 14일(33세 때) 프린스턴 대학교 대학원에서 정치학 박사를 조선인 출신으로는 처음으로 받았음을 공개된 대학 재학생 파일에서 확인할 수 있으며, 그 자료에선 철학박사로 기재되어 있음을 또한 확인할 수 있었다.

대한민국 건국 후 19대까지 역대 대통령 12명 중 미국 대학교의 박사학위 출신은 이승만 박사가 유일한 사람으로 파악되어 최고의 학력과 외교에 능숙한 국제 정치 감각 선두주자로서 하와이 독립 운동 등 일찍부터 대통령 터전을 닦아 왔다고 볼 수 있다.

1920년 12월 상해 임시정부의 초대 대통령에 피선되어(44세) 독립 활동을 하고 하와이 미국 등지에서 열심히 하다 귀국한 이승만은 1945년 8월 15일 해방을 맞이하여, 대한민국 정부 수립을 위하여 노심초사 노력 중 남과 북에 진주한 미국과 소련의 민주, 공산 세력의 갈등 속에 남한에서 꿈틀거리던 공산 세력과의 알력 등을 헤쳐 가며 미국 조야에도 발이 넓은 유창한 영어 능력을 가진 특출한 외교 능술을 발휘해 한국에 진주한 미 군정 책임자들과의 소통 능력을 활발히 전개하는 등 만신천고 끝에 UN의 승인을 받아내 남쪽만의 정부 수립을 적극 전개하고 자유민주 대한민국의 건국을 위한 절차를 재빨리 추진하여 1948년 5월 31일 초대 국회의장이 되었다.

여기까지 오는 데는 기적적인 파란이 도사리고 있었다. 1945년 8월 15일 제2차 세계 대전 종전 후 1948년 5월 10일 총선이 실시되기까지 이승만은 UN과 UN 한국임시위원단과 긴밀히 소통하였다. 1945년 12월 모스크바 3상 회의의 결의에 따라 구성된 미소 공동위원회가 1947년 10월 이후 완전히 결렬되자 미국의 UN 총회 정식 의제로 상정, 1948년 3월 31일 안에 UN 감시하에 한반도 총선거가 결정되었다.

그러나 1948년 1월 24일 소련 군정 UN 한국임시위원단의 북한 지역 입경을 거부하여 북한에서의 총선거가 불가능하게 되자 UN 소총회는 2월 26일 활동이 가능한 지역에서만 선거를 실시하도록 결의했다. 그리하여 동년 3월 17일 미 군정 법령으로 국회의원 선거법이 공포되었으며 1948년 5월 10일 UN 감시하에 남한만의 총선거가 치러졌다.

드디어 남한만의 확정된 200개의 선거구에 49개 정당과 사회단체가 난립한 가운데 948명이 입후보하여 198명이 당선되어 1948년 5월 31일 제헌국회를 열었다. 초대 국회의장에 이승만이 선출되고, 다시 1948년 7월 24일 초대 대통령으로 이승만이 당선되어 1948년 8월 15일 중앙청에서 수많은 내외 귀빈이 참석한 가운데 이승만이 대한민국 4년 임기제 초대 대통령 취임 선서를 마침으로서, 드디어 한반도에 UN이 합법적으로 인정한 유일한 자유민주 '대한민국'이 탄생, 출범, 건국되었다.

이승만 대통령은 1950년 6월 25일 동란 중 대한민국 제2대 대통령으로 1952년 8월 15일에 연임하였고 1953년 7월 27일 휴전이 선포되고 1956년 8월 15일 제3대 대통령으로 3선 연임되었다.

그러나 3년간의 6·25 동란(1950. 6. 25 ~ 1953. 7. 27)으로 전 국토가 잿더미로 변한 악조건 속에서 안정적 국토 복구, 정치·사회 안정, 경제 발전을 위하여 애국적 차원에서 자유시장경제 개헌인 소위 445입 헌법의 무리한 개헌까지 밀어붙여 장기 집권 독재자로 낙인찍힌 가운데 1960년 3월 15일 정·부통령 선거에서 이승만은 정당하게 당선되었으나, 부통령 이기붕의 욕심 속에 부통령 당선을 목적으로 행한 부정 개표가 발각되어 전국적인 대학생과 대학교수, 사회단체가 들고 일어난 4·19 혁명 파동의 난립이 지속하게 되니, 무능한 각료들의 현책을 듣지 못하여 이승만은 대통령의 책임을 통감하고 4월 27일 전격 하야를 선언함으로서 이승만 정권이 드디어 막을 내렸다. 12

년 자유당 독재 정권은 무너지고 이승만은 85세의 노구를 이끌고 프란체스카 여사와 하와이로 망명의 길에 오르니 대한민국의 큰 슬픔이 천지를 진동케 하였다.

이승만 대통령은 철저한 기본적 애국 정신과 대한민국 건국 발전의 꿈을 접고 독재자의 누명을 덮쒸운 채 눈물을 머금고 이역만리 하와이 섬나라로 고독의 회한을 안고 90세로 서거할 때까지 초라한 생을 보냈다. 빈한한 가정 경제 속에 고국을 한없이 그리면서 프란체스카 옆에서 임종을 받으며 숨을 거두었다.

이승만은 어렵게 대통령이 되었고 6·25 동란 속에, 수많은 역경 속에 오직 자유민주 대한민국을 지키고 일구어 보려고 무한한 고난의 길을 걸어온, 파란만장하고 보기 드문 세계적 애국자요, 외교가인 준비된 대통령이며 능력을 펼친 위대한 대통령이라 여겨진다.

북쪽의 동족을 구해 보려고 동란 중 북진 통일을 강력히 밀어붙였고, 미국 트루먼 대통령의 3차 대전 우려로 만주 핵 투하를 건의한 맥아더 원수를 현지 해임된 터에, 6·25 전쟁 참사는 너무나 심각하였다. 이승만의 극력 반대에도 급기야 3년여 전쟁 종식을 1953년 7월 27일 성사되기 전, 우리의 힘으로는 북의 마수에 버틸 힘이 없고 재건의 희망이 요원함을 예견한 이승만 대통령의 특이한 혜안 속에 '한미상호방위조약'을 끈질긴 설득 속에 얻어낸 후 휴전에 마지못해 응낙한 바 있었다.

오늘까지 70년간 대한민국 방위를 미국이 맡아 주어 왔으므로 그 덕분에 우리 국민들이 크게 각성, 발전하여 60불의 국력이 4만 불에 육박하는 국력을 이룩하는 세계 10대 강국 선진국까지 오르는 데 그 큰 초석이 되었음을 우리는 건국 대통령 이승만을 한시도 잊어서는 안 될 영웅으로 우러러보며 아름답고 우람한 동상을 남산에 다시 높

이태희 291

이 세워야 하며, 전국 도처에 세워 기려야 옳다고 나는 웅변하노라!

에피소드로 6·25 전쟁을 치른 밴프리트 장군은 이승만을 가리켜 "자기 몸무게만큼 크기의 다이아몬드 가치를 지닌 애국자"라고 찬사를 하였으며, 맥아더 원수로부터는 "한국보다 더 큰 인물"이라는 평가를 받았다고….

이승만은 청렴결백한, 역대 대통령 중 사리사욕이 전혀 없는 가장 애국심이 강한 깨끗한 카리스마적 대통령이었다. 병적이나 중국 영향권에서 벗어나기 위하여 미국의 자유민주공화제를 선호한 독립 운동의 선구자요, 외교 전략가요, 미국 대규모 군사·경제 원조를 얻어내는 외교 천재, 큰 공로자이기도 했다. 미국 선교사들이 일찍이 청년 이승만을 조선의 리더로 낙점하였다고 한다.

이승만은 부정을 싫어하여 숨겨 놓은 부정한 유산이 전혀 없다. 하와이에서 빈한하게 살다 가면서 '된장국, 된장찌개, 콩나물국, 김칫국, 무국, 무나물'이 그리워 노래를 지어 불렀던 하와이 5년…. "통일은 어찌되어 가느냐?"라고 날마다 묻던 90세 통일병자 이승만, 눈감는 순간까지 자유의 불꽃을 외치며 기도하였다고 한다. 1965년 7월 19일 0시 35분에 하와이 호놀룰루 요양원에서 임종, 쓸쓸히 사망하였다. 전 중화민국 대사 사오위린의 권고를 받아 박정희 대통령은 이승만 대통령의 국립묘지 안장을 허락, 사망 후 운구되어 서울 현충원에 안장되어 잠들었다.

이승만 대통령의 영부인 프란체스카 여사는 오스트리아 빈 태생으로 이승만이 스위스에서 독립 운동할 때 친교하게 되어 사랑하던 중 1934년 34세로 59세의 이승만과 미국에서 결혼하였다. 이승만의 독립 운동에 적극 보좌하며 32년간 반려자로 서로 사랑하고 대통령 보필을 위하여 다방면으로 국내외적인 헌신적인 내조(각국 대통령, 영향력 있는 요로要路 등에 영문 편지 쓰기, 타이핑, 국내외 귀빈·영빈 주관 등 매우 바쁜 일정 소화)를 하였다. 이승만 대통령 서거 후 27년간 이화장에서 양자 이인수 부부와 동거하며 손자 돌보기 등 화합과 사랑 속에 살다가 1992년 3월 19일에 이화장에서 영면하여 남편 이 대통령 곁에 묻혔다고. 너무나도 대한민국을 사랑했던 청렴한 두 분이라, 나는 이승만 대통령 부부를 매우 우러러본다.

임갑섭

제주의 봄

　작년에 이어 금년 봄에도 3월 하순에서 4월 초까지 일주일여 동안 제주에 다녀왔다. 제주 가는 날의 비행기는 김포공항에서 12시 10분 발이었다. 그런데 비행기는 정 시각에 뜨지 않았고 조금은 지체했다. 제주에 바람이 세차고 비가 내리기 때문이라 했다.
　제주공항에는 예정 시각보다 한 시간 가까이 늦은 시각에 도착했으나 바람이며 비가 심하지는 않았다. 오히려 서울보다 온화하고 상쾌했다. 이번 역시도 형제들과 같이하는 여행이었기에 곧 대절된 차를 이용하여 예약된 숙소로 향했었다.
　차 속에서 비추는 제주 풍경은 한참 봄 준비 중으로 아주 아름다웠다. 우선 빨간 동백꽃이 지천이다. 또한 벚꽃은 꽃망울을 곧 트이기 직전이다. 이미 활짝 피우기도 했다. 목련이며 개나리도 한껏 멋을 내고 있다.
　이번 형제들의 제주 여행은 2박 3일로 짧았기 때문에 시간 절약을 위하여 숙소에 도착하자 곧 짐을 풀어놓고 관광에 나섰다. 첫 번째로 찾았던 곳은 머체왓 숲길이었다. 머체란 돌무더기이며 왓은 밭을 뜻한다 했다. 그래 머체왓이란 돌무더기 밭인 셈이다.

머체왓 숲길은 초원의 목장과 연결되어 동백나무 숲, 편백나무 숲, 삼나무 숲 등으로 이어지며 아주 넓고 깊다. 또한 서중천이란 계곡이 숲길 사이를 따라 흐른다. 숲길도 좋지만 깊게 흐르는 바위들이 엉킨 서중천 계곡이 아주 절경이다. 머체왓 숲길은 제18회 아름다운 숲 전국대회에서 공존상을 수상했다는 자랑도 하고 있다.

제주 도착 첫날의 관광은 머체왓으로 끝맺고 곧 서귀포 올래시장으로 옮겨 가서 저녁 먹거리로 생선회며 찌개거리를 샀었다. 그런데 올래시장에는 수많은 사람으로 발 옮길 틈이 없을 지경이었다. 그간 3, 4년 동안 보아 왔었던 올래시장 정경이 전혀 아니었다. 어찌나 사람들이 많은지 상점마다 물건 구매객들이 줄을 서 있기도 했다. 코로나로 해외여행이 어렵게 되자 제주로 사람들이 몰려들고 있나 보다. 제주 상인들이 모처럼 돈을 많이 벌 일이다.

먹거리들을 잔뜩 준비해, 숙소로 돌아온 우리 형제들은 제주의 맛있는 회와 생선찌개로 아주 포식을 했다. 식사를 준비하는 여동생이며 안사람들은 돈을 아끼지 않고 음식을 잔뜩 준비해 늘 풍성하다. 덕분에 저녁 식사 한번 잘했다.

제주 도착 다음 날 제주 관광 이틀째가 되었다. 밤새 비가 많이 내렸으나 아침이 되자 하늘이 말끔히 갰다. 하늘님도 우리 형제들을 잘 보살펴 주고 있음이다.

둘째 날의 첫 관광지는 중문의 주상절리대였다. 꽤 긴 시간 동안 차를 몰아 중문에 도착하였고, 바닷가로 이동하여 바위가 엉킨 아름다운 주상절리를 잘 보았다. 동해안이며 서울에서 가까운 연천의 주

임갑섭 295

상절리들이 여러 곳이나 중문의 주상절리가 가장 빼어나다. 늘 철썩이는 바닷물에 씻기는 입석의 늘어선 돌기둥들이 반질반질 빛나고 있다. 볼수록 아름답다.

주상절리를 뒤로하고 그곳에서 그리 멀지 않은 천제연폭포로 향했다. 천제연폭포는 제1, 제2에 이어 제3폭포로 이어져 있다. 천제연폭포는 제주 여러 폭포 중 가장 뛰어나다. 그리고 제2폭포를 지나 있는 선임교가 대단하다. 선임교는 1폭포에서 내려온 물길의 계곡 위에 아치형으로 아주 높이 걸린 멋있는 다리이다. 다리 위에서 내려다보이는 계곡이 어찌나 깊고 깊은지 현기증이 날 지경에 이른다. 제주 관광에 빠뜨려서는 아니 될 곳이다. 선임교를 건너면 여미지식물원도 볼 수 있다.

제3폭포까지 잘 살핀 우리가 천제연폭포를 뒤로하고 찾았던 곳은 쇠소깍이란 제주 6번째 둘레 길이다. 쇠소깍 입구의 한 식당에서 점심 식사로 범말국수를 먹었다. 범말국수도 일품이었으나 무한정 먹게 된 싱싱한 각종 채소 무침 등이 아주 좋았다.

쇠소깍의 둘레 길은 비가 내려야 대단한데 어젯밤 비가 꽤 왔으나 이미 빗물이 다 흘러내려 그리 볼거리가 없었다. 결국 바다 구경만으로 뒤돌아섰다. 오늘 역시 구경 한번 잘했다.

둘째 밤 역시도 우리 형제들은 여러 이야기로 즐거운 시간을 가졌고, 숙소 환경이 우수해 안락한 밤을 보내기도 했다. 숙소는 우리 아들이 주선해 주었다고 했다. 아들의 제 고모며 삼촌들을 위하는 마음이 가상한 것이다. 관광도 좋은 일이나 이렇게 형제들이 집을 떠나 함께 어울려 같이하는 자체가 행복을 가득 안긴다.

여행 셋째 날이 되었다. 형제들과의 여행은 오늘이 마지막이다. 형제들은 짧은 2박 3일의 제주 여행을 알차게 갖기 위해 서울로 가는 비행기는 늦은 시각으로 잡았다 했다. 그러나 여행을 더 많이 알차게 하기 위해서 아침 일찍부터 서둘러 관광에 나섰다.

셋째 날의 여행 목적지는 가파도이었다. 가파도와 마라도 여객터미널은 숙소에서 꽤나 멀었다. 여기 역시 관광객들이 가득했다. 가파도 선편의 표를 샀으나 한 시간 정도 기다려 배를 타게 되었고, 배를 타자 10여 분만에 가파도 선착장에 도착했다. 제주 본섬에서 가파도는 아주 가까이 있는 것이다.

가파도는 대단한 볼거리가 있는 것은 아니었다. 단지 유채꽃이 지천으로 펼쳐 있는가 하면 파란 보리밭 역시도 곳곳에 널리 녹색 수를 놓고 있다. 어찌 보면 유채꽃과 보리밭 구경이 전부인 셈이었다.

가파도 지형의 특징은 섬 자체가 아주 낮다. 바다 해수면과 육지가 거의 비슷한 높이다. 가파도에서 가장 높은 곳에 위치한 '소망전망대'가 해발 20.5m이다. 여기에 세워진 전망대의 높이는 2.5m이다. 해발 23m의 높고 높은(?) 전망대에 오르니 제주 본섬과 한라산, 마라도 그리고 푸른 바다를 한눈에 내려다볼 수 있는 황홀경이 따로 없음이다.

가파도는 마라도와 다르게 민가가 꽤 있었다. 가옥들은 아주 낮게 땅에 납작 엎드려 웅크리고 있다. 상시 불어오는 바닷바람에 살아남기 위한 방편이겠다. 가파도 골목길을 한참 걷다 보면 몇 곳의 음식점을 찾을 수 있었고, 우리들도 그곳 한 음식점을 찾아들어 점심을 먹었다.

우리는 가파도에서 두 시간 정도 머물다 다시 여객선을 타고 제주 본섬에 돌아왔고, 오후의 우리의 관광지는 제주 동쪽의 구좌읍 하도리에 있는 별방진이란 곳이었다. 이곳 역시 꽤 먼 거리에 있다. 제주도의 볼 곳은 모두가 한참씩 옮겨 가야 한다. 관광보다 차 속 시간이 더 길다.

　제주 동쪽 구좌읍의 별방진은 끝자인 진陣에서 느껴지는 바와 같이 돌을 쌓아 만든 돌성城이다. 바다를 향하여 돌성이 아주 넓게 둘러쳐 있었다. 특별한 안내판이나 설명서가 없어 별방진의 역사적인 유래를 알 수 없었으나 아마 옛적에 외적의 침입을 막기 위해 조성하지 않았을까 한다.

　우리들은 성에 올라 성 위를 걸었다. 그런데 바닷바람이 어찌나 세게 불어 밀치는지 성에서 날아 떨어질 지경이었다. 성 위를 크게 원을 그려 한 바퀴 꼭 돌고 싶었으나 바람의 훼방에 버티지 못하고 내려서고 말았다. 단지 동해 멀리 펼쳐지는 바다 구경은 마음껏 했으며 주변을 가득 채운 유채꽃 역시도 아주 장관이었다.

　이제 형제자매들과 같이하는 2박 3일의 제주 관광이 마쳐졌다. 우리 형제들은 곧 숙소에 대기한 대절 차에 올라 비행장으로 떠났다. 아쉽고 섭섭했다.

　나와 집사람 그리고 아들만은 아들 집에서 며칠을 더 머물렀다. 아들과 제주에서 같이 있는 동안 두 곳의 미술관을 찾았다. 유민미술관과 본태박물관을 살폈다. 유민미술관은 전 홍진기 중앙일보 회장이 세운 것으로 1890년대부터 1910년대까지 약 20년간 유럽에서 일어났던 공예, 디자인 운동인 아르누보의 유리공예 작품을 전시하고 있는 곳으로 미술관 전체가 유리공예로 가득하다.

　그리고 본태박물관은 현대 가에서 운영한다 했으며 본태本態란 본래의 형태란 뜻과 같이 인류 본연의 아름다움을 탐구하기 위해 2012년에 설립되었다 했다. 본태박물관은 우리나라 전통 공예작품이 가득 전시되어 있다. 제1관부터 제5관까지로 되어 있다.

　유민미술관이나 본태박물관은 일본의 세계적인 건축가 안도 타다

오의 설계로 지어졌다 했다. '제주도의 대지에 순응하는 전통과 현대'를 고민해 설계했다 하나 내 눈으로는 단순한 시멘트 건물만이었다. 건축에 무지하니 어쩔 수 없음이다. 제주도를 3년여 계속 오면서 여러 곳을 구경하나 살피고 볼 곳이 아주 많아 좋다. 계속 제주 곳곳을 열심히 찾을 것이다.

임지택

보름달

어두컴컴하던 동녘 하늘에 솟아오르는 둥근 달을 보러 장독대에 올랐다. 혼자 보기엔 너무 아름답고 아까워서 외손녀를 불렀다. 허겁지겁 달려온 지원이는 호기심어린 눈으로 주위를 살핀다.

"할아버지, 보름달은 방실방실, 항아리는 반짝반짝거리네."

"보름달은 하느님이 주신 선물이고 항아리는 할머니가 날마다 닦아 반짝거린단다."

30여 년 동안 오르내리며 유리구슬처럼 닦아 놓은 세 개의 배불뚝이 항아리에는 하늘의 달빛보다 환하게 퍼져나가는 빛살이 밤을 쏘아댄다.

오랜만에 바라보는 보름달이다. 왕보석처럼 보이는 달. 빤히 바라보기에는 눈이 부셔 눈을 떴다 감았다 했다. 그때마다 달의 가장자리에는 햇무리처럼 빛살을 뿜어내고 있다. 저 달을 언제 보았을까? 뭘 하고 지내느라 그렇게 무심했는지. 태나게 하는 일도 없으면서 달이 떠가며 웃음 짓는 모습도, 별이 반짝이는 속삭임도 외면한 채 그렇게 지나온 세월이었다.

계수나무 아래서 떡방아 찧고 있는 토끼를 상상하면서 아이에게 물었다.

"저 보름달 속에 뭐가 보이느냐?"

"떡방아 찧는 절구통 옆에 새가 기웃거리고 앉아 있네."

"계수나무와 토끼는 안 보이고?"

"제가 보기에는 나무도 토끼도 없어요."

딴엔 그렇다. 보는 사람마다 달리 보이는 것이 정상이다. 계수나무가 절구통이 되고 토끼가, 새가 된들 어떠랴. 보이는 대로 보고 생각하는 대로 사는 게 순리라는 걸 이제야 알겠다.

"네 소원은 뭐냐?"

"저 달처럼 예쁜 아이가 되고 싶어요. 할아버지, 친구들이 저 보름달 같았으면 좋겠어."

"암, 저 보름달 같이 고운 마음이면 누구든지 널 좋아할 거야. 네 마음도 저렇게 밝은 보름달 같으니…."

달은 쉴 새 없이 달려가고 있다. 제행무상諸行無常이라더니 세상 만물 중 어느 것 하나 변하지 않는 것이 없다. 엷은 구름 조각이 몰려와 달 귀퉁이를 가리면서 달빛도 앗아가 버렸다. 전깃줄이 달을 두 동강이로 내어 버린다. 얼마 후에 달은 전깃줄을 벗어나고 구름을 몰아내자 처음 보았던 밝고 둥근 모습으로 되살아났다. 구름과 전깃줄이 아무리 해코지해도 끄떡없는 보름달. 밝음 앞에서 어둠은 사라질 수밖에 없는 것 같다.

얼마나 지났을까. 차가운 밤공기를 몰고 온 실바람에 코가 맹맹해진다. 옷깃을 여미고 달을 바라보던 지원이의 손가락이 움직인다.

"뭘 그리고 있느냐?"

"둥근 달이 하도 좋아 그려 보려고요."

우리는 손을 맞잡고 달 모양과 아파트를 그려 보았다. 달의 꼭대기에서 시작하여 가장자리를 따라가며 그렸더니 처음 시작했던 그 자리로 되돌아왔다. 낭떠러지인가 여겼지만 이내 구부러지고 다시 오르다가 돌아간다. 헌데 가까이 우뚝 솟아 있는 아파트는 판이하게 다르다. 모서리를 따라서 내려가다 갑자기 낭떠러지로 떨어져 버린다. 올라갈 수도 없다.

"네가 그려 보니 어떠냐?"

"달은요, 천천히 제자리로 다시 돌아오는데 아파트는 하늘로 올라가기만 하지 우리에게 오지 않네요."

네 생각이 나와 같구나. 아이의 손을 잡았다. 따뜻하다. 제게 주어진 대로 살아가는 아이의 삶, 참으로 곱게만 자라날 것 같다.

빌딩이나 아파트같이 사람이 빚어낸 물질문명은 조급하고 차갑지만 달이나 해 같은 자연은 여유롭고 정에 겨운 모습이다. 사람들은 네모상자 안에 들어가서 이웃과 정을 나누지도 않고 혼자 살아간다. 한없이 뻗어나간 두 줄의 선로 위만을 달리는 기차처럼 정해진 목표 지점을 향해 기를 쓰고 달려가는 삶이다. 이를 두고 누군가는 직선적인 삶이라고 했다.

저 보름달, 하늘의 해, 무등無等의 봉우리, 산하를 흘러내리는 강, 산모롱이를 감아 도는 둘레 길은 차분하고 멋스럽다. 좁은가 했더니 넓어지고, 기우는가 하지만 언젠가는 차 있고, 한 굽이 돌아가면 되려니 했는데 다시 돌아가기도 한다. 마치 인생살이의 곡선적인 삶을 닮은 것 같다. 우주만물의 근본은 직선의 날카로움보다는 곡선의 부드러움이 먼저이듯이 인생살이도 그래야 하는데….

동산 위의 달이 하늘 한복판 가까이로 다가온다.

"달아 밝은 달아 이태백이 놀던 달아~." 늘어지게 뽑아 가는데

"할아버지, 전 그런 노래 몰라요. '둥근 달' 불러요."

내 입을 막아 버린다.

"달 달 무슨 달 쟁반같이 둥근 달 어디 어디 떴나? 동산 위에 떴지."

"지원아, 넌 할머니하고 불러야 잘 어울리겠다."

그때 "지원아, 감기 걸리겠다. 내려오너라!"

거실에서 손녀를 부르는 아내의 낭랑한 목소리가 들려온다.

"할아버지, 이담엔 가을밤의 별자리 찾기 해요."

"그러자꾸나. 망원경으로 네 별도 찾고 내 별도 찾자."

깡충거리며 내려가는 아이의 발소리가 밤하늘에 달무리를 그리며 조심스럽게 퍼져나가는 듯하다.

장관주

도라지꽃의 전설

　아주 먼 옛날에 봉수산 아래에 있는 달바위골에 참으로 아름다운 낭자 하나가 살고 있었다. 그 낭자는 대대로 내려오는 부귀권세를 누리는 대갓집의 무남독녀였다. 그런 낭자가 혼기에 이르렀으나 선뜻 내주고 싶은 신랑감은 나타나지 않았고 혹시라도 부모의 마음에 조금이나마 들까 말까 하는 총각이 생겨도 낭자는 시집을 가지 않겠다고 고집을 부렸다.
　그러던 어느 날 낭자는 마을 뒷산에 있는 대흥사의 석탑을 돌며 소원을 빌면 웬만한 소원은 모두 이루어진다는 소문을 들었다. 그래서 언젠가는 낭자도 대흥사에 찾아가 석탑을 돌며 마음에 드는 배우자를 선택하게 해달라고 기원하리라 마음은 먹었지만 여염집 아낙네들처럼 함부로 나다닐 수 없는 자신의 처지이기에 모두가 잠든 밤중에 탑돌이를 해야겠다고 작심을 했다. 달빛마저 희미한 어느 날 밤에 낭자는 몸종도 모르게 살며시 집을 빠져 나와 대흥사 석탑을 돌기 시작했다. 오랫동안 마음속으로 동경해 온 배필 상을 생각하며 한없이 돌고 또 돌았다. 숭고한 신비감과 영험한 정기가 감도는 사찰의 마당에 세워진 석탑을 어찌나 많이 돌았던지 낭자는 갑자기 찾아온 현기증으로 그만 탑전에 쓰러져 정신을 잃고 말았다.

  새벽달이 기울고 이슬이 솔솔 내려 낭자의 옷섶을 적실 정도로 오랜 시간이 흘러갔다. 때마침 새벽녘에 일찍 잠에서 깨어난 젊은 비구승이 새벽 공기를 마시러 뜰로 나섰다. 대웅전을 지나 탑전으로 발길을 옮기던 비구승은 흠칫 놀라며 멈춰 섰다. 무언지 희끄무레한 것이 탑전에 가로놓여 있기 때문이었다. 가까이 가서 찬찬히 살펴본 비구승은 다시 한 번 놀랐다. 웬 젊은 아녀자가 쓰러져 있었고 아직 숨결이 붙어 있음을 확인한 비구승은 황급히 낭자를 안아 자신이 수행하는 선방으로 들어갔다. 그리고는 따뜻한 아랫목에 낭자를 눕혀 놓고 염주를 굴리며 낭자가 깨어나기를 기원했다. 한참이 지나 겨우 깨어난 낭자는 여기가 어디며 자신이 왜 이곳에 누워 있는지를 물었고, 자초지종을 설명하는 비구승을 바라보던 낭자는 소스라치게 놀라지 않을 수 없었다. 그토록 갈구하던 배우자 상이 지금 낭자 앞에 나타나 있기 때문이다. 어쩌면 이분은 현신하신 부처님이 아닐까 하는 생각을 하며 비구승을 다시 바라보았다. 놀라움과 반가움, 또한 꿈인지 생시인지 하는 형언할 수 없는 심경에 빠져 버렸다. 비구승을 바라보던 낭자는 결국 고개를 바닥에 떨구고 말았다. 동시에 그들은 무겁고도 미묘한 침묵에 감금된 듯 꼼작할 수 없었다. 새벽을 알리는 법고 소리가 울려 퍼졌을 때에 침묵에서 풀려나온 비구승은 가사 장삼을 챙겨 입고는 표연히 방을 나섰다.

  아직도 야릇한 침묵의 미궁에 갇혀 있던 낭자는 갑자기 더할 수 없는 허탈감에 사로잡혔다. 하지만 언제까지나 그 자리에 머무를 처지가 아니라는 생각이 들자 우선은 집으로 돌아가기로 마음먹었다. 자신이 다녀간 흔적을 남기지 않기 위해 새벽 예불을 드리는 시간을 기다려 낭자는 집으로 돌아오고 말았다. 그리고는 날마다 그 비구승이 탁발이라도 하기를 기다렸다. 도저히 이룰 수 없는 사랑인 줄 잘 알면서도 낭자는 어제도 오늘도 비구승이 나타나기를 기다렸지만 비구승은 탁발하러 내려오지도 않았다. 그리움에 지친 낭자는 마침내 몸져눕게 되었다. 물론 집안이 발칵 뒤집혔고, 이제까지 곱게 키워 온 외동딸이 까닭도 없이 여위어 가더니 점점 악화되어 도저히 회복의 가능성이 없게 되었다. 유명하다는 의원을 수소문해 초빙하여 치료해 보고 좋다는 약은 다 써 보았지만 낭자는 조금도 호전되지 않았다. 마지막으로 원이나 없도록 해 주라는 의원들의 말이 떨어지자 죽지 못해 겨우 입을 뗀 낭자는 봉수산 대흥사에 가서 불공이나 드릴 수 있게 해달라고 청원했다.

  부모는 딸의 말이 떨어지기가 무섭게 가마를 대령시키고 공양미를 비롯해서 온갖 준비를 갖추어 대흥사로 향했다.

  이윽고 절에 도착한 일행은 낭자를 부축하여 대웅전에 들어가 부처님께 불공을 드렸다. 온 가족이 부처님 앞에 들어서서 절을 하는 동안에도 낭자는 계속 마음을 죄면서 비구승의 방 문이 열리는지를 곁눈질해 보고 있었다.

  하루해가 기울고 방전이 되자 놀랍게도 스님 방의 문이 열리고 훤칠한 키에 이목구비가 수려한 비구승이 경건한 자세로 나오고 있었다. 수행에 몰입해서인지 처음 만났을 때보다 심히 수척해 보이는 비구승을 보는 순간 낭자의 두 눈에 하염없이 눈물이 흘러내렸다. 마치 시커먼 먹구름이 소나기로 쏟아진 뒤 하늘이 더 찬란히 빛나듯 낭자의 마음은 어느새 속 깊이 사무친 슬픔이 스러지고 희망의 빛으로 환히 밝아 오고 있었다. 불공을 마치고 돌아올 무렵엔 낭자의 수척한 얼굴에 홍조까지 물들었다.

　영험한 부처님의 하해와 같은 은혜로 대갓님의 외동딸이 불치병을 이겨 냈다는 기적 같은 이야기가 삽시간에 인근 마을에 파다하게 퍼져 나갔다. 두말할 것도 없이 그 집에서는 많은 재물을 부처님 전에 봉헌했고, 낭자는 원하기만 하면 언제든지 절에 갈 수 있었으며 먼발치에서나마 비구승을 보는 기쁨을 누릴 수 있었다. 낭자의 건강은 점차 회복되었고 온 천지가 자기를 위해 존재하는 것 같은 즐거움을 만끽할 수 있었다.

　그런데 불가에서 1년을 4기로 나누어 3개월간 일정한 곳에 안거하여 수행에 전념하는 '결제'가 있다. 이 결제가 끝날 무렵부터 낭자에게는 심각한 문제가 발생하고 말았다. 해제, 즉 결제가 끝나고 다음 결제까지의 3개월간 스님들이 이곳저곳을 찾아다니며 공부하는 시기가 되는 날부터 비구승을 볼 수가 없게 된 것이다. 이제나저제나 가슴 앓으며 기다려도 비구승은 그림자조차 찾아볼 길이 없어 실망에 빠진 낭자는 더 이상 절에 가지 않았다. 하염없이 기다리다 그리움과 안타까움에 겨운 눈물로 낭자는 나날을 보내고 있었다.

　그러던 어느 날 낭자는 비장한 각오로 대흥사를 찾아가 절 마당에 낙엽을 긁어모아 불을 붙였다. 젊은 비구승이 아무리 두문불출을 결심했어도 선방에 불이 붙으면 뛰쳐나오겠지 하는 생각으로 불을 질렀던 것이다. 그러나 비구승이 있던 방은 문조차 닫힌 채 잿더미로 가라앉고 있어 낭자는 사랑하는 사람을 자기 손으로 타 죽게 했다는 자책감을 이기지 못해 결국은 불 속으로 뛰어들어 죽고 말았다. 대흥사의 주지 스님은 낭자의 애처로운 사연을 눈치 채고는 그 시신을 임존성 안의 부드럽고 포근한 자리에 고이 묻어 주었다.

대흥사가 불타고 낭자가 세상을 떠난 지 수년이 지난 뒤에서야 대흥사를 떠났던 비구승이 대사가 되어 대흥사를 찾아왔다. 절문에 들어선 대사는 옛날의 대흥사와 전혀 다른 사찰의 모습을 보고 깜짝 놀랐다. 이때 새 주지 스님이 장내를 산보하다가 대사를 발견하고는, 어디서 오신 뉘시며 왜 그렇게 놀란 표정으로 서 있는지를 예를 갖추어 물었다. 대사의 말을 다 들은 주지 스님은 선임자에게서 전해들은 대로 대흥사가 개축된 내력을 설명해 주고 낭자의 무덤까지 안내해 주었다.

드디어 두 사람은 낭자의 무덤에 도착했다. 아무 말 없이 무덤을 바라보던 대사가 무슨 생각에서인지 빨리 무덤을 파 보고 싶다고 했고, 주지 스님은 일꾼들을 불러와 무덤을 파고 관 뚜껑을 열어 보았다. 그런데 놀랍게도 관 속의 낭자는 조금도 상하지 않은 옛 모습 그대로 보전되어 있었다. 대사는 자신과의 이룰 수 없는 사랑 때문에 찾아온 낭자의 비운으로 생각하고 뜨거운 눈물을 낭자의 몸 안으로 스며들게 하였다. 대상의 눈물은 낭자의 얼굴을 화평하게 만들었고 대사는 낭자의 시신을 안은 채 숲속으로 사라졌다.

대사의 마음을 깨달은 주지 스님은 낭자의 시신을 화장하였고, 대사는 정성스레 뽀얀 재를 쓸어 모아 바랑에 넣고는 정처 없이 떠돌아다니며 발길이 닿는 곳곳마다 재를 뿌렸다. "낭자여! 그대는 내가 가는 곳곳마다 있어야 하오. 그러나 나는 한 곳에 있지 못하는 사람, 가는 곳 어디에나 낭자가 있도록 그대를 뿌리오. 그대를 삼천리 금수강산에 골고루 심어 드리리다." 하며 재를 모두 뿌렸다. 새 봄의 되자 온 천지에 흩어진 재의 알갱이가 떨어진 자리마다 작은 새싹이 돋아났고 그 새싹은 자라서 스님이 해제할 무렵인 7월경 가늘고도 긴 줄기 위에 그리움과 순결한 사랑을 상징하는 보라색 꽃과 하얀 꽃을 피워 냈다. 세상 사람들은 이때부터 이 꽃을 이름하여 도라지꽃이라고 불렀다고 한다. 지금도 봉수산 임존성 아래의 달바위골 안산에는 해마다 도라지꽃이 부흥 운동에 패배한 백제의 한을 달래 주려는 듯 소슬바람에 하늘하늘 나부끼고 있다.

장철호

밖에 나가 보지 못한 하루

특별한 일이 없으면 언제나 새벽 운동으로 시 변두리 지역까지 약 두 시간 정도 걷기를 한다. 출발하는 시간이 새벽이지만 항상 세수를 하고 귀찮아도 언제나 어느 정도 복장을 모두 갖추고 출발한다. 갈 때마다 좌측의 넓은 하천과 높은 산, 우측의 넓은 들이 하루하루가 다르게 바뀌어 계절의 흐름을 직접 보고 읽을 수 있어 가볍게 걷기 운동을 하기 참 좋은 코스이다.

반환점에는 12각으로 만든 햇볕 가리기 구조물이 있고, 아래에 둥근 모양으로 여러 사람이 앉을 수 있는 나무 의자가 있다. 그곳에 도착하여 약 5분 정도 길게는 10분가량을 쉬게 되는데 운동을 하면서 쉬는 여러 사람들의 세상살이 이야기를 종종 듣게 된다. 또 다른 새로움은 가끔 농부들의 기상 시간을 알려 주는 새벽 닭 우는 소리가 들린다.

집에 돌아오면 그렇게 상쾌할 수가 없다. 어쩜 건강보다 그 상쾌한 매력에 빠져 걷기를 하는 것인지 모르겠다.

그런데 오늘은 장마철이다 보니 어제 저녁부터 비가 내려 새벽 걷기는 꿈도 못 꾸었다. 아침에는 폭우가 쏟아졌고 오후 늦게까지 많은 비가 내려 걷기는 물론 창문도 열지 못했다. 오늘이 월요일이다. 책상 앞 메모지를 보니 오늘 밖에 나가 간단하게 처리해야 될 일이 6가지가 우선순위도 없이 적혀 있다. 급하게 처리하거나 하지 않으면 안 될 중요한 일은 없기 때문에 비가 내려도 별 걱정이 되지 않았다. 그러나 비가 조금이라도 적게 내리면 밖에 나가 볼일을 볼 생각을 하고 계속 창밖의 날씨를 보게 되었다. 사실 우산을 쓰고 나가면 가까운 거리에는 충분히 가서 볼일을 볼 수 있을 정도의 비가 내리는 시간도 있었다. 그런데 비 내리는 오늘 같은 날 우산을 쓰면서까지 밖에 나가 볼일을 볼 마음의 여유가 생기지 않았다.

매일 오는 신문이 오늘은 많은 비가 내리는 새벽에 그 비를 맞고서 날 찾아온 친구같이 너무 반가웠다. 오늘 신문은 광고지를 비롯하여 60쪽이 넘었다. 비 내리는 덕분에 처음부터 끝까지 모두 읽게 되었는데 정치면을 읽으니 괜히 신경질이 났다.

이렇게 온 국민들에게 스트레스를 줄 법한 기사를 읽고, 그 대안을 다른 지방 일간지에 칼럼이나 기고를 쓰고 싶어 한 번 더 읽고 메모를 하거나 스크랩을 하였다. 그러다 보니 귀하고 소중한 오전이 다 훌쩍 지나가 버렸다.

가끔 창밖을 본 것 외는 한 번도 일어나지 않고, 오전 시간 동안 내내 신문을 끝까지 읽은 것은 오늘이 처음이다. 사실 비가 내려 밖에 나가지 못한 이유가 신문을 읽기 위해서만은 아니었다.

며칠 전 고향이 진주이고 울산에 사신다는 어느 여자 분이 전화로 책 한 권을 부탁하여 비가 내리지만 이것이라도 보내기 위해 우체국에 가 볼까 하는 생각을 했다. 우체국은 걸어서 10분이면 갈 수 있는 거리에 있어 책을 포장하고 주소를 메모하였다.

이 우체국에 가서 택배로 보낼 경우 주소만 주면 우체국 직원에 컴퓨터로 택배 용지에 주소 쓰고 프린트하여 붙여 준다. 필자가 발간한 책 800권을 보낸 사실이 있는데 그 일 때문에 우체국에 가면 필자의 얼굴만 봐도 필자의 주소를 알고 "오늘은 몇 권을 보내실 겁니까?"라고 물어볼 정도이다.

가까운 곳에 있는 우체국에 가지만 복장을 갖추고 우산을 챙기고 나가려고 하니 적게 내리던 비가 순간적으로 하늘에서 물을 쏟아붓는 것 같았다. 조금 있으면 그치겠지 하는 생각으로 기다리기로 했다.

이것이 오늘의 외출이라도 해볼 생각으로 준비한 마지막이라는 것을 저녁에야 알게 되었다. 하루 종일 한 발짝도 밖에 나가지 못한 것이다. 그래도 갑갑하거나 지겹지 않았고 하루가 더디거나 지루하지도 않았다.

오늘 이 귀한 하루라는 선물을 받고도 이렇게 보내다니 이런 선물을 스스로 차 버린 것은 아닐까 하는 생각을 해 본다. 내가 없으면 세상이 없다고 했거늘 이 말이 맞는 말 같다. 내가 나가지 않으니 아무 것도 볼 수 없어 세상이 없었고 창밖에 내리는 비뿐이었다.

그렇다면 오늘을 잃어버린 하루일까. 그렇지는 않은 것 같다. 책을 내겠다고 써둔 원고를 퇴고하는 데 집중할 수 있었고, 하루 종일 책상에 앉아 하고 싶은 것을 할 수 있는 시간도 얻었다. 새벽 시간까지 하고 싶은 것을 아무런 방해 없이 쉬지 않고 하게 되어 오히려 많이 내리는 비에게 고맙다는 생각을 하게 된다.

선물을 차 버렸다고 스스로를 비하한 생각과 비가 내려 감사한 생각, 과연 이 두 생각 중 내가 옳다고 판단해야 될 것은 어느 것일까?

그 기준을 어디에 두어야 될까?

 난 소중하다. 그리고 내 생각이 소중하고 온종일 한 일이 소중했다. 그러니까 온종일 집 밖에 한 번도 나가 보지 않고, 누굴 만나지 않았지만 이렇게 보낸 오늘을 내 인생의 긴 세월 속에 실패한 하루라고 생각하지 않는다.

장희자

격세지감을 느낀다

코로나 확진자가 치솟자 모든 것이 조심스럽다. 마스크를 쓰는 것이 일상이 되어서 마스크를 써야 외출을 할 수 있으니 어느 때는 잊고 대문을 나섰다가 급히 돌아와 마스크를 쓰고 다시 나간다.

코로나 확진자가 나오거나 손녀가 열이 날 때 돌본다. 아이들을 데리고 슈퍼에 갔더니 집는 것마다 달거나 색이 강해 피하고 싶지만 애들 고집을 꺾지 못해 난감할 때가 있다.

내 자식이 클 때는 동화책을 읽어 주거나 그림을 그리고 간식을 같이 만들어 먹었다. 밀가루에 베이킹파우더를 섞고 버터를 녹여 도넛을 만들거나, 과일을 갈아 셔벗을 만들고, 김치전이라도 만들어 먹였다. 닭튀김도 만들어 먹는 줄만 알고 컸다.

도넛 믹스와 핫케이크 믹스를 팔고 있으니 얼마나 편한 세상인가. 신선한 우유와 달걀을 넣고 깨끗한 기름에 튀기면 경제적이고 건강에 좋을 것 같아 아이들을 불러 도너스를 만들자 했더니 신바람을 일으킨다. 손녀는 "할머니, 도너스가 아니고 도넛이에요." 야무진 발음에 흐뭇해 재료를 넣고 반죽을 하라고 아이들에게 맡겼다.

아이들은 제 손으로 만든 도넛이 끓는 기름 속에서 부풀어 오르는 모습을 신기해하며 빨리 먹고 싶어 안달한다. 바구니 가득 담긴 도넛을 앞에 놓고, "할머니, 도넛 위에 생크림을 발라야지요." "생크림 주세요." "할머니 도넛 속에 쨈을 넣어야 맛있어요." 엄마가 만든 간식이 최고라고 여기던 때가 있었는데 세월 따라 아이들 입맛이 변했다. 아이들한테 인기 없는 도넛은 내 차지로 남았다. 난장판이 된 부엌 청소와 아이들을 씻기고 나니 녹초가 되어서 다시는 간식을 만들지 말아야겠다는 생각이 들었다.

시대가 바뀌었다. 말을 배우기 전에 TV와 핸드폰에 익숙해져 말이 없는 화면을 보고 웃거나 이야기를 꾸며 낸다. 어른이 이해하기 전에 화면이 바뀐다. 컴퓨터나 핸드폰 활용을 손녀에게 배운다. 가르쳐 주어도 인지 기능이 떨어져 이해 못하니 힘들고, 자주 활용 안 해 잊어버려 다음에 같은 질문을 반복하니 얼마나 답답할까? 경험이 대접받는 시대는 지난 것 같아 서운할 때가 있다.

젊은 사람이 개업한 식당은 공간에서 어떤 감흥을 느끼는지, 어떻게 삶이 바뀌는지에 초점이 맞춰지고 있다고 한다. 메뉴도 다양해 인기를 끈다고 한다. 삼각김밥 안에 닭갈비나 불곱창, 대게 살까지 있다니 군침이 돌아 지갑을 열 수밖에 없다. 인기 있는 성수동 빵집 이름이 먼치스 앤 구디스라니 외우기도 힘들다.

젊은 세대는 외국으로 눈을 돌린다. 파이돈이 선정한 'AD 100, 세계 100대 디자이너'에 양태오 디자이너가 선정되었다. 그는 "모든 것을 경험했을 때 치장과 기교를 버린 아름다움이 있다. 요란스러운 치장과 기교가 없는 아름다움을 추구한 결과다."라고 말한다.

메타버스는 2030년쯤 되면 3차원 가상 세계 시장이 1,770조로 커질 전망이라 한다. 일본의 소니, 덴마크의 커크비, 미국의 퀄컴과 중국의 텐센트 등이 3차원 가상 세계 투자에 총력을 다하고 있다. 친환경을 강조해 명품 브랜드에서 편리성과 개성을 살린 운동용 방한복을 만든다. 구글과 애플 재산이 1, 2순위를 다투고 스마트 팜 농사로 질병 없이 기후가 변해도 항상 싱싱한 채소를 같은 값에 판매한다. AI 공장에서 앱 주문을 받은 옷을 하루에 3만 벌씩 자동 세탁, 건조, 포장, 배송까지 하는 세상이다. 아직은 사람이 AI에게 명령을 내려야 하지만 사람이 하는 창작 영역이 허물어지고 있다.

새것을 빨리 받아들인 사람이 성공한다. 아날로그 시대를 산 사람들은 뽕밭이 아파트 단지로 변하고 전국이 반나절 생활권으로 변하는 시대에 허덕이면서도 꾸준히 따라가야 불편을 덜 수 있다. 나이 많다고 포기하지 않고 새롭고 다양한 지식을 배우려 노력하면 영원한 청춘이다. 오늘도 유튜브에 파일을 올리고 인스타그램에 디카시를 올리며 긴장한다.

전병훈

정의로운 사회는 요원한 것인가

　자유, 진리와 함께 교시敎是로 표방하는 학교에서 배우고 가르치며 한 생을 보낸 내게 아직도 확연히 잡히지 않는 것이 '정의'의 개념과 그 어려움이다.

　정의의 문제는 최초로 제기한 플라톤에서부터 일생토록 이를 연구 주제로 한 존 롤즈*에 이르기까지 인류의 현자, 석학들의 연구는 계속되어 오고 있으나 앞으로의 언제까지도 이를 명확히 규명하지 못하는 난제 중 난제인가 한다. 플라톤의 주제는 시종일관하여 "정의란 무엇이고, 그것은 인간 삶에 있어서 어떠한 의미를 가지고 있는가."라는 물음으로 관철되어 있다. 서양 철학은 '플라톤의 각주'*라고 하였으나, 어디 철학에만 국한하랴. "태양 아래 새로운 것은 없다."*라고 하지 않던가.

　코로나로 격리된 생활은 육체적 고통을 주지만, 정의가 실종된 무법천지 상황의 정치 행태를 보노라면 몸과 마음까지도 지치게 한다.

정치가 어려움은 정치가가 거짓말을 하기 때문이란 것은 일찍이 밝혀진 바 있다. "정치가 어려운 이유는 권력자들이 거짓말을 하기 때문이다. 불평등을 좋은 것이라고 강변하고, 자신의 사적 이익을 공익이라고 주장하는 허위의 언어를 말하기 때문이다."라고.

과연 정의는 인간 사회에서는 실현이 불가능한 것일까. '자유'도 어렵고, '진리'도 끝없이 어려운 개념이나 적어도 내게 있어서는 '정의'의 난이도가 단연 앞선다. 정의로운 사회를 갈망하는 시민들의 가슴은 정권 교체를 목전에 둔 위급한 시점에서 여지없이 짓밟히는 만신창이의 정의를 목격하면서 허탈하다 못해 실의에 빠진다. 특히 정권 교체 초기나 선거 후의 심각한 후유증을 미연에 방지하는 묘법은 없는가. 유권자인 시민들의 정신 건강을 배려하는 일말의 정치인들의 아량이라도 있었으면 좋을 텐데.

한 예로 자유민주주의의 최첨단을 달리며 자본주의의 온갖 혜택을 유감없이 구가하는 미국의 사례를 보면 정의가 결코 저절로 유지되는 것은 아님을 알 수 있다. 응분의 노력과 대가를 치러야 한다. 미국에서는 새 대통령이 취임하고 나서 처음 100일 동안은 언론과 의회가 새 정부를 너그럽게 봐주는 관례가 있다. 대통령 취임 후 약 3개월간 언론과 의회의 호의를 받는 배려 기간, 소위 밀월 기간honeymoon period의 덕분인가 본다.

차제에 선진국의 좋은 관행의 의미를 한번 되새기면서 타산지석의 교훈을 배울 수 있으면 한다. 새 행정부가 정상적인 업무 수행을 시작할 수 있을 때까지 사회 각계각층, 특히 감시자의 역할을 하는 언론이 모든 것을 너그럽게 봐주자는 배려는 새 정부가 유감없이 만전의 준비를 하도록 하는 화합과 격려의 의미가 짙다. 선거 과정의 투표를 통하여 당선된 대통령은 국가를 이끌어 갈 대표성을 국민으로부터 위임받은 것이다. 국민의 위임을 받은 지도자가 소신을 펼 수 있는 기반을 닦는 데 최소한으로 필요한 여유 기간을 배려하는 데 인색할 필요는 없겠다. 이 허니문 기간은 언론이나 행정 부과는 물론이거니와 행정부를 견제하는 의회에도 적용됨은 말할 것도 없다.

예산을 비롯한 대통령의 모든 정책 구상이 결국 입법 과정을 거쳐 실천되기 때문에 의회 협조가 없는 한 이 허니문은 연목구어나 다름없는 허구일 뿐이다. 심지어는 투표에서의 지지 여부를 떠나 모든 유권자, 시민도 이에 적극적으로 동참하고 성원함으로써 선거를 통한 국민 의지로 당선된 대통령이 약속한 제반 정책 구상을 실현하여 국민의 의사를 대변하도록 도와주는 협조와 협력의 분위기를 조성하는 것 또한 큰 의미가 있다. 이 밀월 기간에는 정치적 의미만 있는 것은 아니다. 선거 과정에서 노출된 찬반 지지자들의 극한적인 갈등과 상처를 해소하고, 전 시민이 새로운 대통령을 국가지도자로 인정하는 화해의 과정으로, 화합하여 효율적인 국정 운영을 뒷받침한다는 사회적·문화적 의의 또한 크다.

미국의 선진 대의민주주의의 기틀을 유지하는 데, 특히 정의를 실현하는 데 크게 기여하고 있는 것은 소위, '밀월 기간'의 관행에 크게 힘입고 있다고 본다. 이는 우리도 언론을 비롯해서 야당, 그리고 새로 구성될 국회, 사회 각계각층 모두가 받아들여 볼 가치가 있는 정치 문화가 아닐까 생각한다. 좋은 제도는 받아들이는 것이 현명한 처사이리라. 새로운 제도 개발에 모든 나라, 구성원 모두가 다 노력을 기울이고 개발비를 지출할 필요는 없는 것이다. 경제성의 원칙에 위배된다. 타인의 좋은 제도는 입수하여 활용하면 되는 것이다. 하등의 위신이나 자존심을 손상시키는 일이 아니다. 정치 선진국의 오랜 실행으로 효과가 입증된 우수한 제도나 관습을 도입하는 것은 비용

효익의 원칙cost-benefit relationships에 비추어 봐도 충분히 설득력을 갖는 합리적 의사 결정decision-making 방법의 하나이다.

정치를 비롯한 사회과학 분야는 많은 경우 자연과학, 특히 수학이나 통계학에서와 같은 수리적인 정답이 없는 사안이 대부분이다. 정답이 없다는 것이 인문학이나 사회과학이 갖는 약점 내지 한계점인 동시에 학문적 매력이기도 하다. 이것은 인간사에 존재하는 불확실성uncertainty의 원천이기 때문이다.

예컨대, 국회의 어떤 법안 표결에서 수백 명에 이르는 한 당의 의원 전원의 만장일치 가결이 가능하다는 사실은 우리 국회의 후진성을 웅변할 뿐이다. 그 법안의 완벽성 여부와는 한참 거리가 멀다. 오히려 정답은 영零인지도 모른다. 공직 후보자 공천권이 선량한 유권자인 국민에게 있기 전까지는 만장일치 가결은 수치심을 떨쳐 버릴 수 없다. 이 난제 해결의 한 예는 미국의 대통령 선거에서 당의 후보자를 결정하는 예비 선거primary를 일반 대중에 개방하는 제도인 '국민 참여 경선제open primary를 들 수 있다.

좋은 정치란 무엇일까? 동양 역사학의 시조인 사마천(B.C. 145~B.C. 86?)은 일찍이 "제일 좋은 정치는 국민의 마음을 따르는 것이고, 그다음이 이익으로 국민을 유도하는 것이고, 세 번째가 도덕으로 설교하는 것이고, 아주 못한 게 형벌로 겁을 주는 것이고, 최악의 정치는 국민과 다투는 것이다." (The best politics is to follow the mind of the people, then to induce the people with this profit, the third to preach in the moral, to scare the very least into punishment, and the worst politics to contend with the people.)라 하였다. 작금의 우리 정치 상황에 비춰볼 때 시사하는 점이 많다.

민주정치는 시민이 만드는 것이다.* 국가의 정치 수준 역시 시민에

의하여 결정된다. 오늘의 대의민주정치 제도 하에서 주권의 행사는 시민의 위임을 받아 실행된다. 따라서 주권재민의 시민사회인 민주국가에서의 통치는 만민평등의 정의가 필수적으로 전제되어야 한다. '정의', 진정 어려운 말이다. 누구나 말은 쉽게 하면서도 행동으로의 실천은 외면한다. 특히, 우리의 정치지도자들의 언행을 보노라면 '정의로운 사회의 실현'은 요원하며, 영원한 신기루인 성싶다. 어쩌면 주권 재민의 유권자의 신성한 권리는 선거 당일 단 하루일 뿐, 선거만 끝나면 시민의 품을 떠나 대리인에게로 옮겨 가니 말이다. 이후에 전개되는 대리인의 전횡專橫은 막을 길이 없으며, 자유민주주의는 퇴보의 나락奈落으로 떨어지니 안타까울 뿐이다.

이에 각종 선거에서 대리인을 잘 뽑아야 하는 당위성이 있다. 『에밀』은 어떻게 민주시민을 양성할 것인가에 대한 루소의 답이며, 그의 교육 혁명이기도 하다. "교육은 사람을 만드는 기술이며, 교육의 목표는 뛰어난 인재를 만드는 것이 아니라, 인간으로서 어떻게 살아야 하는가를 가르치는 것이다."* 루소의 『에밀』은 우리의 교육에 던지는 경종이련만, 우매한 우리만이 그를 읽지도 듣지도 못한다는 것인가. 제도권 교육의 타락상을 상기할 때면 언제나 나는 미력이나마 교육계에 종사한 지난 삶에 자괴지심自愧之心을 금치 못한다.

인간의 이상 사회에 대한 꿈과 동경은 현실에 대한 불만과 부정에서 태어난다. 고대 아테네의 몰락이 플라톤에게 이상적인 국가, 이상적인 군주를 꿈꾸게 한 것처럼, 혼란과 무질서 속에서 삶의 어려움을 느낄 때 이상 사회에 대한 강한 동경이 몰려든다. 새로운 지도자를 만난 오늘의 우리의 자유민주주의의 위치를 냉정히 통찰하면서, 기회 균등이 보장되고 진실과 정의로운 자유민주주의가 되살아나기를 기원한다.

평화롭고 정의로운 자유민주주의의 만개 속에서 인간의 자유와 존엄성이 존중되며 시민 모두가 행복한 삶을 호흡하는 사회가 이루어지기를 갈망한다.

※존 보들리 롤스John Bordley Rawls(1921~2002): 미국의 정치철학자. 40년 동안 '정의' 한 주제만 연구. 하버드 대학교 교수 역임. 주요 저서 『정의론A Theory of Justice』(1971), 『공정으로서의 정의Justice as Fairness : A Restatement』(2001).
※알프레드 화이트헤드Alfred Whitehead(1861~1947): 영국 사회철학자. "서양 철학 2천 년의 역사는 플라톤 철학의 각주에 불과하다."
※There is no new thing under the sun. 서양 속담.
 Nothing new under the sun. (聖) Eccl.1:9.
※『에밀(Émile, ou De l'éducation)』, 루소 저, 이환 편역, 돋을세김, 2015.
※전게서, p.127.

전선자

우리 동네 사람 사는 이야기

 뒤쪽으로는 향로산 봉우리가 읍을 감싸고, 앞으로는 남대천이 아름답게 흐르는 곳, 무주읍 중에 가장 인구가 빽빽한 동네가 우리 남천리이다. 계란으로 말하자면 노른자위인 셈이다. 무주읍의 한 중앙에 위치해 있으면서 분지의 정중앙에 우리 동네가 있다(무주읍은 사방이 산으로 둘러싸인 분지다).
 나는 1997년도 가을에 '남천대로회' 회원 일동으로부터 공로패를 받았다. 인생을 살면서 참 많은 상을 받았지만 그 어느 상보다도 소중한 상이기에 잘 간직하고 있다. 내가 살고 있는 동네의 주민들이 돈을 각출해서 만들어 준, 생각지도 못한 상이어서 고맙고 감사하기 그지없다. 벌써 25년 전의 일이다.
 '남천대로'라면 무주의 전간 도로 중에서도 위쪽으로는 무주군청을 기점으로 하고, 아래로는 구 양조장 골목까지 끊어서 그 사이에 가게를 가지고 있는 무주의 큰 앞 도로를 말한다. 그 도로를 둘러싼 주변이 우리 동네이기 때문에 붙여진 이름이다.

　우리 동네 한 가정에 한 명씩만 나오게 해서 30여 가구가 한 달에 한 번씩 저녁 모임을 했다. 모임은 주로 오 반장(반장님은 60대의 여자분이셨다)님 댁에서 이루어졌다. 약간 반상회 모임의 성격이기는 해도 모두가 좋아서 하는 모임이라 한뜻으로 잘 이루어졌다. 나는 이 모임의 회장을 맡아 친목에 전념했고, 일 년에 봄, 가을로 야유회 겸 여행도 다니면서 즐겁게 진행했다. 모임 때마다 전원의 의견을 수렴하고 참고하되 '배가 산으로 가지 않도록' 철저히 계획을 짜고, 예산은 절약하고, 결산을 투명하게 봐 주니 불평하는 사람이 거의 없었다. 정말 우리는 재미있고 보람되게 15년여 모임을 잘해 왔다. 그러니까 1980년대 초반쯤 만든 모임이었나 보다.

　우리 모임 총무를 맡은 김 여사는 사리분별력도 똑 떨어지는데다가 유흥도 즐길 줄 알아서 노래도 잘 부르고, 춤도 잘 춰 회원들로부터 사랑을 받았다. 또 흥이 많아 회원들을 잘 다루고 봉사 정신이 투철하니 금상첨화였다.

　그런데 왜 1997년, 그때쯤 모임이 끝이 났을까를 생각하니 사연이 있었다. 그해 1997년도에 나이 드신 회원 두 분이 세상을 하직하셨고 한 분은 전주로 이사를 갔기 때문에 모임도 어수선했다. 아마 그 때문에 이제 그만 모이는 것으로 하자고 했을 것이다. 상패는 15년여 회장직을 맡아 수고했다고 준 공로패였다.

　그런데 요즘 보니 그렇게 똑똑하던 김 여사가 사람도 알아보지 못하는 심한 치매에 걸려 요양보호사의 도움을 받고 있다. 사실 그 남편은 과거 우리 집에서 운수 사업을 할 때 덤프트럭 기사로 일했기 때문에 한 가족이나 다름없었는데 안타깝기만 하다. 두 내외가 얼마나 처량한지 모르겠다. 남편도 알아보지 못한 채, "우리 집에 어느 남자가 와서 앉아 있으니 어떻게 하면 좋겠느냐?"라고 오가는 사람 붙들고 하소연하니 이거 참 난감하기 짝이 없다고들 얘기할 뿐 도저히 방책이 없다. 가진 재산이라도 좀 넉넉하다면 병원에 보내 간병인이라도 두고 치료하면 좀 나을까 싶기도 하지만 '치매는 나라님도 고쳐주기 힘들다.' 하니 '어찌 하오리까?' 다.

설상가상으로 그 아들이 정신분열증과 조울증으로 고생하였던바 이혼하고 무주에 와서 몇 년을 살았다는데 어느 날 실종되어 하루가 지나 찾은 곳이 남대천 아래쪽 갈대밭이었다고. 이 얼마나 억장이 무너지는 일인가. 엄마는 이 사실도 모른 채 살고 있고.

그렇게 가까이 지내던 분이 그 모든 기억을 송두리째 잃어버리고 산목숨이 아니게 살고 있으니…. 참으로 기가 막히고 말문이 막힌다. 자식들도 다 제 살 길 가기 바쁘다 보니 아저씨만 더욱 가여워진다. 우리 인간에게 어쩌면 저렇게 가혹한 형벌이 있을 수 있나? 우리 동네 슬픈 이야기가 아닐 수 없다.

생선 가게를 보던 이씨 아저씨가 우리 집 옆에 살고 있었다. 우리 시아버님께서 뇌졸중으로 앓아누워 계실 때 그 아저씨는 명절이 돌아오면 참조기 한 마리를 새끼줄에 들고 오셔서 아버지께 해 드리라고 주고 가시는 인정 많으신 분이셨는데 그 조기가 예전에는 정말 비쌌었다. 내가 40대 때 일이었으니 그들이 그때는 20대 때 일이었다. 이씨 아저씨는 아들 둘에 딸 하나를 두셨는데 큰아들은 군청 공무원으로 과장까지 지내다가 정년 퇴임하였고, 작은아들은 의과대학을 졸업하고 의원 개업을 무주에 하여 아주 성업 중이다. 또 딸은 간호학과 출신임에도 행정직 공무원으로 들어가 지금은 행정복지국장을 지내는 삼 남매가 존경받는 생활을 하고 있다. 그 어머니께서는 아주 독실한 불자였고 우리 모임에도 꼭 나오셨다. 어머님의 기도가 아마

하늘에 닿았기 때문에 자식들이 그렇게 잘 풀렸다는 이야기를 종종 듣는다.

지난 이야기를 하다 보니 옆에도, 앞에도, 뒤에도 할 이야기가 많아진다. 사람 사는 일이다 보니 얼마나 많은 이야기가 숨겨져 있겠는가?

바로 우리 건물에 가게 한 칸을 세 얻어 구멍가게를 하는 아줌마는 참 부지런하시다. 아침 7시에 가게 문을 열면 저녁 8시가 다 되어야 끝나는 일반적 만물상회다. 생활용품 없는 것 없이 갖추고 30년을 넘게 우리 가게에서 장사를 한다. 7~8평 남짓 되는 좁은 공간에 과자류부터 담배까지 고루 갖춘 가게다. 우리 동네에 이렇게 없는 것 없이 고루 갖추고 장사하는 집은 단 하나밖에 없어서 그런대로 장사는 잘 되는 편이다.

급할 때 필요한 콩나물도, 두부도, 술 종류와 음료수, 간장, 식초, 라면은 물론 일회용 커피까지, 또 고무줄, 전지약, 구두약, 편지 봉투와 예전에는 우표까지도 팔았는데 요즘은 우표는 취급하지 않는 것 같다. 많은 집종을 비치하여 팔고 있어서 오가는 사람들을 불러들이게 되는 가게다. 그런데다 입이 무겁고 사람이 좋아서 어느 누구도 거부하지 않는 성품을 지녀 복을 많이 받은 모양이다. 그의 남편은 한때 우리가 사업용으로 봉고차를 가지고 있을 때 기사님으로 있었다. 내외가 근면, 성실하여 우리와는 뗄 수 없는 관계가 된 셈이다. 전직이 택시 기사여서 운전을 기가 막히게 잘하셨다. 그러다가 40살쯤 관용차를 운전하는 공무원으로 채용되어 군청에 근무하기도 했다.

처음 만났을 때는 생활이 말이 아니었는데 내외가 함께 벌게 되니 아들 둘에 딸 하나를 모두 4년제 대학 공부를 시켰다. 쉬운 일은 아니었다. 자녀들이 착실하게 크고 부모님 모시기에 효를 다하니 이웃이지만 그렇게 자랑스럽고 예쁠 수가 없다. 또 칭찬할 것이 모두 아들,

딸 구별하지 않고 자식을 셋씩 낳아 잘 키우고 있는 것이다. 부모님께도 효도했지만 나라에도 충성을 다한 자녀로 살고 있다. 한참 자식들 학교 다닐 때는 고생스럽기도 했을 테지만 지금 다 모여 있으면 그렇게 대견할 수가 없다. 나와 이웃해서 사는 그 내외가 자랑스럽다.

우리 애들 아빠는 뇌졸중으로 오른쪽 편마비가 심해 아무것도 할 수가 없다. 오히려 내 손이 많이 가는 사람이다. 이웃 아저씨가 우리 집 주변 관리며 화단 관리를 다 해 주니 얼마나 고마운지 모른다. 아무나 할 수 있는 일이 아니다.

나는 이런 이웃들 속에서 오늘도 행복해하며 내 할 일을 열심히 하고 산다. 만사가 고맙고 매사에 감사하는 삶이다.

전우겸

와이로蛙利鷺: 뇌물賂物

"이 사람아, 이번 승진에도 또 빠졌나? 김 과장한테 와이로라도 좀 팍팍 써 봐라, 당장 진급될 것을…. 참 답답한 사람!" 정말 옆에서 들어도 답답하다.

몇 해 전 봉화 시외버스 정류장 대합실에서 차 시간을 기다리는데 어느 분이 보시다가 급히 버스를 타러 갔는지 곱게 접은 《봉화일보》 신문이 있었다. 그 오피니언에 홍 선생님의 '김영란법과 와이로'라는 글이 실려서 읽어 보니 참 재미있었다. 옛날부터 지금까지도, 또 후세대까지도 없어지지 않는 불법 행위를 재미있게 묘사한 글이었다.

아무리 좋은 법을 만들어 놓아도 지켜지지 않으면 무슨 소용이 있겠는가? 법이란 만인萬人의 평등을 위해 만들어 놓았지만 힘없고 돈 없고 권력 없는 사람에게만 적용된다는 일반적인 이야기를 듣노라면 서글퍼질 뿐 아니라 법法이란 것이 국민에게 지탄指彈의 대상이 되지 않을까 하는 우려도 된다.

오죽하면 힘없는 사람들 사이에서 '유전무죄有錢無罪 무전유죄無錢有罪'라는 말이 나올까. 권력이 있는 사람의 경우에는 웬만한 사건은 이래저래 다 빠져나온다는 말이 보편화되어 있는 세상이다.

더욱이 요즘 국회의원이란 사람의 경우 사소한 사건은 권력에 의해 눈감아 주고 좀 더 큰 사건은 정치적 탄압이라고 우긴다.

이러한 사례는 옛날이나 지금이나 똑같은 것 같다. 더구나 김영란법이 발효되면서 SNS에 많은 글이 쏟아져 나온다. 그 글 중에는 우리가 어릴 때부터 듣고 자란 이야기가 많다.

청탁請託이나 뇌물賂物을 와이로라고 말한다. 와이로라는 말은 일본말인 줄 아는 사람이 많다. 하지만 이 말의 근원根源은 우리나라 말에서 나온 것이 아닌가 하는 생각이 든다.

그러니까 옛날 고려高麗 시대 이야기다. 고려 명종明宗 임금이 단독單獨으로 야행夜行을 나갔다가 깊은 산중에서 날이 저물었다. 다행히 민가民家 하나를 발견하고 하룻밤 묵어 갈 것을 청請하였지만 주인은 집이 누추陋醜하고 대접할 것이 없으니 조금 더 가면 주막酒幕이 있다고 하며 허락하지 않아서 임금이 더는 말을 못하고 할 수 없이 발길을 돌려야 했다. 그런데 그 집 대문을 나오다 보니 이런 글귀가 붙어 있어 더욱 궁금했다.

"唯我無蛙 人生之恨(유아무와 인생지한; 나는 있는데 개구리가 없는 것이 인생의 한이로다)."

도대체 개구리가 뭘까? 한 나라의 임금으로서 어느 만큼의 지식을 갖추었기에 개구리가 뜻하는 것을 생각해 보았지만 도저히 감이 잡히지 않는다.

주막에 들러 국밥 한 그릇을 시켜 먹으면서 주모酒母에게 외딴집에 관해 물어보았다. 그는 과거科擧에 낙방하고 마을에도 잘 안 나오며 집 안에서 책만 읽으면서 살아간다는 이야기를 들었다.

그래서 더욱 궁금증 생긴 임금님은 다시 그 집으로 가서 사정사정하여 하룻밤을 묵을 수 있었다. 잠자리에 누웠지만 집주인의 글 읽는 소리에 잠도 안 오고 해서 면담을 신청했다.

그리고 그렇게도 궁금하게 여겼던 "唯我無蛙요, 人生之恨."이라는 글귀에 관한 이야기를 들을 수 있었다.

옛날에 노래를 아주 잘하는 꾀꼬리가 아름다운 목소리로 노래를 하고 있을 때 까마귀가 꾀꼬리한테 내기(시합試合)를 하자고 하였다. 바로 사흘 후에 노래 시합을 하자는 것이다. 이 제안에 꾀꼬리는 한마디로 어이가 없었다. 노래를 잘하기는커녕 목소리 자체가 듣기 거북한 까마귀가 자신 있게 제의하다니, 하지만 꾀꼬리는 월등한 실력이기에 자신 있게 시합에 응했다. 그리고 3일 동안 목소리를 더 아름답게 가꾸고자 노력하였다.

그런데 반대로 노래 시합을 제의한 까마귀는 노래 연습은 안 하고 자루 하나를 옆에 차고 논두렁의 개구리를 잡으러 돌아다닌다. 그렇게 잡은 개구리를 백로白鷺한테 뇌물賂物로 가져다주면서 뒤를 부탁한 것이다. 약속한 3일이 되어서 꾀꼬리와 까마귀가 노래를 한 곡씩 부르고 심판인 백로의 판정을 기다렸다. 꾀꼬리는 자신이 생각해도 너무 고운 목소리로 노래를 잘 불렀기에 승리를 장담했지만 결국 심판인 백로는 까마귀에 손을 들어 주었다.

한동안 꾀꼬리는 노래 시합에서 까마귀에 패배한 이유를 알 수 없었다. 그러나 얼마 지나서야 백로가 가장 좋아하는 개구리를 잡아다 주면서 까마귀가 뒤를 봐달라고 부탁하는 바람에 꾀꼬리 자신이 패배한 사실을 알게 되었다. 그 후 꾀꼬리는 크게 낙담하고 실의에 빠졌다. 그리고 "오직 나에게는 개구리가 없는 것이 한이로다."라는 글자를 대문에 붙여 놓았다고 한다.

바로 이분이 훗날 고려조高麗朝의 대학자이신 이규보李奎報 선생이었다. 이 글은 이규보 선생이 임금한테 불의不義와 불법不法으로 뇌물을 바친 자에게만 과거 급제及第의 기회를 주어 부정과 부패로 얼룩진 나라를 비유해서 한 말이었다고 한다. 이때부터 와이로蛙利鷺라는 말이 생겼다고 한다.

이규보 선생 자신이 생각해도 자신의 실력이나 지식이 어디에 내놔도 안 떨어지는데 과거를 보면 꼭 떨어진다는 것이다. 돈도 없고 정승의 자녀가 아니라는 이유로 과거만 보면 꼭 떨어진다는 것이다.

자신이 꾀꼬리와 같은 입장이지만 까마귀가 백로에게 개구리를 상납한 것처럼 뒷거래를 하지 못하여 번번이 과거에 낙방하여 초야草野에 묻혀 살고 있다고 했다.

그 말을 들은 명종 임금은 이규보 선생의 품격이나 지식이 고상하기에 자신(임금)도 과거에 여러 번 낙방하고 전국을 떠도는 떠돌이인데 며칠 후에 임시 과거가 있다고 해서 개성開城으로 올라가는 중이라고 거짓말을 했다. 그리고 그 이튿날 궁궐에 들어와서 곧바로 임시 과장을 열 것을 명命하였다고 했다.

과거를 보는 날 이규보 선생도 뜰에서 다른 사람들과 같이 마음을 가다듬으며 준비를 하고 있을 때 시험관이 내건 시제詩題가 바로 "唯我無蛙 人生之恨"이란 여덟 글자였다고 했다.

다른 사람들은 그게 무엇을 뜻하는지를 생각하고 있을 때, 이규보 선생은 임금이 계시는 궁궐 쪽을 향해 큰절 한 번 올리고 답答을 써서 냄으로써 장원급제하여 고려조의 대학자가 되었다는 일화가 있다.

우리도 여기에서 와이로와 국가가 제정하는 법에 대한 참뜻을 깊이 되새기고 모든 국민이 자기 자신을 다시 한 번 성찰해 봄으로써 선진시민先進市民의 의식으로 한발 더 나아갈 수 있는 계기가 되기를 소망해 본다.

정성채

스승님, 나의 스승님

예로부터 우리는 스승님의 그림자를 밟지 않는다고 전해오고 있다. 이 말은 스승님을 공경하고 스승님의 가르침을 잘 따르겠다는 뜻일 것이다.

나는 초등학교 때부터 대학원까지 진학해서 공부하는 동안 많은 은사님을 만날 수 있었다. 수많은 스승님 중에서 훌륭한 은사님을 모시고 평생 교류하며 삶의 교훈을 느끼며 배울 수 있게 된 것을 큰 영광으로 생각한다.

인간은 태어나서 무덤에 갈 때까지 배우며 사는 동물이라고 한다. 이 말이 진리인 것 같다. 살아가면서 수많은 일을 겪고 살지만 배우고 또 배워도 늘 부족한 걸 깨닫게 된다. 그럴 때마다 나는 은사님들을 통해 또다시 새롭고 지혜로운 것들을 많이 배우며 깨닫고 살아간다.

그럴 때마다 얼마나 은사님들께 감사한지 마음이 뿌듯하다. 나는 나이를 먹어 가도 늘 10대처럼 매사가 철이 없고 아는 게 너무 부족한 것 같다. 세상 물정에 너무 어두우므로 판단력 또한 부족한 것 같다. 현명하게 살아가려고 무던히 노력하지만 지나고 보면 또 아쉬운 점이 많다는 것을 깨닫게 된다.

정도만 걷고 살려고 노력해 오며 한 걸음 한 걸음 조심스럽게 걸어간다. 그리고 내 발자취가 아름다운 모습으로 남게 하려고 무던히 노력한다. 내 삶이 힘들 때도 있지만 주위 분들에게 훌륭한 영향을 미칠 수 있게 최선을 다하려고 노력한다.

초등학교 때에 은사님은 대전사범을 졸업하시고 바로 우리 학교에 처음으로 부임한 남자 선생님이시었다. 내가 초등학교 5학년 때에 우리 반 담임이시었다. 처음 부임한 분이라 그런지 매사에 대단한 열정을 갖고 계셨다. 대단히 친절하고 성의가 있었다.

우리는 선생님을 무척 좋아하고 따랐다. 그런데 선생님은 국어에 열정적이었다. 교내 백일장이 개최되는 날이 결정되면 글짓기에 관한 공부를 열심히 가르쳐 주셨다. 그런 덕택에 우리 반에서 대회 때마다 많은 학생이 장원으로 입선하게 되었다. 전교에서 우리 반 학생들이 대부분 수상을 하는 쾌거를 거두었다. 특히 나는 글짓기를 잘해서 선생님의 귀여움을 많이 받았다. 군 교육청에서 글짓기 대회를 개최했을 때도 선생님께서는 나를 추천해 주셨다. 물론 최고의 상을 받는 영예를 우리 학교가 누리게 되었다.

선생님은 우리가 6학년 때도 담임을 하셨다. 방과 후 중학교 입시를 위해 숙직실에서 초롱불 밑에서 과외를 해 주셨다. 물론 무보수였다. 공부가 끝나고 서로의 얼굴을 보면 콧구멍에 그을음이 묻어서 모두 시커매 있어서 한바탕 웃음꽃도 피웠다. 평생 아버지 같은 인자한 마음으로 우리가 성인이 되어 살아갈 때까지 교류하며 제자들을 보살펴 주셨다.

중학교 때도 국어 선생님이 그렇게 나를 귀여워해 주셨다. 중간고사, 기말고사가 끝나면 주말에 선생님 댁으로 오라고 해서, 선생님은 나와 함께 시험지를 채점하셨다. 내가 주판을 잘 놓기 때문에 채점이 끝나면 모든 정리와 통계를 전부 정리하는 것을 내가 도와 드렸다.

이 선생님도 또한 나의 은사님이 되었다. 늘 따뜻한 분이셨다. 학년 때마다 나에게는 은사님이 계셨다. 그 덕택에 학창 시절을 멋지게 빛나게 잘 지낼 수 있었다. 세월이 많이 흘러 모두 하늘나라에 가 계셔서 참으로 안타깝고 그리워진다.

그런데 대학원大學院 때 은사님은 지금 생존해 계신 분이 몇 분 계시다. 이대梨大 교육대학원敎育大學院 시절에 교육심리학 박사이신 은사님은 평생 잊을 수 없는 분이시다. 내 졸업 논문을 지도해 주신 분이었다. 내가 졸업하던 해에 대학과 대학원 졸업생들이 써낸 논문 중에서 내 논문이 최고 우수 논문으로 선정되었다. 이는 은사님께서 심혈을 기울여 내 논문을 지도해 주신 덕택이다. 그래서 내 논문이 서울 중앙에서 발행되는 모든 각 신문에 대대적으로 기사화되어 발표되었다. 그 덕택에 나는 MBC TV, KBS 대담 프로 등에 출연하기도 하였다. 그리고 서울 중앙지에서 출판되는 월간 잡지《여고 시대》,《여학생》등에 대담 프로로 나간 내용이 게재되었다.

은사님은 너무 연로하셔서 늘 걱정이 된다. 현재 구십 세가 넘으셨으나 아직도 집필하시면서 훌륭한 저서를 많이 발간하고 계셔서 기쁘다. 그래도 높은 연세라 마음이 늘 조마조마하다. 종종 안부 전화를 드릴 때마다 음성이 쨍쨍하셔서 참으로 기쁘다. 부족한 나를 어려서부터 이 나이가 되도록 보살펴 주셨던 많은 은사님께 늘 나는 감사를 드리고 싶다.

평생 그 은혜를 잊을 수 없는, 제2의 부모와 같은 훌륭한 나의 은사님들, 어찌 잊을 수 있으랴! 하늘에 계시는 은사님들께는 늘 명복을 빌고, 살아 계신 우리 은사님들께는 부디 건강하시고 행복하셔서 더욱 오래오래 행복한 삶을 누리시기를 기도한다.

사랑하는 나의 은사님, 은사님 덕택에 제가 오늘이 있고, 이렇게 열심히 보람된 날을 살아가고 있습니다. 참으로 감사합니다. 제가 제대로 제자 노릇도 못하는 것 같아 대단히 죄송합니다.

은사님, 사랑합니다. 늘 주님의 은총을 받으소서.

정은영

차나 한잔 하시게

커피가 산사에까지 영역을 넓혔다. 생활 습관이 서구화되면서 나타나는 현상이라고 치부하기에는 뭔가 씁쓸함이 남는다. 며칠 전 신문에 지난 상반기 국내 편의점이 약 5만 개인데 카페는 약 9만 8천 개에 달한다고 한다. 상황이 이런데도 전국에서 매일 35개의 카페가 새로 문을 열고 있다니 과연 커피대국이다.

카페가 급증하고 있다는 것은 기본적으로 수요가 있다는 말이다. 우리 생활 문화가 서구식으로 바뀐 탓이다. 카페는 식사 후에 가야 하는 당연한 코스가 돼 버렸다.

십수 년 전까지만 해도 나는 카페가 특정인들의 전유물인 줄 알았다. 우물 안 개구리였다. 내가 카페를 들락거린 시기는 남들과 비교해서 매우 짧다. 이전까지는 봉다리 커피가 주류였다. 카페를 알게 된 것은 커피 때문에 당한 민망함이 있고나서부터다.

어느 날 모임 참석 후 카페에 갔다. 커피 값을 내기로 한 사람이 계산대로 가더니 마시고 싶은 커피를 주문하라고 했다. 아뿔싸! 커피 종류를 제대로 알지 못해 당황했다.
"어떤 커피를 마셔야 하나?"
옆 사람에게 물었다. 그도 우물쭈물 나와 비슷한 상황이었던가 보다. 그는 "봉다리 커피 스타일이면 아메리카노나 카페라떼를 주문하고 설탕은 별도로 가져오면 된다."라고 했다.
시간이 제법 흘렀는데도 무안을 당한 그날 일이 지워지지 않았다.
모르면 배워야 한다. 커피 공부를 시작했다. 관심을 가지지 시작했을 때 주변 사람들은 자칭 카페 도사들이 많았다. 나만 그런 세상을 모르고 살았던 것이다. 국내 커피 시장이 유럽을 능가하는 수준으로 발전했다는 사실도 알았다. 설탕도 들어가지 않은 커피를 무슨 맛으로 마시지 했는데 그게 아니었다. 블랙커피라고 해서 커피 마니아들이 즐긴다고 했다. 그들은 커피를 대단한 기호식품으로 생각하고 있었다. 그냥 단순히 밥 먹고 형식적으로 커피를 마시는 고전적 수준이 아니었다. 값이 저렴한 밥을 먹었어도 커피는 고급으로 마셨다.
커피 공부가 할수록 재미있었다. 가정에서 원두커피를 내려 마시는 기본 과정 프로그램을 3개월 만에 마쳤다. 기본 과정에서 만난 사람들끼리 바리스타 자격증에 도전했다. 본격적인 바리스타 자격증 취득 공부가 시작됐다. 생각보다 쉽지는 않았다. 잔을 닦는 것도, 우유 거품을 내는 것도 쉬운 게 없었다. 잔을 닦다 깨뜨려서 잔 값을 물어 주기 일쑤였다.
우유 거품을 만들다 증기에 손을 데이기도 했다. 우여곡절 끝에 6개월 과정을 마치고 바리스타 2급 이론 시험 합격 후 실기 시험을 치렀으나 보기 좋게 낙방했다. 실기 시험 중에 잔을 깨뜨리는 바람에 실격당했던 것이다.

결국 남들보다 두 배로 시간을 소비하고 나서야 2급 시험에 합격하고 내친김에 커피 지도사 자격증까지 취득했다. 수시로 20킬로그램 원두를 구입해 집에서 볶았다. 일면 로스팅이다. 콩을 볶는 과정에서 부엌 천장은 늘 시커멓게 그을렸다.

어느 정도 커피와 친해졌고 커피 생산지 공부를 하면서 세계 역사에 대해 많이 알게 됐다. 커피 이동 경로는 세계 역사가 어떻게 발전하고 또 유럽에서의 여러 전쟁이 어떻게 일어났는지에 대해서도 알게 됐다.

요즘은 한적한 농촌에도 카페가 늘어나고 있다. 심심산골에도 카페가 생겨서 "이런 곳에도 찾아오나?" 물었더니 아는 사람들만 온다고 했다. 내비게이션의 혁명이 산골 카페 불을 밝혔다. 갈수록 사찰에서도 차 도구들이 슬그머니 뒷전으로 밀리고 그 자리를 커피 도구들이 차지하고 있는 세상이다. 스님들도 신도들이 커피를 선호하기 때문이라고 했다. 신도가 찾아오면 차 한 잔 내려주는 것이 사찰의 법도였는데 지금은 그 법도가 깨지고 있는 판이다.

중국 당나라 때 선종사에 나오는 이야기다.

"끽다거喫茶去, 차나 한잔 하시게."

조주 선사가 찾아오는 이에게 이곳에 와 본 적이 있는가 물어놓고 와 본 적이 있다고 해도 "차나 한잔 하시게." 했고 없다고 해도 "차나 한잔 하시게." 했다. 이를 지켜본 시자가 궁금해하자, "자네도 차나 한잔 하시게." 했다고 한다. 깨달음의 길에서 차를 중시하는 대목을 엿볼 수 있다. 이 전통차가 커피에 밀려서 나자빠지고 있다.

전통적 분류에서 음료는 물이 1위, 차가 2위, 그리고 커피가 3위를 차지한다. 대한민국 기준으로는 물, 커피, 차 순으로 차와 커피가 어느 날 순서를 바꾸었다.

길거리에 나서면 젊은이들은 커피를 담은 '텀블러'라는 통을 들고 다닌다. 여기에 녹차나 다른 음료를 담아 다니는 경우는 극히 드물다. 유럽의 카페 문화를 우리는 어느 순간 대책 없이 받아들이고 말았다. 이제는 누구도 커피와 떨어져 생활하기가 쉽지 않다. 언제 이만큼 커피에 중독돼 버렸을까? 집에 손님이 찾아오면 "커피 한잔 하시겠습니까?"라는 말이 먼저 나온다. 그리고 상대방의 눈치를 살핀다.

다행히 커피를 마시면 잠이 잘 안 온다며 "커피 말고." 하는 경우가 있다. 이럴 때는 덕분에 전통차를 한잔 할 수 있어서 좋다. 그러나 전통차를 마시고 난 다음에는 역시 커피로 입가심을 한다는 사실도 또한 알고 있다.

며칠 전에 카페에서 '카푸치노 커피'를 시켰다. 우유 거품 위에 그려진 큐피드의 화살이 예술이다. 화살촉에 입을 대고 거품을 끌어당기듯 맛을 보았다. 허허! 참 그 맛이 깔끔하다.

이럴 때도 "차나 한잔 하시게." 하면 될까.

정일주

고진감래 苦盡甘來

　보물 제1호 동대문을 지날 때마다 고학苦學했던 옛 시절이 떠올라 동대문 앞 상가 주변을 한동안 주시하게 된다. 지금 청계천 변은 고층 빌딩이 숲을 이루고 있지만, 동대문 근처 버스 정류장 부근은 1960년대나 현재나 큰 변화가 없다. 동대문을 지나 청계천 오간수 다리를 건너 서울 운동장으로 통행했고, 동대문에는 뚝섬으로 향하는 전차 종점이었다. 1960년 경제 개발과 함께 잘 살아 보겠다고 고향을 버리고 농촌에서 무작정 서울로 올라온 사람들이 동대문 전차 길 따라 청계천 변에 판잣집이나 수상 가옥에서 살았다. 해마다 여름에는 수해, 겨울에는 화재가 빈번했다.
　1956년 충남 청양군 운곡초등학교 4학년을 마치고 어머니의 꿈을 안고 큰댁이 있는 서울로 왔다. 예산에서 하루 종일 기차를 타고 서울역에 내려 주변을 살펴보니, 휘황찬란한 서울 거리는 별천지였다. 큰댁에 도착해 할머니와 백부의 사랑을 받으며 서울 생활에 적응을

해 갔다. 왕십리 동명초등학교로 전학하였으나 한 학기 마치자 또 전학을 했다. 큰집이 경희대 앞으로 이사를 하여 서울 청량초등학교로 전학을 하게 되었다.

해가 지면 달빛에 엄마 품이 그리워 어미 잃은 송아지로 변해 엄마를 부르며 이불 속에서 눈물을 많이 흘렸다. 시골 사람들은 서울이 좋다고 하지만, 나는 엄마가 더 그리웠다.

초등학교를 졸업하고 중학교 교복을 입고 시골에 내려갔을 때, 엄마는 마른 논에 물을 대느라 두레질을 하다가 나를 보자 뛰어오면서 "내 새끼, 장하다, 장해. 그래, 사람은 배워야 사람 노릇 하는 겨." 나를 부둥켜안고 장하다며, 교모를 손에 들고 눈물을 흘리며 기뻐하셨다. 내 모습을 보면 안 먹어도 배가 부르다던 엄마, 엄마 등은 땀에 전 모시적삼에 허연 소금기가 배어 있었다. 왜 엄마는 저렇게 고생하며 살아갈까? 어린 마음에 엄마가 불쌍하다는 생각이 들었다. 엄마의 모습을 보면서 나는 마음속으로 굳게 다짐을 했다. 공부를 열심히 해서 엄마 편히 모시겠다고 결심을 했었다. 그 후 밤마다 땀에 절어 소금기가 낀 엄마의 모시적삼이 눈에 밟혀 나는 고학을 결심했다.

백부는 한국전력을 퇴사하고 민주화 운동을 하느라 큰댁도 가세가 기울어 갔다. 나는 고학苦學하기로 결심하고, 택한 것이 신문 배달이었다. 1960년 신문 구독료는 월 60원이었다. 새벽 4시 통금 해제 사이렌이 울리면 회기동 홍릉고개를 넘어 청량리보급소로 향했다. 달동네를 지날 때면 이곳저곳에서 개 짖는 소리가 새벽 공기를 갈랐다. 보급소에서 신문을 받아들고 휘경동, 회기동 지역에 신문 배달을 마치고 나서 등교를 했다. 비가 오는 날이나 눈이 내리는 날은 신문 배달이 힘들어 흙에 묻혀 사는 엄마를 원망할 때도 있었다.

휘경동에 대궐처럼 큰 독자 집이 있었다. 비 오는 날, 신문 배달을 가면 여학생이 대문 앞에서 나를 기다렸다. 교복은 비에 젖어 생쥐 같은 모습이라 여학생 앞에 얼굴을 똑바로 들기도 부끄러웠다. "힘들겠다. 공부만 하면 안 되니?" 나는 고개를 흔들며, "시간 없어." 건네주는 우산을 받아들고 고맙다는 말을 남기고 정신없이 뛰었다. 폭포수처럼 흐르는 뜨거운 눈물을 빗물이 닦아 주었다. 우산을 쓰고 신문 배달을 할 수 없어 우산을 접어들고 뛰었다. 빵과 우유를 챙겨 주는 여학생의 정성이 고마웠다. 학교에 도착하면 2교시부터 졸음을 견디지 못하고 책상에 머리를 박고 잠들어 선생님에게 꿀밤도 많이 먹었다.

늦은 가을 이른 아침부터 장대비가 쏟아지는 날이었다. 여학생이 대문 앞에서 과자와 빵을 건네주며 손수건으로 얼굴에 빗물을 닦아 주는데, 대문 안에서 목소리가 들려왔다. "민이야, 너 학교 갈 준비 안 하고 뭐 하는 거냐?" 여학생은 우산을 전해주며, "힘들어도 힘내야 해. 대학 가면 우리 만나자?" 손사래를 치며 빨리 가랜다. 그 이튿날 대문에는 "신문 절대 사절." 크게 쓴 붉은 대자보가 붙었다. 나는 대자보를 뜯어 들고 눈물을 흘리며 정신없이 뛰었다. 나로 인해 학업에 지장을 받는다고 생각하니, 부모님의 마음도 이해가 되었다.

그 후 신문 배달은 힘들어 버스 정류장에서 신문을 팔기로 했다. 방과 후에 광화문으로 달려가 석간지 《연합신문》과 《동아일보》를 사 들고 무조건 동대문 버스 정류장으로 향했다. 그곳에서 명문 고등학교에 진학하는 형의 도움으로 버스 정류장에서 신문을 팔 수 있었다. 버스가 도착하면 정류장에 10~20분 정차했다. 버스에 올라가 큰 소리로 외친다. "오늘 석간, 동아, 연합신문요." 처음에는 목소리가 나오지 않았다. 특종 기사가 있는 날은 150부 정도 팔았다. 형은 나에게 '고생은 성공의 지름길'이라며 절대 기 죽지 말고 열심히 공부하라고 격려해 주었다. 그 당시 신문 가격은 1부에 3~5원 했던 것으로 기억하고 있다. 신문을 다 팔지 못하면 손해를 감수해야 한다. 차장 누나들은 내 모습이 애잔해 보였는지 가끔 회수권 2~3장을 호주머니에 넣어 주었다.

　무더운 여름 비지땀을 흘리며 마른 논에 두레질하던 엄마의 모습이 안쓰러워 돈을 벌어 엄마를 서울로 모시고 오겠다고 수차 다짐을 하며 고학을 했다. 나의 목표를 달성하기 위해 군 복무를 빨리 마치고 싶었다. 공군을 지원했는데, 친구는 복무 기간이 짧고 강인한 정신력을 키워야 사회생활에 도움이 된다며 해병대 지원을 권했다. 그 당시도 경쟁률이 5대 1이었다. 합격 통지서를 받아들고 고향으로 내려가 "엄마, 나 해병대 지원했어." 엄마는 깜짝 놀라며, "하라는 공부는 안 하고 무섭다는 해병대는 왜 가는 겨?" 걱정이 태산이다. "엄마, 나 군 복무 마치고 공부할 거야. 걱정 마세요."

　서울역에서 군용 열차가 출발하자 열차를 따라오며 손을 흔들어 주던 친구들의 모습, 어둠 속에 차장으로 비쳐 오는 단발머리 소녀, 큰집 가족과 할머니와 가냘픈 엄마의 모습, 이제 가면 돌아오지 못할 수도 있을 거라는 생각들이 눈물샘을 더욱 자극시켰다. 해병대 훈련은 듣던 대로 혹독했다. 강인한 정신력, 협동심 배양, 전우애 등을 중점에 두고 훈련은 시작되었다. 엄동설한에 바닷속에 들어가 눈물 흘리며 목 놓아 부르던 '어머니 은혜' 노래에 효심이 절로 우러나오는 순간이었다. 훈련이 고되고, 배가 고플 때마다 해병대 입대를 후회도 했었다.

　"한번 해병은 영원한 해병이다." "삼 군에 앞장서서 해병은 간다." "하면 된다." "항상 충실한 해병이 되자." "감사히 먹겠습니다." 훈련 기간 동안 목이 터져라 외친 군가와 구호다. 강인한 정신력과 실전과 같은 혹독한 훈련을 받았기에 해병대는 전투에서 승리하고 귀신 잡는 해병이란 칭호를 받았다. 대학에 입학하면 만나자고 하던 여학생은 명문대 합격했다는 소식을 훈련소에서 들었다. 학업에 열중하라는 축하의 편지를 보내주었다. 해병대 만기 전역하던 1967년, 첫눈이 내리는 날 어머니는 지병으로 먼 길을 떠나셨다. 젊은 나이에 고생하다 떠난 어머니의 모습이 오버랩되어 떠올라 불효를 한탄했다. 첫사랑의 단발머리 소녀도 옛 추억을 그리워할까?

 백부와 함께 《사상계》 발행이었던 장준하 선생 댁을 찾아갔던 날도 잊을 수 없다. 장준하 선생은 청량리 우체국 근처 상가 2층에서 살고 계셨다. 생활이 빈곤했던 장준하 선생 댁에 백부께서 월동 준비로 쌀과 연탄을 전해주었다. 생활은 빈곤해도 단아한 모습에 인자하던 사모님의 모습은 잊히지 않는다

 사업을 하면서 아무리 힘들고 어려운 일이 닥쳐도 고학한 경험과 강인한 해병대 정신력으로 힘든 고비 고비를 넘겼다. 인내심과 강인한 해병대 정신은 삶의 보약이 되었다. 두 아들이 대학 진학 중 군 입대를 고민하기에 강인한 정신력을 키워 주기 위해 해병대 지원 입대를 권하자, 싫다며 둘 다 손사래를 쳤다. 세월이 흘러 손자에게 할아버지 뒤를 이어 해병대 입대하라 권하자 싫다며 고추들이 하나같이 도리도리 도리질이다.

 1960년대 군대는 잠도 부족하고, 훈련도 고되고, 엄한 군기에 경제적 빈곤으로 배도 고프다. 지금은 자유 배식에 뷔페 식단도 있다고 한다. 훈련이 끝나면 자유 시간이다. 그런데도 군 복무를 거부하는 젊은이가 있다고 한다. 내 조국을 내가 지키지 않으면 누가 지키겠는가? 물질만능주의, 이기주의, 편의주의에 물들고, 부유한 환경에서 자유분방하게 성장한 손자의 모습을 보면 마음이 편치 않다. 세월 탓

인가, 부모 탓인가? 미래의 걱정은 기우일까?

　나는 어머니가 들려주신 '고진감래苦盡甘來', 그 말을 늘 가슴에 담고 살아왔다. 고학 시절 도움을 준 여학생의 따뜻한 마음은 이웃을 생각하게 했고, 학창 시절 나의 친구는 사회생활에 롤 모델이 되었다. 자신의 안위만을 생각하는 정치인을 바라보면, 민주화에 헌신하며 청렴하게 생활하다 생을 마감한 장준하 선생님이 존경스럽다. 글로벌 시대는 강인한 정신력과 지식이 미래를 좌우할 것이다. 거센 파도보다 더 험한 세파를 헤쳐 가려면 강인한 정신력은 필수라 생각한다. 고달프던 지난 세월이 나뜨고, 애잔했던 삶의 그림자가 오버랩되어 떠오른다. 세월 탓일까?

　언젠가는 손자를 데리고 동대문에 나가 고학 시절 허기를 달래 주던 찐빵을 사 주며, 학창 시절에 꿈을 키우던 할애비 과거사를 들려주면, 손자는 뭐라 할까?

　'고진감래', 풍요로운 생활 속에 옛 시절을 그리워하는 것은 나만의 생각일지도 모르겠다.

정순옥

아름다운 간호사의 손

아름다운 간호사의 손은 정성으로 환자를 보살필 때의 손이다. 아름다운 손은 많다. 두 손 모아 신神에게 간구하는 손, 자녀를 보살피는 손…. 그중 가장 아름다운 손은 아픈 사람을 보살피는 간호사의 손이라고 말하고 싶다. 간호사는 백의의 천사라 불린다. 정말이지 흰 옷을 입은 인간 천사가 되지 않으면 안 되는 직업이다. 사명감을 갖고 사랑 품은 마음으로 전문적인 간호 지식을 발휘할 때 귀중한 한 생명을 살리는 아름다운 간호사의 손이 된다. 내 손이 '아름다운 간호사의 손'이었으면 좋겠다.

간호사의 손은 사람들이 싫어하는 대변, 소변, 피고름, 가래 등 몸에서 나오는 더러운 배설물들을 깨끗이 씻어 내는 참으로 아름다운 손이다. 많은 종류의 의료진 중에서도 남이 하기 싫은 허드렛일을 거리낌 없이 한결같은 마음으로 충실히 할 수 있는 사람은 간호사다. 아름다운 간호사의 손이 닿는 곳은 지저분한 불순물도 깨끗하게 정화된다. 심하게 살이 썩어 가는 욕창 환자를 치료하고 간호해 줄 때는 구역질을 하면서도 지독한 냄새를 참아 내야 한다. 돌발적인 사고로 정신병자 환자에게 얻어맞는 경우도 있다. 전염병 환자를 간호할 때는 자신이 감염될 수도 있음을 알면서도 투철한 사명감으로 간호한다. 사람의 심리를 꿰뚫어 보면서 몸과 마음이 아픈 사람들을 간호해 주는 손은 숭고하기까지 하다.

간호사는 크림 전쟁 때 플로렌스 나이팅게일 Florence Nightingale을 "등불을 든 여인(The lady with lamp)"으로 불렸던 유래에서 발전, 계승해 오고 있다. 간호학교에서 하는 촛불 선서식은 간호사가 되기 위한 이론 과정을 마친 후 환자를 직접 간호하는 임상 실습으로 들어가기 전 한다. 선서식 때 손에 촛불을 들고 하얀 가운을 착용하는데, 주변을 비추는 봉사와 희생정신으로 이웃을 따스하게 돌보는 간호 정신을 상징한다. "나는 일생을 의롭게 살며 전문 간호직에 최선을 다할 것을 하느님과 여러분 앞에 선서합니다. 나는 인간의 생명에…."라는 선서식을 한 후 간호사가 되어 환자를 전문적으로 간호하게 된다. 나는 흥분과 떨리는 마음으로 간호사 생활을 시작하여 한 평생을 병든 환자를 보살폈다. 이제는 머지않아 내가 아름다운 간호사의 손이 필요할지도 모른다.

반세기가 되도록 환자를 간호해 왔으니 대단한 숫자다. 현지에서 가능한 파트 타임까지 해서 엿가락처럼 시간을 늘리면 아마도 내 나이만큼 임상에서 환자 간호를 해 온 것 같다. 어쩜 지겹다는 생각도 없이 일생 동안 같은 전문직에 종사해 왔는지 내 스스로도 대견스럽고 자랑스럽다. 나는 촛불을 들고 나이팅게일 서약을 한 후, 한국 대학병원에서 간호사를 시작해 수간호사를 지냈고 1978년 미국 이민을 왔다. 그 시절은 나라 경제가 어려웠고 좀 더 잘 살아 보자고 선진 국가인 미국 이민 붐이 일어나던 때였다. 나도 생의 희망을 안고서 미국 유학을 꿈꾸던 남편과 함께 간호사 취업 이민을 했다.

현지에서 LVN(Licensed Vocational Nurse) 자격증을 획득해 일을 하면서 정식 간호사 공부를 다시 복습하기 시작했다. 남들은 한 번에 얻을 수 있는 자격증을 나는 해마다 2번씩 있는 면허 시험 응시에 8년째인 16번 만에 정식 간호사 자격증을 땄다. 고통스럽던 몸과 마음도 간호사 자격증 앞에서 사라지고 행복해하던 순간에 대한 기억이 엊그제 같은데 세월은 참 많이 흘렀다. 나는 생명의 소중함을 알고 생명을 지키는 일에 한평생을 보낼 수 있었음에 감사한 마음뿐이다.

아름다운 간호사의 손은 사람이 생사를 넘나드는 곳에서 바쁘게 움직일 때가 많다. 응급실에서 수술실에서 각 부분별로 생명을 살리기 위해 맡은 임무를 충실히 한다. 전문적인 지식과 습득 과정을 거친 간호 기술로 숨을 쉴 수 없는 사람에게 산소 호흡기를 끼워 숨을 쉬게 하고 피를 흘리는 사람에게 붕대를 감아 지혈시켜 준다. 심장 박동이 멈춘 사람에겐 자기 숨을 불어넣어 주어 가며 심폐소생술을 하여 생명을 살려 내기도 한다. 신생아실에선 인큐베이터 안에 있는 여린 생명을 아주 조심스럽게 돌보는 간호사의 손, 진물이 줄줄 흐르는 피부를 소독하고 치료해 주는 손, 약을 주고 주사를 놓아 주는 손, 환자가 통증에 시달릴 때는 머리에 손을 얹고 함께 아파하는 손…. 간호사의 손은 육체적이나 정신적으로나 질병을 가진 환자를 전인 간호를 하는 아름다운 손이다.

나는 생각해 본다. 내가 아파서 간호사의 손길이 필요할 때 원하는 간호사처럼 내 일생 동안 간호사 업무를 충실히 했었는가를…. 가끔은 미흡하고 의무적으로 간호사 노릇을 했을 때도 있었겠지만 인간적인 사랑 품고 환자를 보살펴 주었음은 분명하다. 요즈음 코로나19

역병 시기를 지나면서 나는 두 번이나 환자를 간호하다가 감염환자가 되었다. 무서운 전염병 환자도 위험을 감수하며 돌볼 수 있는 사람은 역시 사명감 있는 간호사임을 느끼면서 스스로 마음 뿌듯할 때도 있다. 환자가 죽음 앞에서 신음 소리와 함께 간호해 줘서 고맙다는 마음을 말로, 눈빛으로 표현할 때면 내 가슴이 무척 아파 옴을 느낄 수 있다. 어쩔 수 없이 외로운 사람들의 임종을 맞이하게 될 때는 나는 기도하는 성직자의 마음이 되기도 한다.

 나는 간호사 취업 이민을 와 미주한인 이민 1세로 열심히 살아왔다. 은퇴 간호사로서 행복하게 살기 위해, 남은 인생은 어떤 희망을 품고서 살아야 할 것인지 생각해 본다. 내 눈에 보이는 환자들뿐만 아니라 눈에 보이지 않는 지구촌 아픈 영혼들을 위해서도 간호하고 싶은 마음이 크다. 이 시간은 나도 심신이 아프면 누군가의 돕는 손길이 필요함을 절실히 느끼며 또 다른 아름다운 간호사의 손을 그린다. 평생토록 '아름다운 간호사의 손'을 가지고 병든 자를 간호하고자 노력했던 주름진 두 손을 훑는 나의 눈시울이 뜨거워지고 있음을 느낀다.

정정길

숲정이

숲정이.

말만 들어도 옛 맛과 함께 유서 깊은 어느 종택宗宅이 풍겨 내는 고풍이 느껴지면서 숫지고 푼더분한 정감도 준다. 그런 탓일까, 덤부렁듬쑥한 숲정이를 끼고 있는 마을을 보면 위아래로 위계질서가 분명하여 예의와 염치를 알고, 더불어 마을 사람들의 댕돌같은 공동체 의식 또한 오랜 역사에 못지않게 깊이 간직하고 있어서 줏대가 좀처럼 흔들리지 않으면서 정체성에도 드팀없으리라고 여겨진다.

숲정이커녕 고목 한 그루 제대로 서 있지 않거나 길쭉길쭉하면서 갖가지 색깔로 치장한 네모진 상자가 빼곡하게 들어선 마을은, 보매 놀놀하고 살천스럽게 느껴진다. 예에서는 아이 녀석들이 어른들을 제쳐 놓고 볼강스럽게도 서로 시새워 곱존장 노릇하겠다고 깍두기판을 벌이는 것은 아닌가 하는 그닐그닐한 분위기가 느껴진다. 마을 내력이 일천日淺해서 전통문화는 있을 수 없고 본받아 지키면서 내리내리 전해야 할 좋은 관습 따위는 더구나 찾을 수 없을 것이 분명하리라는 지레짐작이 앞선다. 거기다 이웃 알기를 소말한우리로 여기니 툽상스럽게 여겨지지 않을 수 없는 것이다.

이는 숱한 이야기, 이를테면 할아버지의 할아버지 적부터 전해오는 이야기나 정겹고 따뜻한 사연을 찾을 수 없어서이다. 까닭인즉 이러해서 길을 가다가 틀져 보이는 숲정이를 만나기라도 하면 아무리 바빠도 본숭만숭할 수 없어 잠깐 거기 들러 보고 싶은 마음이 생긴다. 그러다가 마을 사람이라도 만나면 거기 얽힌 갖가지 이야기에 어떤 사연이 담겼고, 내력은 어떠한가를 알고 싶어진다.

숲정이에는 으레 갖가지 전설 같은 이야기나 믿어지지 않는 사연도 있지만, 지금의 우리와 후손들에게 찾을모나 타산지석他山之石이 됨직한 교훈도 적잖다. 어득어득한 세월 저쪽에 만들어졌는지라 여기에 서린 이야기가 각양이고 사연도 각색인데 이를 놓고 아닥치듯 겨고틀며 왈가왈부를 따지는 논쟁은 아둔패기들이나 할 짓이다. 이는 애초부터 과학이라는 학문 따위는 생각조차 하지 않았고, 헌납과 희생만을 일방적으로 강요하는 짓이 아직 없었던 시절에 마을 사람들은 조심스러우면서 순수한 정서를 담아 누가 먼저랄 것도 없이 함께 나서서 마음을 모아 이루었으니, 따뜻한 마음의 결정체로 여겨진다.

숲정이는 아무리 짧은 세월이라도 500년을 넘고 그만한 까닭이 있어서 거기 그 자리에 만들었다. 여기에는 다분히 민속 신앙이나 풍수지리적인 요소가 골갱이를 이루지만, 자연재해로부터 마을을 안전하게 보호하겠다는 실질적 목적을 갖기도 했다.

사람이 살기에는 꼭 좋은데 마을 앞이 지나치게 너렁청한 탓으로 허기虛氣가 있어 장래에는 속이 비게 될 형국이라든지, 마을을 둘러싼 산세가 너무 강해 흉한 일이 일어날 지세이므로 이를 누르기 위해서라든지, 화마가 자주 찾아들 산세, 물이 부족할 지세, 그냥 두어도 나쁘지는 않겠으나 숲정이가 있다면 좋은 인재가 연이어 태어날 길지吉地라는 등으로, 이는 모두 다소 미미한 부분일지언정 소홀히 했다가 행여 나중에라도 지실이 들거나 심살내리는 악운을 만나면 어떻게 하겠는가를 미리 염려해서 이를 비보裨補할 목적으로 이룩했고, 해안이나 도서島嶼에서는 현실적인 어려움을 해결하려고 지혜를 부렸으니 이른바 방사림, 방풍림, 방조림 등이 그것이다.

보암직한 숲정이는 마을을 이루면서 나무를 심어 만들었고, 그 나무는 마을 사람들의 기대에 어긋나지 않게 잘 자라, 길고 험한 세월을 꿋꿋하게 이기면서 마을 사람들과 함께 숨을 쉬었다. 거기에는 마을의 애환이 고스란히 담겨 있고, 나무 한 그루 한 그루의 새새틈틈에는 기나긴 역사가 오롯이 새겨져 있기에 수호신으로 격이 높아지고 정신적 지주가 되어 지멸있는 보호를 받게 마련이다. 금줄을 둘러 잡귀를 물리치고 때를 가려 실살스러운 정성을 담아 치성을 드린다. 이는 곧 숲정이에 대한 지극한 애정의 표현이자 더 말할 나위 없는 존경의 표시이다.

목적이야 어떠하든지 간에 기나긴 세월 동안에 쩍말없이 만들어진 숲정이고 보면 여기에 숱한 이야기가 나뭇가지마다 매달리지 않을 수 없다. 용 두 마리가 여의주를 놓고 다퉜다든지, 마을 뒤 낮은 언덕에 소가 누워 있는데 만일 이 소가 벌떡 일어나면 근방이 쑥대밭이 될 형국이므로 흙을 더 높이 돋우고 여기에 나무를 심었더니 숲정이가 되었다는 등으로 숱한 사연이 묻어 있다.

기나긴 세월을 지탱한 숲정이를, 욕심을 앞세워 개력할 작정으로 아무렇지도 않은 듯 덥석 덤벼들어 순식간에 뭉개더니 위로 치솟기만 하는 비둘기장을 만드는 곳을 보았다. 앞으로는 강이 흐르고 뒤로는 산이 병풍 노릇을 하고 있으니 얼마나 좋은 자리인가. 오른쪽 끝으로 야트막한 야산 하나가 눕고, 왼쪽으로 벋은 산줄기가 강을 파고 들어 마을을 감싸고 있기는 하지만 너무 낮아 북녘에서 넘보는 음기陰記를 하마 막을 수 없을까 염려되어 팽나무과 느티나무를 고루 섞어 남북으로 길게 심어 숲정이를 만들었겠다. 그러나 500년 후에는 이 숲정이가 도시를 키우는 걸림돌이 된다고 하여 장비를 들이대었다. 순간 고목 한 그루 한 그루가 쓰러지면서 쏟아 내는 울음소리가, 중장비重裝備의 굉음에 섞여 가슴을 후비며 땅을 울리는 것 같은 헛꿈을 꾸었다.

그러나 생각을 조금만 바꿔 그대로 살리고 구획을 지어서 녹색 지대를 만들었더라면 분위기는 어떻게 되었을까. 거기 선 숲정이에서 정다운 이야기가 솔솔 새어 나오고, 해묵은 나무들이 지난 세월을 되새기느라고 잎사귀를 나부끼며, 온갖 새가 둥지를 틀고 새끼를 기르느라고 부지런히 들락거린다면, 사철 내내 경관이며 운치는 어떠하겠는가. 당장은 숲정이가 있던 면적만큼 부지를 넓혔고 따라서 잇속을 챙겼으니 흐뭇한 심정이리라. 그러나 자연의 순리는 반칙도 변칙도 없이 엄정嚴正하니 언젠가는 그 숲정이가 다시금 새록새록 그리워질 때가 올 것이다. 그때를 당해서야 가슴을 치고 알끈해하며 세월을 거스르고 싶지만 그게 어디 사람의 뜻대로 되는 일이던가.

숲정이는 아직도 곳곳에서 숨 쉬고 있다. 세상世相이 개력된 지금은 애초에 만들어진 목적이나 기능에서 멀리, 아주 멀리 벗어나 있지만, 또 다른 숲정이로 변신하고 있다. 그네를 매단 아이들의 놀이터가 되고, 아이들은 할아버지의 할아버지 이야기를 듣는다.

연인들이 내일을 약속하는 장소가 되었고, 노인들도 찾아들어 지난 시간을 반추하며 우만한 세월을 탓하고, 정자라도 들어서면 누구든지 찾아들어 몸과 마음을 잠깐이나마 누이는 쉼터가 되었다. 곳에 따라서는 서낭당이 들어서서 마을의 안녕과 풍요를 기원하는 영적 매개체 노릇을 하고, 마을의 공동 작업장이 되기도 한다.

세태가 아무리 변해도 숲정이는 마음에 늘 평안을 주고, 고향 같은 생각을 주고, 길손을 안온하게 보듬는다. 이것이 숲정이다.

정준

안양천 산책길

안양천 산책길은 매일 매일이 새롭다. 공기가 다르고 온도가 다르며 바람이 다르다. 어제는 보이지 않던 수풀이 불현듯 서 있고 새로 등장한 오리 떼가 천변을 휩쓴다. 하늘에는 새들이 날아다니며, 땅에는 꽃이 피고 지고 나무는 숨 쉰다. 하천 옆길에는 자전거 타는 사람, 조깅하는 사람, 산보하는 사람들로 붐빈다. 가족과 함께 나온 강아지들도 시원한 하천 바람에 신이 난 듯하다. 가을이 되면 불같이 타오르는 꽃잎과 빨갛게 물든 나뭇잎, 빨갛게 물든 나뭇잎 너머 뜨고 지는 태양과 석양, 태양과 석양 너머 하천의 흐르는 물, 물위를 노니는 천둥오리와 고니, 물속에서 움직이는 물고기 등의 동작도 있다. 맑은 밤하늘에는 별과 달이 빛을 발산하는가 하면 달빛과 구름은 이리저리 형태를 달리한다. 봄·여름·가을·겨울, 아침·낮·저녁·밤이 다르며 눈 오는 날, 비 오는 날, 흐린 날, 맑은 날, 추운 날, 더운 날, 바람 부는 날, 바람 불지 않는 날이 다르다.

비가 많이 온 최근에는 벤치에 앉아 있다가 하천 근처에서 올라온 듯한 뱀과 마주치기도 하였다. 뱀이 나를 보고도 피하려 하지 않아 당황스러웠다. 하천 관리를 담당하는 구청 직원에게 전화하니 뱀 조심 경고 팻말을 설치하겠다고 한다.

자연 친화적으로 다듬어진 안양천 산책길은 운동하기도 좋다. 하천 둑방에는 여러 가지 운동기구가 있다. 빼뜨리지 않고 하려는 운동이 역기와 윗몸일으키기이다. 팔에 힘이 빠지고 뱃살이 뻐근해져 연속으로는 못하고 쉬엄쉬엄 하게 된다. 한 번에 10회 이상 하나의 운동을 쉬지 않고 하는 사람은 많지 않은 것 같다. 야외에서 하늘을 보면서 하는 운동은 색다른 즐거움이 있다. 물론 매일 하늘을 보고 살지만 걸으면서 보는 하늘과 누워서 보는 하늘은 전혀 느낌이 다르다. 하늘 사이에는 나무와 잎새 그리고 새들이 있고 그들이 나를 내려다본다.

산책길은 연대감을 준다. 매번 걷는 길이지만 어떤 궁금한 일이 있는 것처럼 길가의 모습들을 유심히 살펴보게 된다. 자신과 다른 모양과 방식을 가지고 스스로 살아가는 모습이 흥미롭다. 사람들이 다니기에 편리하게 만들어진 산책길 옆에는 계절에 어울리는 꽃을 심고 밤에는 조명을 비춰 운치 있는 분위기를 만들기도 하였다. 천변 둑방 가로등 불빛 모습은 모차르트의 예술적 고향 오스트리아 잘츠부르크의 잘자흐 강변의 조명과 차이가 거의 없다. 불빛 하나 없는 중국 연태의 협하에서 느꼈던 정서와도 큰 차이가 없다. 서정적이고 고즈넉한 강물과 하천은 장소에 불문하고 한결같은 방향으로 흐르는 시간 속에 있다. 이는 동서고금의 구분이 없다. 정서로 공감하는 시간의 타임머신, 흐름으로 공감하는 공간의 타임머신을 타는 것 같다.

산책길은 일체감을 준다. 산책길은 때와 장소를 떠나 자연과 하나

되는 감상을 준다. 자신을 구성하는 유사한 성질과 가까워지는 안정감이다. 둑방 나무길 사이를 걸을 때 보이는 흘러가는 하천의 물은 생명력의 원천이기도 하다. 물은 흙에 자양분을 주고, 자양분을 받은 흙은 견고함으로 유지되며, 생명체를 성숙, 동작하게 한다. 이는 서로 갈등, 순환하는 하나의 유기체이자 한 속성으로 간주되기도 하였다. 기의 맑음과 탁한 것에 의해 인간적 생명, 동물적 생명, 식물적 생명, 그 이하의 무기물 차원의 생명이 생긴다고도 보았다. 만물은 생명이 깃들어 있으며 움직이든 움직이지 않든 정신, 영혼인 애니마와 더불어 산다는 생각도 공감되었다. 산, 하천, 마을, 집터, 나무, 돌 등에도 정령이나 신이 있다고 믿는 자연의 생명화는 인격의 자연화이기도 하다.

  산책길은 평정감을 준다. 산책길은 자신과 직접적인 이해관계가 없는 모습과의 담담한 동행이다. 무심한 듯한 자연과 함께하는 자신만의 대화의 광장이자 자유로운 묵언의 수행장이기도 하다. 이곳이 있으면 저곳이 있고, 저곳이 있으면 이곳이 있고, 이 일이 있으면 저 일이 있고, 저 일이 있으면 이 일이 있는 것처럼 일상 속의 생각과 행동, 원인과 결과 등은 연속적이고 상대적이다. 그 조화는 자연스러운 대립과 의존에서 비롯되기도 한다. 바람이 있는 곳에 기원이 있고 결과가 있는 곳에 도전이 있으며 감각이 있는 곳에 경험이 있고 직관이 있는 곳에 이성이 있으며 원소가 있는 곳에 생명체가 있고 생명체가 있는 곳에 갈등과 애증이 있다. 안양천 산책길에 펼쳐진 다양한 모습은 자신과 자신 외의 살아가는 영화 같은 모습을 잠시나마 객관화하는 여유를 준다.

  산책길은 경외감을 준다. 산책길의 한 줌의 흙, 천변 운동장의 하나의 모래, 풀 한 포기, 한 송이 들꽃조차 인공적으로 만들 수 있는 것이 아니다. 때때로 인식할 뿐 소유할 수 있는 것도 아니다. 대자연은 신의 의복이고 모든 상징·형식·제도는 가공의 존재에 불과하다는 생각이 있다. 또한 모든 존재는 외계의 운동이 감관感官에 주는 인상에 불과하며, 자체로 사유하는 미세한 물질로 채워져 있다는 생각도 있다. 변화하기에 새롭게 보이는 순환 속의 드러난 모습과 드러나지 않는 이면은 하나의 모습일 수 도 있다. 이 같은 모습은 실재의 모사가 아니더라도 실재의 외양은 된다.

산책길을 홀로 걷는 것도 운치 있다. 어느 날 밤, 무작정 길을 걸으며 돌아본 뒷길은 낮 시간대의 활기참과 달리 적막하기만 하다. 시간과 공간과 사유의 주인공이 되어 바람에 흔들리는 갈대와 숨죽이는 듯한 풀, 잎사귀 살랑대는 나무, 유유히 흐르는 물 등 자연 만물과 하나 되는 모습이 아름답게 느껴진다.

조옥순

먼 길 가는 하루의 시작

문득 "당신이 누리는 축복을 세어 보라."라는 서양 속담이 생각나는 아침이다.

오늘도 이제처럼 새아침을 만나자마자 거울 앞에 서서 또 하나의 나를 만나 "좋은 아침! 잘 잤니? 오늘도 살아 있음에 감사하자. 그럼 오늘도 씩씩하게 즐거운 축복의 하루를 만들자." 이렇게 거울 속 나와 아침 인사를 나누고 하루를 시작한다.

한라산 길은 11년이란 세월이 무심치 않게 나에게 '덮삶'의 꽃을 피워 주고 있다. 가까이 하기엔 정말 싫은 암이라 불리는 그가 찾아와서 내 곁을 떠나지 않고 있어서이다. 지금은 함께 살아가야 하는 현실을 인정하는 마음이 되었지만 멈칫거릴 때마다 지지와 격려와 칭찬의 나비가 내 마음 안으로 내려앉는 풍요로운 느낌을 만나게 되었다. 그것은 내가 아주 건강할 때는 느끼지 못했던 감사와 축복이 여기저기서 보이기 시작했기 때문이다.

우선 이렇게 살아 있다는 것, 그 하나만으로도 나에게는 엄청난 축복임을 느끼게 되었다. 생각해 보면 나는 내가 누리는 행복한 기쁨의 축복들이 너무도 많음을 알았다.

우선 나를 사랑하는 가족들, 나를 잘 이해해 주는 친구와 지인들 그리고 따뜻한 이웃이 모두 나에게 내려와 앉은 행복이었다. 그리고 무엇보다 작지만 포근하고 정겨운 나의 삶의 공간, 우리 집을 늘 볼 수 있고 함께할 수 있음도 신이 주신 축복이었다.

그리고 또 아름다운 꽃의 향기와 사람들 사랑의 은근한 향기를 맡을 수 있음도 행복이었다. 그것은 사랑하는 사람은 물론 모든 것을 어루만질 수 있는 행복을 누리고 있기 때문이다. 그래서 이 모든 것이 병약한 내 곁에 내려앉아 격려해 주고 사랑을 노래하고 있음이 정말 행복한 축복임을 느끼지 않을 수 없게 되었다. 그래서 늘 감사한 마음으로 하루의 창을 열고 닫는다.

어지럽고 속상한 사회 분위기로 위기에 처한 나라의 현실은 병마와 함께 먼 길을 가는 나에게서 편안한 마음의 공간을 빼앗아 가고 있다. 춥고 안타까운 날들의 연속되는 군중들의 함성이 어서 거두어질 날이 찾아오도록 오늘도 절대자를 향하여 두 손을 모아 묵주기도를 드렸다.

더 천천히, 더 늦게, 더 멀리 가기 위해 한라산 너머 삶의 희망과 꿈이 깃든 곳을 드나듦이 기쁨이고 행복이기에 꿈의 집 병원을 오가는 길가에, 길 너머에 울창한 숲의 친구들과 몸을 낮추어 터를 이룬 이름 모를 나무들과 들꽃들을 향하여 반가운 인사를 나누는 마음에 힘찬 희망의 날개를 달아 주고 있다. 오늘도 어제처럼 평온의 마음 밭 일구며 살아 있음에 감사하는 축복의 하루의 창을 열고 길을 나선다.

어쩔 수 없이 함께 가야 하는 밉지만 사랑해야 하는 친구와 손잡고 보이지 않는 먼 길을 향해 묵묵히 그리고 천천히 씩씩하게 걸어가는 발걸음 결코 멈추지 않으련다. 왜냐하면 나는 나 자신을 사랑하기 때문이다.

조재완

비우며 감사하며

　오래전 일이다. 자동세탁기는 아직 나오지 않았고, 최신 제품이라 해서 큰맘 먹고 장만했던 반자동세탁기가 고장이 났다. 10년을 썼으니 고장이 날 만도 했다. 그러나 문제는 세탁기 자체는 멀쩡한데, 버티는 다리 부분이 녹슬고 삭아서 내려앉는 바람에 그만 못 쓰게 된 것이다. 어쩌겠는가, 아쉽지만 버릴 수밖에. 우리 식구들의 옷을 깨끗하게 빨아 주고 우리의 수고를 대신해 주며 십 년이나 정들었던 세탁기를 밖에 내놓는 날, 그날 나는 부끄럽게도 가슴이 울컥하며 눈에 이슬까지 맺었다. 잘 가라, 세탁기야. 그동안 고생이 많았구나.
　또 한 번은 이런 일도 있었다. 가업상 요긴하게 사용하다가 점차 사용할 일이 적어져서 골목길에 세워 두기만 하던 차가 있었는데, 13년이라는 세월만 흘렀을 뿐, 사고는커녕 별다른 고장도 나지 않고 주행거리도 얼마 되지 않아서 버리기도 아까운 상태였다. 하지만 그건 나의 생각이고, 누구에게 거저 준대도 가져가지 않는 바람에 부득이 폐차하게 되었다. 차가 폐차되던 날 나는, 그 차를 어루만지며 또 한 번 울컥하는 마음을 남몰래 속으로 감추어야 했다.

이렇게 나는 한갓 물건일망정 그동안 정들었던 것들을 버릴 때에는 무척 아쉽고 섭섭한 마음이 들어서 쉽게 버리지 못한다. 그것은 어렸을 때 그렇게 사랑스럽던 강아지가 어느 날 갑자기 괴로운 몸부림 끝에 우리 집 마루 밑에서 죽어 가던 모습이 나의 마음속에 남아서 그 뒤 다시는 강아지를 키우지 못하는 마음과도 닮지 않았나 싶다. 그래서 나의 집에는 오래된 물건들이 제법 있다. 삼십 년쯤 전에 사 온 자명종 시계며, 삼십 년이 넘은 원목 장롱이며, 삼십 년이 넘은 침대, 이십 년이 넘은 냉장고며, 십오 년이 넘어 덜덜거리는 세탁기 등등…. 이제 곧 이사를 앞두었으니 이들 중 상당수는 아내의 성화에 쫓겨서 버려지리라. 누가 알아주지도 않는 나의 짠한 마음과 함께….

이제는 늘어 가는 나이와 함께 늘어만 가던 살림도 점점 정리하면서 살아야 할 것 같다. 아무리 정들었던 물건이라도, 아무리 멀쩡하여 아직 쓸 만하더라도 사주 쓸 일이 없다면 어느 구석에서 자리만 차지하고 먼지만 뒤집어쓰고 있는 것들을 찾아서 과감히(?) 버려야겠다. 그것이 바로 비우는 삶이 아닐까? 지금껏 욕심 사납게 채우고만 살았던 삶을 돌아보며, 이제는 비우는 연습을 하면서 살아야겠다.

사실은 살다 보면 나에게 꼭 필요한 것도 있지만 그렇지 않은 것들도 많았지 싶다. 비단 물건뿐만이 아니라 다른 여러 가지들, 예컨대 지나친 물욕, 지나친 명예욕, 지나친 집착 등등을 내려놓고 마음을 비워야겠다. 그리고 나의 가진 것에 대하여 감사하며 살아야겠다.

그러면 무엇에 대하여 감사할까? 우선 내가 오늘 살아 있음에 감사하자. 나는 어제 세상을 떠난 이가 그토록 바라던 내일의 태양을 오늘 내가 살아서 보고 있음에 감사하자.

그리고 내가 건강함에 감사하자. 어떤 일이 있어서 병원에 가 보면 병원 복도가 마치 시장 골목처럼 사람들로 붐빈다. 모두가 자신의 건강에 문제가 있어서 온 사람들이 아닌가? 병원이 크든 작든 매한가지다. 그러니 건강하다는 것이 얼마나 감사한가.

그리고 또한 오늘 내가 끼니를 굶지 않을 수 있음에 감사하자. 우리나라가 이제 의젓한 선진국 반열에 들어섰다지만, 아직도 한 끼, 한 끼를 무엇으로 때울지를 걱정하는 분들도 많이 있다는 것을 생각한다면 내가 오늘 끼니 걱정을 하지 않을 수 있다는 것이 얼마나 감사한가.

그리고 또 내가 원할 때 만나 줄 친구가 있고, 내 전화를 받아 줄 친지가 있으며, 나에게 전화나 문자와 카톡을 통해 안부를 물어 주는 많은 이들이 있고, 무엇보다 나의 건강을 염려해 주는 식구들이 있고….

이렇게 감사할 대상을 찾다 보면 얼마든지 많다. 하다못해 내가 지나가는 길가에 예쁘게 피어 있는 풀꽃마저도 나를 기쁘게 해 주어 감사한 것을 생각하면 오히려 감사하지 않을 일이 거의 없을 것 같다.

언젠가 새로 난 고속도로를 버리고 옛길을 따라 대관령에 오른 일이 있다. 올라갈 때 구절양장九折羊腸을 닮은 그 길은 무척이나 힘이 들었지만, 그 고개 위엔 아무것도 없고, 다만 무심한 바람만이 휘휘 소리치며 어디론가 달려가고 있었다. 우리의 삶 또한 그런 것 아닐까? 힘겹게 아등바등 살면서 세상의 온갖 재물, 온갖 지위, 온갖 명예를 다 차지해 본들 그것들이 과연 자신에게 얼마나 소용이 될까? (실은 나는 그것들과는 별 인연이 없었기는 하지만.) 그렇다고 무사태평하고 안이하게 살 일은 아니나, 지나치게 욕심 부릴 일은 더욱 아니지 싶다.

대관령 마루에 올랐을 때 저 멀리 강릉 앞바다에 반짝반짝 빛나던 물비늘처럼 우리의 삶도 그렇게 여유로움으로 빛나는 삶이 되기를, 비우며 감사하며 살면서 날마다 그런 날을 보낼 수 있기를 바라본다.

조정화

생명生命

생명이란 단어에는 고개가 숙여지고 엄숙해집니다. 창조의 질서로 생명은 세상에 태어납니다. 우리 인간 세상에 사람은 어머니의 몸속에서 사람으로 성장되어 세상에 나옵니다. 물론 어머니의 몸속에서 창조자 섭리의 손길로 형성되어지는 역사가 있습니다. 어머니와 자식, 부모와 자녀 가슴 떨리도록 먹먹해지는 감격의 감정입니다.

고려 말기 문신 겸 학자 정몽주는 이조 건국에 방해되어 이방원의 칼날에 이슬같이 사라졌습니다. 충신이란 지조를 지키려다 칼날을 막아 내지 못하여 그 귀한 생명을 잃었습니다. 1392년 4월 26일 이방원 신하에 의하여 선죽교에서 살해당했습니다. 지금도 선죽교에는 핏자국이 있다는 전설이 있습니다. 대한민국에서도 수많은 장병들이 생명을 잃으면서까지 나라를 지켰습니다. 6·25 전쟁에는 유엔군들이 남한, 우리나라 대한민국에 와서 남의 나라를 지켜 주며 생명을 잃었습니다. 수많은 젊은이들이 생명을 잃었으니 안타깝고 아픈 역사입니다.

　영웅호걸들이 권력을 가지고 약자의 나라를 침략하여 전쟁을 일으키기도 합니다. 핵을 만들고 무기를 만들어 힘자랑을 하는 북한의 김정은도 있습니다. 생명은 두 개가 아닌데 그렇게 사람 생명을 해치는 무기를 만들어 자랑을 하는지 김정은만 생각하면 머리가 아픕니다. 무기는 사람을 해치는 것으로 자랑할 일이 아닙니다. 그 에너지로 인류의 행복한 삶을 위해 투자하면 얼마나 좋을까 생각합니다. 생명을 사랑하는 북한의 김정은이 되면 탈북자들이 왜 생기겠습니까. 참으로 연구하고 기도하고 온갖 대치를 해야 될 문제입니다.

　장애인을 둔 어머니들의 사랑과 노력을 봤습니다. 훌륭한 어머니들도 많습니다. 지능이 모자란 자식을 있는 힘 다하여 삶의 행진을 하도록 노력하는 모습에 감격과 애잔한 눈물을 흘렸습니다. 육체의 장애가 심한 자식에게 희망을 주고 돌봄을 다하는 부모도 있습니다. 가슴 떨리도록 생명을 귀히 여기는 부모님들에게 무슨 말로 위로해 드릴 수 있겠습니까. 부강한 나라로 한국 땅 어디를 가도 장애인들이 활동하기에 불편함이 없는 나라가 되기를 바랍니다.

　불장난처럼 만난 남녀가 무책임하게 태어난 자식을, 생명을 함부로 대한다는 뉴스는 그렇게 개탄스러울 수가 없습니다. 자녀는 하나님께서 간섭하시는 하나님의 섭리에 속합니다. 부모는 청지기의 직분을 다해야 합니다. 자녀는 부모님의 부속물도 아닙니다. 부모의 직분을 다하면서 성장시켜 세상에 태어난 한 생명의 의무를 다하도록 돌봐 줘야 되는 부모의 사명이 있습니다. 젊은이들의 청춘의 정열은 좋지만 태어난 자녀에 대하여는 의무를 다할 수 있어야 합니다. 국가도 생명을 지키며 많은 일을 도와주는 복지 국가가 돼야 따뜻한 나라가 됩니다.

사람의 생명을 한순간의 분노로 자신이 처리할 수 있다고 남의 생명을 해치는 자도 있고 내 생명은 내 것이라고 자신의 목숨을 끊어 자결하는 자도 있습니다. 내 생명도 남의 생명도 내가 해칠 수 있는 권리는 없습니다. 오직 하나님, 조물주가 주관하는 것입니다. 인간이 사람의 생명을 해코지하면 영원히 지옥 불에 던져지고 고통의 불구덩이에서 헤엄쳐 나올 수가 없다고 믿고 있습니다. 다시 생각해 보면 권력 있고 힘 있는 강자라고 전쟁을 일으켜서 삶의 터전과 문화재, 배움터 등을 파괴하고 수많은 살상자를 내는 자도 물론 지옥 불에 던져질 것이라 생각합니다. 방금 태어난 출생자 아기부터 힘없는 노인까지 사람의 생명은 하나님의 주관이고 하나님의 진리 안에 생명이 있습니다.

사람의 생명은 천하보다 귀하다 했습니다. 한 사람의 생명은 하늘과 땅, 지구보다 귀한 존재를 의미합니다. 사람의 생명은 창조주 하느님이 주관하는 섭리 안에 있습니다.

주진호

맑은 영혼

　사람은 항상 맑은 영혼을 간직할 수 있을 때 품위 있는 인격을 누릴 수 있다. 그리고 뭇 사람들로부터 항상 존경과 사랑을 받게 된다. 그러므로 우리는 항상 품위 있는 인격을 누리기 위해선 영롱한 영혼을 간직하도록 해야 한다.
　또 내가 할 수 있거나 해야 할 일이 무엇인지를 올바르게 인식하는 이성적인 판단이 요구되며 이를 통해 자신의 의지를 바르고 강하게 추진하여 성취할 수 있는 자유인으로서의 인격과 자질을 갖추어야 하겠다. 하늘은 스스로 돕는 자를 돕는다고 하지 않았던가! 즉 천조자조자天助自助者라고 했다.
　그리고 되도록 다른 사람의 의지에 따라 사는 타율적他律的인 삶보다는 자율적自律的인, 스스로 알아서 행하는 자유인의 삶이 돼야 한다. 다만 인간 사회는 뭇 사람들과 어우러져 사는 삶이다 보니 때론 타율적他律的인 동인動因으로 거부할 수 없는 불가분의 관계로 이어지는 경우도 있다.

우리는 민주주의를 기반으로 하는 민주 시민으로 자율의 원리로 살아간다. 내가 나를 다스리는 주인으로 사회적 의무와 책임을 스스로 결정하고 순종하는 것이 자율이다. 하지만 매우 어려운 문제이기도 하다. 이는 강한 의지의 사명감이 전제돼야 하기 때문이다.

그리고 서로 인격을 존중하고 자율적 도덕관에 의해 행동하는 자율인이 돼야 한다. 이는 민주 시민의 의무이기도 하다. 아리스토텔레스는 "사람은 인격이 최고의 행복이다."라고 했다. 그리고 칸트 역시 "인간 및 인격을 목적으로 삼는 것이 선善이다."라고도 했다. 인간 사회는 인격과 인격과의 만남을 통해 삶을 더욱 향상시키려고 노력해 왔고 지금도 그와 같이 노력들을 한다.

한편 예禮를 기본으로 서로가 도와가면서 다 함께 더불어 사는 것이 삶의 올바른 모습이자 길이라 생각한다. 또한 오늘날 우리 사회의 보편적 인격 평가의 기준은 유교적인 전통 가례家禮에 준한 장유유서長幼有序를 기본으로 하고 있다. 일부 동물들도 장유유서의 질서로 집단생활을 하고 있는 것으로 안다.

사람들을 대개 자신의 삶의 무게를 사회적인 명예와 물질적 부富를 통해서 이루어 보려는 가치관이 보편적이다. 그리고 현재라는 시간에 항상 불안과 불만을 안고 살아가면서도 내일이라는 실낱같은 희망의 끈을 잡고 존귀한 영혼의 위로를 받으며 살아간다.

사람들은 대체로 내적內的인 정신적 부富보다는 외적外的인 물질적 부를 선호하는 편이다. 그래서 때론 물질적인 허세를 부리기도 한다. 하지만 우리의 삶의 본질적인 중요성은 건강을 통한 맑은 영혼을 누리며 지킬 수 있어야 한다. 그리고 자신의 건강도 지키는 데 게을리해서는 안 된다. 건강을 잃으면 모든 것을 다 잃는다고 한다.

세상의 모든 이치는 시작과 끝이 있다. 우리는 이 진리를 일상적인 삶에서 지혜롭게 잘 활용할 줄 알아야 한다. 우리의 삶에선 때론 지식보다 지혜가 빛을 보일 때가 있다. 더욱이 인간은 영혼의 위로를 받으며 감사하는 마음으로 선善을 행할 때 복된 삶은 스스로 찾아오는 것이 천리天理다. 천리는 절대로 위선이나 가식이란 없다. 오로지 진리와 진실만이 존재한다.

그러므로 우리 역시 천리에 따라서 진실을 사랑하는 맑은 영혼을 더욱 굳게 간직하여 보다 뜻있고 보람 있는 삶으로 기쁨을 누리기를 바란다.

채수황

가을에 생각나는 것

　창밖으로 보이는 하늘이 비취빛으로 한결 가벼워진 것 같다. 내 마음도 유리잔처럼 투명해지고 있다. 그 유리잔 속에 떨어진 낙엽이 환하게 보이는 날씨다.
　가을은 내 가슴속에서부터 먼저 서성거린다. 이렇게 바람 끝이 상쾌한 날은 벌써 마음이 지평선상으로 달려간다.
　가을은 어쩌면 말갈기를 휘날리며 달려가는 말발굽 소리인지도 모른다.
　오늘은 일요일이라서 아침 일찍이 수락산을 오르기로 작정하고 집을 나섰다. 수락산의 얼굴은 광대뼈들이 서릿발에 할퀴어서 울긋불긋 물이 들었다.
　빈손이어도 좋은 계절이다. 정말로 가난해도 좋은 계절이다.
　넓은 들녘에는 풍년의 곡식들이 출렁대고, 이 산 저 산 자락마다에는 산과실들이 풍성하여 마음도 넉넉하다.

풀벌레들이 아침 이슬 잔치를 벌이고 있다.

억새꽃 위에서 한 마리의 잠자리 날개가 가을에 성냥불을 켜고 있는가. 온 산이 금세 단풍으로 물들어 불이 붙어 타오를 것만 같다. 행여 어디서 담뱃불이라도 버릴까 염려되어 마음이 조마조마하다.

나는 억새꽃 옆에 잠시 앉아 본다. 산바람은 가볍게 내 이마의 땀방울을 씻어 주고 지나간다.

바닷속처럼 가라앉은 들판이 보이고, 시가지의 건물들은 졸음 속으로 빠져들고 있다.

시간 가는 줄 모르는 한나절이다.

수락산은 줄 이은 등산객들의 물살이 너무나 세차다. 산에 오르는 사람들은 모두가 동심으로 돌아가서 경쾌해진다. 이웃이 따로 없다. 모두가 한 집안, 한 식구처럼 다정하다.

한가로운 구름이 양떼처럼 유유히 산봉우리를 넘고 있다.

발아래 풀숲을 누이고 지나가는 바람 자락이 눈에 보이도록 감상感傷적인 시간이다.

나는 등산객들의 수떨이는 강물 속에서, 나의 사색의 물소리를 혼자서 듣고 있다.

산에 오면, 내 마음도 육체도 산처럼 크고 건강해진다. 호연지기라는 말이 서슴없이 나오는 유쾌한 시간이다. 산에 오면, 갑자기 나는 도덕군자가 되어 버린다.

내 사고력은 날개를 달고 산 위에서 가을 하늘을 거침없이 날아다녀 본다.

중국 만리장성도 한눈에 보이는 듯싶고, 이집트 피라미드도 발아래로 내려다보이는 듯싶다.

아마도 산은 사람을 변신變身으로 몰고 가는가 보다.

마음도 속기가 없어지고, 신선처럼 맑아짐을 느낄 수가 있어서 좋다. 과거에 쌓였던 이웃과의 나쁜 감정이나, 원한 관계도 깜박 잊어버리게 되어 신생아처럼 돌아가는 순간이다.

높은 산을 자주 찾는 사람은, 건전한 이상과 꿈을 갖게 된다는 말을 실감하고 있다.

나는 유난히 산을 좋아하고 있지만, 새삼 산에 자주 올 것을 다짐해 보기도 하면서, 쉬엄쉬엄 정상에 오르기 시작했다. 올라갈수록 잠시나마 속세와는 멀어지는 기분이다. 정상은 바람이 심하다. 나뭇잎, 풀잎 하나까지도 가만히 있지 않는다.

모두 어디론가 이 가을의 엽신을 띄우고 있다. 저마다 서리 묻은 손끝으로 가을 타자기를 열심히 두들기고 있는 것 같다. 정오의 태양은 숲 덤불을 따뜻한 품 안으로 안아 주고, 부드러운 손길로 어루만져 주고 있다.

태양의 품 안에서 사랑을 벗어난 메마른 가랑잎들이 꿈을 잃은 채 멀리 계곡으로 사라져 가고 있다.

인생 또한 저 낙엽과 무엇이 다르랴.

나는 잠시 우주 공간에 선 채 허무감에 빠져 본다.

내 몸이 수락산 정상에 놓인 바위처럼 굳어지는 것 같다.

바위는 천년의 바람소리를 듣기 위해 바위 귀를 뚫고 있고, 태고의 역사까지 꿰뚫어 보는 시력을 닦고 있는 것 같았다.

바위는 갑자기 위대한 역사의 증인처럼 보였다.

천재天才의 만유인력萬有引力이 발전하는 쾌감을 산에서는 무수히 체험한다.

나는 내 옆에서 도토리가 땅에 떨어지는 소리를 듣고 피식 웃었다.

우리들이 해야 할 급선무는 지구의 인력이 아니다.

지구의 인력보다도 더 급한 것은 남극 '오존 구멍'을 막는 일이다.

1985년 7월부터 9월 초 사이에 남극 대륙의 오존층 파괴 현상이 급속히 진행되어 사상 최대 규모의 '오존 구멍'이 형성되었다고 유엔 산하 세계기상기구(WMO)가 9월 12일 발표한 기사가 문득 떠올랐다.

현재 오존층이 심각하게 파괴된 지역은, 유럽 크기와 같은 넓이의 1천만km²라면서, 이는 지난 1993~1994년의 같은 기간에 비해 2배 이상이 늘어난 것이라고 밝힌 바 있다.

나는 수락산 정상에서 우리 하늘을 유심히 바라보았다. 나는 하늘을 바라보다가, 갑자기 공포스러움이 밀려왔다. 우리가 언제까지 자연을 파괴할 것인가.

현대 사회를 살고 있는 우리 인간은 다시 한 번 생각을 해야 할 때라고 여겨졌다.

수락산 정상에서 보는 가을 하늘은 아침에 창밖으로 보이던 비취빛보다도 더욱 맑은 물빛이다.

수락산의 가을 하늘은 내 가슴속을 깨끗하게 씻어 주고 있는데, 이리도 슬픈 마음이 드는 것은 무엇 때문일까?

우리 인간이 지구의 종말을 꼭 가져와야만 되는 것인가.

나는 생각해 본다.

모든 인류 문명의 발달이 중단되는 일이 있더라도, 지구는 살려야 한다는 것이다.

나는 우울한 마음으로 하산을 서둘렀다.

최광호

희망을 생각하며

　경제도 어렵고, 세상도 어지럽지만 그래도 희망을 생각해 본다. 소박하고, 결코 허황되지도 않은 작은 희망에 마음을 기대고 싶다. 이런 희망은 포용하는 마음과 인내를 다시금 생각하게 한다. 희망을 갖는다는 것은 끌어안음과 참을성 있는 마음을 통해 하나됨을 이끌어 내는 것이 아닌가 한다. 그리고 우리에게 희망을 얘기해야 하는 자유민주주의를 소리 내어 읽어 본다.

　이기와 편 가르기와 보복과 증오가 난무한 현실 정치에도 불구하고, 공동선을 향한 정의와 나눔과 질서의 민주주의를 읽어 본다.

　다산 정약용 선생은 백성을 다스리는 위치에 자리하기 위해서는 "스스로를 바르게 하고, 청렴하며, 집안을 잘 다스리고, 청탁을 물리치며, 씀씀이를 줄이고, 혜택을 베풀기를 즐겨해야 한다."(〈율기육조 律己六條〉,『목민심서』)고 하셨다. 참으로 쉬운 것 같으면서도 어려운 가르침이다. 그런 지도자가 아니더라도, 그런 가르침을 따르려고 노력하는 모습이라도 보여 주는 지도자를 만나고 싶다.

당선자의 승리 뒤에는 언제나 반대자가 있기 마련이고, 그 반대자가 많게는 과반이 되는 경우도 허다하다. 그들 '과반의 반대' 까지 아우르지 못한다면 치유하기 힘든 반목과 분열의 나락으로 이 나라가 굴러 떨어질지도 모른다.

대한민국은 국민이 권력을 가지고 그 권력을 행사한다. 그런 정치를 지향하는 사상이 곧 민주주의다. 기우일지 모르나 검찰 정치를 한다는 얘기가 곳곳에서 들려오고 있는 상황에서 이러한 불신, 불안을 해소하지 않으면, 또 다른 저항에 혼란만을 가중시킬 뿐이다. 그러기에 행정 수반으로서의 대통령의 책임감이 어느 때보다 막중하다.

공정은 정치인이 갖추어야 할 가장 중요한 품성이다. 공정은 반대자도 배려하는 휴머니즘일 뿐 아니라 그 시대와 그 사회를 포용하는 세계관이기 때문이다. 공정의 정치는 새로운 희망을 담보할 수 있는 힘으로 작용할 것이다.

고도산업화와 후기자본주의 시대의 도래 이후에 세계적으로 더욱 확대되고 있는 빈곤과 가난의 문제, 비인간화에 의한 인간성 상실의 문제, 환경 오염과 자연 재앙과 전염병 문제 등 산재해 있는 여러 문제는 여야를 초월해 협력해야만 해결할 수 있다.

우리는 사회의 발전과 진보의 이면에 드리워진 좌절과 위기를 한때의 기억과 망각으로 치부하지 않고 그것에 숨은 의미를 되새겨서 정치적으로 해결해야 할 과제를 스스로 인지해야 한다.

경제 성장이 삶의 중심이 될수록 인간의 가치관은 물신의 위력 앞에 흔들릴 수밖에 없다. 이러한 위기의식 속에 인간의 인간다움을 지켜 주는 것은 올바른 정치에서 시작되는 것이다. 올바른 정치는 지성적 이성에 바탕함은 두말할 나위 없다.

인간 삶의 가치관이 흔들리는 시대일수록 우리에게 지성적 이성을 얘기할 수 있는 이들이 많아야 우리의 미래가 밝지 않을까 하는 생각을 해 본다.

최명선

잠방蠶方

목 뒤로 차가운 물체에 쏟아지던 잠이 후다닥 도망간다.

손에 쥐고 있던 뽕잎은 어디로 가고 손길은 서늘한 누에를 주무르고 있다. 누에 채반의 누에 한 마리가 뽕잎을 찾아 헤매다 밖으로 떨어진 곳이 내 목 뒤였다.

부모님은 부업으로 누에치기를 시작했다. 씨를 뿌려 가을에 추수하는 농사와는 달리 45일 단기간에 누에고치를 수매하면 현금으로 바로 돌아온다. 누에는 알, 애벌레, 번데기, 나방으로 완전변태를 한다. 이 기간에 가족 모두가 누에치기에 매달리다 보면 수면 부족으로 얼굴은 푸석거리고 노랑꽃이 피듯 누렇게 떠 있었다. 사람이 누에를 치는지 누에가 사람을 다루는지 분간할 수 없는 기간이기도 하다.

지금은 농촌박물관에서나 찾아볼 수 있는 누에는 70년대 초 국가 장려 사업이어서 누에 농사조합서 누에씨를 농가에 직접 분배해 주었다. 아버지는 한 장에 이만 마리 누에씨를 열 장씩 받아 왔다. 봄

뽕은 뽕나무를 가지 채 꺾어 누에 채반에 얹어놓지만, 가을 뽕은 다음 해 농사를 위하여 검지에 칼날이 달린 가락지를 끼고 뽕잎을 따야 하는 고된 수작업이다. 하루 2~4회씩 밥을 먹는 누에는 네 번의 잠을 잔다. 한잠 자고 일어날 때마다 허물과 배설물이 누에 채반에 가득 쌓여 누에 채반을 일일이 거르고 옮겨 놓아야만 했다. 누에의 몸이 서로 겹쳐지지 않을 정도의 간격으로 놓아주어야 쾌적한 누에 채반이 된다.

왕성한 식욕의 누에들 덕분에 뽕잎 따는 일은 결코 낭만과 추억이 아니었다. 십여 명 일꾼들이 온종일 뽕을 따도 누에 밥은 항상 부족하다. 망태를 등에 지고 뽕을 따는 조, 누에 밥을 주는 조, 일꾼들은 두 조로 나뉘어 잠실과 뽕밭을 오간다. 뽕 따던 일꾼들의 노랫가락 소리가 들리면 하루해는 어느덧 서산에 걸려 있다. 기역 자로 지어진 흙벽돌집에 초벌 도매만 한 잠실 안은 인부들의 빠른 손놀림이 어우러져 누에 채반이 들락날락 춤을 춘다. 어둠이 시나브로 깃들면 일꾼들은 손을 털며 각자의 집으로 돌아갔다. 저녁 시간 이후의 잠방 일은 집안 식구들 몫이다. 잠실 칸칸이 한 사람씩 들어앉아 윗줄, 아랫줄 채반을 꺼내 뽕잎을 올려놓으면 순식간에 사사사삭 소리가 들린다. 누에 채반을 들어 뽕을 올려놓고 구부리고 펴다 보면 허리 통증이 느껴진다. 새벽 먼동은 어느새 우릴 기다리고 있었다.

하얀 피부, 까만 눈, 마디마디 점을 등 위에 걸친 누에는 입을 쉴 새 없이 조물거린다. 먹고 자고 배설하고, 착한 아이 같다. 하지만 배설물이 조금만 몸에 묻어도 병이 들고 몸 자체가 무르기 때문에 청결이 최우선이다. 잠실 안팎은 항시 깨끗이 해야만 감염을 막을 수가 있었다.

학교가 파하면 곧바로 집으로 돌아와 동생과 내가 부모님을 거들었다. 누에 채반 위에 새 신문을 깔고 켜켜 쌓아 놓는 작업이다. 읍내에서 사 온 철 지난 신문 더미에는 농촌에서 들을 수 없는 세상 이야기가 실려 있었다. 그중 세로로 쓰인 연재소설은 특히 나의 흥미 대상이다. 한 장, 두 장 연결하여 읽다 보면 호기심은 극도에 달했다. 뻘겋게 볼이 달아오르기 시작할 즈음 빨리 신문 안 깔고 뭐 하느냐 어머니 호통 소리가 들렸다. 손은 더디게 움직이며 눈길은 신문 조각을 흘깃흘깃 들여다본다. 남녀 애정 행각 대목에서는 숨소리도 내지 않고 신문에 눈길을 꽂았다. 어느 결에 곁으로 다가온 어머니께 등을 한 대 얻어맞고는 정신을 차리곤 했다.

"선아! 내일은 일손이 바쁘니 학교 가지 말아라."

"부모가 돼서 그것도 배웠다는 사람들이 학교에 가지 말라니 말이 되냐고!"

마지막 네 잠을 자고 난 누에가 섶에 올라가는 날은 온 집안이 비상사태다. 머리를 쳐든 하얗고 말갛게 변한 익은 누에들은 촌각을 다툰다. 한 마리씩 네모난 칸이 달리 섶에 올려 주어야 했다. 입으로 실을 풀기 시작하는 누에가 아무 곳이나 고치솜을 지어 놓으면 상품 가치가 떨어지기 때문이다. 교직에 계시다 건강상 이유로 농부 길을 걸으신 부모님이 싫었다. 시험이 내일모레인데 공부할 시간은 주지도 않으면서 학교도 가지 말라니 어머니께 그날은 무슨 용기가 생겼는지 불끈 누에가 머리를 쳐들듯 대거리를 했다. 다른 날 같으면 회초리에 한바탕 푸닥거리까지 들었을 텐데 어머니는 그날따라 말없이 눈물만 흘렸다.

해마다 6월 22일, 9월 22일, 이날은 달력에 빨갛게 동그라미가 쳐 있다. 누에고치 수매하는 날, 새벽부터 고치를 리어카에 가득 싣고 나간 부모님을 기다렸다. 동네 어귀 저 멀리서 우리를 부르는 소리가 들림과 동시에 허둥대며 신발 쪽을 찾아 신고 뛰어나갔다. 한잔 막걸리에 거나하게 취한 아버지의 목소리에 힘이 넘친다. 한 손에는 소고기 한 근, 한 손에는 간고등어 한 손, 모든 것이 행복한 날이다. 밀려 있던 월사금도, 그날 받은 용돈도, 나뭇가지 휘어지게 달린 감들처럼 모든 것이 풍요로웠다.

부모님의 누에치기는 내 인생의 자양분이 되어 오늘도 누에가 입에서 실을 뽑듯 기억을 뽑아내고 있다. 열일곱 살의 눈으로 바라본 잠방은 기쁨보다 반복된 노동으로 몸이 힘겨웠다. 노동의 대가 뒤에 느끼는 행복과 손끝으로 만지고 느끼며 익힌 삶의 진솔함은 내 가슴에 아직도 남아 있다.

채반에 누에처럼 부모님의 피와 땀, 정성으로 자라났건만 부모님 살아 계실 적에는 살가운 말 한마디 전하지 못했다. 힘겨웠던 지난 시절을 햇살에 매달아 비단실로 엮어 가며 부모님을 추억한다. 지금도 창밖으로 빗소리가 들리는 날이면 사사사삭 누에가 뽕 먹는 소리가 들리는 듯하다.

최무순

선비 정신의 계승

옛 선비는 한학자로서 성균관이나 향교를 출입하며, 꼿꼿한 선비적 기질로 근엄한 풍모를 지녔을 뿐 아니라, 이웃과 사회의 귀감이 되는 삶을 살았다.

한편 수많은 명문의 글을 지었고, 경향 각지에서 간행됐던 지역 유지의 문집이나, 명문가의 조상 묘갈명墓碣銘에도 사료적 가치를 담은 명문장의 비문을 남겼으며, 더러 혼례나 제례의 홀기笏記를 낭독하였고, 요즘 낭송 시인처럼 밤마다 구성진 목소리로 한시漢詩를 읊어, 듣기에 퍽 좋았다는 기억이 난다. 심지어 지관地官 역할까지 봉사했으니, 선비다운 출중한 면모를 과시했다는 생각도 들게 된다.

이처럼 걸출한 선비가 되기까지는 어릴 적부터 한학을 배우고 익히며, 사서오경四書五經의 폭넓은 문헌을 탐독하면서, 학문과 인격을 겸비한 선비의 길을 걸었기에 존경받는 인물이 되었다고 본다.

그러면 옛 선비의 후예로 지칭되는 오늘날의 문인은 과연 어떠한 경로를 거쳐 작가다운 예우를 받고 있는지 살펴보고자 한다.

중·고등학교 재학 시절 국어 시간을 통해 문학의 장르를 학습하며 글 짓는 취향과 소질이 있을 경우, 대학의 국문학과로 진학하여 훗날 시인이나 소설가가 되어 문인으로 세상에 명성을 떨치는 날이면 작가다운 성공 사례라 하겠다.

나는 중·고등학교를 안동에서 다니며, 영남 북부 지방 문인들의 활약상을 엿볼 수 있었는데, 안동은 원래 선비 고을로 조선 시대 때는 퇴계 이황 선생과 서애 류성룡 대감처럼 큰 학자가 배출된 한학 반촌의 뿌리 깊은 지역이라 대를 이은 선비 가문이야말로 필연인 듯싶기도 하다.

〈청포도〉의 명시를 지은 이육사 선생 역시 안동 출신이며, 근대에 와서는 안동을 중심으로 청송, 영양에 이르기까지 우리 문단의 대표적인 인물로 꼽히는 조지훈, 류안진, 이문열, 김주영, 김시헌 선생을 비롯한 지례예술촌의 김원길 시인, 문협 이사장을 역임한 신세훈 시인을 보더라도 선비 고을 후예답다는 생각이 든다.

더욱이 안동 인근의 풍기에 살았던 평안도 박천에서 이주해 온 큰 선비 송지영 선생은 사회적 공헌이 지대하여 영주 한학 고을의 크나큰 자랑이 아닐 수 없었다. 구름에 달 가듯 살다간 송지영 선생을 기리는 타향살이의 풍기에 송지영 기념 문학관이 건립되기를 바라는 마음이다.

사실 문단의 현실을 보면 문학의 범위가 매우 넓고, 쉽사리 등단될 수 있는 개방된 문협 분위기 탓에, 문인이 수없이 늘어나 문예지마다 시가 넘쳐나고 수필이나 소설을 비롯한 문학단체조차 양산되고 있는 현실이다.

대표적 문학단체인 한국문인협회의 경우 국내외 회원이 무려 1만

5천여 명에 이른 거대한 단체가 되었고, 시인협회나 수필가연대를 망라한 여러 장르의 회원까지 합치면 웬만한 정당에 버금가는 큰 조직체가 된 것이 현실 상황이다.

　나도 장기 근속했던 직장에서 퇴직하자마자 어느 원로 시조작가로부터 등단 권유를 받고, 극구 사양했으나 오랜 친분 까닭에 결국 초보적 글 솜씨로 등단의 길이 열리게 되었다.

　직장에 얽힌 얘기를 소재로 수필을 썼으나, 과연 등단 수준의 글이 었는지 깊이 자성해 봐야 할 노릇이다. 그럼에도 미흡한 나의 글이 문학지에 실렸고, 문학상에 이어 중국의 어느 대학으로부터는 명예문학박사 학위를 수여하겠다는 제의가 원로 작가를 통해 전해오기도 했다.

　문학상과 가당찮은 명예박사 거론에 황당함을 느끼면서 지체 없이 사양하고 말았으나, 실상을 알아본즉 주선 측의 만만찮은 행사 비용 기부 요청에 아연실색하지 않을 수 없었고, 씁쓸한 여운을 남긴 채 문학계의 그릇된 구상과 계획에 허망함을 경험하게 된 셈이다.

　뿐만 아니라 어느 문학사에서도 문학대상을 수여하겠다는 통보가 있었는데, 역시 행사 비용을 부담해 주기를 바라는 주최 측의 요망에 수상을 거절하고 말았지만, 문학상도 매관매직이나 다를 바 없다는 생각에 불쾌하기 이를 데 없었다.

　사실 대다수의 문인들은 문학상을 선호하는 경향이 있는 터라, 입신양명이 지나치다는 생각이 들기도 한다. 김삿갓처럼 방랑시인이 될망정 불후의 명시 한 편이라도 남기는 것이 문학상 수상보다 훨씬 돋보이지 않을까 하는 생각을 하게 된다.

　지난날 뿌듯한 심정으로 받았던 공직 시절의 포상이나, 사회단체의 감사패와 상패들이 고령의 나이로 폐기해야 할 처지가 되고 보니,

상이란 받을 때는 기쁘고 흐뭇해 으쓱하지만, 없애야 할 경우에는 평생의 공헌이 한순간에 사라지는 허전함을 감수하지 않을 수 없다. 그렇다고 보존할 기념관이 마련된들 분수에 맞지 않다는 사실도 의식해야 하리라고 본다. 노령에는 그저 과욕을 버리고, 세상살이를 정리하는 용단만이 현명한 처신이 아닐는지 모를 일이다.

옛날 선비들은 봄꽃의 민들레를 포공영蒲公英이라 일컬으며, 구덕九德을 갖춘 꽃 중의 으뜸으로 여겼다. 구덕이란 인덕忍德, 강덕剛德, 예덕禮德, 용덕用德, 효덕孝德, 인정人情, 자애慈愛, 인술仁術, 자립自立을 의미하는 고사故事로, 고결한 선비의 후예인 문인이 지녀야 할 가장 합당스런 덕목德目이라 여겨진다.

이렇듯 포공영의 구덕이야말로 올곧은 선비 정신을 이어 갈 문인들이 깊이 새기며, 일상의 처신에 교훈이 되었으면 좋겠다는 바람이 있기도 하다. 따라서 문인의 꿈을 향한 젊은 글벗들의 정진을 위해 기성작가의 배려와 편달을 희구하는 마음 간절할 따름이다.

최영종

이 말들이 허튼 말, 소락빼기 송頌

소락빼기란 쓰는 말 가운데 있으나 듣기 쉬운 말은 아니다. 자기도 모르게 빈도수頻度數가 많다 보니 쓰게 되지만 이것은 성대를 울려 큰 소리 쳐서 의사소통한다는 것이니 남의 말 잘 못 듣는 사람이 소리 높여 싸움하듯 말하는 것이다. 우리도 지난날 어른들로부터도 "내 나이 들어 봐라. 그 속 알게 된단다."라는 말을 들었기에 남의 처지를 생각해 보자는 뜻에서 송頌이라고 말해 보았다.

많이도 우리 곁에서 떠날 줄 모르던 세기의 역병 코로나19로 발목을 붙잡혔다가 그런대로 풀려 우리들 모임에 나갔다. 세 해가 가까운 세월이다. 가서 보니 낯익었던 대로 예전 그 방 그대로다. 예상대로 여섯이 빈 테이블을 차지하고 있어 휑뎅그렁해 빈자리들이 보기가 몹시 쓸쓸하여 을씨년스러워 보였다.

지난날 오랜 시간 우리들 삶 속에 있다가 인사도 없이 새어 나갔지 하고 따짐보다 처음 이 ○○회가 모였을 때를 생각해 본다. 서른둘,

고향을 챙기고 객지 나온 우리들이 서로서로 소통해 가며 살자는 뜻으로 모이기로 약속했었다. 아마 지금으로부터 반세기 전 일이었다. 해가 가면서 세월의 두께만큼씩 모임 때마다 하나둘씩 빠지더니 늙음의 고개를 넘고 나자 황혼의 그림자가 더 가까이서 짙게 어른거리더니 많이도 빠져 지난 삼 년 사이 열도 못 채운다는 K회장의 말이었다. 성적 좋던 누구도 누구도 입원했다, 작고作故했다, 산에 갔다가 실족하여 기동이 불편해 못 온다고, 귀가 어두워져서 남의 말을 들을 수 없어 창피스러워 안 나가겠다 하는 말이 들려왔단다.

정말 나이 들면 너나없이 귀가 어두워지고 때로는 싸우듯이 큰 소리로 말해야만 서로가 들어 의사소통이 됨은 사실이다. 이번에 만난 모임에서도 두 사람이나 보청기를 끼고 있다. 매일 만나야 하는 W형과 말하려면 서너 옥타브 높여 말해야 한다고 귀뜸도 해 주었다. 눈으로 세상을 못 보는 것도 평생의 한이 되겠지만 살다가 중도에 늙어서 소리를 못 듣는 고민이나 고통苦痛은 무척이나 힘든 노후가 아니겠는가! 당해 보지 않고는 상상하기 어려운 고통이리라. 모든 병이 그렇지만 가족이나 옆에서 간호해 주는 사람에게도 "말은 항상 크게"라는 괴로움을 주게 되니 이 얼마나 힘들게 하는 일이 될 것인가! 필자가 모임에 사람이 빠졌다고 해서 장황하게 이런 상황 설명을 하는 것도 그저 괜스리 해보는 늙음의 넋두리로만 치부해 주지 않고 다음의 짧은 소화小話인 콩트를 듣기 바란다.

"아니, 당신들이 이 홀 전세 냈소? 사람이래야 기껏 대여섯이 모여서 이야기하는 것 같은데 원 그리 크게 소락빼기(전라도 방언)를 질러대면서 여럿이 큰 소리로 주고받으니 다른 사람 귀가 시끄러워 살겠소. 정 시끄럽게 떠들려면 밖에 나가 떠드시오. 어서 당장 비워욧!" 제법 앙칼진 독기어린 눈매가 멱살이라도 잡을 태세다. 옆에서

이 광경을 본 C씨가 필자에게 "떠듦으로 들었다면 미안하오. 당신네도 나이 들어 보쇼. 귀가 서로 어두워지면 자기도 모르게 싸움하듯이 소리를 높여야만 말이 통하니. 큰 소리 내어 미안하오. 우리 금방 나가겠소만 늙은이들이니 제발 그 심정 이해하기 바라오." 하고 사과 겸 노년의 푸념을 쏟더라는 목격담이다.

"인생칠십고래희人生七十古來稀가 아닌 이제는 의술醫術의 혁신적인 발전으로 80도 아니, 90까지도." 하고 말들 하고 있고 거리에는 노익장老益壯이 늘어나고 있고 또한 온갖 질병疾病으로 생즉사生卽死한 채 목숨만 그저 붙어 있다시피한 노년들도 넘쳐난다. 사회 문제다. 이래서 구차스러우나 이들이 남 아닌 내 부모, 내 지친至親이라는 애정으로 입장을 바꿔 이해하고 살아가는 아름다운 길밖에는 없고 이런 온갖 충돌 시비는 서로 양보하는 미덕만이 풀길이라고 강변强辯한다. 부질없는 이 소락빼기 송이 헛된 남가일몽南柯一夢이라고 힐문詰問할지 몰라도….

최옥영

애물단지의 비애

　나이만 먹은 애물단지, 나는 어째서 이 모양일까? 개똥 물까지 먹고 되살이했으나 잘한 일이 무엇인가?
　금강산을 다녀온 아버님은 홍역 중인 것을 모르고 나를 불렀다. 너무나 반가워 뛰어 나간 내가 잘못이었다. 한창이던 발진이 몽땅 사그라지며 병세가 악화하니 부모님께서 얼마나 놀라셨겠는가. 마침 양의와 한의가 한자리에 모여 회의 중이었으나 모두가 고개를 저었다고 한다.
　나이 많은 어떤 한의가 이판사판 개똥 물을 다려 먹여 보자고 했나 보다. 머슴이 삼태기를 들고 나갔으나 개똥도 약에 쓰려고 하니 귀했다고 한다. 혀가 말려 들어가고 눈을 뒤집는 세 살배기를 보며 위생 관념이 철저하신 아버님은 얼마나 많은 기도에 매달렸겠는가. 개똥 물을 먹이는 어머니는 애간장이 타다가 말라 오그라졌을 것이다. 그렇게 되살이한 나는 금지옥엽 온실 안의 화초였다. 학교에 가서도 공부를 잘해 칭찬만 받으니 나는 사랑받기 위해 태어난 듯 의기양양했다.

어느새 혼기가 되었다. 사람들은 나를 눈이 너무 높다고 했으나, 좀처럼 마음이 열리지 않았다. 나는 하나이고 한 번뿐인 인생이 너무나 소중했던 것이다.

적혼기를 놓치고 말았다. 부모님께 미안했다. 단 한 번 본 사람이 아들 셋을 낳은 직장 선배에게 사주단자를 짊어지게 하고 아무도 없는 교장 관사에 놓고 갔다. 그는 학교 선생님들에게 강릉 풍속은 사주를 돌려보내면 파혼이 되고, 파혼이 된 규수는 흠이 생겨 혼처가 막히니 어쩔 수 없이 성사될 일이라고 큰소리까지 치고 간 모양이다. 부모님께서는 매우 노여워하시고 나는 먹은 것이 잘못되었는지 난생 처음으로 졸도하고 말았다. 왕진 온 의사가 링거를 놓고 갔나 보다. 수액을 맞은 나는 깨어났으나 부모님이 걱정되었다.

그 무렵 어떤 스님이 라디오에서 "70점짜리는 없다. 30점짜리를 70점으로 끌어올려 가며 살아야 하는 것이 만남이다."라고 하던 말씀이 생각났다. 아버님이 그 말을 들으시고 "별 인연을 다 보겠구나. 네게 어떤 사람이 묻더냐? 모두가 탐내는 사람도 마다하더니 이게 무슨 소리냐?"라고 하신다.

어머님도 아버님을 위로할 수밖에 없나 보다. "무엇보다 건강하고 짐스럽지 않은 차남이고, 직장도 괜찮고, 저들만 정답게 살면 되지 않겠어요? 그 위에 아무리 물러가지 않는 사람도 사주단자까지 갖다 놓은 사람은 없었잖아요? 그 용기가 대단하지 않아요?" 하시며 안심시키려고 애쓰신다.

아버님께서 시댁을 돌아보고 오셨다. 아무리 생각해도 허락할 수 없다고 하신다. 한편 그는 내가 가장 어려워하는 붓글씨로 편지를 보내기 시작했다. "만나 보면 알 만한 사람이다. 어디 어디로 나와라." 연문은 전혀 아니고 몇 자 쓴 글은 명필이나 명령하듯 요점만 붓글씨로 써서 보낸 그는 여간 간 큰 사람이 아니다.

그때 무슨 선거가 있었다. 대담하게도 그 자리에 나타난 그가 내게 말을 건넸다. 대답했을 뿐인데 그는 시어머니 되는 사람을 내가 다니는 직장에 보내어 나를 보게 했다. 그 어머니가 뭔가를 묻기에 가르쳐 주었는데 음성까지 좋다고 하시며 혼사를 서둘렀다.

언제인지 모르나 시아버님은 감나무에 올라가 곶감을 만들 감을 따다가 실족하고 그날 이후 온갖 병으로 병실이 당신의 자리였다.

시할아버님께서 장손만 가르치고 차남부터는 일을 가르치라고 하셨으나, 시아버님께서 있을 수 없는 일이라고 하시며 7남매 모두를 가르치니, 시어머니 고생이 말이 아니었나 보다. 교복까지도 호롱불 밑에서 손바느질로 만들어 입혔다고 하니 얼마나 고생하셨을까? 애써 가르쳤더니 며느리가 금, 옥, 식에 기름진 생선에 아이 하나를 키우지 못해 도우미까지 두고 호강한다고 노여워하시며 인정사정이 없었다.

남편의 봉급은 만져 보기도 전에 시아버님 의료비에 제하고, 몇 푼 안 되는 돈은 막내 학자금에 몽땅 나갔다. 시어머님은 쌀 단지를 긁는 줄 알면서도 농사 비용, 비료 값, 인건비, 그 밖에 가용에 쓸 돈까지 책임지게 했다. 한 살 연하의 시누이는 "오빠 돈을 왜 올케가 쓰느냐?" 하며 두 달 가까이 뒷박만 한 좁은 방에서 함께 지내다가 혼비 일부를 마련해 가지고서야 돌아갔다. 막내 시동생은 올 때마다 더운 밥을 대접했으나, 아버님께서 훗날 차남에게 주려고 하는 몇 평의 논마저도 주지 못하도록 밥을 굶고 왔다고 이간질했다. 셋째 시동생은 같은 봉급 생활자이나 주말마다 속초에서 와서 쉬어 가면서도 그 혼

최옥영 393

한 아이스크림 하나 아이들에게 사 주는 일이 없었다.

아버님께서 교장 퇴직금 일부를 주시고 가구를 사 놓고 살라고 하였으나 한 푼도 쓰지 않고 아이들 기저귀감 사 오던 포목상에 이자를 놓아서 적금을 시작했다. 어머니는 추수를 하면 쌀가마니를 꼭 부쳐 주었다.

친정아버님께서는 선진국 사람들은 자식에게 폐를 끼치지 않는다고 하시며 계속 보태 주시고 계란이라도 먹고 살라고 하셨으나 삼 형제 입덧을 하면서도 그토록 먹고 싶은 삶은 계란 하나도 내게는 없었다. 아버님 뇌졸중 3년 동안 문병 한번 못 가고 그토록 보고 싶어 기다리셨지만 약 한 재 사 드리지 못했다. 겨우 편지를 써두고 우표 살 돈이 없어 애를 쓰다가 주말에 온 시동생에게 이십 원을 빌려 쓰고 갚아야 했다.

모두들 아들보다 딸이 좋다고 했으나 고독한 어머니 속 깊은 이야기 한번 들어드린 적이 없는 무심하고 무성의했던 나는 영원히 사는 내세에 무슨 낯으로 부모님을 뵙겠는가.

모두가 딸 자랑을 하지만 인과응보, 내게 나 같은 딸이 없는 것만으로도 감사할 일이다.

최이락
✢

나이·2

• 복잡한 한국식 나이

한국으로 이주했거나 자주 여행을 오는 외국인들의 한결같은 말은 "한국에 오면 2년 늙어지고, 돌아가면 2년 젊어진다."라고, 그들이 가장 헷갈려 하는 한국 문화 중 하나가 나이 셈법이란다. 자신이 태어난 날이 만滿 1년의 돌이 지난 '만 나이' 만 쓰는 그들에게 태어나자마자 한 살이 되고 또 새해 첫날 한 살씩 더 먹는 한국식 나이는 정말 이해하기 어렵다는 것이다.

최근 한국대사관 홈페이지는 '코리안 에이지age=올해의 연도＋1－출생연도' 라는 공식을 안내한다. 금년 5월 제20대 윤석열尹錫悅 정부가 들어서면서 새 정부는 글로벌 스탠더드(국제표준)에 걸맞게 '만 나이' 로 통일하는 방안을 추진하겠다고 밝혔다.

우리나라에서 사용되는 나이 셈법은 한국식 '세는 나이', '만 나이', '연 나이' 세 가지다. 일상에서는 보통 '세는 나이(민간에서는 '집(가정) 나이' 라고 함)'를 쓰지만 민사民事나 행정 분야에선 '만 나이'를, 병역법과 청소년보호법은 행정상의 편의를 위해 현재(올해) 연도에서 출생연도를 빼는 '연年 나이'를 적용한다. 이 세 가지 나이 셈법이 혼용되면서 그간 혼란도 적지 않았다. 새 정부는 민법과 행정기본법에 '만 나이' 표기 규정을 마련한 후 '연 나이'를 쓰는 개별법을 정비하기로 했다.

• 음력과 양력의 동시 사용으로 인한 혼선

우리나라는 조선 말기인 고종 33년(1896, 건양 1년)부터 종래의 태음력(음력, 구력)에서 서구식 역법曆法인 태양력(양력, 신력)을 도입하면서 민간(전통적 농경 사회)에선 음력을, 관공서나 공직 사회(단체, 기관, 학교 등)에선 양력을 사용하면서 음·양력이 공존하여 왔다.
동아시아 전통인 '세는 나이'의 유래에 대해선 여러 가지 설이 있다. 태아 존중 사상의 발로發露이거나, 고대 아시아에 숫자 '제로(零:0)' 개념이 없었기 때문이라는 설이 대표적이다. 그러나 동아시아에서 낙태는 오랫동안 죄가 아니었고, '0' 개념의 인식도 중국이 유럽보다 빨랐다. 달력(캘린더)이 다르기 때문이라는 이유도 있다.
고대로부터 유럽은 양력, 동아시아는 음력 문화권이었다. 태양의 운행을 중심으로 하는 양력과는 달리 달의 운행을 기초로 자연의 주기에 맞추는 음력은 변동이 심해 매년 새 달력을 반포했는데, 매년 새해에 달력이 바뀌다 보니 생일보다는 새해 첫날이 중요시되었다는 것이다.
오늘날 일본은 1950년부터, 중국에선 문화 대혁명(1966~69년 마오

쩌뚱毛澤東 주석의 지휘 하에 일어난 대규모의 정치 투쟁. 그의 사후 76년에 종결됨)을 기점으로, 북한은 1980년대 이후 '만 나이' 만 쓰고 있다. '세는 나이'를 지금껏 쓰는 나라는 한국이 유일하다. 10명 중 6~8명은 '만 나이' 통일에 찬동한다는 여론도 있지만 이미 126년 전 (1896년) 이 땅에 태양력이 도입된 후로 지금까지 전통적 민족 고유의 풍속이라 하여 음력설을 쇠고 있다. 일제가 양력 명절을 강요한 탓에 음력에 대한 애착심이 더욱 강하다고 한다. 법적 나이가 '만 나이'로 통일되더라도 '세는 나이'로 형제 간 정하는 일상의 시간 관념까지 바뀌어질지는 두고 볼 일이다.

• 나이가 권위에서 무기력으로 전락(?)

이전에는 초면인 사람에게 흔히 궁금증(?)으로 상대방의 나이를 곧잘 묻곤 했었는데 나이가 조금 들어 중년을 넘고 노년층으로 접어들자 요즘은 그것도 좀 조심스런 마음이 앞선다. 나이를 물어 보는 것은 결례라고들 한다. 그러나 사람들은 곧잘 나이를 묻곤 한다.
"실례지만 선생님은 올해 연세가 몇이시지요?" '실례' 라는 말을 앞세우고 얼핏 물어보는 것이다. 그에 대한 대답도 각양각색이다. "○○입니다." 순수형(솔직형), "꺾여진 ○○입니다." 도전형, "(간지로) ○○생입니다." 선비형(유식형), "몇 살쯤 먹어 보여요?" 반문형, 웃으며 "글쎄요." 오리무중형(우물쭈물형), 그것도 아니면 아예 제 나이를 몇 살 더 올려 말해 버리기도 한다.
나이가 인생 계급이나 권위쯤으로 여기던 내 유년과 청년 시절에는 옛 고전의 오륜五倫의 하나인 '장유유서長幼有序'를 앞세워 "찬물도 노소가 있다."라고 하여 웃어른을 공경하던 시대였지만 지금은 모든 게 남녀노소와 사민四民 평등이란 자유민주적인 법과 원칙이 우선시 되면서 나이 많은 게 무기력하고 대중 속에서 소외되는 시대가 되었다. 따라서 나이가 들수록 더욱 겸손해져야 하고 젊었을 때의 기분으로 요즘 젊은이들을 대하면 '꼰대'라는 낙인이 찍히기 일쑤인 시대가 되었다.

오래전 얘기인데 고향 마을의 어느 한 어른이 우리보다 10여 살 연상되는 몇몇 선배들과 곧잘 어울려 다니는 걸 봤는데 나중에 알고 보니 당시 그분의 연세가 환갑이 다 되어 가는 50대 후반이라고 밝혀졌다. 선배들에겐 열 살 남짓 차이가 되니까 친구하자며 자신의 나이를 열 살 정도 낮추어 어울려 다니는데 정작 자기 친구들은 6·25 전쟁 참전 용사로 대부분 전사하고 자신은 장애인으로 요행히 참전은 면했지만 전후戰後 고향엔 친구가 없고 외로워 새까만 후배들과 나이까지 속여 가며 어울렸다는 것이다. 나중에 들은 얘기지만 그 어른은 일찍 세상을 떠난 나의 선친보다 네댓 살 아래라는 말을 듣고 깜짝 놀라 그 후론 부집父執으로 대하였다.

아직도 무의식중에 상대방에 대한 관심을 가지다 보면 나이에 대해 궁금해지는 건 사실이다. 옛날 어른들은 초면에 통성명通姓名을 하고 수인사修人事를 나누면 나이를 묻고 서로 상대를 어떠한 격格으로 대해야 하는가를 대충 마음속으로 요량料量하였다.

5년 사이는 벗을 하고, 그 이상이면 형으로, 10년 이상이면 노형老兄이라 했으며, 16세 이상이면 숙부뻘이나 존장尊長으로 대접했는데, 20세 전후의 그중 아버지의 친구로 나이가 비슷한 어른은 부집존장父執尊長이라 하여 더욱 깍듯이 모셨다.

벗이나 지인知人을 대하는 데는 사람마다 그 집안 형제, 숙질叔姪, 부자, 종반從班(4촌간) 등 각자 조건과 형편이 약간씩 달라 대인관계상 처신하기가 어려움이 따르기 마련이다. 아버지가 젊거나 숙부 또는 형이 많으면 위로 벗하기에 애로가 따르기 마련이고 노인자제나 독신은 위로 벗하는데 거리낌이 없어 함부로 벗으로 대하기 때문에 "노인자제 버릇없다."라는 평을 받기도 했다. 그야말로 나이에 대한 질서가 정연했다.

내 고향 친구의 경우도 다양하다. C는 맏이로 태어나 그의 부친은 나의 선친보다 6살 아래이고, O는 다형제 중 지차之次로 태어나 그의 부친은 나의 선친보다 열 살쯤 연상이었다. 또 나의 경우는 할아버지가 5형제 중 둘째이고 아버지는 또 3형제 중 막내인데다가 백부님과는 동모同母 형제 간인데도 14년 차이이고 나 또한 다형제 중 지차로 태어났으니 내가 태어나기 전(해방 직후) 일찍 요절夭折하신 종백從伯(사촌 맏형)은 숙부인 나의 아버님과 5살 아래인 어른이었다. 따라서 4촌 간에도 맏이와 막내의 나이 차이가 남들 같으면 부자 간의 차이가 나고 또 그 아들딸들(나의 5촌 조카)과는 가장 가까운 촌수의 한 집안인데도 인사법이 남다르게 신경이 쓰일 수밖에 없었.

5촌 조카 중 나보다 두세 살 나이가 위인 사람이 있는가 하면 몇 살 아래인 사람도 부지기수不知其數이니 같이 늙어 가는 형편이다.

또 5촌 당숙堂叔 한 집은 친형제 간인데도 맏이와 막내의 나이 차이가 무려 스물한 살 차이가 나니 남 같으면 부자 간의 나이 차요, 큰 조카와는 두어 살 차이니 어릴 때 한 집에서 소꿉친구가 되어 같이 컸다고 한다.

• 인생의 연륜年輪은 나이

"오뉴월 하루 볕이 무섭다." "오뉴월 하루 볕에 풀나무가 석집." 이라는 속설俗說이 있다. 이는 나이가 비록 하루 위라도(앞이라도) 연륜의 차이는 따라 잡을 수 없는 엄한 질서가 내재內在해 있음을 강조한 말일 게다.

　한편 곰곰이 생각해 보면 나이를 통하여 무심코 흘러버린 시간의 양量과 그 수많은 시간을 유효적절하게 활용한 내용의 질質이 과연 동일할 수 있을까? 인생의 연륜과 자신의 의지와 노력에 의한 경륜經綸은 언뜻 생각하기엔 비슷한 것처럼 보이면서도 별개의 것이다. 결과적으로 나이는 별로 한 일 없이 세월만 보내고 정년 퇴임이나 명예퇴임을 하는 이에게 골고루 나누어 주는 훈장과 같은 것이 아닌가 싶다. 머리숱도 어느새 탈모 현상으로 변하고 귀밑머리도 희끗희끗해지는 것을 거울 속으로 바라보노라면 나이가 무엇인지 새삼스레 흐르는 세월이 야속하기만 하다.

하지윤
▪

국수

 펄펄 끓는 물에 면을 풀어 넣고 익기를 기다린다. 알맞게 익힌 국수를 찬물에 헹궈 큰 대접에 담는다. 멸치로 푹 우려 낸 육수를 붓고 준비해둔 야채와 갖가지 고명을 올린다. 그릇 안에 금세 화사한 꽃이 핀다.
 국수는 언뜻 간단한 것 같지만 손이 많이 가는 음식이다. 육수를 끓이고 고명을 만드는 과정은 번거롭기까지 하다. 밥을 하고 반찬을 만드는 것만큼이나 시간과 정성을 들여야 한다. 긴 시간을 조리실 앞에서 서성여야 하는 일은 온전히 주부의 몫이다. 그런데도 굳이 집에서 해 먹는 이유는 내 정성으로 가족의 정을 느끼게 해 줄 수 있어서다.
 남편과 작은아들은 비빔을 좋아하고, 큰아들과 나는 국물이 있는 것을 즐긴다. 호박과 당근, 소고기를 갈아 볶아서 고명으로 올리기도 하고, 볶은 김치만 올릴 때는 김가루를 첨가해도 좋다. 비빔은 양념장이 맛이 있어야 하고, 잔치국수는 멸치를 넣어 푹 끓인 육수가 제

맛이다. 그 위에 색색이 고운 고명을 얹으면 드디어 한 끼 별미가 완성된다.

어렸을 적 친정집에선 밀농사를 지었다. 초여름, 갓 추수한 밀을 방앗간에 가져가 국수를 뽑았다. 막 빻은 밀가루로 뽑혀 나온 면발은 색깔이 거무스레했다. 바쁜 일손에도 어머니는 멸치 육수를 끓이고 볶은 애호박과 데친 부추를 고명으로 올려 맛깔스러운 저녁을 차려 냈다.

입맛이 없다가도 옆에서 맛나게 먹는 모습을 보면 덩달아 식욕이 당겼다. 금세 한 그릇을 비우고 나면 포만감이 밀려왔다. 그때 우리가 느꼈던 행복감 뒤에는 어머니의 고충이 있었다는 사실을 세월이 지난 후 알았다. 양식이 부족해서 밀가루 음식을 자주 먹을 수밖에 없었던 시절이었다. 한 끼 양식을 위해 매운 연기를 마시며 아궁이에 불을 때야 했던 어머니의 눈물을 알지 못했다.

이제 많은 식구 중, 이미 몇 분이 세상을 떠나셨고, 어렸던 우리 형제들은 출가하여 여기저기 흩어져 산다. 생각해 보면 음식도 그때 먹었던 것이 더 맛이 있었던 것 같다. 어머니가 차려 주었던 국수와 요즘 내가 식구들에게 만들어 주는 것과는 비슷한 과정을 거쳐 만들지만 분명 다를 것이다. 하지만 가족을 위하는 마음만은 같지 않았을까.

졸업 후 직장이 있는 타지에 있을 때 유난히 생각나던 음식이 어릴 적 먹었던 우리 밀 국수였다. 그럴 때마다 찾았던 근처 분식집엔 어머니를 떠올리게 하는 인심 좋은 주인이 있었다. 똘똘 말아둔 국수를 덤으로 풀어 주던 물 젖은 손이 왜 그리도 따뜻하게 느껴졌던지…. 나는 그때 분식집 주인에게서 어머니를 느끼곤 했다. 세월이 20년쯤 지난 어느 날, 지나는 길에 그곳에 들렀으나 이미 흔적도 없이 사라지고 난 뒤였다. 그 자리엔 높은 빌딩이 나란히 버티고 서 있었다.

『동의보감』에 밀가루는 장腸과 위胃를 튼튼히 하고, 기력을 보하여 오장五臟을 도우며 오래 먹으면 몸이 튼튼해진다고 되어 있다. 묵은 밀가루는 열과 독이 있고, 풍風을 동動하게 한다고 해서 유통 기한을 중시했다. 오래전 기록이니 미국의 원조가 들어오기 전까지 우리 땅에서 난 밀가루를 두고 한 말일 것이다. 6·25 전쟁이 끝난 뒤 한동안 우리는 미국의 원조를 받아 왔다. 그때 밀도 함께 들어왔으며 소비 장려를 위해 분식의 날이 지정된 적도 있었다.

그로부터 많은 시간이 지난 지금은 농산물이 풍부해서 다양한 곡물이나 채소가 들어간 국수를 사 먹을 수 있게 되었다. 호박, 오이, 당근 등 화려한 색을 섞어 국수의 다변화를 보여 주기도 한다. 하지만 고명의 색이 아무리 화려하고 맛이 좋아도 예전의 그 맛은 아니다. 은근하고 구수하던 그 맛을 지금은 어디서도 찾을 수가 없다.

오래전에 우리 밀로 만든 음식을 즐겨 먹었을 때는 그 가치를 모르는 어린 나이였고, 우리 밀의 가치를 아는 지금은 귀해서 자주 먹을 수가 없다. 예전에도 밀농사를 짓지 않았던 가난한 사람들에겐 국수는 귀한 음식이었는지도 모른다.

예부터 혼기를 앞둔 사람들에게 "국수는 언제 주느냐?"라는 인사를 했고 잔칫집에서는 으레 국수로 손님을 대접했다. 하지만 그 정겹던 인사도 이젠 듣기 어려워졌고 어쩌다 가는 혼인식장에는 뷔페가 대신하고 있다.

국수는 향수를 느끼게 하는 음식이다. 유년의 어느 날, 방앗간 막대 위에 말려 둔 국수를 받아들고, 나풀거리며 집으로 돌아가면 그렇게 행복할 수가 없었다. 골목길에 깔리던 밀감 빛 노을과, 김이 나던 솥에서 국수를 건져 올리던 어머니와, 평상에 둘러앉아 식사를 하던 가족들의 모습도 눈에 선하다. 그런 기억들은 다시 돌아갈 수 없어 아련한 추억이 되고 말았다.

  남편은 그릇 바닥을 긁고 아들은 국물까지 쭉 들이킨다. 맛있다는 말을 연신 하며…. 국수에는 오래 함께 살기를 염원하는 의미가 담겨 있다고 한다. 술술 잘 넘어가는 면발처럼 삶도 저렇게 술술 잘 풀렸으면 싶다. 무엇보다 이 단란한 시간이 오래 지속되었으면 하고 바라본다.

한명희

안티고 카페 그레코와 학림다방

'오드리 헵번'과 '그레고리 팩'이 주연한 영화 '로마의 휴일'로 널리 알려진 로마 스페인 광장, 그 광장 건너편 골목으로 들어서면 1760년 문을 연 로마에서 가장 오래된 커피점 '안티고 카페 그레코ANTICO CAFEE GRECO'가 있다. 괴테, 바이런, 바그너, 안데르센, 니체 등 문화예술계 유명 인사들이 즐겨 찾아 유명해진데다가 커피 맛까지 좋아 정말 많은 관광객이 찾고 있다.

오래전 아내와 함께 로마 여행을 한 일이 있다. 그때 이국적 분위기도 느껴 보고 커피도 한잔할 겸 그 유명한 카페를 찾았다. 문을 열고 들어서니 소문대로 많은 사람이 북적대고 있었다. 그런데 재미있는 것은 같은 커피인데 스탠드 앞에서 마시면 1.3유로EURO, 홀 테이블에 앉아 마시면 8유로(우리 돈 13,200원)를 받고 있는 것이다. 대부분의 여행객이 홀 밖에 서서 1.3유로짜리 커피를 마시고 있어 나도 홀 밖에 서서 커피를 마셨다. 그리고는 비싼 값을 내고 마시는 홀의 모습이 궁금하여 들어가 보니, 몇몇 사람은 이야기를 나누고 있고, 몇 사람은 혼자 책을 보고 있었다. 우리 다방 풍경과 별반 다르지 않았다.

이렇듯 평범한 커피점이 260년이란 긴 세월을 이어 올 수 있었던 비결은 무엇일까? 커피 맛 때문일까? 커피 맛 때문만은 아닌 것 같다. 아마도 그것은 오래된 것, 옛것에 대한 사랑과 향수가 그 집을 커피의 명가로 만든 것 같다. 우리는 영업이 잘 되어도 3, 4대 내려가다 보면 여러 가지 이유로 영업을 계속 할 수 없게 되는 경우가 종종 있다. 실제로 국권 침탈, 6·25 전쟁, 급격한 산업화 등으로 사회 변동이 심했기 때문인지 백 년은 고사하고 오십 년을 이어 온 점포도 찾아보기가 쉽지 않다.

서울에는 혜화동 로터리에서 이화동4거리에 이르는 젊음과 낭만의 거리, 문화예술의 거리 '대학로'가 있다. 이 대학로가 생겨나기 전 혜화동에서 이화동으로 이어지는 도로 동쪽에 큰 개천, 대학천이 흐르고 있었다. 이 대학천 동편에는 혜화동성당, 서울 문리대 운동장, 서울대학 본부, 국립공업연구소(현 한국방송통신대학교 본관 건물), 서울 법대가 자리하고, 서편에는 서울대 수의과대학, 서울대 의과대학, 학림다방, 1925년 문을 연 중국집 '진아춘', 조금 떨어져 혜화동 로터리에 서울여자의과대학(수도의과대학)이 자리하고 있었다.

명륜동3가 쪽에서 시작하여 대학로 동쪽으로 흐르는 대학천은 그때 이미 검게 오염되기 시작했다. 특히 지금 방송통신대 본관 건물 앞에서는 유황 냄새 같은 고약한 냄새가 났다. 서울대학교가 관악 캠퍼스로 이전을 하고, 대학천이 복개되면서 악취도 사라지고 도로도 크게 넓어졌다. 그리고 문리대 자리에 마로니에 공원이 조성되고, 문화예술기관과 공연 시설이 새로 들어서고, 다양한 공연 활동이 이루어지면서 대학로는 지금의 모습을 갖추어 젊은이들의 사랑을 받고 있다. 대학로 발전에는 지하철 4호선 개통도 한몫을 하였다.

나는 대학로 뒤쪽 동숭동에서 1952년부터 십여 년 간 살면서 중·고교와 대학을 다녔다. 그래서 대학로가 형성되기 전 모습을 어렴풋이 기억하고 있다. 그 당시 혜화동 로터리에 전원다방, 성대 정문 가까이에 명륜다방, 서울 의과대학 뒤편(혜화동 쪽)에 학림다방이 있었다. 그런데 지금은 전원다방과 명륜다방은 없어지고 학림다방만 남아 있다. 학림다방도 대학로 확장 공사(1987년 경) 때 새로 지은 건물로 이사를 하여 오늘에 이르고 있다. 그 당시 서울에는 크고 작은 다방이 수없이 많았으나 지금은 다방이라는 이름 자체를 찾아보기 힘들다. 커피를 파는 상점은 계속 늘어나고 있으나 카페cafe 등으로 이름을 바꾸어 다방茶房이라는 명칭과 '옛날 다방'의 정겨운 풍경은 찾아보기가 힘들다.

1956년 문을 연 학림다방은 서울에서 가장 오래된 다방이다. 학림다방에는 천상병, 김지하 시인을 비롯하여 문학, 음악, 연극 등 문화예술계 인사들이 자주 드나들었고, 최근 작고한 백기완 통일문제연구소장도 매일 들러 커피를 마시고 글을 썼다고 한다. 그래서인지 그의 장례식 때 운구 행렬이 학림다방에 들렀다가 장지로 떠났다. 그리고 학림다방은 '별에서 온 그대' 등 영화 촬영지가 되면서 관광객 등 찾아오는 손님이 늘어나고 있다.

'안티고 그레코 카페'는 로마에서 가장 오래된 카페로 관광 명소가 되어 많은 여행객의 사랑을 받고 있다. 이에 비하여 학림다방은 역사는 짧지만 천만 인구가 살고 있는 서울에서 가장 오래된 다방이고, 옛것을 아끼고 사랑하는 문화예술인들이 즐겨 찾고 있고, 국내외 관광객도 꾸준히 찾고 있다. 이처럼 '학림다방'과 '안티고 카페 그레코'는 서로 닮은 점이 적지 않다.

　학림다방도 260여 년의 긴 역사를 가진 안티고 그레코 카페처럼 오랜 역사를 자랑하는 다방(카페)으로 우뚝 설 수 있을까? 학림다방이 오래오래 남아 옛것을 사랑하는 사람들이 즐겨 찾는 행복의 장場, 소통의 장이 되었으면 하는 바람을 가져 본다.

한승호

색소폰Saxophone 소리의 신비

색소폰 탄생은 벨기에의 음악가인 아돌프색스Adolphesax가 발명 파리에서 1846년에 특허를 받아 제작자 이름대로 색소폰Saxophone이라 이름을 붙였다. 그리고 200프랑 지폐 앞면에 그의 초상화가 있고 뒷면에 색소폰 연주자의 모습이 그려져 있다. 이 악기는 리드와 24개의 구멍으로 만들어진 목관악기이다.

몇 년 전 중국의 10대 도시로 꼽히고 있는 상해, 소주, 항주 세 곳을 마음속에 담은 친구들과 함께 추억의 여행을 떠났다. 우리는 상해의 명동거리 쇼핑 단지가 줄지어 있는 남경로를 활보하는 멋쟁이 여성들의 모습을 한번 보고 싶어 나갔다.

그때 거리의 악사 색소폰 소리가 내 머릿속을 흔들고 있다. 이국땅에서 그 맑고 우렁찬 멜로디의 찡한 소리가 이 가슴에 심금을 한층 울려 주기도 했다. 그는 밀짚모자에 짙은 선글라스를 낀 비록 거리의 악사지만 연주하는 소리는 너무나 진지했고 감미로운 음색과 매혹적인 울림소리에 평생 잊히지 않는다. 끊어질 듯하다 이어지는 그의 애절한 연주에 관객들은 우레와 같은 기립박수가 끊이지 않고 있다. 은은하면서도 어딘지 모르게 경쾌한 즐거움이 실려 있는 그의 화려하고 독특한 쇳소리는 지금도 내 마음속에 불타고 있다. 때론 신나게 때론 눈물이 나도록 아련하고도 애절한 표현이 가능한 악기 소리는 '색소폰이 단연 으뜸' 이 아닐까. 그 선율이 발을 붙들고 놔주질 않는다.

또 서울 종로에 있는 종묘공원의 야외무대이다. 이곳에 늘 노장 색소폰 연주자 한 분이 나타난다. 그는 노란색 바탕에 소뿔 모양인 뾰족한 모자에 새색시처럼 연지 곤지 찍고 나와 흘러간 옛 노래를 불러 줘 외롭고 쓸쓸한 노인들을 위해 위로가 돼 준다. 그의 색소폰 소리에 맞추어 공원에 모인 가슴이 시린 노인들은 덩실덩실 춤을 추기도 하고, 지휘자가 돼 보기도 한다. 노인들의 주름진 얼굴 사이사이로 흐르는 신비의 소리는 소외된 노인이 아니다. 어느새 젊음의 아름다움을 구가할 줄 아는 멋있는 하모니로 어우러진다. 이렇게 서러움과 슬픔을 닦아 주고 따뜻한 마음으로 위로해 주는 그는 비가 오나 눈이 오나 색소폰 소리 하나로 사람의 마음을 움직여 삶의 기쁨을 심어 주고 있다.

하나 더 종로 낙원상가 근처에 '먹고 갈래 지고 갈래' 란 레스토랑이다. 이곳은 가격도 저렴해 육십 대, 칠십 대 할망구나 나이가 많은 젊은 머슴에 동료나 또래들끼리 모여 가벼운 식사나 차 한잔하면서, 그 분위기를 꽉 틀어줘고 있는 뚱보 이모 색소폰 소리의 매력에 푹 빠져 날마다 함께한다. 그의 구성진 몸짓과 연주 그리고 가끔 섞여 넣는 성악과 유머로 내외국인 관객들로부터 인기가 높아 항상 박수갈채와 사랑을 받는다. 여윳돈 일만 냥만 있으면 뚱보 이모에게 십팔 번 한 곡 신청해 감상도 할 수 있어 금상첨화로 참 좋은 문화공간이

기도 하다.

  나는 색소폰 신비의 소리를 따라가며 이·저승 어디라도 가 닿지 않으랴 생각하면서, 뒷동산에 앉아 눈을 지그시 감고 한 편의 시를 띄운다.

    철든 소나무 숲에서/ 잔잔히 넘어오는 멜로디/ 호흡과 손가락으로/ 끊어질 듯 이어지는 애절한 연주/ 니가 뭔데/ 신나게 때론 눈물이 나도록 노랠 부르고/ 하늘에서 떨어지는 듯/ 맑고 우렁찬 쇳소리/ 날아다니며/ 여인들의 발목을 붙들고 있느냐

  나는 색소폰의 우아하고 청아한 소리에 반해 서울 사당 Q 색소폰 동호회의 원장으로부터 콩나물 대가리 개인 지도를 받았다. 악기에 몰입되면 시간 가는 것을 잊어버린다. 심신이 괴로운 사람에겐 마음의 보약이 된다. 악기를 연주하려고 손에 잡는 순간부터 겸허한 마음가짐이 따라온다. '내고 싶은 소리가 제대로 날까?' 하는 불안감 때문일지도 모른다. 아무튼 그 힘으로 봉사활동이나 이름이 없는 거리의 악사가 되어, 흘러간 노랫가락을 띄우면 젊은 할머니들은 두 팔을 날개 삼아 한 발 한 발 들어 올리며 무대를 휘젓기도 한다. 온 세상이 천국인 것처럼 늙을 줄 모르고 성성한 제2의 인생을 보내고 있다.

한판암

공경을 받지 못할지라도

요즘 아내의 병원 출입이 무척 잦다. 안쓰러워 짐짓 무심한 척 딴 청을 부리기 일쑤이다. 집에 머물 때 병원 다녀오겠다고 하면 "알았어!"라고 대꾸하는 게 고작이다. 또한 병원을 다녀왔다고 하면 "응~ 다녀왔어!"라는 식으로 의례적인 단답單答으로 마지못해 응하는 꼴이다. 게다가 눈을 마주치고 왜 가느냐? 혹은 어떤 치료를 받았으며 상태는 어땠는지 따위에 도통 관심이 없다는 투로 일관한다. 아내를 무시한다거나 싫고 짜증이 나서가 아니다. '겁이 나서 피하고 싶은 퇴행적인 행동' 일 따름이다. 그런 두려움 때문에 아내가 서러워할 만큼 매정한 척 행동하는 게 내 자신도 싫다.

기축생己丑生으로 고희古稀의 중반 언저리를 지날 뿐인데 최근 몇 년 사이 아내의 건강은 생각보다 심한 내리막으로 치닫는 것 같다. 뜻하지 않은 담낭 절제로 병원과 결별했다고 여겼다. 그런데 지난해부터는 무릎과 척추협착증 때문에 병원을 자주 찾아 걱정이다. 전문 지식이 없어 제대로 꿰뚫지 못하지만 '뼈 주사'에 '무릎에 물이 차거나 통증에 관련된 주사'를 수시로 맞는가 하면 '물리 치료'도 자주 받는다. 그렇다고 수술을 받아야 할 정도는 아닌 것 같다. 우연일지 모르지만 그런 쪽에 좋다는 수영에 엎어져 지낸 지 어언 40년쯤 지났는데 별로 도움이 되지 않는 것 같아 안타까울 따름이다.

 가정을 이뤄 동행한 지 올해로 47년째이다. 중신아비이며 바로 위 오빠인 김 박사와 부모님의 협박(?)에 마지못해 등 떠밀려 혼인했던가 보다. 따라서 중국의 후한後漢 시절 양홍梁鴻의 인품을 흠모해 혼인했던 맹광孟光과는 다른 이유에서 혼인했지만 커다란 풍파 없이 반듯하게 가정을 이뤘다. 여태까지 삶처럼 앞으로도 큰 병이나 변고가 비껴갔으면 좋으련만 터무니없는 야무진 꿈이며 욕심일까. 젊은 날은 되레 내가 크고 작은 병고와 친한 듯했다. 그런데 최근 들어 반대로 되는 게 아닌가 하는 우려가 앞선다. 맘대로 할 수만 있다면 모든 사고나 병고는 내게 지워졌으면 좋겠는데 뜻대로 되지 않는 게 세상사이다. 욕심 같아서는 생을 다하는 순간까지 험한 꼴 당하지 않고 삶을 영위하다가 품위를 지키며 생을 마감하고 싶다는 이유에서 부부가 함께 보건소에 가서 '사전연명의료의향서'까지 작성해 두었다. 이런 곡진한 바람이 올곧게 이뤄졌으면 좋으련만 뜻대로 될지 모르겠다.

 얼추 10년이 넘었지 싶다. 아내가 걷는데 부담을 느끼기 시작하면서 집 안의 쓰레기(음식물, 재활용, 생활폐기물) 버리는 것은 통째로 내 몫이 되었다. 한편 시장이나 마트에서 생활용품을 구입한 짐 꾸러미나 박스를 싣고 지하 주차장에 도착해서 "나 지하에 도착했어!"라는 전화를 하면 "응, 알았어!"라고 답한 뒤 득달같이 달려가서 집으로 옮기는 것도 묵시적으로 합의된 내 일이다. 왜냐하면 무거운 것을 들고 걸으면 무리가 따라 탈이 나기 때문이다. 이런 현실을 생각하다가 앞에서 등장했던 양홍과 맹광의 일화가 또렷하게 떠올랐다. 후한서後漢書인 『양홍전梁鴻傳』의 대략적인 내용의 간추림이다.

후한 시절 청빈하지만 인품이 곧고 처세가 원만해 주위로부터 존경을 받던 양홍梁鴻은 이런저런 이유로 혼인을 미룬 채 미혼일 때, 같은 동네에 살며 나이가 많고 박색이었던 맹광孟光이라는 규수가 그를 매우 흠모했던가 보다. 그런 이유에서 "자기는 훌륭한 인품을 지닌 양홍이 아니면 혼인하지 않겠다."라고 한사코 버틴다는 소문을 들었다.

맹광에 대한 풍문에 끌려 관심을 보이다가 둘은 결국 연이 닿아 혼인을 했다. 그렇게 혼인을 하고나서도 양홍은 아내인 맹광과 동침하지 않았다. 괴이하게 생각하고 그 연유를 물었는데 남편의 대답은 이랬다. "내가 원하는 아내는 비단옷에 화려한 치장을 한 여인네가 아니라 누더기를 걸치고 산속에서 농사를 지으며 살지라도 부끄럽게 여기지 않는 당당한 여자"라고 일갈했다. 그 말을 듣는 순간부터 맹광은 화려한 옷과 얼굴 꾸미기를 멀리한 채 시골 아낙처럼 생활했다. 이에 따라 생겨난 말이 그 유명한 형처荊妻※이지 싶다.

가정을 이룬 양홍은 생업인 농사일 중간 틈틈이 시詩를 지어 지인들에게 선물했다. 그런 시 중 일부에 황실을 비난하는 내용이 포함되어 있었다. 그게 빌미가 되어 나라에서 체포령이 떨어지면서 환멸을 느낀 그는 즉시 오吳나라로 피신해 명문가인 고백통皐伯通의 방앗간지기가 되었다고 한다.

이 같은 사연을 담아 엮어 낸 『양홍전梁鴻傳』에 이런 구절句節이 있다. "양홍이 일을 마치고 돌아오면 아내인 맹광은 한결같이 밥상을 차려 감히 눈을 치뜨지 않고 (밥상을) 눈썹 위까지 들어올려 바쳤다 (每歸妻爲具食不敢於鴻前仰視擧眼齊眉)." 여기서 '밥상을 눈높이까지 들어 올려 바침'을 뜻하는 '거안제미擧案齊眉'라는 표현에 대해 특히 유념할 필요가 있지 싶다. '지아비를 얼마나 존경했으면 매일 삼시 세끼 올리는 밥상을 눈썹 높이까지 들어올렸을까.'라는 대목은 많은 생각을 불러일으키고도 남는다. 이런 부부의 됨됨이를 예사롭게 넘기지 않던 고백통皐伯通은 음양으로 그들을 돌봐 주어 양홍이 수많은 저술을 남길 수 있도록 배려했다고 한다.

우리 부부의 얘기이다. 과년한 처지에 혼인에는 별로 관심이 없어 같잖은 핑계를 대며 세월을 축내다가 벼랑 끝 궁지로 몰려 백기를 들고 혼인을 택했다는 아내이다. 썩 내키지 않았기에 그 옛날 맹광이 양홍을 섬겼다던 공경과는 거리가 먼 상태에서 간택된 지아비로 시작했을지라도 큰 허물없이 함께했던 지난 세월을 돌아볼 때 아름답고 보람되었던 따뜻한 날들이 훨씬 많고 행복했다. 그런 면에서 우리 부부는 오그랑 장사가 아닌 큰 이문이 남는 멋진 장사를 한 셈이다. 이런 생을 마칠 때는 아내가 나보다는 단 하루라도 더 살아야 한다는 게 일관된 내 지론이다. 왜냐하면 아내가 없는 텅 빈 집 안에서 스스로를 제대로 지키지 못해 구질구질하고 궁상스런 비참한 꼴을 보이고 싶지 않다는 알량한 자존심에서 비롯되었다. 게다가 아내보다 네 해 앞서 이 세상에 왔기에 한 발이라도 앞서 이승을 하직하는 게 행운이고 순리로서 아귀가 맞는다고 여기고 있다. 이런 바람을 위해 아내의 건강이 나를 능가하면서 평탄하기를 빌고 또 빈다.

※형처荊妻: 『열녀전列女傳』에 나오며 후한後漢 시절 양홍梁鴻의 아내인 맹광孟光이 가시나무 비녀를 꽂고 무명 치마를 입었다는 고사에서 유래된 말이다.

현부덕

치잣빛 기억 하나

치잣빛처럼 노랗게 빛바랜 사진 한 장이 두꺼운 족보 책갈피에서 툭 떨어졌다.
"어머나?"
바스라질 것 같은 낙엽처럼 진액은 다 빠지고 희끗거리는 무늬 속에 낭자머리 곱게 빗은 할머니였다. 그리 넓지 않은 이마는 선하게 보였는데도 꾹 다문 입매가 서늘했다. 슬픔의 시간, 돌팔매질하고 싶은 시간들을 힘겹게 건너오느라 사진은 치잣빛으로 노랗게 바래져 있었다. 할머니의 생애 중 8할은 아픔과 눈물로 잇대어 있었다. 할머니는 일본에서 살다 해방된 이듬해에 친정 동네로 돌아왔다. 할머니는 늘 이런 말씀을 하셨다.
"한 사람의 일생은 예측 못할 물살 같다."
그냥 일본에서 눌러 살자던 이웃들의 만류를 뿌리치고 고국으로 돌아왔다. 그리고 몇 년 후 6·25 전쟁이 일어났다. 먹고살 만큼의 전

답을 가진 사람들의 재산은 빨치산들의 표적이 되었다. 죽지 않기 위해서는 하자는 대로 할 수밖에 없었다. 그 당시 우리 아버지는 막 장가들어 새신랑인데도 전쟁터로 가야 했다. 우리 집은 밤손님들의 본부가 되었다. 낮에는 군인들이, 밤에는 밤손님인 빨치산들이 여름 꽃 가득한 마당에 분탕질을 쳐댔다. 꽃은 영문도 모른 채 바람에 낙화하는 아픔을 견뎌야 했다. 전쟁이 끝나고 우리 집은 부역자 가족이 되었다. 할아버지는 어느 밀고자의 손가락질 때문에 장성 가는 길 '못재' 라는 고개에서 총살당했다.

두 입술 질끈 다무시며 간간히 들려준 할머니의 이야기를 들으며 전쟁이라는 것이 얼마나 무서운 것인지 알게 되었다.

"손가락질 잘못하면 사람 목숨도 왔다 갔다 헌단다."

할머니는 휴 한숨을 내쉬며 동네 사람 누군가를 지목하던 당찬 입꼬리에 비웃음이 묻어났다.

"공은 닦은 데로 가고 죄는 지은 대로 받어야제."

누구 들으랄 것도 없이 허공에 내뱉는 소리는 한이 깃든 작은 절규였다. 어린 나는 누가 그렇게 하라고 시키지도 않았지만 할머니처럼 속으로만 그 사람들을 향해 눈 흘길 줄도 알았고 그 집 아이들하고는 놀지도 않았다. 할머니는 확독에 보리쌀을 갈며 가슴에 옹이진 설움까지 득득 갈았다.

설움 많은 할머니의 빛바랜 사진 한 장 위로 치차색 무명베 수건이 나풀거렸다. 나 어릴 적 할머니는 유난히 염색을 많이 했다. 하늘색 닮은 쪽빛, 병아리처럼 야리한 노랑빛, 새색시 볼연지 같은 홍화빛 모두 할머니가 염색한 것이었다. 햇살 따라 빨랫줄 위에서 이리저리 돌려 가며 고실고실 말라 가던 긴 무명베. 무명베가 마르면 무명베를 곱게 접어 방망이질을 했다.

어느 날인가, 어찌나 방망이를 세게 때리는지 저러다 돌이 깨지는 것이 아닌가 걱정이 들 정도였다. 삭혔지만 아직은 삭혀지지 않는 한이 생채기로 남아 있었던 것이다. 그날 마당의 꽃들은 꺼낼 수 없는 슬픔을 삼키며 지고 있었다.

하루는 할머니가 들려준 어떤 소년에 대한 이야기를 들었다. 전쟁 중에 밤손님으로 내려온 작은 소년. 쪼그려 앉아 밥 한 그릇을 뚝딱 먹고는 감기가 걸렸는지 심하게 기침을 해댔다.

"사상인지 뭣인지는 저도 나도 어떻게 알았냐. 그저 전쟁 났다고 그 먼 데서 여기까지 끌려 왔응게. 나도 밥 해내라고 해서 억지로 밥 해 준 죄밖에 없는디 집이 요렇게 풍지박산이 나부렀제."

그 당시 할머니는 물들인 무명베를 아깝다 생각하지 않고 쭉 찢어 소년의 목에 감싸 주었다. 혹시 상처라도 나면 무릎에 감으라고 쪽빛으로 물들인 베 보자기를 곱게 접어 주머니에 넣어 주기도 했다. 할머니는 소년을 가만히 안아 주며 이렇게 말씀하셨다고 했다.

"살아라, 살아라!"

할머니가 소년의 등을 토닥여 주니 소년은 그렁그렁한 눈물을 머금고 고개를 끄덕이며 신새벽 길을 나섰다. 소년의 뒤로 바락바락 악이라도 쓰고 싶은 여명이 붉은 울음을 터뜨리고 있었다.

할머니는 어린 소년이 맨 뒤에서 어정거리며 따라가는 모습이 생각난다고 했다.

"죽었는지 살았는지…."

그 생각으로도 가슴이 먹먹하다고 했다. 하마 잊었을 것도 같은 먼 먼 이야기인데도 그 시절을 떠올리면 아련한 눈빛으로 언제나 젖어 있었다. 할머니는 방망이질을 하다가 힘에 부쳤는지 잠시 멈추곤 했었다. 그리고 휴 한숨을 쉬었다. 양손으로 내리치던 방망이질도 가슴속 미움까지도 서러운 바람이 되어 강물처럼 출렁거렸다.

  내 어릴 적 찬바람이 조금만 불어도 내 목엔 항상 치자색 무명 목도리가 매어져 있었다. 마음 한 귀퉁이에 아직도 남아 있는 기억이 있었는가? 울컥 진한 눈물이 흐른다.

  때가 되면 떨어지는 낙엽 한 잎처럼 빛바랜 족보 속 사진 한 장이 마르지 않는 눈물 강으로 마음 안에 이렇게 흐르고 있었다니….

  내일은 할머니가 방망이로 두드려 곱게 접어놓은 무명베를 치잣빛으로 곱게 물들여 훠이훠이 빨랫줄에 널어나 볼까?

황선호

홀로 차茶를 마시며

쿡쿡 찌르던 따갑던 더위도 한결 상큼해졌다.
 나뭇가지를 오락가락 꽁지를 까부는 새들의 놀음이 절로 가볍고, 화선지에다 한 점 뚝 찍어 낸 묵향의, 그 뚝뚝 돋는 향기로움같이 다 감하게 파고드는 서늘바람, 갯벌처럼 질편한 코스모스의, 담홍과 심홍의 질주가 몸살 나게 좋다.
 여수 오동도에서 오후 한때를 동백나무 그늘에 앉아 조출한 맑은 시간을 보냈다. 그늘 아래서 아무 생각 없이 파도를 바라보며, 철썩이는 파도 소리를 따라 은은히 숨결에 스며드는 바다 냄새도 맡았다. 가슴이 티 하나 없이 맑고 투명해진다. 모처럼의 청한淸閑을 한껏 누린다.
 고개를 들면 동백나무 숲 사이로 흘러가는 구름도 보이고, 숲에는 찌르레기, 밀화부리, 동박새, 맑은 성량들이 온통 귀를 후볐다. 물살을 이루는 새소리들이 마치 건반 위를 구르는 음의 파장 같다. 바다가 잘 보이는 탁 트인 쪽으로 자리를 잡고 앉아, 모로 누워 바라보는 하늘은 파랬다.

눈이 다 아팠다. 내 속 뜰엔 바닥 톡톡한 쪽[藍]들이 가득 고인다. 푸른 하늘이 마치 초간장의 쟁반 위에 누운 생선처럼 달다.

우리도 빛깔을 지닌다면, 우리는 어떤 빛깔을 지니고 살게 될까? 서로를 이기지 못해 충혈된 우리들 가슴은 어떤 빛깔일까? 만일 우리가 하늘색처럼 파아란 색을 지니고 살게 된다면, 우리도 저리 맑고 투명할까?

시집가는 신부는 어떤 색을 지녔을까? 세상을 그토록 사랑하신 그리스도는 어떤 빛깔이었을까? 성모 마리아는, 불타佛陀는, 또 성춘향이는….

우정은 삶의 소중한 가치 중에 하나다. 정다운 친구와 마주 앉아서 허물없이 대화를 즐길 수 있다면, 그것은 삶의 즐거운 한때일 것이다. 인생의 지기知己는 참으로 드물다. 좋은 친구를 만난다는 것은 매우 행복한 일이다. 말솜씨가 바르며, 생활의 지혜가 슬기롭고, 마음 씀씀이도 넉넉히 해내는, 그러면서도 싱그레하고 흔쾌한 성품이라면, 더더욱….

요즘 가슴이 퉁퉁 붓도록 가슴앓이를 해대고 있다. 같은 취미로 취미를, 생활을 함께하며, 생각하는 것이나 성격도 거의 비슷해, 수년 동안, 눈만 뜨면 함께 하다시피하면서, 삶을 이야기하고, 인생을 이야기하고, 때로는 세상을 향해 눈을 부릅뜨기도 했다. 또 삿대질도 같이했다.

죽마고우竹馬故友, 형제보다도 더 가깝고 요긴한 사이, 동고동락하며, 아무에게나 함부로 할 수 없었던 사소하고 소소한 얘기들까지도 시시콜콜 다 털어놓아, 하하 호호, 그동안 얼마나 행복하고 즐거웠는가.

친구가 곁을 떠나 멀리 이사를 갔다. 가슴이 휑하고 텅 비면서 웅덩이가 푹 패인다. 이제 보따리 보따리 그 많은 얘기들을 어디에다 다 부려 놓을 것인가. 물론 시간이 가면 패인 웅덩이는 메꾸어지겠지만….

모를 일이다. 과연, 시간이 그 깊이 패인 웅덩이를 치유해 낼 수 있을는지….

향기롭던 친구를 목매여 그리워하면서 홀로 차茶를 마신다.

가을이, 코스모스 뿌리에서 영롱玲瓏한 솔바람으로 운다.

(사)한국수필가연대상 운영에 관한 세칙
(사)한국수필가연대 임원 명단

(사)한국수필가연대상 운영에 관한 세칙

1. 시상 일시
   본 상은 매년 1회, 5월에 시상하는 것을 원칙으로 한다.

2. 심사위원
   ① 본 상의 심사위원은 5인 이내로 구성한다.
   ② 당해 연도 본 법인 회장단 및 사무국장은 심사위원이 될 수 없다.
   ③ 심사위원은 회장단과 사무국장의 협의를 거쳐 회장이 위촉하며, 수상자 결정 시까지 그 명단은 공개하지 아니한다.

3. 수상 후보자
   ① 수상 후보자는 문단 데뷔 10년 이상인 분으로서, 심사 대상 기간 중 창작 수필집을 간행한 분을 대상으로 한다.
   ② 본 상을 수상했던 분은 다시 수상 후보자가 될 수 없다.

4. 수상자 선정
   ① 수상자는 1인으로 한다.
   ② 수상자는 심사위원 전원의 합의에 의해 선정함을 원칙으로 하되, 부득이한 사정으로 전원 합의에 이르지 못할 때에는 다수결로 할 수 있다.

5. 시상
   수상자에게는 본 법인 소정의 시상품과 상패를 수여한다.

6. 기타
   본 세칙은 1997년도 시상분부터 시행한다.

(사)한국수필가연대 임원 명단

회　　장　이범욱

부 회 장　고재동
　　　　　박종윤
　　　　　배병수

이　　사　정성채, 조은하

중앙위원　박향숙

마음의
일기를
꺼내다

초판 발행 / 2023년 7월 17일
지은이 / (사)한국수필가연대 이범욱 외
펴낸이 / 김명덕
펴낸곳 / 한강출판사
등록 / 1988년 1월 15일(제8-39호)
주소 / 서울시 종로구 인사동11길 16, 303호
전화 735-4257, 734-4283 팩스 739-4285
홈페이지 www.mhspace.co.kr

값 28,000원

ISBN 978-89-5794-536-0 03810

※저자와의 협약에 의해 인지는 생략합니다.
※파본은 바꾸어 드립니다.